跨境电商理论与实务

CROSS BORDER E-COMMERCE THEORY PRACTICE

（第二版）

(SECOND EDITION)

主　编◎阿里巴巴商学院　柯丽敏　阿里巴巴讲师　洪方仁

编　委◎郑　锴　余红剑　魏　捷

中国海关出版社
China Customs Press
中国·北京

图书在版编目（CIP）数据

跨境电商理论与实务/柯丽敏主编．—2版．
—北京：中国海关出版社，2019.2（2023.7重印）
ISBN 978-7-5175-0345-3

Ⅰ.①跨… Ⅱ.①柯… Ⅲ.①电子商务—商业经营—教材 Ⅳ.①F713.365.2

中国版本图书馆CIP数据核字（2019）第025848号

跨境电商理论与实务（第二版）

KUAJING DIANSHANG LILUN YU SHIWU（DI-ER BAN）

主　　编：柯丽敏　洪方仁
编　　委：郑　锴　余红剑　魏　捷
策划编辑：史　娜
责任编辑：吴　婷
出版发行：中国海关出版社
社　　址：北京市朝阳区东四环南路甲1号　　邮政编码：100023
网　　址：www.hgcbs.com.cn
编 辑 部：01065194242-7532（电话）　　01065194231（传真）
发 行 部：01065194221/4238/4246（电话）　　01065194233（传真）
社办书店：01065195616（电话）　　01065195127（传真）
http://store.hgbookvip.com（网址）
印　　刷：北京铭成印刷有限公司　　经　　销：新华书店
开　　本：787mm×1092mm　1/16
印　　张：23.5　　字　　数：430千字
版　　次：2019年2月第2版
印　　次：2023年7月第2次印刷
书　　号：ISBN 978-7-5175-0345-3
定　　价：56.00元

编委会

余枭然	上海立信会计金融学院	讲师
蒋满意	浙江经贸职业技术学院	讲师
郑　锴	阿里巴巴（中国）网络技术有限公司	专家讲师
魏　捷	中国建材集团易单网	数字营销经理
朱定定	阿里巴巴（中国）网络技术有限公司	专家讲师
应丽秋	阿里巴巴（中国）网络技术有限公司	专家讲师
傅海姣	阿里巴巴（中国）网络技术有限公司	专家讲师

序

对外经济贸易大学国际商务研究中心与阿里巴巴研究院联合发布的《跨境电子商务人才研究报告》显示：被调查的企业中86%的企业认为跨境电商人才存在巨大缺口，有18%的企业招聘不到合适的人才。在被调查企业中，71%的企业表示急需电商运营人才，37%的企业急需技术性人才（IT人员、美工），50%的企业急需推广销售人才，17%的企业急需供应链管理人才，22%的企业急需综合性高级人才，15%的企业急需产品策划与研发人才。据不完全统计，在我国跨境电商人才的缺口高达400多万，这个缺口每年还在不断加大。这一调查结果说明，在跨境电商的发展中人才培养已经是迫在眉睫的事情。

再看商务部发布的《中国电子商务报告》，该报告显示，跨境电商每年以不低于30%的增长速度发展。特别是自阿里巴巴于2014年年底在美国上市以来，电子商务的发展更是突飞猛进。按党中央、国务院决策部署，我国将自2019年初，调整跨境电商零售进口税收政策，提高享受税收优惠政策的商品限额上限，扩大清单范围。政策的实施将有利于促进跨境电商新业态的健康发展，培育贸易新业态和新模式；有利于给国内相关企业引入适度竞争，促进国内产业转型升级，促进新动能增长；有利于增加境外优质消费品的进口，满足人民群众对美好生活的需要；有利于维护公平竞争的市场环境。

然而，无论是企业界，还是学术界，大家对跨境电商的理解还存在着很大的差距。正如大家对电子商务的理解千差万别，对跨境电商的理解更是不尽相同。“跨境电商”通常被狭义理解。在狭义理解上，跨境电商就是跨境网上零售，主要就是中小企业通过网上交易、网上支付，将个人物品直接跨境卖给全球的消费者。这以往并不属于通常意义上的传统国际贸易。因为，传统国际贸易更多的是国际货物买卖。而国际互联网的普及和应用创新让国际贸易门槛降低，逐渐引领全球贸易发生转型。因此，再看跨境电商的发展，它就不能仅限于个人物品的跨境网上零售。实际上，在外贸领域内对互联网及信息技术的不同层次的应用所带来的市场变化，包括主体变化、手段创新、业务运作方式变化、商业模式创新，甚至包括全球商业规则和法律环境变化等，这些都属于跨境电商的领域。

互联网全球普及也就将近20年的时间，这些年，全球市场发生了巨大变化，网络虚拟市场已经把人类带入了新的经济发展阶段。人类商业生态环境发生了突变。在这个变化中，有些物种适应不了生态环境的变化，自然会被淘汰；有些物种会逐步调整来适应新的生态环境的变化而继续生存下来；而在新的生态环境下还会出现新的物种。这些物种就是我们所说的商业模式，也可以理解为“业态”或者“商业存在”。旧的商业模式在不断地被颠覆，新的商业模式不断出现，这就是我们所处的时代，我们有幸观察到这个商业世界的变化，也有幸能够参与其中。

《跨境电子商务人才研究报告》还显示，企业普遍认为现有学科人才培养方案严重脱离实践，相关专业的学生对跨境电商领域的知识了解得很不够。当然，人类才刚刚开始进入互联网时代，商业模式的创新至少还要持续10~15年，有关跨境电商的发展格局还没有完全定型，新知识、新概念层出不穷。我们还需要一个认知过程。

《跨境电商理论与实务》（第二版）一书就是在这个背景下产生的。该书就是在跨境电商领域进行知识总结的一次探索。尽管理论和实务总结永远落后于实践，但是对现有实践的总结和提升会为各位读者提供一个更全面看待跨境电商的视角。

特别要指出的是，编写本书的很多作者是跨境电商的实践者。他们最知道跨境电商从业者最需要了解的知识和实操经验。选取和描述的与此书配套的案例也非常具有代表性，对读者理解相关知识有较好的启发作用。

未来跨境电商的实践操作更多会依赖平台。中国跨境电商平台，例如阿里巴巴平台，已经形成了相对完善的生态体系，各种服务主体会逐步在平台衍生出来，服务的内容也会逐步深入，分工和演变也会在平台上充分体现。《跨境电商理论与实务》（第二版）一书在引入和介绍这些服务方面也做了一些尝试。

因此，《跨境电商理论与实务》（第二版）一书基于中国跨境电商的发展和实践，既有理论总结，也有实操指导，内容丰富、结构合理。在社会急需了解和掌握跨境电商理论和实务的时候，此书恰逢其时，肯定对跨境电商从业人员具有很强的指导意义。本人愿意向广大读者推荐。

对外经济贸易大学国际商务研究中心主任
阿里研究院学术委员会委员　王　健
APEC 电子商务工商联盟专家委员会副主任

前言

互联网正在不断影响着传统国际贸易的方式与手段，而跨境电商作为一种新型国际贸易手段，使得位居不同国家的交易主体能够方便快捷地完成进出口贸易中的展示、洽谈与成交等活动，并通过跨境物流或异地仓储送达商品、完成交易，从而实现传统国际贸易流程的电子化、数字化和网络化，成为各国经济增长的新引擎，是开放型经济转型升级的新动力。2015 年以来，我国外贸形势日益复杂严峻且下行压力不断增大，但我国跨境电商却呈现出“逆势增长”的态势。根据国家统计局数据，2017 年我国实物商品网上零售总额达 5.48 万亿元，同比增长 28.0%，占零售总额的比重达到 15.0%，同比提升 2.4 个百分点，带动了大量中小微企业出口，成为新的外贸增长点。

跨境电商的发展已得到了各级政府与社会公众的一致高度重视。国务院下发《关于促进跨境电子商务健康快速发展的指导意见》，强调通过“互联网+外贸”发挥我国制造业大国优势、实现优进优出、扩大海外营销渠道、促进企业和外贸转型升级。在此大形势下，我国跨境电商产业发展迅猛，目前中国各类跨境平台企业已超过 5000 家，通过平台开展跨境电商的外贸企业超过 20 万家。跨境电商产业的快速发展需要大量的跨境电商人才支持，但现实是我国存在巨大的跨境电商人才供应缺口。据阿里研究院对跨境电商企业的调查显示：各类人才都短缺的企业占 40%，急需电商运营推广人才的超过 30%，急需技术性人才的超过 20%，急需物流供应链人才的超过 10%。跨境电商人才紧缺已成为我国跨境电商产业进一步发展的制约因素。

跨境电商人才培养需要高质量的教材支持。目前跨境电商人才培养的教材可大致分为两类：一类主要由从事跨境电商实务操作与管理的一线专家组织编写，其着重强调实务操作，忽视了对相关管理学基础理论的学习，这容易导致学习者只知其一不知其二，很难将自己所有的知识与实际发生的情况结合在一起，使其很难结合具体问题进行具体分析，从而不利于学习者在跨境电商行业长期发展；另一类则主要由从事跨境电商相关课程教学的高校教师组织编写，其着重强调诸如管理学、经济学及国际贸易等相关理论内容，而对跨境电商相关实务重视不够，这容易导致学习者可能满腹经纶，但缺乏实际动手操作能力，不能很快适应工作等问题。为尽可能避免以上不足，本书主要由阿里巴巴集团长期从事跨境电商实务操作与管理的专家及阿里巴巴商学院长期从事跨境电商教学与科研的骨干教师在共同反复研讨后合作编写。

本书在编写过程中特别注重跨境电商理论与跨境电商实践的结合。全书编写思路明确，内容广度和深度把握合理，理论知识体系完整，基本覆盖目前跨境电子商务实操的各个环节。本书每一章都配备作者精心设计的高质量的案例分析材料及实操的训练题，以提升理论性课程授课的效果。全书内容以跨境电子商务的业务流程为主体框架，结合跨境电子商务案例，系统全面地介绍了跨境电子商务的理论与实操知识。内容包括跨境电商概述、跨境 B2B 电商平台基本认知和实际操作、跨境 B2C 电商平台基本认知和实际操作、跨境电商综合服务平台、跨境电商从业技能要求、跨境电商品牌营销、跨境电商风险控制等。其中，第一章、第五章、第六章由柯丽敏编写，第二章、第三章、第四章由郑锴编写，第七章由魏捷编写，第八章由余红剑编写，第九章由洪方仁编写。全书最后由柯丽敏完成统稿工作。阿里巴巴国际站培训中心何董培、欧阳伍娟、胡薇参与了教材编写大纲及知识点的梳理和规划。

第一版自 2016 年出版以来，荣登中国海关出版社畅销图书榜，受到市场的欢迎和高校用书者的好评。2018 年，我们根据跨境电商形势的变化，推出了该书第二版，第二版反映了阿里巴巴国际站最新规则的变化，增加了新的内容，如超级信用证、商家星等级、精品项目等，删掉了一些已经过时的内容。同时在写作上注重阐述规则后面的理论基础，以使学习者更有前瞻性。

本书的编写与出版得到了中国海关出版社有关领导与编辑的高度重视与大力支持，并得到了阿里巴巴集团高红冰副总裁、阿里巴巴商学院张佐书记、阿里巴巴商学院执行院长章剑林教授、对外经济贸易大学王健教授的热情鼓励和指导，在此对他们一并深表感谢。

跨境电商方兴未艾，对跨境电商领域的认识还在初步积累、研究和深化之中，与此相关的很多概念和观点尚未成型或尚未完全达成共识，更由于编者水平有限、编写时间短等原因，书中的疏漏、不当之处难免，望读者不吝指正。

柯丽敏

2018 年冬于杭州

目录

第一章

CROSS BORDER E-COMMERCE

跨境电商综述

本章重点

本章学习重点是跨境电商的概念、特点、模式以及相关法律法规。

学习目标

本章旨在让学习者了解跨境电商的基本概念与特征，了解跨境电商的发展历程，学习跨境电商的交易模式及相关法律法规，从而更好地学习跨境电商的相关知识。完成本章学习，学习者应获得以下成果：

(1) 了解跨境电商的概念与特征；

(2) 了解跨境电商的发展历程；

(3) 了解跨境电商的模式；

(4) 了解跨境电商的相关法律法规。

第一节　跨境电商的概念与特征

进入21世纪以来，随着互联网的普及和快速发展，全球经济各个领域已经进入了互联网时代。利用互联网进行国际贸易已经成为国际贸易交易形式发展的新方向。本章对跨境电商的概念和特征等基础内容进行讲解。

一、了解跨境电商

（一）概念

跨境电商是指分属不同关境的交易主体，通过各类电子商务平台，完成营销、交付、结汇的一种商业活动，交易主体可分为企业、商户和个人消费者。跨境电商既包括海淘、代购、跨境零售，又包括跨境B2B模式等，凡是借助电子商务模式实现跨越国境或关境的商业活动都属于跨境电商的范畴。

从业务模式角度，跨境电商可分为跨境零售电商（B2C及C2C）及跨境B2B电商，其中跨境B2B电商不仅包括通过跨境交易平台实现的线上交易部分，还包括通过线上进行撮合实现线下交易的部分。如根据关境分类，跨境电商又可分为出口跨境电商及进口跨境电商。

1. 跨境零售电商

跨境零售中的跨境B2C（Business-to-Consumer）电商是指分属不同关境的企业直接面向消费者个人开展在线产品销售和服务，通过电商平台达成交易、进行支付结算，并通过跨境物流送达商品、完成交易的一种国际商业活动。跨境C2C（Consumer-to-Consumer）是指分属不同关境的个人卖方对个人买方开展在线产品销售和服务，由个人卖家通过第三方电商平台发布售卖产品的信息、价格等内容，个人买方进行筛选，最终通过电商平台达成交易、进行支付结算，并通过跨境物流送达商品、完成交易的一种国际商业活动。

跨境B2C电商有3种物流模式：国际小包和快递、海外仓储和聚集后规模化运输。

国际小包包括中国邮政小包和新加坡邮政小包等，特点是运输时间长。国际快递有DHL和EMS等，特点是成本较高。DHL和EMS这两种国际快递是最为传统且最简单直接的物流方式。对于众多未上规模的企业而言，国际小包和快递几乎是唯一可选择的物流方式。

海外仓储是指卖家在国外预先租下仓库，以海运或空运的形式先把货物运达仓库，然后在接到客户订单后从仓库直接发货。要实现这一模式并不容易，因为虽然在海外建仓库后运输成本会低很多，还可以提高寄送速度，但建设成本和运营成本很高。

聚集后规模化运输有两种类型：一种是企业自身集货运输，这种物流运输模式主要适用于B2C平台本身即为外贸公司，公司自己从国内供应商处采购商品，通过自身的B2C平台出售给国外买家，通过买入卖出赚取利润差价；另一种是通过外贸企业联盟集货，主要是利用规模优势和优势互补的原理，将一些货物相似的小型外贸企业联合起来，组成B2C战略联盟，通过协定成立共同的外贸B2C物流运营中心。这种类型的缺点是有较长的运输周期和复杂的物流程序，并且企业在前期需要投入大量的资金，对于许多中小型外贸企业，这笔费用是难以承受的。

2. 跨境B2B电商

跨境B2B（Business-to-Business）电商，是指分属不同关境的企业对企业，通过电商平台达成交易、进行支付结算，并通过跨境物流送达商品、完成交易的一种国际商业活动。它已纳入海关一般贸易统计。

3. 跨境电商流程

从跨境电商出口的流程看，生产商或制造商将生产的商品在跨境电商企业的平台上上线展示，在商品被选购下单并完成支付后，跨境电商企业将商品交付给物流企业进行投递，经过两次（出口国和进口国）海关通关商检后，最终送达消费者或企业手中，也有的跨境电商企业直接与第三方综合服务平台合作，让第三方综合服务平台代办物流、通关商检等一系列环节，从而完成整个跨境电商交易的过程（见图1-1）。跨境电商进口的流程除了与出口流程的方向相反外，其他内容基本相同。

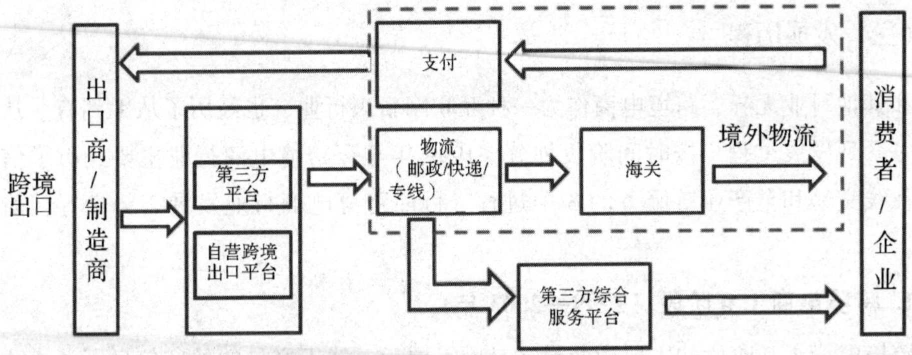

图 1-1　跨境出口电商流程

（二）跨境电商生态系统

跨境电商涵盖实物流、信息流、资金流、单证流，随着跨境电商经济的不断发展，跨境电商核心企业吸引并孵化了一些配套的企业，软件公司、代运营公司、在线支付公司、物流公司等配套企业都开始围绕跨境电商企业进行集聚，服务内容涵盖网店装修、图片翻译描述、网站运营、营销、物流、退换货、金融服务、质检、保险等内容，整个行业生态系统（见图 1-2）越来越健全，分工更清晰，并逐渐呈现出生态化的特征。目前，我国跨境电商服务业已经初具规模，这有力地推动了跨境电商行业的快速发展。

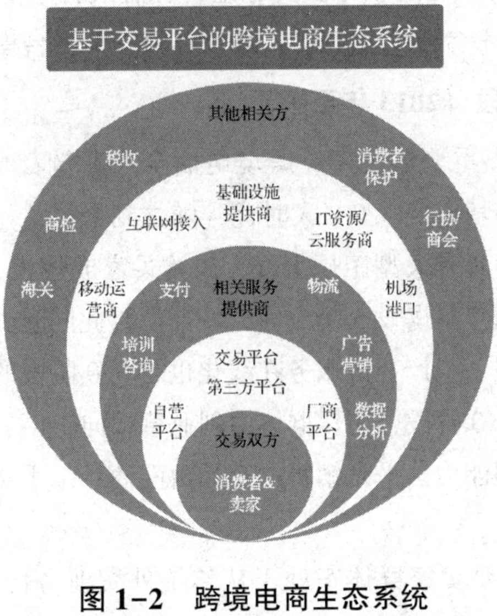

图 1-2　跨境电商生态系统

（三）发展历程

和其他行业无异，跨境电商作为一种互联网新兴行业，也经历了从无到有、从小到大的一系列发展过程。按时间阶段划分，1999 年至今跨境电商行业主要经历了信息服务、在线交易和全产业链服务的 3 个过程。目前跨境电商行业发展态势良好，前景光明。

1. 跨境电商 1.0 阶段（1999—2003 年）

跨境电商 1.0 阶段的主要商业模式是网上展示、线下交易的外贸信息服务模式。在跨境电商 1.0 阶段，第三方平台主要的功能是为企业信息以及产品提供网络展示平台，并不在网络上涉及任何交易环节。此时的盈利模式主要是向进行信息展示的企业收取会员费（如年服务费）。跨境电商 1.0 阶段发展过程中，也逐渐衍生出竞价推广、咨询服务等为供应商提供一条龙的信息流增值服务。

2. 跨境电商 2.0 阶段（2004—2012 年）

2004 年，随着敦煌网的上线，跨境电商 2.0 阶段来临。在这个阶段，跨境电商平台开始摆脱纯信息黄页的展示行为，将线下交易、支付、物流等流程实现电子化，逐步实现在线交易平台。相比较跨境电商 1.0 阶段，跨境电商 2.0 阶段更能体现电子商务的本质，借助于电子商务平台，通过服务、资源整合，有效打通上下游供应链，包括 B2B（平台对企业小额交易）平台模式及 B2C（平台对用户）平台模式两种模式。

3. 跨境电商 3.0 阶段（2013 年至今）

2013 年成为跨境电商重要转型年，跨境电商全产业链都出现了商业模式的变化。随着跨境电商的转型，跨境电商 3.0“大时代”随之到来。

首先，跨境电商 3.0 具有大型工厂上线、B 类买家成规模、中大额订单比例提升、大型服务商加入和移动用户量爆发 5 个方面的特征。与此同时，跨境电商 3.0 服务全面升级、平台承载能力更强、全产业链服务在线化也是 3.0 阶段的重要特征。

其次，在跨境电商 3.0 阶段，用户群体由创业草根向工厂、外贸公司转变，且具有极强的生产、设计、管理能力。平台销售的产品由网商、二手货源向一手货源好产品转变。

再次，3.0 阶段的主要卖家群体正处于从传统外贸业务向跨境电商业务艰难转型期，生产模式由大生产线向柔性制造转变，对代运营和产业链配套服务需求较高。另一方面，3.0 阶段的主要平台模式也由 C2C、B2C 模式向 B2B、M2B 模式转变，批发商买家的中大额交易成为平台主要订单。

当前跨境电商行业开始显现出新的特点，具体主要包括以下 3 个方面。

（1）参与主体多样化

2012 年以前，跨境电商的参与者主要以小微的草根企业、个体商户及网商为主，2013 年以来，传统贸易中的主流参与者如外贸企业、工厂和品牌商家开始进入这个领域，并逐渐走向规模化运作。

（2）产业链逐渐完善

针对影响跨境电商发展的营销、通关商检、物流、支付等环节的问题，跨境电商企业及服务企业不断向产业链其他环节延伸，整合多方资源提供一体化服务，新的服务商也在不断涌现，整个产业链和生态系统的服务链条越来越清晰和完善。

（3）运营方式品牌化

早期跨境电商借助中国为制造大国的优势，以销售物美价廉的产品及 OEM① 代工为主，近两年来，大量企业开始考虑走品牌化运营之路，特别是一些较大的企业开始考虑规模化并建立自己的平台，把品牌引向海外市场，通过品牌来提升自己在跨境电商中的价值。

（四）我国跨境电商发展现状

目前我国跨境电商行业的发展主要体现出 3 个特征：跨境电商交易规模持续扩大，在进出口贸易中所占的比重持续升高；跨境电商以出口业务为主；跨境电商以 B2B 业务为主，并且 B2C 模式逐渐兴起且发展趋势良好。同时，我国对跨境电商的扶持力度大大提高，颁布了一系列相关政策，为跨境电商的未来发展提供了充足的内在动力。

1. 跨境电商交易规模持续扩大，在进出口贸易中所占比重持续提高

由于当前世界贸易趋于收敛，愈来愈多的企业和商家开始致力于减少流通环节、降低流通成本、拉近和国外消费者的距离以开拓国外市场，提高经济效益。而跨境电商正好为其提供了有利的渠道。2012 年，我国外贸进出口规模超过美国，成为世界进出口

---

① OEM 是 Original Equipment Manufacture（原始设备制造商）的缩写，它是指一种“代工生产”方式，其含义是生产者不直接生产产品，而是利用自己掌握的“关键的核心技术”，负责设计和开发、控制销售“渠道”，具体的加工任务交给别的企业去做的方式。这种方式是在电子产业大量发展起来以后才在世界范围内逐步生成的一种普遍现象，微软、IBM 等国际上的主要大企业均采用这种方式。

交易规模最大的国家，与此同时，我国的跨境电商也在快速发展。2014 年，我国跨境电商交易额为 4.2 万亿元，增长率为 35.5%，占我国进出口贸易总额的 15.9%。跨境电商平台企业超过 5000 家，境内通过各类平台开展跨境电商的企业超过 20 万家。2017 年，跨境电商交易额达 8 万亿元，占进出口贸易额的 23.1%（见图 1-3）。

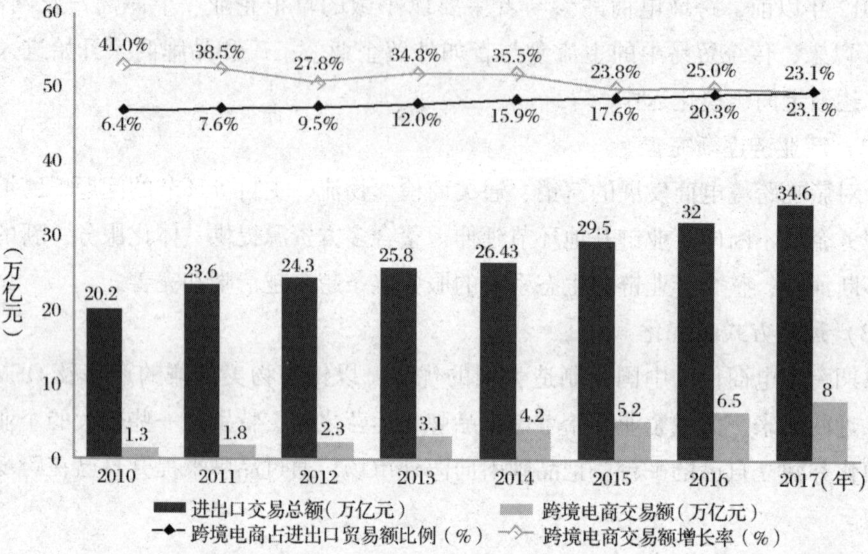

图 1-3　2010—2017 年我国跨境电商交易额

数据来源：国家统计局、艾瑞咨询、中国电子商务研究中心。

2. 在进出口结构方面，出口跨境电商发展迅速，进口跨境电商占比平稳提升

从 2014 年我国跨境电商的进出口结构来看，2014 年我国跨境电商出口占比为 86.7%，进口占比为 13.3%。由此可见，我国的出口跨境电商发展较进口跨境电商而言更占优势。不过，随着网购市场的开放和扩大以及消费者网购习惯的逐渐形成和成熟，未来进口跨境电商将会有很大的发展空间，预计未来几年进口跨境电商的占比将会逐渐提高（见图 1-4）。

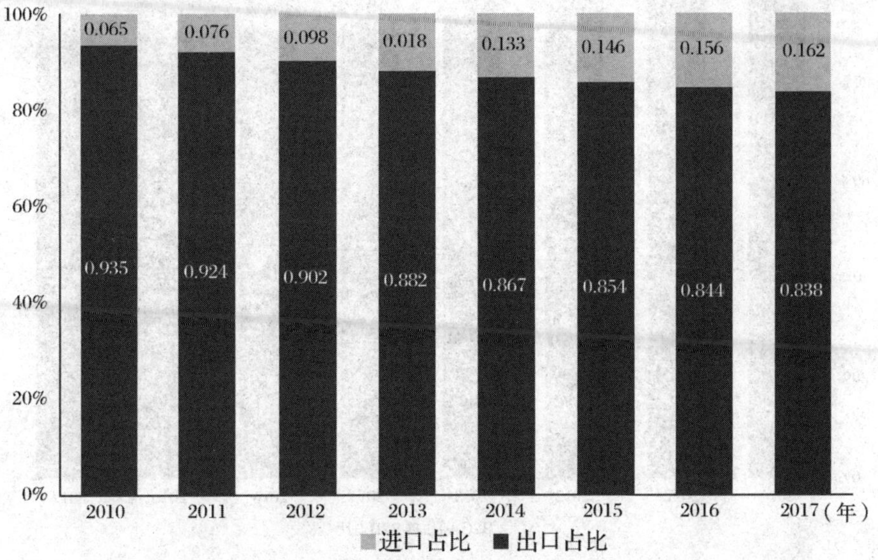

图 1-4　2010—2017 年我国跨境电商进出口结构

数据来源：国家统计局、艾瑞咨询。

3. 从业务模式来看，跨境电商以 B2B 模式为主，B2C 模式逐渐兴起

按照运营模式划分，跨境电商可分为跨境一般贸易（跨境 B2B）和跨境电商零售（跨境 B2C 和 C2C）。其中，跨境 B2B 模式在跨境电商中居于主导地位。

跨境零售面对的是终端客户，目前在跨境电商中所占的比重较低。2014 年，从我国跨境电商的交易模式来看，跨境 B2B 交易占比为 92. 4%，占据绝对主导地位；2017 年，我国跨境电商 B2B 交易占比仍达到 88. 9%（见图 1-5）。

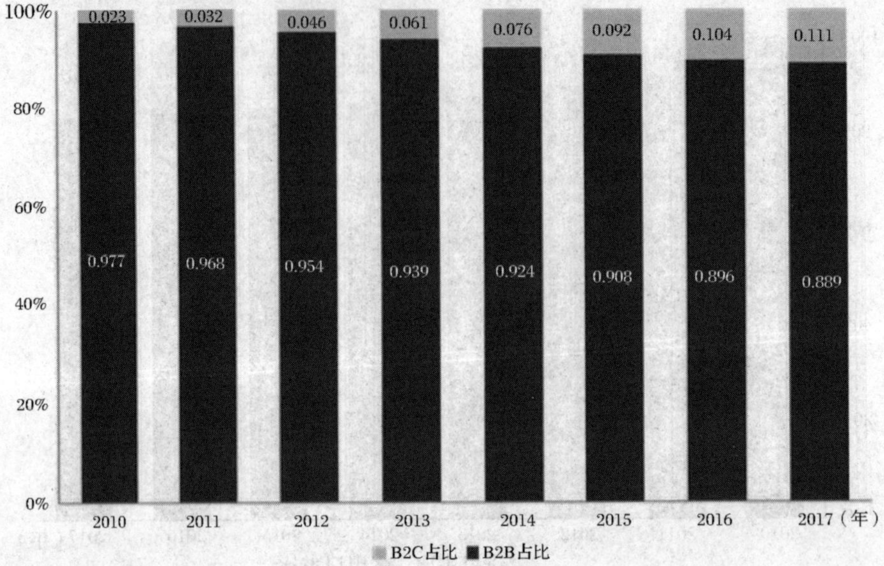

图 1-5　2010—2017 年我国跨境电商业务结构

数据来源：国家统计局、艾瑞咨询。

（五）未来跨境电商发展趋势

根据阿里研究院发布的《2018 中小企业跨境电商报告》，未来跨境电商发展将呈现以下 7 个趋势。

1. 买家地域扁平化

从进口规模来看，美国、德国、英国、日本依然是传统的贸易大国。但随着跨境电商平台发展速度加快，多语言沟通的实现和跨境贸易服务在全世界范围内的覆盖，来自世界各地的买家都可以通过互联网的方式，从世界的另一端采购到所需要的商品。从阿里巴巴国际站的数据来看，来自非传统贸易大国的买家从数量、需求和订单量来看都表现出巨大的增长潜力。2017 年，阿里巴巴注册买家已经覆盖了全球 200 多个国家和地区，全球买家数同比增长 28%，其中活跃买家数增长最快的国家是印度、越南和尼泊尔，增速分别为 87%、75%和 74%（见图 1-6）。

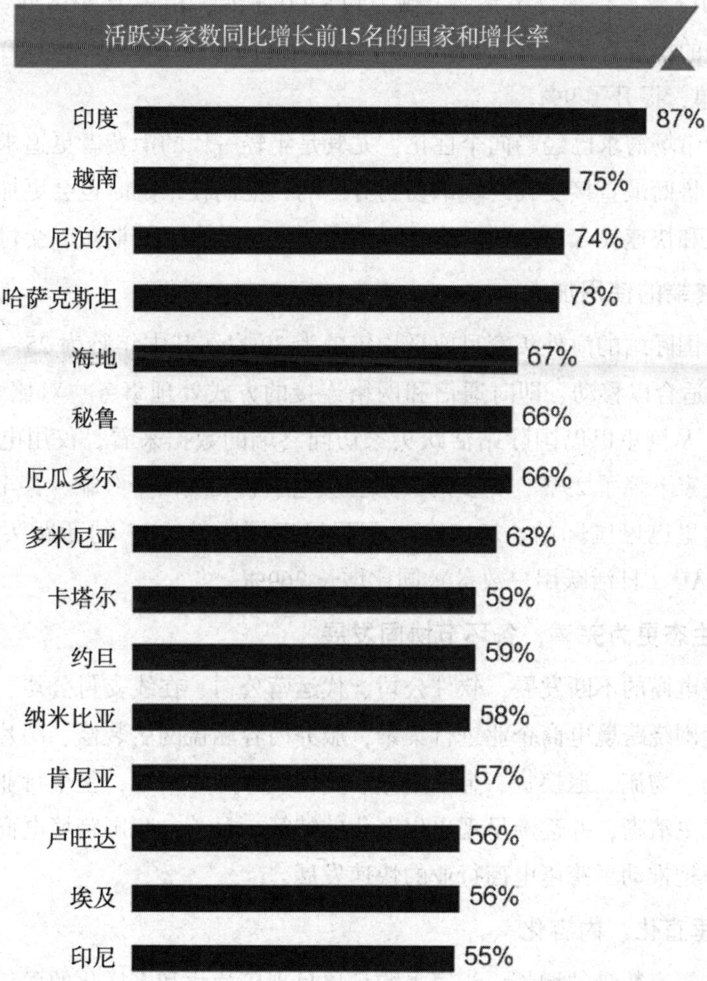

图 1-6　阿里巴巴国际站上活跃买家数同比增长前 15 名的国家和增长率

资料来源：阿里研究院的《2018 中小企业跨境电商报告》。

2. 采购碎片化

在经济全球化大环境下，市场需求多变，如果将数量过高的订单压在运输和仓储的过程中，对于从事跨境采购的买家而言具有很高的风险和资金压力，而高频小单采购的方式可以更好地规避库存积压的风险。从阿里巴巴和一达通出口的数据上可以看出碎片化采购模式已经到来。2017 年，一达通订单平均金额为 4.6 万美元，相较于 2016 年下降了22%。2017年，信保订单平均金额为约8300美元，相较于2016年下降了约13%。平均每年采购的单量有所提升，2016年买家客均信保单量为1.87单，2017年客均信保单量为2.04单，提升了9%。

国际消费市场需求已经趋向个性化，尤其是年轻一代的消费者更追求独特、充满个性的商品。零售商最直接受到终端市场趋势影响，他们在采购时也会更加注重商品的多样性、独特性和快速投入市场的可能性，从而要求订单小、周期短、交付快。

3. 无线终端的使用加大

阿里巴巴国际站的海外买家目前平均年龄为39岁，其中年龄为25~34岁的买家占31%。他们更适合以移动、即时通信和网络连接的方式处理事务。对比2017年年底与2016年年底，从阿里巴巴国际站活跃买家访问终端的数据来看，仅用电脑访问阿里巴巴国际站的买家下降了29%，更多的买家会从电脑和无线两个终端，甚至仅用无线一个终端来访问阿里巴巴国际站。2017年，阿里巴巴国际站APP的活跃买家数同比增长52%，月均DAU（日活跃用户数量）同比增长269%。

4. 产业生态更为完善，各环节协同发展

随着跨境电商的不断发展，软件公司、代运营公司、在线支付公司、物流公司等配套企业都开始围绕跨境电商企业进行集聚，服务内容涵盖网店装修、图片翻译描述、网站运营、营销、物流、退换货、金融服务、质检、保险等内容，整个行业生态系统越来越健全，分工更清晰，并逐渐呈现出生态化的特征。目前，我国跨境电商服务业已经初具规模，有力地推动了跨境电商行业的快速发展。

5. 导购垂直化、内容化

随着海外买家数量的增长，买家采购订单呈现碎片化和多样化的面貌，买家需求也表现出了更加细分和垂直的趋势。一方面，电商平台可以通过数据进行有针对性的商品和供应商推荐，更好地匹配买家需求；另一方面，不同行业和品类的采购有不同的关注点、采购周期和对供应链服务的要求，电商平台需要针对不同行业往垂直化精细运营的方向深耕。

6. 贸易服务集约化

基于互联网的外贸服务新业态把互联网“高效、无界、透明”的特性与外贸环节中“分散、复杂、量大”的市场需求相结合，通过服务集约化、透明化、在线化的方式，优化和改善全球贸易价值链格局。中小企业将结算、物流、税务、融资等服务需求外包到平台以获取成本费用的下降，提高效率，同时也促进外贸服务分工的细化，让“专业的人来做专业的事”。买家不仅通过商品和质量来评价供应商，更会通过供应商在线上表现出来的专业度、沟通水平和服务能力来综合筛选供应商。

7. 中国制造品牌化

长期以来，依靠劳动力成本优势、技术含量相对不高、利润空间比较微薄的加工贸易型企业占中国外贸公司的一半，成就了中国“世界工厂”的地位，加工贸易要使用大量进口材料，因此中国外贸表现为“大进大出”的模式。然而随着我国劳动力成本持续攀升，资源约束日益加重，“大进大出”的模式已经难以为继，必须推动中国外贸从“大进大出”转向“优进优出”，形成开放型经济新格局。近几年一般贸易占比提升表明中国自主品牌产品出口在增长，有利于外贸从“大进大出”向“优进优出”转变。“优进优出”的重点工作之一就是要提高优势产品竞争力，鼓励企业提高产品科技含量和附加值。

综合以上七大趋势，未来将会有更多来自全球的买家和卖家通过多个终端接入跨境B2B电商平台，高效地完成碎片化的贸易订单。中小企业也应该顺应时代的潮流，借助跨境B2B电商平台的发展势头，自主创新，深化服务，重视在无线端、多媒体内容和专业化上的建设，在贸易品质和贸易效率上实现质的飞跃。跨境电商平台则需在“全球买全球卖”的大格局下，拓展供应商资源，通过行业垂直化的运营、内容化的导购和集约化的服务，利用新兴技术和大数据技术完成新外贸模式转型，更好地促进全球贸易的繁荣和发展。

二、 跨境电商的特征

（一）跨境电商与国内电商的区别

1. 业务环节的差异

国内电商从事国内贸易，而跨境电商实际上从事的是国际贸易。较之国内电商，跨境电商业务环节更加复杂，需要经过海关通关、检验检疫、外汇结算、出口退税、进口征税等环节。在货物运输上，跨境电商通过邮政小包、快递方式出境，货物从售出到送达国外消费者手中的时间更长，因路途遥远，货物容易损坏，且各国邮政派送的能力相对有限，集聚增长的邮包量也易引起贸易摩擦。国内电商发生在国内，以快递方式将货物送达消费者，路途近，到货速度快，货物损坏概率低。

2. 交易主体差异

国内电商交易主体一般在国内，交易发生在国内企业和企业、国内企业和个人或者国内个人和个人之间。而跨境电商交易的主体在不同的关境内，交易发生在国内企业和境外企业、国内企业和境外个人或者国内个人和境外个人之间。交易主体遍及全球，有不同的消费习惯、文化心理、生活习俗，这要求跨境电商对国际化的流量引入、广告推广营销、国外当地品牌认知等有更深入的了解，需要对国外贸易、互联网、分销体系、消费者行为有很深的了解，要有“当地化/本地化”思维，难度远远超出日常国内的电商。

3. 交易风险差异

国内生产企业知识产权意识比较薄弱，再加上 B2C 电商市场上的产品多为不需要高科技和大规模生产的日用消费品，很多企业缺乏产品定位，什么热卖就上什么产品，大量的低附加值、无品牌、质量不高的商品和假货、仿品充斥跨境电商市场，侵犯知识产权等现象时有发生。在商业环境和法律体系较为完善的国家，很容易引起知识产权纠纷，后续的司法诉讼和赔偿十分麻烦。国内电商行为发生在同一个国家，交易双方对商标、品牌等知识产权有统一的认识，侵权引起的纠纷较少，即使产生纠纷，处理时间较短，处理方式也较为简单。

4. 适用规则差异

跨境电商比一般国内电商需要适应的规则更多、更细、更复杂，例如平台规则。跨境电商经营借助的平台除了国内的平台，还有在国外的平台。国内的 B2B 以及 B2C 平台已经很多，各个平台均有不同的操作规则，海外各国的平台及其规则更是令人眼花缭乱。跨境电商需要熟悉不同海内外平台的操作规则，具有针对不同需求和业务模式进行多平台运营的技能。

国内电商只需遵循本国电子商务的规则，但是跨境电商要以国际通用贸易协定为基础，或者以双边的贸易协定为基础。跨境电商需要有很强的政策、规则敏感性，要及时了解国际贸易体系、规则和进出口管制、关税细则、政策的变化，对进出口形势也要有更深入的了解和分析能力。

（二）跨境电商和传统国际贸易的区别

跨境电商与传统国际贸易模式相比，受地理范围的限制较少，受各国贸易保护措施的影响较小，交易环节涉及中间商少，因而价格低、利润率高。但同时也存在明显的通关、结汇和退税障碍，以及贸易争端处理不完善等劣势。通过对两者进行对比，可以看出其中的差异（见表 1-1）。

表 1-1　跨境电商与传统国际贸易模式对比

	传统国际贸易	跨境电商
沟通方式	面对面，直接接触	通过互联网平台，间接接触
运作基础	商务合同	互联网平台
订单类型	批次少、批量大	批次多、批量少
价格、利润率	价格高、利润率相对较低	价格实惠、利润率高
产品类目	产品类目少、更新速度慢	产品类目多、更新速度快
规模、速度	市场规模大但受地域限制，增长速度相对缓慢	面向全球市场，规模大，增长速度快
交易环节	复杂（生产商—贸易商—进口商—批发商—零售商—消费者），涉及中间商较多	简单（生产商—零售商—消费者或生产商—消费者），涉及中间商较少
支付与结汇	信用证、电汇等	信用证、电汇、互联网金融等，支付方式更多样
运输	空运、集装箱海运、铁路运输	空运、集装箱海运、铁路运输、邮政小包、快递、物流专线，运输方式更多样
争端处理	健全的争端处理机制	争端处理不畅，效率低

归纳来看，跨境电商呈现出传统国际贸易所不具备的五大新特征：多边化、小批量、高频度、透明化、数字化。

1. 跨境电商的多边化

多边化是指跨境电商贸易过程相关的信息流、商流、物流、资金流已由传统的双边逐步向多边的方向演进，呈网状结构。跨境电商可以通过 A 国的交易平台、B 国的支付结算平台、C 国的物流平台实现其他国家间的直接贸易。而传统的国际贸易主要表现为两国之间的双边贸易，即使有多边贸易，也是通过多个双边贸易实现的，呈线状结构。

2. 跨境电商的小批量

小批量是指跨境电商相对于传统贸易而言，单笔订单大多是小批量的，有的消费者的订单甚至是单件。这是由于跨境电商实现了单个企业之间或单个企业与个人之间的交易，跨境电商比传统贸易方式下的产品类目多、更新速度快，具有海量商品信息库、个性化广告推送、支付方式简便多样等优势，由于掌握了更多的顾客数据，跨境电商企业更能设计和生产出差异化、定制化产品，更好地为顾客提供服务。

3. 跨境电商的高频度

高频度是指跨境电商单个企业或消费者能够即时按需采购、销售或消费。在传统国际贸易模式下，信息流、资金流和物流是分离的，而跨境电商可以将信息流、资金流和物流集合在一个平台上完成，而且可以同时进行，因此相对于传统贸易而言，交易双方的交易频率大幅提高。

4. 跨境电商的透明化

透明化是指跨境电商不仅可以通过电商交易与服务平台实现多国企业之间、企业与最终消费者之间的直接交易。在跨境电商模式下，供求双方的贸易活动可以采用标准化、电子化的合同、提单、发票和凭证，使得各种相关单证在网上即可实现瞬间传递，增加贸易信息的透明度，减少了信息不对称造成的贸易风险。特别是传统贸易中一些重要的中间角色被弱化甚至替代了，国际贸易供应链更加扁平化，形成制造商和消费者的“双赢”局面。通过电商平台，跨境电商大大降低了国际贸易的门槛，使得贸易主体更加多样化，大大丰富了国际贸易的主体阵营。

5. 跨境电商的数字化

数字化有两层含义：一是指越来越多的传统跨境贸易借助电子化平台开展，传统贸易环节的相关信息也更好地以无纸化的方式呈现；二是指随着信息网络技术的深化应用，数字化产品（软件、影视作品、游戏等）的品类和贸易量快速增长，且通过跨境电商进行销售或消费的趋势更加明显。与之相比，传统的国际贸易主要存在于实物产品或服务中间。

三、 跨境电商的意义

统计数据显示：2015 年，我国外贸形势复杂严峻、下行压力大。2015 年 1~11 月，我国进出口量为35655.3亿美元，同比下降8.5%，其中出口量为20523.2亿美元，同比下降3%；进口15132.1亿美元，同比下降15.1%。2016年，我国外贸发展面临的国际国内形势依然复杂严峻。国际市场需求增长乏力、大宗商品和原材料价格下跌、进口需求下降、要素成本持续上升等，外贸发展的不确定、不稳定因素增多，下行压力仍然非常大。不过，在传统外贸整体低迷、增长不足的情况下，跨境电商却呈现出“逆势增长”的态势。统计数据显示：中国各类跨境平台企业已超过5000家，通过平台开展跨境电商的外贸企业超过20万家。2015年以来，跨境电商出口增速超过30%，市场采购贸易增幅超过70%，带动了大量中小微企业出口，跨境电商成为新的外贸增长点。商务部预测，未来几年跨境电商占中国进出口贸易的比例将会提高到20%，年增长率将超过30%。全球外贸形势的低迷、中国经济下行的压力使得跨境电商承担了推动开放型经济的转型升级、打造新的经济增长点的任务。

（一）有利于主动应对全球贸易新格局，建设贸易强国

跨境电商作为全球外贸发展的新兴贸易形式，具有无边界、全球化的特性，为我国应对贸易新格局、避免被边缘化提供了新途径。做大做强无边界跨境电商是与全球新贸易格局下主要国家与地区形成新型贸易关系的新途径，这不仅有利于主动应对全球贸易新格局，也有利于改变长期以来我国在传统国际贸易分工格局中处于低端的局面，构建全球化的自主销售终端，为我国从贸易大国向贸易强国转变贡献力量。

（二）有利于抢抓全球跨境电商发展制高点，打造信息化强国

随着经济全球化和产业信息化的快速发展，跨境电商在世界经济中扮演着越来越重要的角色，世界各国都在大力推动跨境电商发展，并使其成为做强制造业、控制全球销售环节、进入别国市场的利器。目前全球已形成了亚马逊、eBay、Wish等全球型跨境电商平台，并在这些平台上优先保护本国产业和商户。为此，虽然我国电子商务交易量居全球第一，但跨境电商发展刚起步，基础较弱、障碍较多，若我国不加快发展跨境电商，掌握核心平台与技术，必将受制于人。国家建立跨境电商综试区，从国家战略高度谋划跨境电商发展，搭建具有全球竞争力的跨境电商平台，建立权威的全球跨境电商的大数据交易中心，建立服务全球的跨境电商服务体系，抢占境外市场，掌握跨境电商行业话语权和制高点，推动网络时代下我国产业信息化、国际化发展，有利于建设信息化强国。

（三）有利于赋能制造企业，提升产业水平

传统企业借助跨境电商实际解决了 3 个问题：市场问题、利润问题、价值问题。①市场问题，通过电子商务平台实现“买全球卖全球”，大大扩展了市场信息的来源渠道，有效解决了企业因信息不对称带来的外贸订单减少的问题，不是没有市场，是没有发现市场；②利润问题，互联网外贸能够使外贸链更加扁平化，减少中间环节，直达客户终端，降低交易成本，有效解决企业利润下降的问题，不是没有利润，是没有利润分配的话语权；③价值问题，通过在线化、直接化的经营模式，自主掌握营销渠道，有利于企业创建自主品牌，摆脱“代工”和“价值链低端”困境，不是没有价值，是没有能力挖掘价值。

在这里讲个案例，有一个关于“芭比娃娃”的故事：在美国沃尔玛售价为 9.9 美元的芭比娃娃，中国加工企业对其的售价仅为 1 美元，大量利润被国外中间商和经销商拿走。而面对这一尴尬现状的同时，又频频出现这样的“新闻”：国内消费者抢购境外商品，从奢侈品到日用品无所不抢，如日本“马桶盖”等。

这种尴尬的背后实质上是外贸在结构调整、转型升级方面遇到的突出问题。从当前中国外贸面临的困境看，市场订单不足、利润空间变小、产品价值低端，这是困扰外贸企业发展的三大难题。

如何破题？从跨境电商发展来看，当前跨境 B2B 形态日渐成熟，从信息发布 1.0 时代、部分流程在线化的 2.0 时代发展到今天的 3.0 时代，实现信息发布、合同达成，最终形成互联网的完整闭环，依托电子商务开展企业之间的大规模跨境贸易已经水到渠成，这就是互联网带来的商业变迁，这就是互联网带来的贸易革命，势不可挡。

（四）有利于探索网络时代下政府行政监管方式的创新

现行管理体制、政策、法规及现有环境条件已无法满足跨境电商的发展要求，按传统贸易方式监管，普遍存在“通关难、结汇难、退税难”等问题。在跨境电商发展过程中，积极探索并解决其面临的“关”“税”“汇”“检”“商”“物”“融”等方面的障碍，破解并建立全程监管标准体系，有助于促进跨境贸易电子商务规范化、便利化发展，有助于深化国际贸易领域和电子商务领域新一轮监管体制机制改革。

四、我国跨境电商竞争力分析和展望

（一）“国家竞争优势”理论

美国哈佛商学院的迈克尔·波特（Michael Poter）1990 年提出了一种理解国家或地区全球竞争地位的全新方法，即“钻石”模型，亦即“国家竞争优势”理论。揭示了一个国家在某个特定行业能够获得国际性的成功并进而取得垄断性的行业地位的根源。他提出的“集群”观点或相互联系的企业、供应商、相关产业和特定地区的组织机构组成的群体，已经成为企业和政府思考经济、评估地区的竞争优势和制定公共政策的一种新方式。该理论对于分析中国当前如何在跨境电商领域取得国家竞争力具有重大的借鉴意义。

波特“国家竞争优势”理论的中心思想是一国兴衰的根本在于国际竞争中是否赢得优势，而国家竞争优势的取得，关键在于以下四个基本要素和两个辅助要素的整合作用。

1. 资源要素

资源要素指一个国家的生产要素状况，包括人力资源、天然资源、知识资源、资本资源、基础设施。

波特把各种要素按等级划分成基本要素（或初级要素）和高级要素两大类，前者包括自然资源、气候、地理位置、人口统计特征，后者包括通信基础设施、复杂和熟练劳动力、科研设施以及专门技术知识。波特认为高级要素对竞争优势具有更重要的作用，它与自然赋予的基本要素不同，高级要素是个人、企业以及政府投资的结果。因此，政府在基础教育和高等教育的投资是通过提高人口的普通技能和知识水平，通过刺激和鼓励高等教育与科研机构的高级研究，从而极大地提高国家的高级要素质量。

高级要素与基本要素之间存在着复杂的关系。基本要素可以为一国提供一些初始的优势，这些优势随着在高级要素方面的投资得到加强和扩展。反过来讲，基本要素方面的劣势地位会形成一种向高级要素方面投资的压力。

2. 需求条件

需求条件指对某个行业产品或服务的国内需求状况。

波特理论十分强调国内需求在刺激和提高国家竞争优势中的作用。波特认为，如果一国内的消费者的需求是成熟、复杂和苛刻的话，会有助于该国企业赢得国际竞争优势，因为有成熟、复杂和苛刻要求需求的消费者会迫使本国企业努力达到产品高质量标准和产品创新。波特指出，推进企业走向国际化竞争的动力很重要。这种动力可能来自国际需求的拉力，也可能来自本地竞争者的压力或市场的推力。

3. 辅助行业

辅助行业指国内是否存在具有国际竞争力的供应商和关联辅助行业。在国内拥有具备国际竞争力的供应商和关联辅助性行业，是一个行业能够取得国家竞争优势的第三个条件。关联行业和辅助行业在高级生产要素方面投资的好处将逐步扩溢到本行业中来，从而有助于该行业取得国际竞争的有利地位。这种行业发展过程的结果之一是一个国家内成功的行业趋向聚集，形成关联行业集群。

4. 企业战略、结构和竞争状况

波特模型中第四个促成国家竞争优势的条件，是国内企业的战略、结构和竞争状况。他在此主要提出两个观点：第一，不同的国家有着特色各异的“管理意识形态”，这些“管理意识形态”帮助或妨碍形成一国的竞争优势；第二，一个行业中存在激烈的国内竞争与该行业保持竞争优势之间存在密切的联系。激烈的国内竞争引导企业努力寻求提高生产与经营效率的途径，反过来促使它们成为更好的国际竞争企业。国内竞争给企业带来创新、改进质量、降低成本、通过投资提升高级生产要素等一系列压力。这一切都有助于产生具有世界竞争力的企业。

波特将这四方面的特质构成一个菱形，并认为当某些行业或行业内部门的菱形条件处于最佳状态时，该国企业取得成功的可能性最大。波特菱形同时还是一个互相促进增强的系统，任何一个特质的作用发挥程度取决于其他特质的状况。比如，良好的需求条件并不能导致竞争优势，除非竞争的状态（压力）已达到促使企业对其做出反应的程度（见图 1-7）。

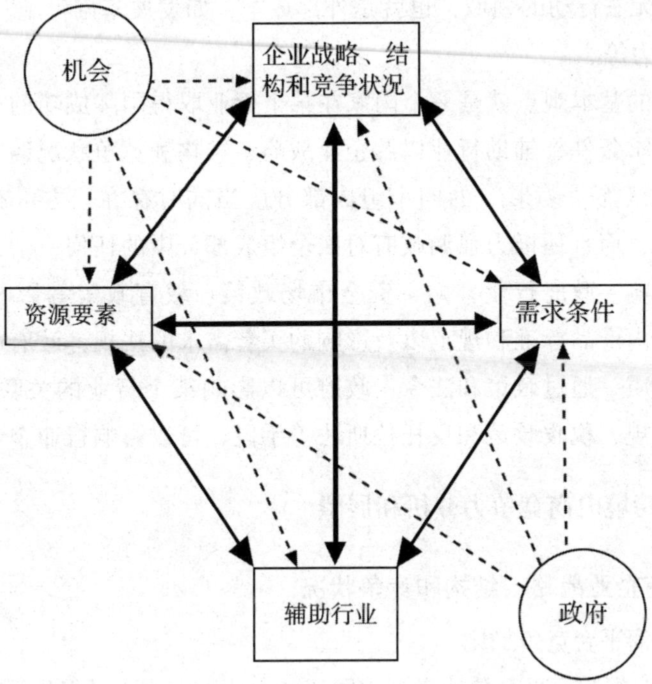

图 1-7　“国家竞争优势”理论示意图

5. 机会和政府

在四大要素之外还存在两大变数：机会和政府，这是另外两个能够对国家菱形条件产生重要影响的变量。

机会是可遇而不可求的，机会可以影响四大要素发生变化。对企业发展而言，形成机会的可能情况大致有几种：基础科技的发明创造、传统技术出现断层、外因导致生产成本突然提高（如石油危机）、金融市场或汇率的重大变化、市场需求的剧增、政府的重大决策、战争。机会其实是双向的，它往往在新的竞争者获得优势的同时，使原有的竞争者优势丧失，只有能满足新需求的厂商才能有发展“机遇”。譬如，包括重大技术革新在内的一些机遇事件会产生某种进程中断或突变效果，从而导致原有行业结构解体与重构，给一国的企业提供排挤和取代另一国企业的机会。政府部门通过政策选择，能够削弱或增强国家竞争优势。

政府应提供企业所需要的资源，创造产业发展的环境。政府只有扮演好自己的角色，才能成为扩大“钻石”体系的力量，政府可以创造新的机会和压力，政府直接投入的应该是企业无法行动的领域，也就是外部成本，如发展基础设施、开放资本渠道、培养信息整合能力等。

总之，波特的基本观点就是一个国家在某个行业取得国际成功的可能性程度是该国资源要素、需求条件、辅助行业以及企业战略、结构和竞争状况四个方面综合作用的结果。他不仅认为“菱形”的四个组成部分应当同时存在，方可有效地影响和促进竞争力的发展，而且还极力强调政府对四个组成部分中的任何一个方面都可以产生积极或消极的影响。政府行业补贴、资金市场政策、教育政策等影响到该国资源要素。通过制定国内产品标准和规范以及影响购买者需求的法规，政府可以培育和塑造国内需求及其性质。通过政策和法令，政府可以影响某个行业的关联和辅助性行业。通过资金市场法规、税收政策和反托拉斯法等手段，可以影响行业企业之间的竞争。

（二）我国跨境电商竞争力分析和展望

1. 跨境电商企业战略、结构和竞争状况

（1）跨境电商平台竞争加剧

新兴国家电商崛起，平台陆续来到中国招商，让卖家有了更多的平台选择。表现最为抢眼的是东南亚的Lazada①、拉美地区的Linio②以及非洲地区的Jumia③。为什么这些电商平台需要来中国招募卖家呢？显然，这与他们当地的工业体系相关。例如，拉美地区工业基础薄弱，当地能够提供的消费品种类有限，大部分依赖进口。因此，Linio不得不来到中国这个“世界工厂”，直接对接中国商家，以便为拉美消费者提供丰富的商品。

---

① Lazada于2012年成立，总部都设在新加坡。业务范围覆盖印度尼西亚、马来西亚、菲律宾、新加坡、泰国和越南6个东南亚国家，覆盖大约6亿消费者。Lazada是东南亚第一大B2C平台，也被称为东南亚版亚马逊平台。

② Linio成立于2012年，主要针对拉美市场，覆盖了墨西哥、哥伦比亚、秘鲁、委内瑞拉、智利、阿根廷、巴拿马和厄瓜多尔8个国家。2015年，Linio在中国开设了第一个办事处，并积极寻求合作伙伴。目前，已经有100家公司申请在Linio的网站上进行销售，并有20家已达成合作关系。

③ Jumia是尼日利亚市场最有发展前景的电商平台。目前Jumia的业务从尼日利亚扩展到9个不同国家，增速惊人，基本上维持两位数增长的增长速度。而随着非洲经济的发展，越来越多的买家期望可以购买到世界各个国家的产品，也在期望网购体验不断提升。以前物美价廉的商品在非洲市场非常热销，而现在非洲买家也逐渐开始要求优质的产品质量、适宜的价格和良好的交付，而不再是一味强调低价。

创业平台 PatPat、Bellabuy 等也在争夺中国商家资源。这些平台处于创业初期，急需卖家的支持，因而会提供更加有利于卖家的招商政策。

除阿里巴巴之外的国内电商巨头开始布局出口跨境电商平台。例如，2015 年 6 月，京东正式上线了京东全球售俄语站，10 月又悄然上线了印尼站。

独立网站（兰亭集势、环球易购、DX、SheIn、执御）流量成本高涨，生存环境持续恶化，销售产品从"低价的无牌产品"转向"高性价比的品牌产品"。平台卖家（棒谷、有棵树、纵腾、赛维、傲基、泽宝、Anker、通拓）、传统制造业、传统外贸业、国内电商大举进入，从"泛供应链"转向"精细化品牌"。

由此看来，可供中国商家开店的跨境电商平台越来越多了。对于卖家来说，这是好事。然而，对于平台来说，激烈的竞争已经构成其生存的压力了。

（2）跨境电商主体商业模式不断创新

打开 Wish 应用，我们看到的电商网站不是以传统商品展示的形式，而是以图片瀑布流的形式吸引消费者眼球。更重要的是，Wish 能够根据用户的信息及浏览记录个性化地推荐相应的商品。可见，模式的创新是 Wish 成功的关键。

杭州出口跨境电商企业 Ownonly 摒弃了传统的 B2C 模式，纳入 C2B 的西装定制概念，为欧美消费者提供个性化的在线量身定做服务。此外，Ownonly 在美国、法国、日本等地设有线下体验店，以 O2O 的形式寻求销量的突破。

再如大龙网，创业之初是 B2C 模式，后来转型为 B2B2C 模式，现在大龙网是"移动跨境贸易的 O2O 平台"。简单来说，现在的大龙网做的是 B2B 业务，线上为移动端的"约商"APP，线下则是分布全球的网贸会。

此外，阿里巴巴国际站大力推广"信保"，通过信用保障服务，出口商与进口商可以在线签订合同，并以一达通作为中间媒介完成支付交易。显然，这是阿里巴巴在跨境 B2B 闭环交易中的一次创新尝试，不仅最大限度地保障了买家权利，而且提升了优质中国出口商的曝光度。

亚马逊将"Amazonsupply. com"与"Amazon. com"的商业、工业、科学部门整合，推出"Amazon Business"，大举进军 B2B 领域。当中国的出口商注册成为"Amazon Business"的卖家时，便构成了跨境电商 B2B 交易模式。此外，敦煌网转型 B2B，Wish 继续火热并再推 Geek/Mama/Cute，创业者掀起移动端热潮（如 Getone、PatPat、Bellabuy、Surprise）等，都是模式创新的体现。

（3）品牌化经营成为跨境电商发展战略必选

越来越多的中国卖家选择品牌化的经营模式，借助跨境电商平台进行国际市场的拓展。

Anker是2011年成立的品牌，主要产品是移动电源和USB充电器。在亚马逊、eBay等跨境电商平台的帮助下，Anker产品远销北美、日本、欧洲等地区，成立一年多销售额就破亿元，成为亚马逊移动电源的销售冠军。eBay大卖家傲基国际在去年创立了自己的品牌Aukey，当年便实现3000多万元的销售。

出口跨境电商各个细分行业都在不断涌现出大受国外消费者欢迎的中国品牌。在跨境电商的帮助下，“中国制造”有望实现品牌化的升级改造，进而摆脱OEM代加工的廉价形象。

2. 辅助行业发展状况

（1）外围生态圈进一步完善

在跨境营销方面，除谷歌外，Yandex也大力开发中国B端市场；Facebook和Twitter放开中国代理。在跨境物流方面，邮政小包依旧是主流，但分化更细，如DHL小包①。海外仓竞争激烈，成为红海市场。在跨境支付方面，B2C结汇已经阳光化（7号文）②，银行与第三方支付既合作又竞争。

（2）资本运作持续发酵

无论是A股市场的投资并购，还是新三板的挂牌上市，都为出口跨境电商企业提供了丰富的融资渠道。

在A股市场上，百圆裤业首开先河，于2014年7月份全资收购了跨境电商企业环球易购并更名为“跨境通”，进行了一系列的资本运作，如2015年2月，入股前海帕拓逊、广州百伦；2015年5月，入股深圳通拓；2015年7月，入股进口跨境电商企业跨境易和易极云商。此后，跨境通又投资了上海飞书广告及深圳澎湃孵化器等跨境电商服务企业，并于12月高估值控股前海帕拓逊。可以说，资本运作后的百圆裤业已彻底转型为跨境电商企业，其股价也从转型前的15元一度飙升到115.5元。

---

① DHL GLOBAL MAIL是DHL的国际邮递专家，业务遍及全球200多个国家，具有价格优惠、排仓周期短、时效稳定、安全度高等渠道优势，是一款性价比极高的小包产品。适合eBay、Dhgate、速卖通（Aliexpress）等网商卖家邮寄重量轻、体积较小的商品。

② 2015年1月，外汇局出台了《国家外汇管理局关于开展支付机构跨境外汇支付业务试点的通知》（汇发〔2015〕7号，简称7号文）。

或许是因为百圆裤业的刺激，越来越多的A股上市公司开展了对跨境电商企业的投资。2015年5月，富安娜和浙江富润入股执御，占比分别为5%、2%。2015年6月，奥康国际7700万美元投资兰亭集势，占股25.66%。同样是6月，建研集团和汤臣倍健入股深圳有棵树，占比均为10%。显然，跨境电商已经成为A股市场炒作的概念，拥有这个概念的股票往往更容易受到投资者的追捧。

除了A股市场，新三板也涌现了不少出口跨境电商企业。2015年9月，广东百事泰成为第一家登陆新三板的出口跨境电商企业。2015年11月，主营服饰的无锡泽尚和主营3C电子产品的深圳傲基分别登陆新三板。

（3）移动端持续发力

跨境电商移动端的增长势头依旧迅猛。

Wish是成立于2011年的硅谷创业公司，起初只是在做图片社交应用。直到2013年3月，Wish在平台上加入商品交易功能，将中国商品销售给美国用户。这一改变使得Wish成为跨境电商移动端的一匹黑马，2013年平台交易额达1亿美元，2014年增长为近10亿美元。Wish先后上线专注于电子产品应用Geek、母婴类应用Mama、美妆类应用Cute、家居类应用Home。这些应用在销售方面都取得了不俗的表现。正是在这种情况下，一批批的创业者涌入跨境电商移动领域。

2015年3月上线的PatPat专注于美国母婴市场，致力于培育中国母婴品牌；2015年5月上线的Bellabuy定位于欧美女性消费群体，欲通过优秀的运营与Wish形成差异化竞争；2015年8月上线的Getone以3C电子产品为依托，并主推“9.99美元”定价模式。

根据Yotpo发布的《2015年度电商总结报告》，移动端流量占比仅为38%，但却在不断增长中。这意味着，从全球范围来看，移动端的浪潮依旧会持续下去。在这股浪潮中，历经十多年发展的出口跨境电商或将迎来一个新的创业风口。

3. 资源要素

（1）市场监管体系有待建立和完善

国务院及地方政府虽大力支持跨境电商发展，但缺乏法律和行政法规支撑，在跨境电商涉及的交易、税收、市场监管及消费者权益保障等方面缺乏完善的法规和标准，跨境电商企业的准入和退出机制不健全。此外，国内外产品标准体系不一致等问题也制约着跨境电商的发展。

(2) 产品质量安全主体责任难以落实

由于跨境电商准入门槛低，跨境电商行业良莠不齐，在质量控制方面缺乏标准意识和专业手段，尤其在缺乏刚性市场准入制度的情况下，一般由电商平台企业自设门槛，准入条件较低，导致部分电商经营企业质量安全自控标准不高。有的跨境电商企业消费者权益保护制度不健全，一旦发生消费纠纷或质量安全问题，消费者维权异常困难，特别是电商平台企业在境外的情况，跨国维权更为艰难。当前，企业通过电商平台进行虚假宣传、销售假冒伪劣产品、侵犯知识产权、非法交易及欺诈的行为时有发生，海外消费者投诉较多。据统计，中国大陆地区卖家在全球最大的电子商务平台 eBay 完成的跨国交易中，平均每 100 个交易会接到 5. 8 个投诉，远高于全球平均水平（2. 5 个）。

这一类知识产权侵权行为既影响了中国制造企业的信誉，也阻碍了中国制造企业的创新，是中国制造业的大毒瘤。这类案件的症结在于没有理顺商业秩序和竞争秩序。中国的外贸企业需要从知识产权入手，建立自己的品牌。而从更远的角度看，中国到了规范竞争秩序的时候了。政府也已从长期发展的角度看待和解决这类案件。在 2015 年 12 月，李克强总理三天内两次强调对知识产权的保护，不仅在国务院常务会议上要求确定改革完善知识产权制度的措施，而且要求在“十三五”规划中添加知识产权保护的相关内容。

(3) 跨境电商成为外来物种入侵的新“通道”

跨境电商爆发式增长，使之成为外来物种进入中国的新“通道”。仅 2014 年，四川检验检疫局就从邮件、快件和旅客携带物中截获违规进境的动植物产品 5385 批次，同比增长 3 倍，检出植物有害生物同比分别增长 74%、110%，其中属于全国首次检出的一般性有害生物 25 种，四川首次检出的检疫性有害生物 4 种；截获禁止邮寄物品 684 批次。今年四川检验检疫局已先后在入境邮寄物中截获 19 批非法入境的肉毒素、肉毒杆菌涂抹液、人胎素和废旧医疗器械等。

(4) 通关服务急需改进

跨境 B2B 贸易多采用传统的通关方式申报通关，由于传统的检验检疫、清关和通关手续烦琐，跨境电商产品的时效性得不到保障。我国大多数小企业没有进出口经营权，没有报关、报检资格，结汇、退税等都难以操作。此外，随着跨境电商交易量的增加，返修产品、退回产品也会随之增加，这些产品目前被视为进口产品，需缴纳进口关税，这也是今后需要解决的问题。杭州跨境电商综试区创造性地提出“六体系两平台”，在通关方面提供了宝贵的经验。

（5）网上信用评价体系建设难

当前电子商务信用体系模式无论在信用收集、评价，还是在结果运用上都存在重大缺陷。一是信用收集、评价体系分散，缺少权威性的征信组织。目前，我国电子商务征信领域仍缺少权威性机构向客户提供全面的网络信用评价方面的产品。对客户交易行为的累积、信用状况的评价，均由电子商务网站各自运营、独立操作，导致客户网络交易信息分散，评价指标及方法无法统一，难以对网络客户总体信用状况进行全面评价。二是信用评价机制存在缺陷，数据造假成为可能。各电子商务网站中的信用数据，由于评价体系、评价标准不同，难免出现各种疏漏，导致评价结果失真。如当前大部分网站多以交易成功次数作为信用数据累积基础，并不考虑交易金额、交易内容，导致一段时期内，大量出现利用虚假充值交易快速提升信用等级的问题。

（6）跨境电商人才储备最近几年增长很快，但还是赶不上跨境电商业务发展的需求

近年来在大型电子商务平台、产业园建设，以及产业龙头企业电商业务快速发展的带动下，电子商务企业进入高速发展时期，平台架构、软件开发、店长、运营、微营销、美工等岗位人才均高度紧缺。7 个属于红色预警的极度紧缺岗位中，电子商务领域就占了 2 个，分别是电商运营总监和经理。宁波发布 2014 年人才紧缺指数，从人才紧缺指数中看，紧缺指数较高的岗位数量增多，电子商务人才全线紧缺。在杭州市商务委举办的电商企业座谈会上，不少企业都表示，目前运营、产品、美工等岗位最紧缺。虽然阿里巴巴启动"百城千校、百万英才"项目，预计 3 年培养 100 万跨境电商大学生，但还是赶不上跨境电商业务发展的需求。

4. 机会和政府

2015 年是跨境电商大发展的年份，不仅国内而且国际各国都高度重视跨境电商的发展。在 TPP 背景下，中国政府更是把发展跨境电商上升到国家战略高度。

2012 年 8 月，国家启动跨境贸易电子商务服务试点，杭州成为 5 个首批试点城市之一。2013 年 7 月，中国（杭州）跨境贸易电子商务产业园开园，是全国首个进入实单运作的园区。2015 年 3 月 7 日，中国（杭州）跨境电商综合试验区经国务院同意批复设立。2015 年 6 月 29 日，省政府召开中国（杭州）跨境电商综合试验区建设推进大会，吹响了综合试验区建设的进军号。2016 年 1 月 6 日，国务院常务会议决定部署新设一批跨境电商综合试验区，将先行试点的中国（杭州）跨境电商综合试验区初步探索出的相关政策体系和管理制度向更大范围推广。

第二节　跨境电商主要模式

我国跨境电商的交易模式主要分为跨境一般贸易模式和跨境零售模式。跨境零售包括 B2C 和 C2C。下面分别介绍不同的跨境电商模式和代表企业。

一、跨境电商主要模式

（一）根据商品流向可分为跨境进口和跨境出口

1. 跨境进口

跨境进口的传统模式是海淘，即国内消费者直接到外国 B2C 电商网站上购物，然后通过转运或直邮等方式把商品邮寄回国的购物方式。除直邮品类之外，中国消费者只能借助转运物流的方式完成收货。简单讲，就是在海外设有转运仓库的转运公司代消费者在位于国外的转运仓地址收货，之后再通过第三方/转运公司自营的跨国物流将商品发送至中国口岸。

此外，主要的跨境进口模式还有“直购进口”模式和“保税进口”模式。“直购进口”模式是指符合条件的电商平台与海关联网，境内消费者跨境网购后，电子订单、支付凭证、电子运单等由企业实时传输给海关，商品通过海关跨境电商专门监管场所入境，按照个人邮递物品征税。

“保税进口”模式则是指国外商品整批抵达国内海关监管场所——保税港区，消费者下单后，商品从保税区直接发出，在海关等监管部门的监管下实现快速通关，能在几天内配送到消费者手中。

与传统的“海淘”模式相比，“直购进口”模式货物符合国家海关监管政策，清关操作更为阳光，消费信息也更透明，同时，商品来源和服务都会比较有保障。

“保税进口”模式则借助了保税港区特殊监管园区的政策优势，采取“整批入区、B2C 邮快件缴纳行邮税出区”的方式，大大降低了电商企业进口货品的价格，同时，从国内发货的形式也缩短了消费者从下单到收货的时间。

“直购进口”与“保税进口”是两种并行的跨境电商进口模式，适用于不同类型的电商企业。其中，“直购进口”模式对代购类、品类较宽泛的电商平台以及海外电商来说比较适用，可从海外直接发货，在商品种类的多样性上具有优势。“保税进口”模式则在价格和时效上具有优势，适用于品类相对专注、备货量大的电商企业，两者对比如表 1-2 所示。

表 1-2　直购进口模式和保税进口模式的对比

对比项目	直购进口	保税进口
模式类型	进口 B2C 模式	进口 B2B2C 保税备货模式
海关监管特色	电子订单、支付凭证、电子运单实时传输，实现阳光化清关	货物存放在海关监管场所，可实现快速通关
适用企业	代购、品类宽泛的电商平台、海外电商	品类相对专注、备货量大的电商企业
发货地点	国外	保税港、保税区
时效	7~10 天	5 天以内
商品种类	更丰富	有限制

资料来源：根据亿邦动力网整理。

2. 跨境出口

跨境出口是指国内电子商务企业通过电子商务平台达成出口交易、进行支付结算，并通过跨境物流送达商品、完成交易的一种国际商业活动。

（二）根据交易主体可分为跨境一般贸易和跨境电商零售

1. 跨境一般贸易

跨境一般贸易也称为跨境 B2B 贸易，是指分属不同关境的企业对企业，通过电商平台达成交易、进行支付结算，并通过跨境物流送达商品、完成交易的一种国际商业活动。已纳入海关一般贸易统计。

跨境 B2B 电商或平台所面对的最终客户为企业或集团客户，提供企业、产品、服务等相关信息。目前，中国跨境电商市场交易规模中跨境 B2B 电商市场交易规模占总交易规模的 90%以上。在跨境电商市场中，企业级市场始终处于主导地位。

2. 跨境电商零售

跨境电商零售又可分为跨境 B2C 和跨境 C2C。跨境 B2C 电商是指分属不同关境的企业直接面向消费个人开展在线销售产品和服务，通过电商平台达成交易、进行支付结算，并通过跨境物流送达商品、完成交易的一种国际商业活动。跨境 B2C 电商所面对的最终客户为个人消费者，针对最终客户以网上零售的方式，将产品售卖给个人消费者。

跨境 C2C 电商是指分属不同关境的个人卖方对个人买方开展在线销售产品和服务，由个人卖家通过第三方电商平台发布产品和服务的售卖信息、价格等内容，个人买方进行筛选，最终通过电商平台达成交易、进行支付结算，并通过跨境物流送达商品、完成交易的一种国际商业活动。B2C 模式下，我国企业直接面对国外消费者，以销售个人消费品为主，物流方面主要采用邮政物流、商业快递、专业及海外仓储等方式，其报关主体是邮政或快递公司。

跨境 C2C 电商所面对的最终客户为个人消费者，商家也是个人卖方。由个人卖家发布售卖的产品和服务的信息、价格等内容，个人买方进行筛选，最终通过电商平台达成交易、进行支付结算，并通过跨境物流送达商品、完成交易。

（三）根据服务类型可分为信息服务平台和在线交易平台

信息服务平台主要是为境内外会员商户提供网络营销平台，传递供应商或采购商等商家的商品或服务信息，促成双方完成交易。

在线交易平台不仅提供企业、产品、服务等多方面信息展示，并且可以通过平台线上完成搜索、咨询、对比、下单、支付、物流、评价等全购物链环节。在线交易平台模式正在逐渐成为跨境电商中的主流模式。

（四）根据运营方式可分为第三方开放平台和自营型平台

第三方开放平台是指平台型电商通过线上搭建商城，并整合物流、支付、运营等服务资源，吸引商家入驻，为其提供跨境电商交易服务。同时，平台以收取商家佣金以及增值服务佣金作为主要盈利模式。

自营型平台是指自营型电商通过在线上搭建平台，平台方整合供应商资源通过较低的进价采购商品，然后以较高的售价出售商品，自营型平台主要以赚取商品差价作为盈利模式。

二、 不同模式的主要代表企业介绍

（一）阿里巴巴（Alibaba）

阿里巴巴的跨境电商业务分为国际站和速卖通（AliExpress）两部分。阿里巴巴国际站连续7年被美国《福布斯》杂志评为全球最佳B2B网站。网站提供一站式的店铺装修、产品展示、营销推广、生意洽谈及店铺管理等全系列线上服务和工具，帮助企业降低成本、高效率地开拓外贸大市场。在阿里巴巴国际站，海外买家可以搜索卖家并发布采购信息，卖家可以搜索买家并发布公司产品及产品信息。

速卖通也是阿里巴巴旗下面向全球市场打造的在线交易平台，被广大卖家称为国际版“淘宝”。2010年4月上线，目前已经覆盖220多个国家和地区的海外买家。目前速卖通在俄罗斯是最受欢迎的跨境网购平台，交易额占俄罗斯跨境网购市场总值的35%。

（二）eBay

eBay在线交易平台利用其强大的平台优势和旗下全球市场占有第一的支付工具PayPal为全球商家提供网上零售服务。eBay对入驻其平台进行跨境电商交易的商家收取两项费用：一项是刊登费，即收取的商家在eBay上刊登商品的费用；另一项是成交费，即当交易成功时，会收取的一定比例的佣金。eBay的优势在于品牌的国际影响力和全球市场覆盖率、健全的买家保障体系和与PayPal支付的紧密合作。在物流方面，eBay联合第三方合作伙伴——中国邮政速递，为中国卖家提供便捷快速经济的国际e邮宝货运服务，并逐渐从美国、澳大利亚、德国等发达国家向俄罗斯等新兴市场延伸。eBay推出卖家保护政策，通过大数据技术及买家质量评估，强化对卖家的支持和保护，助力卖家业务的快速发展。

（三）亚马逊（Amazon）

亚马逊以优质的仓储物流系统和售后服务体系闻名于世，除了自营业务外还对第三方卖家开放。亚马逊的优势在于品牌国际影响力和优质的买家服务体系，以及领先的国际物流仓储服务。亚马逊在北美市场提供FBA服务，能实现2~3天到货，最快次日送货；在欧洲市场，可以帮助卖家实现欧洲五国（英国、法国、德国、意大利、西班牙）的统一仓储和物流服务，并可配送欧盟其他国家，方便卖家向亚马逊欧洲网站的顾客提供本地化客户服务及快捷的送货服务。亚马逊平台提供免费的站内推广服务及向消费者精准推荐商品的服务。

（四）敦煌网（DHGate）

敦煌网是中国首个实现在线交易的跨境电商 B2B 平台，以中小额外贸批发业务为主，开创了“成功付费”的在线交易佣金模式，免卖家注册费，只有买卖双方交易成功后才收取相应的手续费，将传统的外贸电子商务信息平台升级为真正的在线交易平台。

敦煌网提供第三方网络交易平台，中国卖家通过商铺建设、商品展示等方式吸引海外买家，并在平台上达成交易意向，生成订单，可以选择直接批量采购，也可以选择先小量购买样品，再大量采购。并且提供货源、海外营销、在线支付和国际物流、保险、金融、培训为一体的供应链整合服务体系，实现一站式外贸购物体验。

（五）环球资源（Global Sources）

环球资源是一家多渠道整合推广的 B2B 媒体公司，致力于促进中国的对外贸易，2000 年在美国纳斯达克股票市场公开上市。环球资源为其所服务的行业提供最广泛的媒体及出口市场推广服务，公司的核心业务是通过一系列英文媒体，包括环球资源网站、印刷及电子杂志、采购资讯报告、买家专场采购会、贸易展览会等形式促进亚洲各国的出口贸易。环球资源同时提供广告创作、教育项目和网上内容管理等支持服务。

（六）中国制造网（Made-in-China）

焦点科技旗下代表性跨境 B2B 电商平台是中国制造网。中国制造网创建于 1998 年，是国内最早专业从事电子商务开发及应用的高新技术企业之一，主要为中国供应商和全球采购商提供信息发布与搜索等服务，已成为全球采购商采购中国制造产品的重要网络渠道之一。

2015 年 6 月，焦点科技境外仓储、物流系统成功打通，公司将在中国制造网上直接提供外贸综合服务，进一步加速外贸综合服务平台的增长。除自建海外展示仓外，公司还积极寻找并购标的，筹建海外销售网络。同时，焦点科技拟设立互联网科技小额贷款公司，为中国制造网上企业提供供应链金融服务。一方面，可以完善公司的产品服务线，增强客户黏性；另一方面，将有效地增强公司的营利能力。

（七）Wish

Wish 是跨境电商移动端平台的一匹黑马，只用了三年时间，就成为北美最大的移动购物平台，95%的订单量来自移动端，89%的卖家来自中国。Wish 的优势在于坚持追求简单直接的风格，通过技术算法将消费者与想要购买的物品连接起来。卖家入驻门槛低、平台流量大、成单率高，利润率远高于传统的电商平台。

第三节　跨境电商和数字经济时代的国际贸易新格局

一、数字经济时代即将到来

2018 年伊始，全球互联网用户数突破了 40 亿大关，这意味着超过一半的全球人口在线，数字经济时代已经到来并带来了全球经济、社会发展的深刻变革。

数字经济指一个经济系统，在这个系统中，数字技术被广泛使用并由此带来了整个经济环境和经济活动的根本变化。数字经济也是一个信息和商务活动都数字化的全新的社会政治和经济系统。

进入数字经济时代，跨境电商成为主流的贸易方式，它所驱动的新全球化更加普惠。全球跨境电商平台的发展降低了国际贸易的成本和门槛，贸易主体、贸易形态、商业模式、组织方式都因此发生了重大变革。即使最小的企业也可以借助跨境电商平台与其他国家的客户和供应商联系。这为中小企业发展创造了历史性的机遇，促进了世界经济贸易的普惠发展，驱动了传统产业的转型升级，同时也对全球贸易规则和公共政策提出了新要求和新挑战。

（一）中小企业成为数字经济时代的贸易主体

在大多数国家，中小企业都是占主体的，它们为绝大多数经济体提供了大部分的工作机会，尤其是女性和年轻人。在中国，有近 1200 万家小微企业，有近 4400 万户个体工商户，小微企业（将个体工商户纳入统计后）所占比重就高达 94%。

然而，即使在发达国家，中小企业的出口状况也不容乐观。根据 2016 年 9 月 WTO 发布的《2016 国际贸易报告——为小企业创造公平的贸易环境》，虽然中小企业占出口商的 78%，但出口额仅占 34%，WTO 报告还指出了中小企业参与国际贸易的一些障碍，主要有信息获取不足、海关程序烦琐、信用甄别困难、贸易融资不足等障碍影响中小企业从事出口活动。

随着数字经济时代的到来，电子商务帮助中小企业以更低的成本接触客户、获得订单、积累信用，提升了其参与全球贸易的能力。数字经济时代的全球化将由大企业主导走向中小企业主导。

（二）新兴市场崛起，国际贸易出现了新格局

2017 年 12 月，联合国发布《2018 年世界经济形势与展望》，报告指出：东亚和南亚将是世界上最具经济活力和增长速度最快的区域。2017 年，东亚和南亚经济增长占到全球近一半，区域 GDP 增长 6%，高于世界其他区域。仅中国对全球经济增长的贡献就约占三分之一。2016 年 8 月，WTO 的《世界贸易统计数据》指出全球贸易中发展中国家之间的贸易超过了 50%，新兴市场带来的贸易已经大于北美、发达国家之间的贸易。这意味着全球贸易的重心开始转移。

2013 年 9 月和 10 月，中国提出共建“丝绸之路经济带”和“21 世纪海上丝绸之路”（以下简称“一带一路”）的重大倡议，受到国际社会高度关注，“一带一路”沿线国家贸易往来不断增强。根据国家统计局统计公报，2017 年中国全年货物进出口总额 277923 亿元，比上年增长 14.2%。其中，对“一带一路”沿线国家进出口总额 73745 亿元，比上年增长 17.8%。

2017 年，“一带一路”沿线国家的活跃买家数增长了 43%（见图 1-8），高于网站整体（不包含中国）活跃买家数增幅 11%。

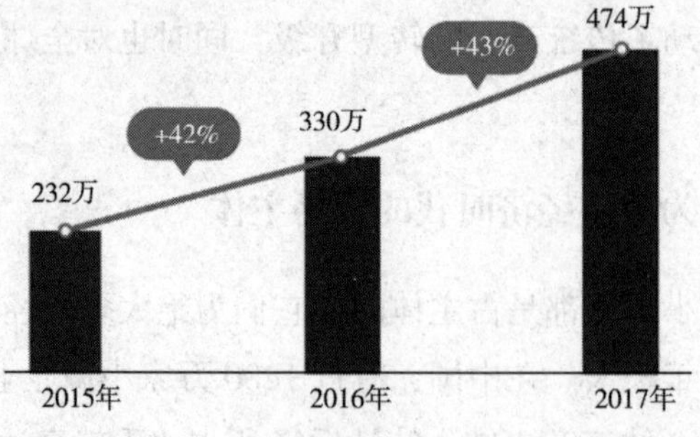

图 1-8　阿里巴巴国际站“一带一路”沿线国家活跃买家数增幅

资料来源：《2018 中小企业跨境电商报告》，阿里研究院。

（三）eWTP 倡议新时代的贸易规则

发展迅猛、带有颠覆性的技术和商业变革，正在对全球经济社会产生巨大而深远的影响。这些变革要求国际组织、政府部门、企业以及个人都要适应数字经济时代的发展，改革和创新经济社会中的管理、服务和参与方式，建立更加开放、自由和普惠的国际贸易政策和商业运营环境。因此，国际社会需要不断革新贸易体制、规则和标准，以适应全球互联网经济和跨境电商飞速发展的时代潮流。

2016 年 3 月，马云提出了世界电子贸易平台（Electronic World Trade Platform，eWTP）倡议，呼吁顺应数字经济发展潮流、帮助中小企业发展、降低贸易投资壁垒、孵化贸易新规则。2016 年 9 月，eWTP 倡议作为二十国集团工商界活动（B20）的一项核心政策建议，被写入二十国集团（G20）领导人杭州峰会公报。自提出以来，eWTP 倡议得到了国际社会的高度认可和积极支持。

二、 国际贸易出现新的业态

新外贸是指一种依托于新技术革新的电子商务平台，利用大数据技术和贸易综合服务，形成跨境贸易中的信息互通、服务共享、信用透明，搭建“全球买全球卖”贸易大生态的全新外贸模式。全球贸易网络的互联互通是新外贸转型的最终目标，将中国跨境贸易电商平台和综合服务的模式复制到其他国家，给各国外贸中小企业提供市场、平台和能力，形成“全球买全球卖”的贸易网络大生态。

新外贸有四大特征：第一，利用新技术高效互动；第二，贸易全流程在线化；第三，注重沉淀信用数据；第四，实现全球贸易网络的连通。

技术的变革是向新外贸转型的基础条件。新兴技术在电商平台上的应用，使得贸易双方能够打破时间、空间和文化的距离，更密切高效地沟通。

外贸综合服务线上化、数字化是向新外贸转型的主要手段。贸易双方不仅可以在线上查询信息，还可以通过电商平台完成支付、物流、通关等一系列的工作，并能够实时了解订单进度。

数据的应用则是向新外贸转型的核心特征。平台通过积累贸易双方的身份信息、行为模式和能力数据，搭建信用体系，以更好地匹配供需、优化服务。

（一）技术的变革让交流更高效

2017 年，人工智能、物联网、VR（虚拟现实）、AR（增强现实）等前沿的技术已经走到广大消费者的身边，对生活方式带来了极大的改变，并开始对工作方式和工作效率产生影响。以人工智能为例，美国国家独立商业联合会（The National Federation of Independent Business，NFIB）表示，到 2020 年人工智能预计将成为五大投资重点之一，而中小企业也已经开始关注这一趋势，其中 59%的中小企业正在积极了解和应对人工智能对企业经营可能带来的变化。

多媒体形态也已经在电商平台普及并得到消费者的认可。Hubspot 对消费者行为调查的结果也证实了这一趋势：仅有三成的用户会阅读完图文类型的信息，而超过一半（55%）的用户表示他们会完整地观看视频内容。如果想让内容信息更好地被用户接受，视频已经是首选媒体形式。对于海外买家而言，不仅是视频，还包括 AR、VR、360 度全景等更多新型媒体形式，能够帮助他们更全面快速地了解供应商和商品，减少由于时间和距离带来的隔阂。供应商通过多媒体来丰富内容的展现形式、吸引买家注意、提高买家对内容的接收深度和准确性。

（二）外贸服务让贸易更便捷

能为买卖双方提供全链路的服务支撑、提升效率并降低交易风险和成本是数字化的最终目的。因此，新外贸模式需要将跨境采购的后端服务迁移至线上，实现服务在线上可查看、可预定、可追踪，贸易全链路的线上化和数字化才是新外贸最终实现的标志。

物流服务的线上化也将是新外贸投入的重点。从物流服务商接入平台，实现物流信息的查询、预定、实施，到物流的追踪，整条服务链路打通一方面便于买卖双方在线查看服务的选择和费用；另一方面也可以帮助买卖双方即时追踪订单的交付和运送情况，更好地安排后续的工作和及时处理突发情况。

（三）数据的应用让交易更可靠

信任是贸易关系建立的基础，但是买卖双方信任的建立需要一个长期的过程。由于电商平台上的交易双方身份不确定、信息不确定、交易意愿不确定，增加了买卖双方对风险的感知，导致信任的缺乏以及参与交易意愿的下降。在新贸易模式下，平台可以根据买卖双方身份信息、需求和偏好、交易订单和服务能力，不断沉淀和完善买卖双方的信用数据，为买卖双方之间以及买卖双方与平台之间的信任搭建桥梁。

世界海关组织（The World Customs Organization）已经宣布，2017 年是数据分析快速扩大影响力的一年，并大力倡导世界各国的海关部门充分利用数据分析，加强数据分析能力的建设。在金融、税务、供应链和海关申报等领域，数据分析和应用是一个可预见的趋势。

（四）数字贸易网络让全球互联互通

数字经济的发展将进一步推动全球化的进程，通过互联网搭建一个自由、开放、平等的贸易平台，降低中小企业参与国际贸易的门槛，助力它们参与国际市场，促进全球化。不同国家和地区依靠本身自然地理条件会有其独特的产业，比如马来西亚的橡胶产业。借助跨境 B2B 电商平台，这些国家的外贸中小企业能够更快地走出国门，将自己本国的优势产业、优秀的商品推向全世界。

不但传统贸易将不断转向新外贸模式，而且大量新增贸易需求和贸易形态也会在跨境电商平台上出现。新外贸将更加灵活和富有包容性，能根据全球贸易市场实时多元的需求来实现高效的全球化供应，并依托跨境电商平台与专业贸易服务商一起，形成一个网状的全球生产和贸易服务协同的大生态。

第四节　跨境电商法律法规

跨境电商一方面给企业带来了巨大的经济效益；另一方面，在具体的交易流程和环节上，仍然面临着许多诸如知识产权保护、消费者权益保护、隐私权保护和安全保障等一系列的法律法规问题。

当前，我国跨境电商涉及的法律类条文、规范、文件可以分为三类。第一类是跨境电商涉及的贸易、商务、运输类，这一类主要是针对跨境电商活动中的跨境贸易属性，解决涉及贸易的基础问题，尤其适用于 B2B 类的跨境电商。第二类是跨境监管对应的有关法律、法规、规章等，此类主要是针对跨境电商过程中的通关、商检、外汇、税务等问题，这对多种类型的跨境电商交易和服务都具有约束作用。第三类是电子商务活动相关的法律、法规，重点在于电子商务本身一般性的法律问题，其关键在于电子信息技术带来的新空间、新模式。

一、 跨境电商贸易、商务、运输相关法律法规

（一）规范对外贸易主体、贸易规范、贸易监管的一般性法律

1. 对外贸易法

跨境电商的参与者很多具有贸易主体的地位，跨境 B2B 电商仍然适用于货物贸易的情形。在这个方面，我国出台的最重要的法律基础是《中华人民共和国对外贸易法》，规范了贸易参与者、货物进出口、贸易秩序、知识产权、法律责任等。从根本上确立了贸易参与者的备案登记、对货物进出口的许可管理和监管、保护知识产权等措施。与此同时，针对贸易参与者的登记问题，又出台了《对外贸易经营者备案登记办法》，规范了登记需要递交的材料和审核细节。针对货物进出口环节，我国还制定了《中华人民共和国货物进出口管理条例》，具体规定了对禁止进出口、限制进出口、自由进出口等的管理措施。

2. 外贸“国六条”

2013 年 7 月，国务院下发外贸“国六条”，从外贸政策的角度，鼓励和支持跨境电商在外贸中发挥更大的作用，如制定便利通关办法，抓紧出台“一次申报、一次查验、一次放行”改革方案，分步在全国口岸实行；首次正式提出“外贸综合服务企业”概念，明确了一达通、广新达等外贸 B2B 服务商作为服务机构的身份，并支持它们为中小民营企业出口提供融资、通关、退税等服务。2015 年 6 月，国务院再次在《关于促进跨境电子商务健康快速发展的指导意见》中，特别提出要培育一批公共平台、外贸综合服务企业和自建平台。

3. 外贸综合服务企业

为进一步发挥外贸综合服务企业提供出口服务的优势，支持中小企业更加有效地开拓国际市场，国家税务总局还出台了《关于外贸综合服务企业出口货物退（免）税有关问题的公告》（国家税务总局 2014 年第 13 号公告），规定了外贸综合服务退税的单独申报业务类型。公告规定的外贸综合服务企业是为国内中小型生产企业出口提供物流、报关、信保、融资、收汇、退税等服务的外贸企业。公告规定，外贸综合服务企业以自营方式出口国内生产企业与境外单位或个人签约的出口货物，同时具备以下情形的，可由外贸综合服务企业按自营出口的规定申报退（免）税：出口货物为生产企业自产货

物；生产企业已将出口货物销售给外贸综合服务企业；生产企业与境外单位或个人已经签订出口合同，并约定货物由外贸综合服务企业出口至境外单位或个人，货款由境外单位或个人支付给外贸综合服务企业；外贸综合服务企业以自营方式出口。

（二）贸易合同方面的法律

跨境电商合约除了有电子合同的属性外，还具有贸易合同的性质。当前国际上比较重要的公约是《联合国国际货物销售合同公约》，该公约实际规范的是一般贸易形态的，商业主体之间的，非个人使用、非消费行为的货物销售合同的订立。公约具体规范了合同订立行为、货物销售、卖方义务、货物相符（含货物检验行为等）、买方义务、卖方补救措施、风险转移、救济措施等。同时，也需要参照《中华人民共和国合同法》进行规范。《中华人民共和国合同法》不仅仅规范了销售合同，而且也对商事代理方面的合同行为提出了专门的条款，对运输过程中的一些问题也做了规定。

（三）知识产权方面的法律和规范

跨境电商交易的商品需要遵守专利、商标、著作权等知识产权有关规范。我国相继出台了《中华人民共和国专利法》《中华人民共和国商标法》和《中华人民共和国著作权法》。我国已经成为《保护工业产权巴黎公约》成员国以及《商标国际注册马德里协定》同盟国，在加入 WTO 之后同时也受到了《与贸易有关的知识产权协定》（TRIPS）的约束。这些法律以及国际公约详细规定了知识产权的性质、实施程序和争议解决机制。

（四）跨境运输方面的法律法规

跨境电商交易活动后期会涉及较多的跨境物流、运输问题，涉及海洋运输、航空运输方面的法律。主要应参照《中华人民共和国海商法》《民用航空法》和《中华人民共和国货物运输代理业管理规定》。这些法律法规对承运人的责任、交货提货、保险等事项作了具体规定，同时也对国际贸易中的货物运输代理行为作了规范，理清了代理人作为承运人的责任。这部分的法律规范同时还需要与《中华人民共和国合同法》进行参照，解决代理合同当中委托人、代理人、第三人之间的责任划分问题。货运代理的代理人身份和独立经营人身份/合同当事人的双重身份也需要参照《中华人民共和国合同法》进行规范。

（五）产品质量和消费者权益方面的法律和其他规定

在法律实践中，跨境电商常常面临商品质量的责任和纠纷。商品质量问题和责任需要通过法律来规范，消费者权益需要通过法律进行保护。这些法律对生产者、销售者的责任进行了梳理，对欺诈、侵权的行为进行了规制。

这部分法律对跨境电商的指导和规范作用主要是其可作为跨境电商可参照的线下行为基础。对于跨境电商来说，相当多的活动实质上还是跨境贸易活动，相当部分的参与者仍然是传统贸易活动中的主体，很多贸易环节、贸易问题对跨境电商仍然适用。

二、 跨境电商监管（通关、商检、外汇、税收等）相关法律法规

（一）通关方面的法律法规

1. 海关法

跨境电商涉及的货物需要经过海关的查验。我国出台了《中华人民共和国海关法》，并通过《中华人民共和国海关企业分类管理办法》《中华人民共和国海关行政处罚条例》进一步细化。《中华人民共和国海关法》涉及海关的监管职责和对进出境运输工具、货物、物品的查验以及关税等内容。《中华人民共和国海关企业分类管理办法》对海关管理企业实行分类管理，对信用较高的企业采用便利通关措施，对信用较低的企业采取更严密的监管措施。同时，通关环节也加强了对知识产权的海关保护，出台了《中华人民共和国知识产权海关保护条例》及其实施办法。我国针对目前空运快件、个人物品邮件增多的情况，出台了一些专门的管理办法，如《中华人民共和国海关对进出境快件监管办法》以及《关于调整进出境个人邮递物品管理措施有关事宜》（海关总署公告 2010 年第 43 号）等。

2. 关于跨境贸易电子商务进出境货物、物品有关监管事宜的公告

2014 年 7 月 23 日，海关总署出台了《关于跨境贸易电子商务进出境货物、物品有关监管事宜的公告》。公告对企业注册登记及备案管理、电子商务进出境货物通关管理、电子商务进出境货物物流监控等方面做出了规定。

（1）跨境电商企业应在海关办理注册登记，将进出境货物、物品信息提前向海关备案，货物、物品信息应包括海关认可的货物十位海关商品编码及物品八位税号。

（2）应在运输工具申报进境之日起 14 日内，出境货物运抵海关监管场所后且在装

货24小时前，按照已向海关发送的订单、支付、物流等信息，如实填制“中华人民共和国海关跨境贸易电子商务进出境货物申报清单”（以下简称为货物清单），以通关无纸化作业方式逐票办理货物通关手续。

(3) 应于每月10日前（法定节假日或法定休息日顺延），将上月结关的货物清单按照进、出境分别汇总形成进出口货物报关单向海关申报。

(4) 以货物清单方式办理申报手续时，应按照一般进出口货物有关规定办理征免税手续，并提交相关许可证件；在汇总形成进出口货物报关单向海关申报时，无须再次办理相关征免税手续及提交许可证件。

3. 海关监管方式代码“9610”

2014年1月29日，海关总署出台《关于增列海关监管方式代码的公告》（海关总署公告2014年第12号），增列海关监管方式代码“9610”，全称为“跨境贸易电子商务”，简称为“电子商务”。以“9610”海关监管方式开展电子商务零售进出口业务的电子商务企业、监管场所经营企业、支付企业和物流企业应当按照规定向海关备案，并通过电子商务通关服务平台实时向电子商务通关管理平台传送交易、支付、仓储和物流等数据。

4. 海关监管方式代码“1210”

2014年7月30日，海关总署又出台《关于增列海关监管方式代码的公告》（海关总署公告2014年第57号），增列海关监管方式代码“1210”，全称为“保税跨境贸易电子商务”，简称为“保税电商”。“1210”监管方式用于进口时仅限经批准开展跨境贸易电子商务进口试点的海关特殊监管区域和保税物流中心（B型）。以“1210”海关监管方式开展跨境贸易电子商务零售进出口业务的电子商务企业、海关特殊监管区域或保税监管场所内跨境贸易电子商务经营企业、支付企业和物流企业应当按照规定向海关备案，并通过电子商务平台实时传送交易、支付、仓储和物流等数据。

5. 首届世界海关跨境电商大会

2018年2月9日至10日，由中国海关与世界海关组织（WCO）共同举办的首届世界海关跨境电商大会在北京召开。会议的主题是：“创新、包容、审慎、协同，推动跨境电商可持续发展”。来自125个国家和地区的海关代表出席了会议，围绕支持贸易新业态、探索治理新模式、关注信息技术新发展、聚焦风险防控新问题、展望未来新前景、“一带一路”电商发展新机遇六大板块进行交流。大会讨论了《世界海关组织跨境电商标准框架》，重点关注便利、安全、税收、统计、合作、能力等问题。

会议取得四项成果：一是发布《北京宣言》。向外界传递中国海关与世界海关以及其他利益攸关方对全球跨境电商发展的共识和愿景，鼓励 WCO 各成员海关在跨境电商监管与服务方面进行探索。二是就《世界海关组织跨境电商标准框架》达成基本共识。会议将讨论《世界海关组织跨境电商标准框架》，这是首个世界海关跨境电商监管与服务的指导性文件。三是建立世界海关跨境电商大会机制。会议确定今后每两年举办一次跨境电商大会，由 WCO 各成员海关轮流主办，推进国际海关及跨境电商可持续发展工作的长效化、机制化。四是发布《全球跨境电子商务行业行动倡议》。来自世界各国跨境电商企业代表将发布《全球跨境电子商务行业行动倡议》，呼吁业界积极响应《北京宣言》，共同促进全球跨境电商可持续发展。

（二）商检方面的法律法规

跨境电商所交易的较多货物都需要通过商检的检验环节。目前的依据主要是《中华人民共和国商检法》，涉及商品检验检疫方面的进口、出口的检验以及监督管理职责。同时依据《中华人民共和国商检法》出台了《中华人民共和国进出口商品检验法实施条例》，对商检法各个部分拟定了细则。还出台了一些针对邮递和快件的检验检疫细则，如《进出境邮寄物检疫管理办法》和《出入境快件检验检疫管理办法》等。

（三）支付方面的法律法规

跨境电商主要涉及外汇管理部门、金融机构的结汇问题。当前的规范主要有《中华人民共和国外汇管理条例》等。《中华人民共和国外汇管理条例》涉及的经常项目售汇、结汇条文会直接影响到跨境电商的部分支付问题。

2013 年 3 月，国家外汇管理局制定和下发了《支付机构跨境电子商务外汇支付业务试点指导意见》《支付机构跨境电子商务外汇支付业务试点管理要求》等多项文件，决定在上海、北京、重庆、浙江、深圳等地开展支付机构跨境电商外汇支付业务试点。明确了鼓励支持“支付机构通过银行为小额电子商务（货物贸易或服务贸易）交易双方提供跨境互联网支付所涉的外汇资金集中收付及相关结售汇服务”。这些文件支持仅对具有真实交易背景的跨境电商交易提供跨境外汇支付服务。

2013 年 10 月，包括财付通、支付宝、汇付天下、重庆易极付公司在内的 17 家第三方支付公司已接获国家外汇管理局正式批复，成为首批获得跨境电商外汇支付业务试点资格的企业。标志着国内支付机构跨境电商外汇支付业务迎来实质性的进展。

2015 年 1 月 20 日，国家外汇管理局又发布《支付机构跨境外汇支付业务试点指导意见》，在全国范围内开展部分支付机构跨境外汇支付业务试点，允许支付机构为跨境电商交易双方提供外汇资金收付及结售汇服务。

2015 年 1 月 30 日，国家外汇管理局发布《关于开展支付机构跨境外汇支付业务试点的通知》，其主要内容包括：一是提高单笔业务限额。网络购物单笔交易限额由等值 1 万美元提高至 5 万美元，放宽支付机构开立外汇备付金账户户数的限制。二是规范试点流程。支付机构要取得试点资格，应先行到注册地外汇管理局办理“贸易外汇收支企业名录”登记。三是严格风险管理。要求支付机构严格履行交易真实性审核职责，留存相关信息 5 年备查，并及时准确报送相关业务数据和信息。外汇管理局将对试点业务开展非现场核查和现场核查，进行审慎监管。

（四）税收方面的法律法规

在跨境电商活动中，货物都需要通过海关、商检，经营参与者需要进行收汇和结汇，在通关过程中还会遇到税收问题。因此，跨境电商的法律需要考虑和参照已有的此类法律内容。该类法律法规主要有《中华人民共和国进出口关税条例》，以及涉及退税阶段各类的规章制度。《中华人民共和国进出口关税条例》在《中华人民共和国海关法》和国务院制定的《中华人民共和国进出口税则》的基础上来具体规定关税征收细则，包括货物关税税率设置和适用、完税价格确定、进出口货物关税的征收、进境货物的进口税征收等。针对新出现的跨境电商企业的征税和退税问题，税务总局也出台了一系列文件。

三、针对跨境零售出口的政策

（一）关于实施支持跨境电商零售出口有关政策的意见

2013 年 8 月，商务部、发改委等九部门出台了《关于实施支持跨境电子商务零售出口有关政策的意见 》。其首次针对跨境零售出口出台了支持政策，将跨境电子商务零售出口纳入海关的出口贸易统计，提出了确定零售出口的经营主体、专项统计、检验监管模式、收结汇、支付服务、税收政策、信用体系 6 项具体措施。

1. 建立电子商务出口新型海关监管模式并进行专项统计，主要用以解决目前零售出口无法办理海关监管统计的问题。

2. 建立电子商务出口检验监管模式，主要用以解决电子商务出口无法办理检验检疫的问题。

3. 支持企业正常收结汇，主要用以解决企业目前办理出口收汇存在困难的问题。

4. 鼓励银行机构和支付机构为跨境电商提供支付服务，主要用以解决支付服务配套环节比较薄弱的问题。

5. 实施适应电子商务出口的税收政策，主要用以解决电子商务出口企业无法办理出口退税的问题。

6. 建立电子商务出口信用体系，主要用以解决信用体系和市场秩序有待改善的问题。

（二）关于跨境电商零售出口税收政策的通知

2013 年 12 月 30 日，财政部和国家税务总局又出台了《关于跨境电子商务零售出口税收政策的通知》（财税 2013 年第 96 号），规定了电子商务出口企业出口货物适用增值税、消费税退（免）税政策的条件。

1. 电子商务出口企业出口货物同时符合下列条件的，适用增值税、消费税退（免）税政策：

（1）电子商务出口企业属于增值税一般纳税人并已向主管税务机关办理出口退（免）税资格认定；

（2）出口货物取得海关出口货物报关单（出口退税专用），且与海关出口货物报关单电子信息一致；

（3）出口货物在退（免）税申报期截止之日内收汇；

（4）电子商务出口企业属于外贸企业的，购进出口货物取得相应的增值税专用发票、消费税专用缴款书（分割单）或海关进口增值税、消费税专用缴款书，且上述凭证有关内容与出口货物报关单（出口退税专用）有关内容相匹配。

2. 电子商务出口企业出口货物，不符合本通知第一条规定条件，但同时符合下列条件的，适用增值税、消费税免税政策：

（1）电子商务出口企业已办理税务登记；

（2）出口货物取得海关签发的出口货物报关单；

（3）购进出口货物取得合法有效的进货凭证。

四、针对跨境零售进口的政策

（一）有关保税进口模式的政策

海关总署在 2014 年 3 月，针对上海、杭州、宁波、郑州、广州、重庆 6 个地方的保税区试行保税进口模式的情形，出台了《海关总署关于跨境贸易电子商务服务试点网购保税进口模式有关问题的通知》，对保税进口模式的商品范围、购买金额和数量、征税、企业管理等制定了相应的条文。

1. 关于购买金额和数量

试点网购商品以"个人自用、合理数量"为原则，参照《关于调整进出境个人邮递物品管理措施有关事宜》（海关总署公告 2010 年第 43 号）要求，每次限值为 1000 元人民币，超出规定限值的，应按照货物规定办理通关手续。但单次购买仅有一件商品且不可分割的，虽超出规定限值，经海关审核确属个人自用的，可以参照个人物品规定办理通关手续。

2. 关于征税问题

以电子订单的实际销售价格作为完税价格，参照行邮税税率计征税款。应征进口税税额在人民币 50 元（含 50 元）以下的，海关予以免征。

（二）有关零售进口税收的政策

自 2016 年 4 月 8 日起，我国将实施跨境电商零售（企业对消费者，即 B2C）进口税收政策，这类商品将不再按邮递物品征收邮税，而是按货物征收关税和进口环节增值税、消费税。

政策将单次交易限值由行邮税政策中的 1000 元（港澳台地区为 800 元）提高至 2000 元，同时将设置个人年度交易限值为 20000 元。在限值以内进口的跨境电商零售进口商品，关税税率暂设为 0%，进口环节增值税、消费税取消免征税额，暂按法定应纳税额的 70%征收。超过单次限值、累加后超过个人年度限值的单次交易，以及完税价格超过 2000 元限值的单个不可分割商品，将均按照一般贸易方式全额征税。为满足日常征管操作需要，有关部门将制定《跨境电子商务零售进口商品清单》并另行公布。

同时，将同步调整行邮税政策，将目前的四档税目（对应税率分别为 10%、20%、30%、50%）调整为三档，其中，税目 1 主要为最惠国税率为零的商品，税目 3 主要为征收消费税的高档消费品，其他商品归入税目 2。调整后，为保持各税目商品的行邮税税率与同类进口货物综合税率的大体一致，税目 1、2、3 的税率将分别为 15%、30%、60%。

五、电子商务相关法律法规

跨境电商仍然需要参照电子商务的一般性法律法规。当前最为引人注目的是 2018 年 9 月 1 日正式实施的《中华人民共和国电子商务法》，该法也是我国电商领域首部综合性法律，标志着保障电子商务各方主体的合法权益、规范电子商务行为方面有了一部专门法。《中华人民共和国电子商务法》聚焦五大电商热点，在促进跨境电商发展方面做了宏观的、宣示性规定。如《中华人民共和国电子商务法》第二十六条中的“电子商务经营者从事跨境电子商务，应当遵守进出口监督管理的法律、行政法规和国家有关规定”明确了跨境电商无论何种模式，必须遵守进出口以及国内法律。

当前我国电子商务主要的法律法规可以分为以下几类。

（一）电子商务登记、准入、认定相关法律制度

当前，此类法律制度主要以部门规章或规范性指导文件的形式存在，参与交易的企业以及各类第三方服务商都有一定的登记和准入要求，个人准入条件则较为模糊和宽泛。若涉及设立网站行为，应主要依据《中华人民共和国电信条例》和《互联网信息服务管理办法》进行审批和登记。交易或服务经营应符合国家工商总局出台的《网络商品交易及有关服务行为管理的暂行办法》。电子商务各项活动的参与者应参照《电子商务模式规范》中关于成立、注册、身份认定审核的条件。第三方平台服务商还需要符合《第三方电子商务交易平台服务规范》的其他准入条件。

（二）电子商务合同、签名、认证相关

目前电子商务合同主要参照的应该是《中华人民共和国合同法》中的相关条文。电子商务合同中的较多内容可以在《中华人民共和国合同法》中找到对应的等同的条文，其他如点击合同、确认规则、电子错误等问题目前应借鉴国际上有关的电子商务法律所规定的关于电子商务合同的条文，如联合国《电子商务示范法》和美国《统一计算机信息交易法》等。我国已经出台了《中华人民共和国电子签名法》，对电子签名的适用范围、法律效力、法律责任进行了详细规定。

（三）电子商务支付相关

目前，主要参照的文件是《电子支付指引（第一号）》，对电子支付的原则、安全、差错处理、各方法律关系和权利义务等进行了说明和规范。

（四）知识产权、安全隐私、消费者权益保护类相关法律

知识产权相关的法律除遵守一般的《中华人民共和国商标法》《中华人民共和国著作权法》《中华人民共和国专利法》的相关规定外，还需要参照一些关于域名管理、网络信息传播管理的相关规定。

跨境电商作为一种电子商务活动，也需要参照上述电子商务有关的法律、法规、规章、文件进行规范。

【结语】

本章以跨境电商的基本概念和特征为核心，分成了四小节。第一节介绍了跨境电商的基本概念和特征以及跨境电商的发展历程；第二节介绍了主要的跨境电商交易模式；第三节介绍了数字经济的特点以及数字经济下国际贸易的新变化；最后一节介绍了在跨境电商活动中，需要学习和了解的国际国内相关法律法规。这些都是跨境电商入门需要掌握的基本知识，要注意把理论知识恰当地运用到实际工作中，具体问题具体分析。

【课后习题】

一、单项选择题

1. 符合条件的电商平台与海关联网，境内消费者跨境网购后，电子订单、支付凭证、电子运单等由企业实时传输给海关，商品通过海关跨境电商专门监管场所入境，按照个人邮递物品征税。这种模式叫（　　）。

A. 保税进口　　B. 直购进口

C. 海淘　　D. 海外进口

2. 国外商品整批抵达国内海关监管场所，消费者下单后，商品从海关监管场所直接发出，在海关、国检等监管部门的监管下实现快速通关，能在几天内配送到消费者手中。这种模式叫（　　）。

A. 保税进口　　B. 直购进口

C. 海淘　　D. 海外进口

3. 分属不同关境的企业对企业，通过电商平台达成交易、进行支付结算，并通过跨境物流送达商品、完成交易的一种国际商业活动称为（　　）。

A. 跨境 B2C 贸易　　B. 跨境 C2C 贸易

C. 跨境 B2B 贸易　　D. 跨境 C2B 贸易

4. 以商品差价作为营利模式的是（　　）。

A. 第三方开放平台　　B. 垂直型平台

C. 综合型平台　　D. 自营型平台

5. 以收取商家佣金以及增值服务佣金作为主要营利模式的是（　　）。

A. 第三方开放平台　　B. 垂直型平台

C. 综合型平台　　D. 自营型平台

二、多项选择题

1. 以下哪些是目前我国跨境电商行业发展体现出的主要特征？（　　）

A. 跨境电商交易规模持续扩大，在进出口贸易中所占的比重持续升高

B. 跨境电商以出口业务为主

C. 跨境电商以进口业务为主

D. 跨境电商以 B2B 业务为主，B2C 模式逐渐兴起且发展趋势良好

E. 跨境电商以 B2C 业务为主，并且 B2B 模式逐渐兴起且发展趋势良好

2. 根据阿里研究院发布的《2018 中小企业跨境电商报告》，未来跨境电商发展将呈现哪几个趋势？（　　）

A. 买家地域扁平化　　B. 采购碎片化

C. 无线终端的使用加大　　D. 产业生态更为完善，各环节协同发展

E. 导购垂直化、内容化　　F. 贸易服务集约化

G. 中国制造品牌化

3. 以下哪些是跨境电商和传统国际贸易的区别？（　　）

A. 双边化　　B. 大批量

C. 高频度　　D. 透明化

E. 数字化

4. 以下平台哪些是主营 B2C 第三方平台？（　　）

A. eBay　　B. Amazon

C. AliExpress　　　　D. Global Sources

5. 以下平台哪些是主营 B2B 第三方平台？(　　)

A. eBay　　　　B. Made-in-China

C. AliExpress　　　　D. Global Sources

三、判断题

1. 跨境电商是指分属不同国境的交易主体，通过各类电子商务平台，完成营销、交付、结汇的一种商业活动。(　　)

2. 我国跨境电商的发展从业务模式来看，以 B2C 业务为主，B2B 模式逐渐兴起。(　　)

3. 受经济全球化大环境的影响，国际市场需求多变，跨境采购买家为规避风险和资金压力，倾向于碎片化采购模式。(　　)

4. 随着海外买家数量的增长，买家采购订单呈现碎片化和多样化的面貌，买家需求也表现出了更加细分和垂直的趋势。(　　)

5. 2016 年 3 月，马云提出了世界电子贸易平台（Electronic World Trade Platform，eWTP）倡议，呼吁顺应数字经济发展潮流、帮助中小企业发展、降低贸易投资壁垒、孵化贸易新规则。(　　)

第二章

CROSS BORDER E-COMMERCE

跨境B2B电商平台

本章重点

本章学习重点是了解中国制造网、环球资源网、敦煌网的平台特点，以及掌握它们的简单操作。

学习目标

本章旨在让学习者了解包含阿里巴巴在内的四大跨境 B2B 电商平台的特点，以及它们的不同；简单掌握中国制造网、环球资源网、敦煌网的操作。完成本章学习，学习者应获得以下成果：

（1）了解阿里巴巴平台特点；

（2）了解并简单掌握中国制造网的平台特点及操作；

（3）了解并简单掌握环球资源网的平台特点及操作；

（4）了解并简单掌握敦煌网的平台特点及操作。

第一节　阿里巴巴

一、平台发展介绍

在中国，目前最能体现跨境电商平台特性的，无疑是阿里巴巴电商平台（以下统称为“阿里巴巴平台”）。阿里巴巴平台的发展经历了四个明显的阶段。

阿里巴巴平台的第一个阶段也就是平台初期，仅能提供少量的功能，主要集中在发布 TradeLeads①，也就是常说的供求信息。因为当时（阿里巴巴平台是在 1999 年创办的），中国互联网的发展还不成规模，中国的电子商务还相当不成熟，网络硬件条件也不好，在这样的环境中，互联网的利用还停留在 Web 1.0，也就是信息抓取的时代。这意味着，平台还不能称之为电商平台，只是一个电商网站而已，别说交互，甚至最简单的信息论证的功能都不能完成。因此，当时的阿里巴巴只是一个让信息上网的简单平台。

阿里巴巴平台的第二个阶段是 2000—2004 年。随着互联网硬件条件的逐步成熟，阿里巴巴平台也逐渐完善，无论在内容还是功能上都有了很大的进步，在这个阶段，中国供应商（在阿里巴巴，中国供应商被简称为 CGS）越来越认识到电商的概念，也正因如此，阿里巴巴平台也开始展现出其重要的特性——买家和卖家借助平台认识对方，这在阿里巴巴内部，被称为 Meet 阶段。其间，阿里巴巴有意识地大量加入和优化了平台的功能，实现了从产品上传到买家产品搜索排序功能，并大量引入网络买家流量，加快平台上买卖双方 Meet 的机会。

阿里巴巴平台的第三个阶段是 2005—2013 年。在这个时期里，中国供应商的数量大大增加，阿里巴巴也大幅度增加平台的功能，中国供应商的产品发布、优化、排序等有了更明显的规则和优化。平台中卖家的企业展示页面（在阿里巴巴平台中被称为 Mini Site）有了非常大的改进和优化。在平台中第一次有了“旺铺”的概念。同时，这一阶段最重要的特征是阿里巴巴平台开始重视中国供应商的真实性认证，且在这一基础上对于平台本身的价值和发展方向有了很明确的界定。

---

① 这是电子商务（E-commerce）网站的一个常用词，在国内外的许多英文版电子商务网站上可见，它们提供贸易供需信息和交易机会，也可以发布产品信息和广告。

阿里巴巴平台的第四个阶段是 2013 年至今，也是目前最为重要的一个阶段。因为在这个阶段，阿里巴巴平台正从一个 Meet 或者说是撮合交易的阶段正式迈向跨境电商交易的阶段，在这个阶段中，无论是在平台供应商的数量还是平台上的活跃买家的数量上都有了非常明显的变化。而作为国内领先的跨境电商平台，阿里巴巴在 2014 年全资收购了深圳一达通之后，在 2015 年推出了信用保障体系，更是将该平台推到了所有中国外贸企业面前，这时，平台交易的意志也被体现得淋漓尽致。

当我们了解了以上阿里巴巴平台发展的四个阶段后，接下来的第三章中，我们将重点针对阿里巴巴平台的特点及操作方法进行一个相对较为详细的分析和说明。

二、平台特点分析

阿里巴巴平台是众多中国跨境电商平台中第一个尝试全面实现跨境电商平台所需特点的跨境电商平台。在此，我们先要明确跨境电商平台应该具备的特点：全球性，能实现在线交易及在线完成物流组织。因为只有明确了这个特点，我们才能有针对性地学习和操作阿里巴巴跨境电商平台。

参照上述的跨境电商平台的特点，阿里巴巴平台已覆盖全球各大洲，并且在不同的国家和地区设立了分公司或是办事处。在 2015 年的下半年，阿里巴巴在平台上已经实现通过信用卡直接支付的功能；在 2016 年，阿里巴巴平台又实现了在线通过 T/T（电汇）支付交易进行跨国转账的功能，所以，阿里巴巴平台已经初步具备了实现在线交易这个特征。另外，阿里巴巴早在几年前就已经与各大船公司合作推出了物贸平台，在 2015 年，借助收购的一达通实现了在线安排海运、空运等交易，这也说明阿里巴巴平台同样具备了在线完成物流组织的特点。

目前，阿里巴巴平台与其他平台最大的区别就是，正在借助 2015 年所推出的信用保障体系和一达通完成贸易闭环和数据积累的过程，而这一过程为世界首创，也正是这一特点将阿里巴巴平台从交易撮合平台时代彻底带入一个全新的时代。

第二节　中国制造网

中国制造网是与阿里巴巴几乎同期出现的国内知名的跨境 B2C 电商平台。但是，中国制造网与阿里巴巴相比，有一些不同之处，我们在下面将进行一些简要的分析。

一、平台特点分析

我们可以这样去比喻阿里巴巴电商平台与中国制造网的不同，阿里巴巴就像是一张撒向大海的大网，对于“捕捞”上来的是什么，在一开始并不是非常关注，需要进行一个筛选，之后再按照自己的需求进行分类和归类并进行下一步的处理。但是中国制造网的逻辑并非如此，在中国制造网中，每一位用户就像是一位“钓翁”，面对大量的“鱼类”，根据放下的“诱饵”的不同，所获得的猎物也是不同的。因此，中国制造网与阿里巴巴平台相比所得到的询盘数量就不是那么多。

二、平台操作解析

其实，无论是哪一种跨境电商平台，我们基本的操作思路都是一样的。正如我们上文提到过的，只要是电商平台，它们都具备一个最基本的点，那就是基于互联网。所以，互联网所具备的特点，它们都是具备的。因此，在中国制造网上的基本操作逻辑与阿里巴巴跨境电商平台的是相似的。

从中国制造网的运营逻辑来看，我们也可以将它分为 3 个基本的模块：一是产品模块，二是推广模块，三是数据模块。

在中国制造网中，我们没有发现作为一个跨境电商平台所必需的两个部分：在线交易和在线组织安排物流部分。因此，我们不可以将中国制造网认定成为一个完整的跨境电商平台，而只能将其视为一个正在发展中的电商平台。我们将其列入本书的原因是任何一个跨境电商平台的发展都需要一个长期而又漫长的过程，不可能一蹴而就。虽然我们并未将中国制造网列入跨境电商平台，但是并不能否认它本身也是一个优秀的电商平台。因为贸易的双方在平台上要实现交易的第一步毕竟还是相互认识，那么中国制造网可以不错地完成这一个过程。而且中国制造网目前也将自身定义成为一个 B2B 平台，而非一般意义上的跨境电商平台。①

（一）产品模块

1. 产品发布

无论是哪个平台，产品发布都是所有操作的第一步。因此，在中国制造网上操作的第一步也是上传产品。但是，中国制造网与其他平台相比，在平台中将办公环境虚拟化了，它的产品上传、管理等与产品相关的功能都放到了一个称为“Virtual Office”的模块中（见图 2-1）。

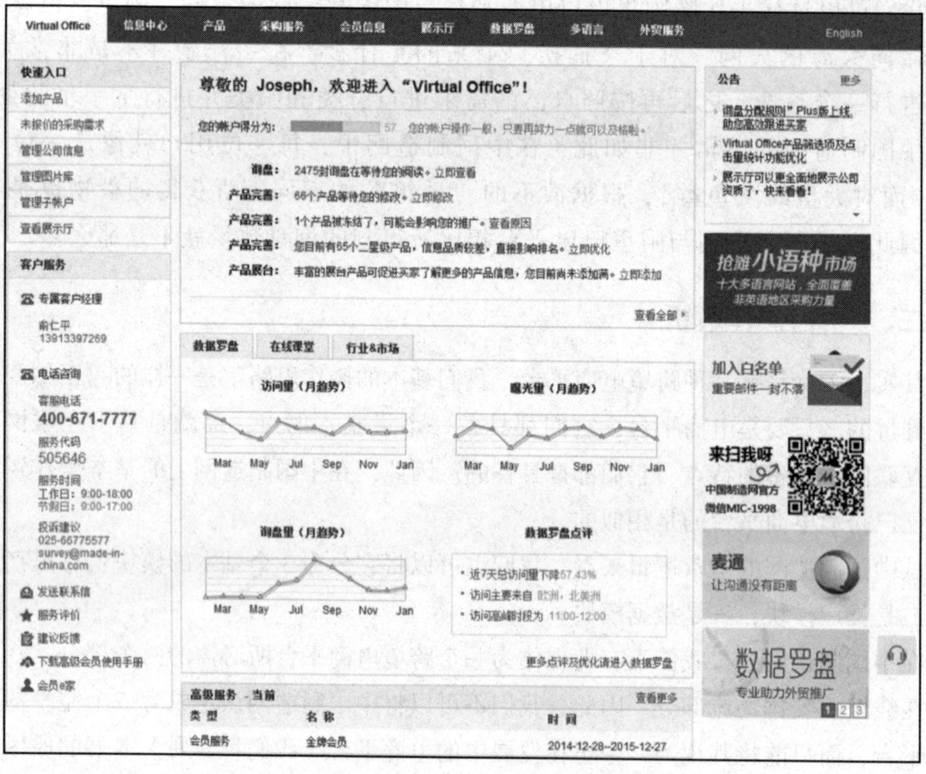

图 2-1 “Virtual Office” 模块界面

---

① B2B 平台可以理解为在线的“Business-to-Business”的一个平台，停留在“Meet”阶段就是撮合的阶段；跨境电商平台除了有 B2B 的特性之外，它的交易、物流等环节都是在线上平台完成的。中国制造网是一个撮合平台，它的交易、物流等环节都是在线下完成的。

添加产品的功能通过在菜单的左侧直接点选“添加产品”或是上侧菜单栏中的“产品”栏目来实现。与阿里巴巴电商平台的产品上传功能大体一样（阿里巴巴产品上传功能将在第三章进行详细讲解），在中国制造网中也同样提供了上传产品图片的功能，同时，也建议了图片的大小和尺寸等。另外，在中国制造网，图片是以正方形为标准的图片形状来展示的，所以网站也建议将图片修整为正方形，当然也可以通过网站提供的在线图片编辑功能来进行适当的剪切工作。同时，中国制造网也建议用户上传多张照片来从多角度展示产品，从而引起潜在买家的关注。

与其他平台一样，中国制造网也提供了图片添加水印这样类似的功能来帮助企业防止图片被盗用等（见图 2-2）。

图 2-2 图片添加水印功能界面

几乎所有的电商平台都相当关注买家体验度，因此，为了更好地照顾买家的感受，中国制造网要求供应商在上传产品时对产品属性的描述越详细越好（见图 2-3）。

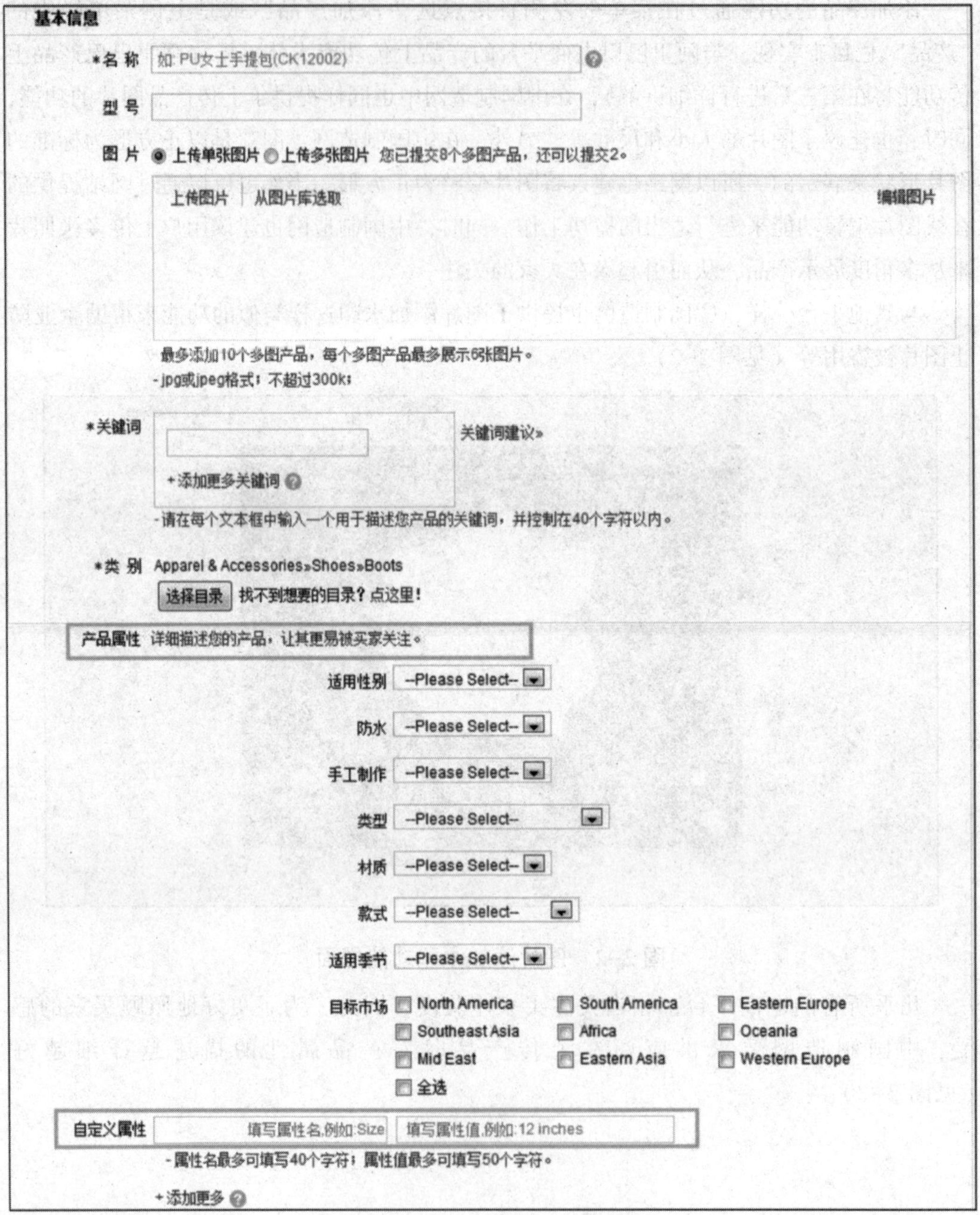

图 2–3　产品属性描述界面

中国制造网对于上传其他产品的要求其实与阿里巴巴电商平台是类似的，比如产品的详情描述等，主要也是要求供应商将产品展示给潜在买家时，要让买家更直观、更快速地了解产品，此部分，将在第三章阿里巴巴平台操作中进行详细阐述。在这里要强调的是，所有用户对于产品详情描述部分应给予足够的重视，包括交易条件等，这也是提升买家选择速度的重要因素。

2. 产品管理

在中国制造网中，比较有特色的部分是在产品管理这个模块中实现的。除了常规的产品的分组、修改、删除之外，在中国制造网中，对于已经上传的产品有几个特殊的状态存在。

（1）已上传产品的特殊状态

① 通过审核：只有通过审核的信息（同时公司信息也为“通过审核”状态）才能在中国制造网上展示。

② 新加入：您新添加的信息正在等待中国制造网的审核。

③ 已修改：您修改的信息正在等待中国制造网的审核。

④ 需要修改：您提交的信息未通过中国制造网的审核，请予以修改。

⑤ 冻结：您提交的信息违反了信息审核规则或用户协议。

⑥ 下架：产品暂时停止展示，只有“通过审核”的非绑定广告的产品、非主打产品才可以下架，下架产品无须审核可直接上架。

（2）主打产品

这里我们需要特别注意的是，在中国制造网，针对高级会员提供了“主打产品”这个概念，主打产品在中国制造网是有特别作用的。在规则中，每一个高级会员，都可以设置 7 个主打产品，而这 7 个主打产品有 1~7 分的内部分值。分值从高到低决定了产品优先排名的顺序。因此，用户完全可以根据中国制造网中针对不同行业的产品竞争度来对优势产品进行合理的分值调整，最终获得最好的效果（见图 2-4）。

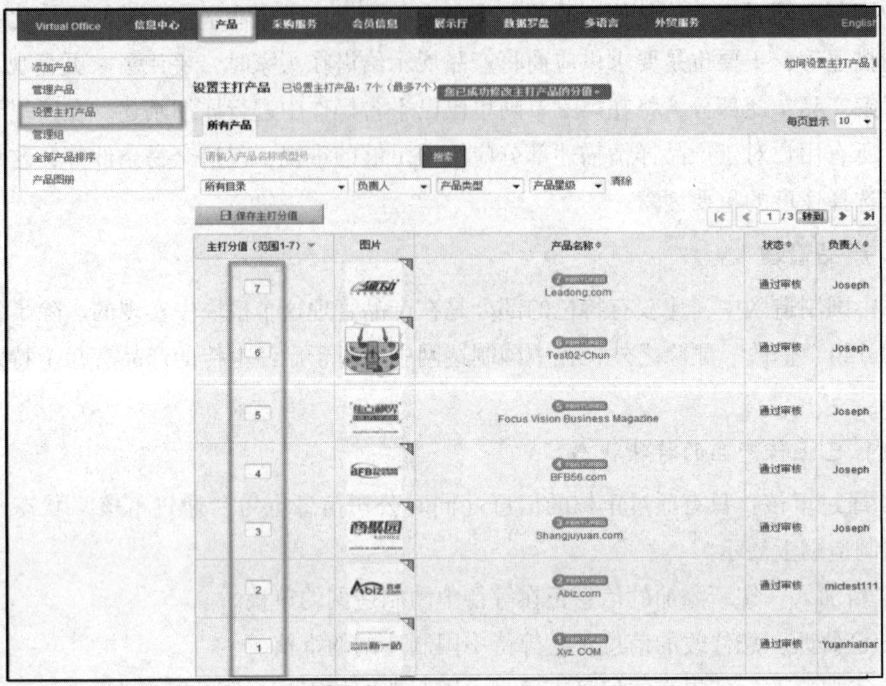

图 2-4　设置主打产品界面

（3）产品分组

在中国制造网中也有针对产品的分组设置，通过产品的分组，供应商可以将产品按照类型或是针对产品特色来分类，给访问者带来更清晰的逻辑感受（见图 2-5）。

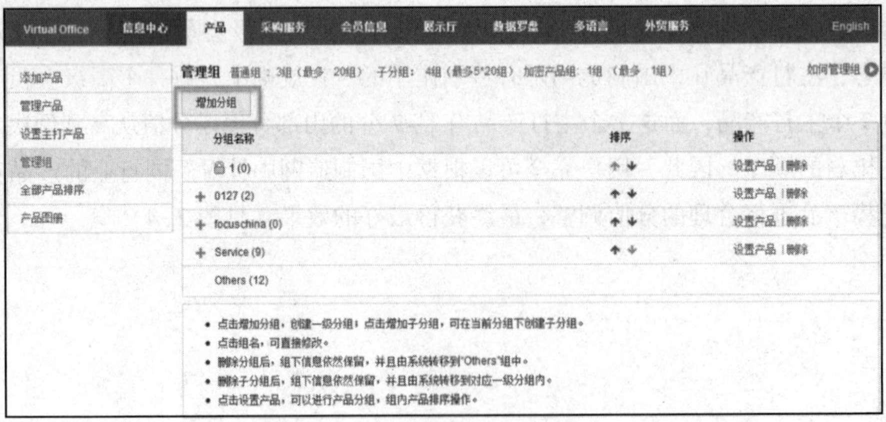

图 2-5　产品分组设置界面

① 子分组

中国制造网还允许用户在已分组产品中设置子分组，比如“Light”这个组的下面，还可以增加一个“LED Light”组，用来将大类和大类中的小类更明显地区分开来（见图 2-6）。

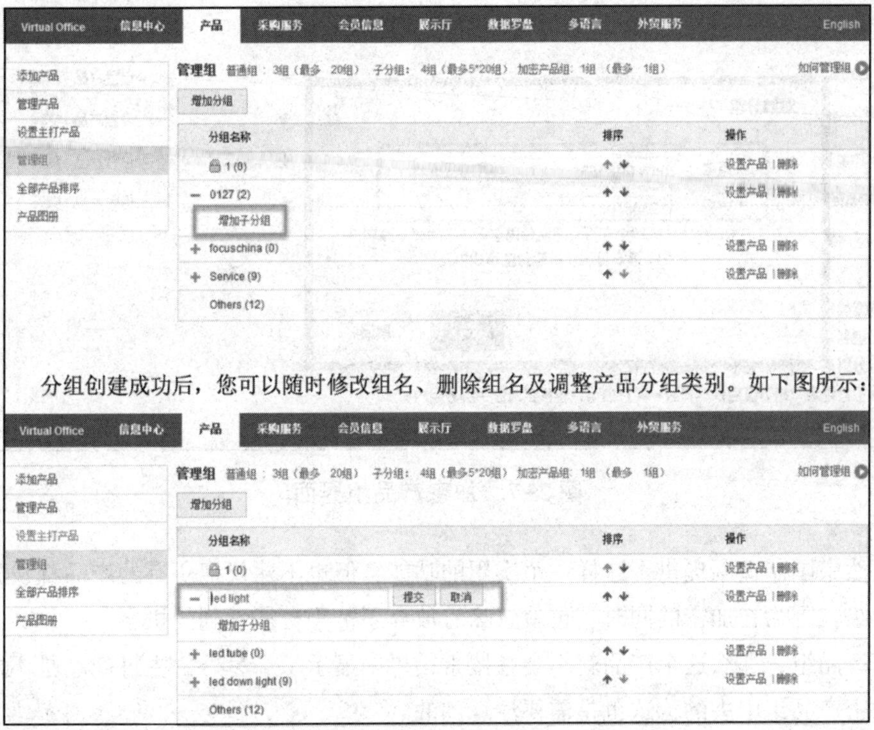

图 2-6　已分组产品中设置子分组界面

② 加密产品组

中国制造网在分组中，有一个非常特殊的组别，被称作“加密产品组”（Private Group）。要知道，供应商的有些产品是专利技术产品，或是还未大规模投放到市场中去，但同时也希望通过邀请的方式，让一部分特殊的客户先行查阅的产品，那么这个加密产品组就可以起到很好的作用。当建立一个“加密产品组”后，可以针对这个组设置相对应的访问密码，客户可以通过被告知的密码来访问这个组了，而这个组不会让其他买家看到，具有很高的实用价值（见图 2-7）。

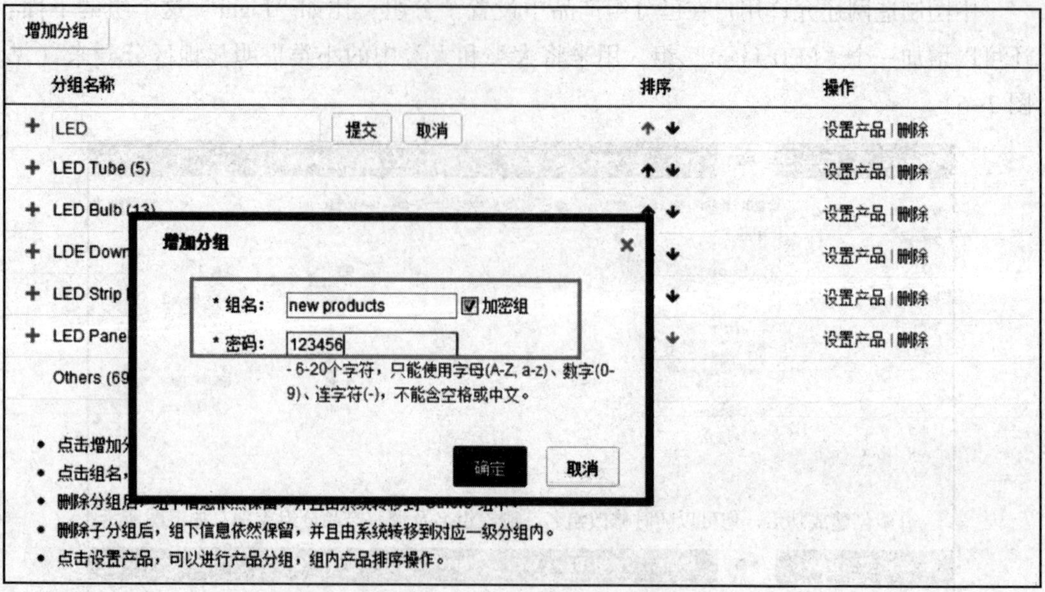

图 2-7　加密产品组界面

虽然中国制造网提供了这样一个实用的功能，但也不建议把所有的产品都设置成加密产品组，因为在加密的同时，也就意味着放弃了被平台搜索到的机会。一旦产品被加入加密产品组，那么这个产品就不会在搜索结果中显示了。另外，主打产品是不能被设置到加密产品组中去的，这也是需要注意到的。

（4）产品排序

由于中国制造网还提供了产品排序的功能，而这个功能的使用，将会影响到供应商产品在网站中的排序。那么，在产品排序功能中，就要妥善地处理好这个功能，保证这个公司网站的美观和有序。用户可以在产品排序功能中通过拖曳来实现产品的排序，也可以通过直接更改产品图片的序号来改变产品的排序，序号越小，则位置越靠前（见图 2-8）。

图 2-8　产品排序功能界面

（5）产品图册

有时，当我们知道买家对哪几款产品感兴趣时，我们会提供一个相对完整的产品图册给客户做参考，这个产品图册包含了产品的图片及相关的产品信息等。通常情况下，我们会通过 Excel 或是 Word 来制作这个图册，但是在中国制造网中，已经考虑到这个需求，用户可以在“产品图册”功能中“添加产品图册”来选择产品，然后由网站自动生成所需要的图册，在这个自动生成的图册中，已经包含了我们需要的产品相关的所有信息，这些信息已经在上传产品的时候完成了。所以大大节省了供应商在这个环节的工作量和时间，也可以为客户提供最优的体验。对这个功能输出的“产品图册”，中国制造网提供了 3 种格式，分别是 PDF、Excel 和 Word 格式，方便用户在需要的时候进一步修改（见图 2-9、图 2-10、图 2-11）。

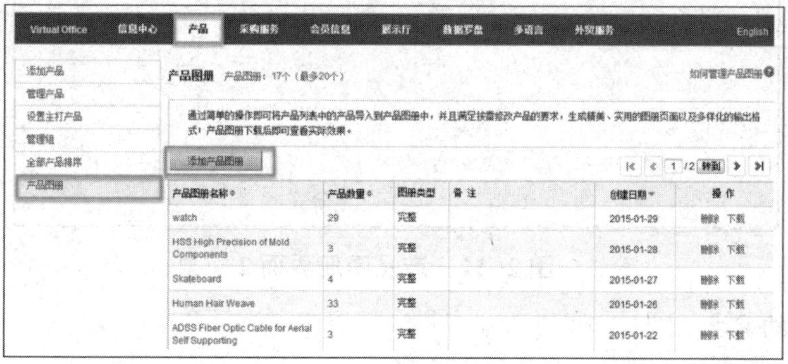

图 2-9　产品图册界面 1

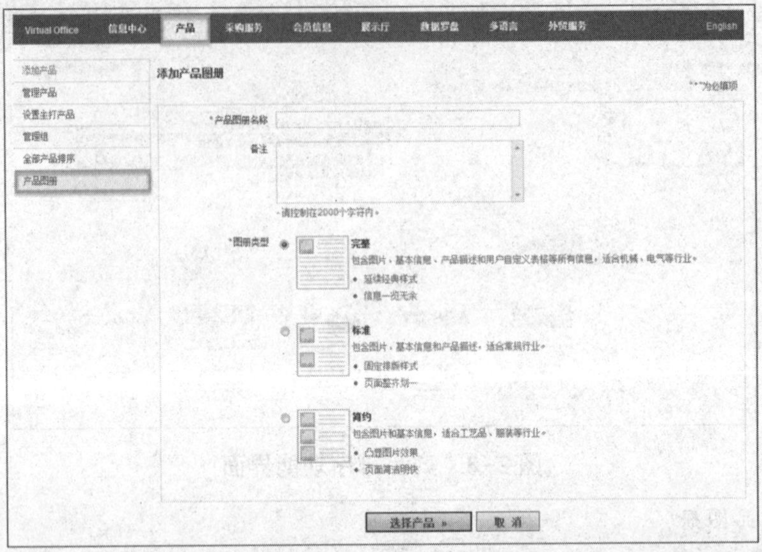

图 2-10　添加产品图册界面

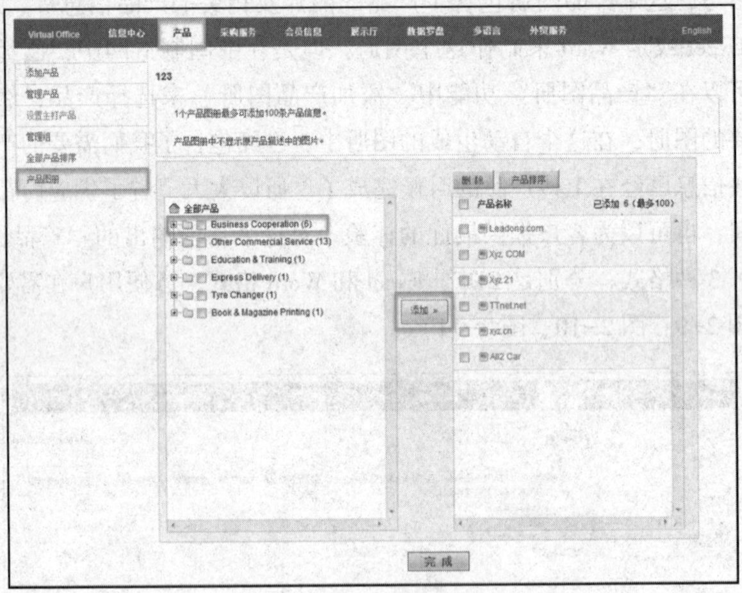

图 2-11　产品图册界面 2

(6) 采购需求

阿里巴巴平台中有一个非常重要的部分，就是采购直达，简称为 RFQ。那么在中国制造网中有没有 RFQ 呢？答案当然是肯定的，因为 RFQ 是买家在线上最快能获取报价的方式之一，只不过在中国制造网中，不被叫作 RFQ 而被称为“采购需求”。

这些“采购需求”由买家发布，经过中国制造网审核成功之后展示在“采购需求”的公开频道上。中国制造网也会将一定数量的这些“采购需求”直接推送给网站的高级会员，高级会员一方面可以收到中国制造网推送的“采购需求”，在公开频道中去报价；另一方面在报价之后，网站的高级会员还可以到“Virtual Office”当中去查看买家对其“采购需求”报价的回复（见图 2-12、图 2-13）。

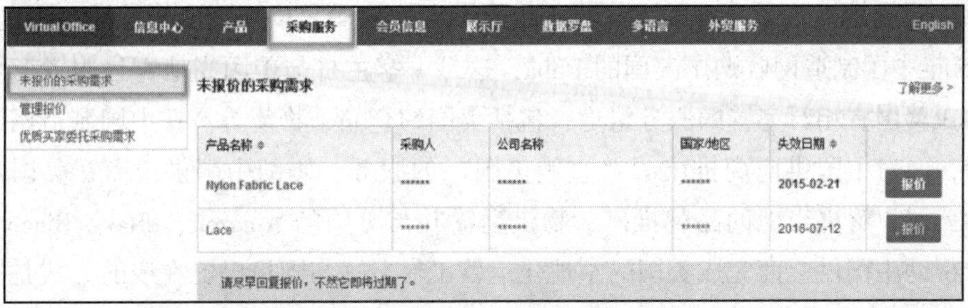

图 2-12　采购需求界面 1

图 2-13　采购需求界面 2

（二）推广模块

在介绍完了上面的产品模块之后，我们就要来看看在中国制造网上的推广部分了。目前，中国制造网采用的还是相对比较“传统”的方式，主要原因在于它还是依托于网站本身的广告方式来进行的，不同于阿里巴巴平台上的通过点击付费、竞价排名等。在中国制造网，关键字的排名服务被称为“名列前茅”，在搜索页面的右侧广告，被称为“精品橱窗”，在首页正中间展示的广告被称为“首页展台”。同时，在中国制造网中，对于上面提到过的比较有特点的主打产品，如果供应商需要，还可以通过额外付费的方式，购买额外最多两组的主打产品，以提高产品的精准曝光。

在跨境这一方面，中国制造网将自身定位为 B2B 平台，而非跨境电商平台，因此，我们并没有在中国制造网上看到过多的完全符合跨境电商平台所具备的一些功能，但是我们并非将之排除在这个范畴之外，因为中国制造网与其他跨境电商平台采取了不同的方式来实现跨境服务。

中国制造网提供了一种线上与线下结合的方式来满足供应商实现跨境电商的服务。在 2015 年中国制造网收购了美国的 Doba，这是一家主打与美国当地零售服务商合作的网站，在美国有相对完善的服务渠道，包括美国的仓储、物流等。在中国制造网收购该公司后，面对中国供应商推出了“直销美国”的服务，协助中国供应商在美国建立本地化的公司，解决当地的品牌推广、物流运输并与美国的 Amazon、eBay、Bigcommerce 等合作帮助中国供应商完成美国的本地化运营工作，这与阿里巴巴在线的方式是完全不一样的。

三、平台效果评估

事实上，评估一个电商平台效果的标准在本质上是相似的。基本上都是从曝光量、询盘量及询盘转化（也就是成交率）来评价的。但如果我们对所有的电商平台都完全采用这个标准来评估的话，那是有失公允的。所以，我们在对电商平台效果评估时，会首先看平台是否在整个贸易流程中提高了效率，是否为买卖双方提供了便利的贸易手段，然后再通过与其他平台用户之间的对比来评价平台的效果。

首先，供应商可以通过中国制造网提供的“数据罗盘”功能查看基于中国制造网的整体数据和企业本身在平台上体现的趋势（见图 2-14、图 2-15）。

图 2-14　数据罗盘功能界面 1

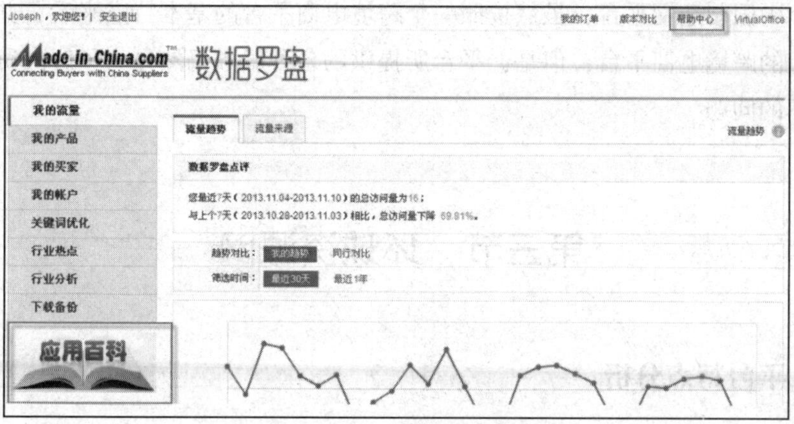

图 2-15　数据罗盘功能界面 2

在互联网中，我们更关注的应该是趋势，而非数据本身。数据化的时代里，单一的数据是没有价值的，在一个区间中的数据对比才能反映出问题。因此，我们从中国制造网的数据罗盘中，看到了流量的趋势。结合平台提供的这些数据，我们可以简单地了解到在平台上我们的效果是上升了还是下降了，结合自身的操作去找到问题所在，从而进一步地提升平台的效果。

通过中国制造网提供的行业分析、热点数据等，供应商可以更好地优化平台，从而获取互联网电商平台中关键的流量等。

另外，在中国制造网平台中，我们还看到了针对贸易的一些服务（见图 2-16）。

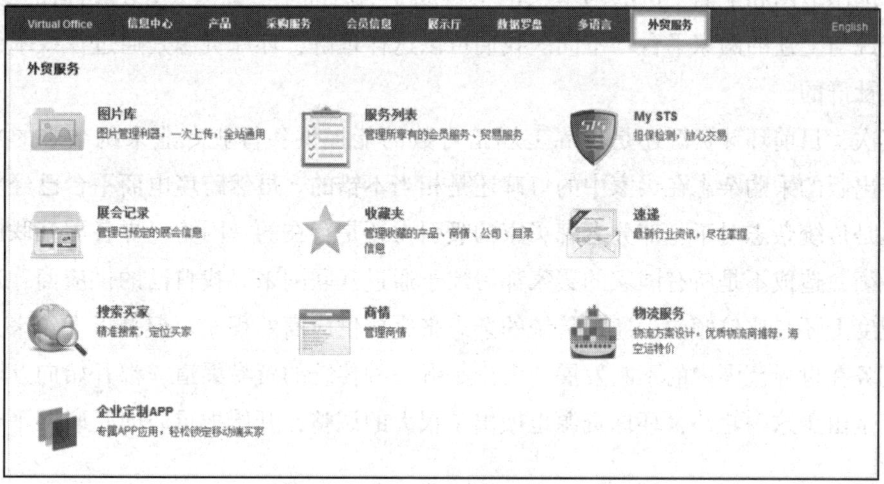

图 2-16　有关贸易服务的界面

可见，中国制造网平台，虽然按照一个跨境电商平台的基本特点来看，并非是一个完整意义上的跨境电商平台，但是，平台所提供的各种服务仍然是为了解决贸易所有环节效率低下的问题。

第三节　环球资源网

一、平台特点分析

说到环球资源网，我们就不得不提到环球资源网的起源。事实上，环球资源多年以来，一直将自己定位为一家广告公司，是以采购商为主要对象，为其提供内容丰富而翔实的行业资讯的英国老牌企业，而非传统意义上的 B2B 平台。只是近十数年来，由于互联网的兴起，环球资源也意识到互联网为商业贸易所带来的巨大价值，因此上线了环球资源在线（Global Sources Online），为广大从事生产贸易的卖家提供在线的服务。

多年来，环球资源因在中国的市场水土不服等原因一直开展得不是非常顺利，但是我们也必须看到环球资源平台的特点和优势是其他平台所不具备的。

首先，由于环球资源最初是以各国采购商为主要对象的行业采购杂志，因此经过数十年的积累，环球资源已经积累了相当丰富的买家资源。它成立的时间要比上面我们提到的中国制造网和下面要讲的阿里巴巴平台成立的时间早。而且从平台运营的逻辑上，环球资源与上述的两家平台均不同。我们可以这样理解，环球资源是通过在线平台来运营买家社群的。

其次，目前环球资源还是世界上屈指可数的能提供各行业专业采购杂志的平台之一，其出版的采购杂志在买家中的口碑还是相当不错的。虽然跨境电商平台已经势不可挡，但是传统杂志对于一部分老牌买家的吸引力还是存在的。因为世界各国互联网发展的不平衡，造成不是所有国家的买家都习惯于通过互联网来寻找自己的供应商，这些在一定程度上还是比较倾向于通过传统的杂志来完成供应商的积累。但是近十年来，随着电子商务在世界范围内的不断发展，无论是哪一种传统的贸易渠道，都开始向互联网转移，正是由于这一趋势，环球资源也做出了很大的调整，开始把重心向互联网平台的发展转移。

近几年来，环球资源在电商平台上的投入也是非常大的，尤其是针对中国市场的投入。环球资源在中国市场的发展由于受到传统思想的影响，一直不温不火，然而我们应该看到的是，环球资源结合自身强大的买家社群资源，逐步地结合了线下自有展会来开展贸易撮合等服务。而且环球资源每年在不同国家和地区举办“China Sourcing Fair”，也期望能结合网络平台供应商数据与线下的展会达成一个相对较为理想的结果。

另外，环球资源的买家社群主要集中在欧美发达国家，所以在环球资源网上，针对发达国家的产品往往能获得较好的效果。当然，近几年环球资源也不断将买家社群向发展中国家和新兴市场渗透，也期望通过互联网产品从这些国家和新兴市场获取新的资源。

二、　平台操作解析

环球资源网的类型相对比较单一，源自环球资源自身的特点。这些年来，环球资源并未对平台本身做出太大的改变，多次的改版均停留在对平台原有的进行优化上。我们可以这样理解，环球资源网主要是为庞大的买家社群服务的。所以在环球资源网中，对供应商是以星级来进行划分的，从 1~6 星分了 6 档服务方案，不同的星级在网站中所获得的服务也是不同的，包括可供展示的产品数及其他的服务等。在这里，我们不对价格等因素做出评价，仅针对环球资源所提供的基本功能做一些简要的说明。

（一）产品的上传

在环球资源网上，产品的上传与其他平台有一个显著的不同，就是环球资源网对上传产品的要求非常严格，甚至可以说是苛刻。因为如上面我们的分析所述，环球资源网期望网站中的供应商能提供最优秀的产品给自己的买家社群，希望买家能在网站上得到最好的体验。当然这并非是说在环球资源网上传产品非常麻烦，而是在环球资源网上，供应商所上传的每一款产品均会经过环球资源网位于中国香港地区及新加坡的产品质量控制中心的审核，对产品的图片进行优化等。因为环球资源网对产品图片的外观、表现形式等均有相对严格的标准，所以供应商在上传产品图片时，对产品的表现力等都会严格地审核和把控。

在环球资源网中，将产品上传的过程被称为“创建产品到供应商专用目录”（见图 2-17）。

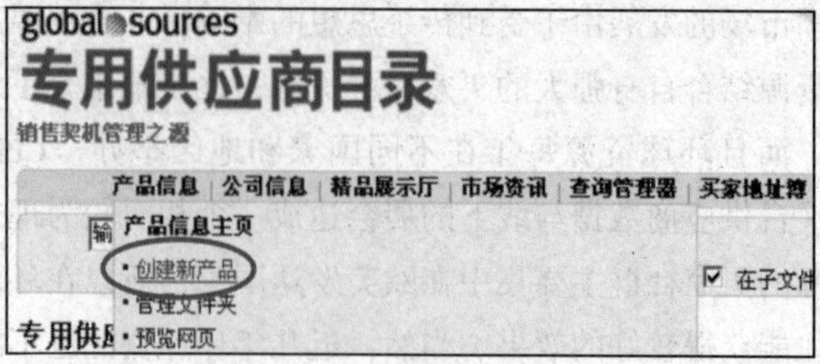

图 2-17　专用供应商目录界面

创建的产品将出现在专用供应商目录中，创建产品的过程如下（见图 2-18）。

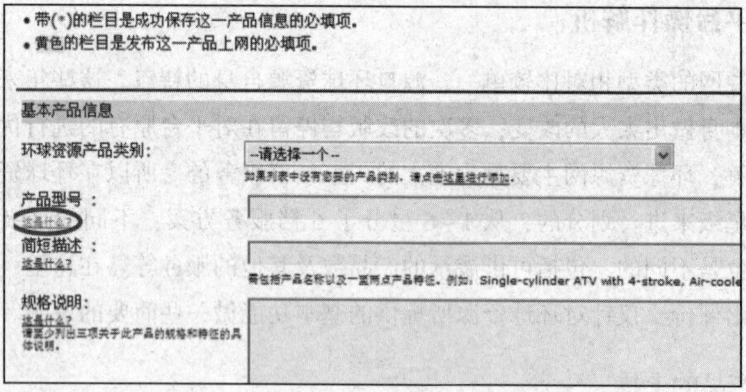

图 2-18　创建产品界面

1. 产品的类别

首先，需要选择产品的类别。在环球资源网中，这是一个交互的过程，在下拉菜单中无法找到需要看的类别时，可以点击选择框下方的“这里进行添加”来添加一个类别，在弹出的界面中，可进行类别的添加（见图 2-19、图 2-20）。

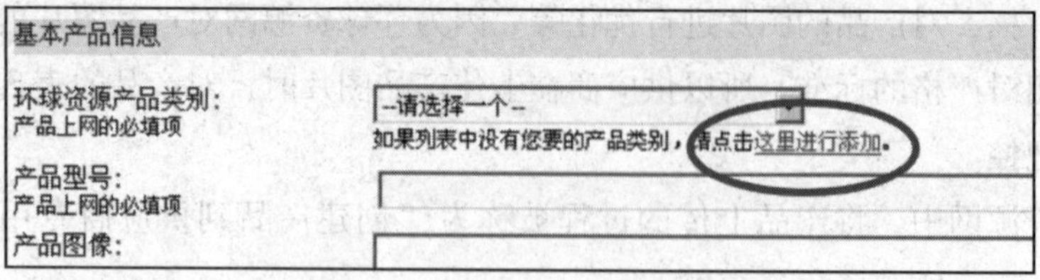

图 2-19　添加产品类别界面 1

图 2–20　添加产品类别界面 2

2. 产品的关键字

其次，可以输入产品的关键字。系统会根据输入的关键字给出合适的类别提示，从而选择合适的类别来进行产品类别的选择（见图 2–21）。

图 2–21　类别选择界面

3. 产品类别划分

再次，环球资源网中，对产品的类别有非常详细的划分，所以每一个产品均需要具体到每一个细分的类别才能进行下一步的操作。这样做的原因是可以让买家在细分的类别中更容易找到所需的产品。当然，网站也提供了供应商一次性添加多个产品类别的功能，方便供应商一次创建多个产品类别，以便于后期在产品上传时便捷地进行选择。在产品信息主页中就提供了这样的功能（见图 2–22）。

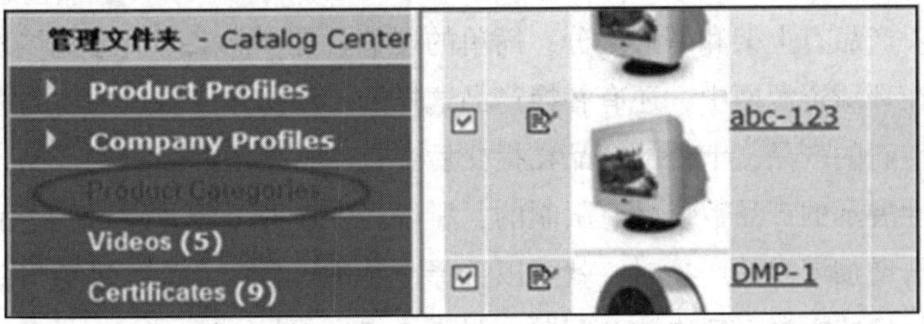

图 2–22　添加多个产品类别界面

4. 产品内容的填写

至于对产品详细内容的填写，环球资源网相较其他的平台没有那么复杂。因为在环球资源网中，并非是靠排名来获得曝光的；环球资源网的规则是星级越高，排名越靠前。所以只要按环球资源网的要求认真填写产品的内容就可以了。

5. 产品的展示

环球资源网对于产品部分，还有非常重要的一点需要说明，就是产品是需要上传并提交成功后才能展示的，这里的提交不同于普通网站当中的保存，因为在环球资源网中，上传后的产品由于用途的不同，产品的去向也是不同的（见图 2-23）。

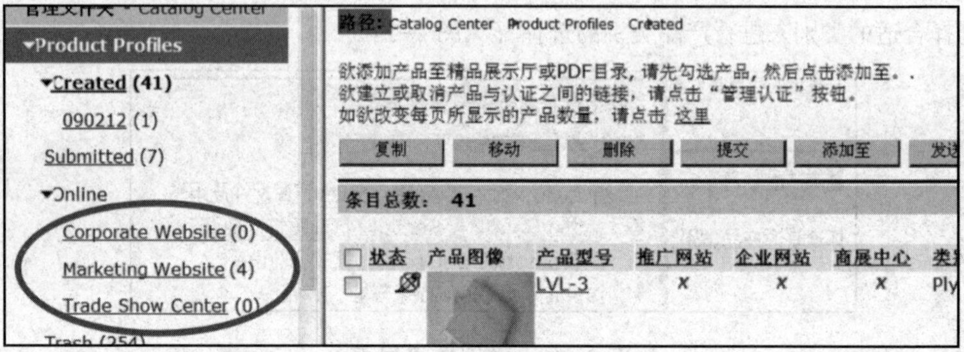

图 2-23 产品上传界面

我们需要主要了解的是，只有提交到“Marketing Website”的产品才会在环球资源网上进行展示。而针对方案的不同，“Corporate Website”及“Trade Show Center”是否有效是不同的，但是“Marketing Website”是都有的。所以在上传完产品后，需要主动提交产品到“Marketing Website”里去，不然上传的产品是不会出现在网站中进行展示的。

另外，还需要说明的是，环球资源网中对于产品操作的概念似乎与中国人传统的思维有些不同：产品有上架和下架之分，简单的理解就是产品上架后才能展示，下架就是不再展示。在环球资源网中，还有替换产品这样的一种操作，可以理解为先锁定一款产品，然后上传新的产品，上传的产品在提交后会自动替换已经锁定的产品。在环球资源网上，一次性展示的产品数量是有限制的，所以当供应商上传并展示的产品数量到达限制后，不能再增加展示的产品时，就可以选择产品进行替换。为了避免出错，环球资源就用锁定、替换的方式来解决这个问题（见图 2-24、图 2-25）。

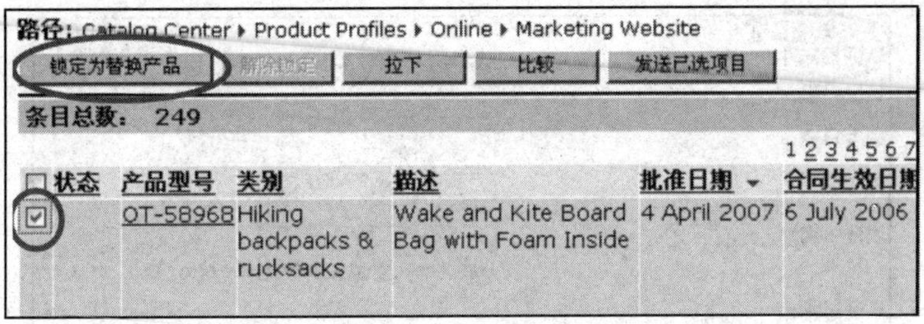

图 2-24　锁定为替换产品界面 1

图 2-25　锁定为替换产品界面 2

（二）产品的认证

环球资源网还提供了产品认证功能，允许供应商将上传成功的产品与产品的认证关联起来，方便买家查阅产品所获得的认证证书等（见图 2-26）。

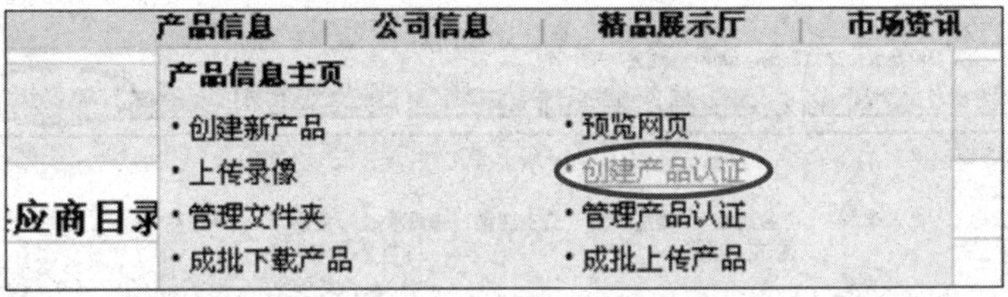

图 2-26　产品认证界面 1

在产品信息中，选择了创建产品认证后，即可创建供应商已经获得的产品认证，随后可以将产品与该认证信息进行关联（见图 2-27、图 2-28）。

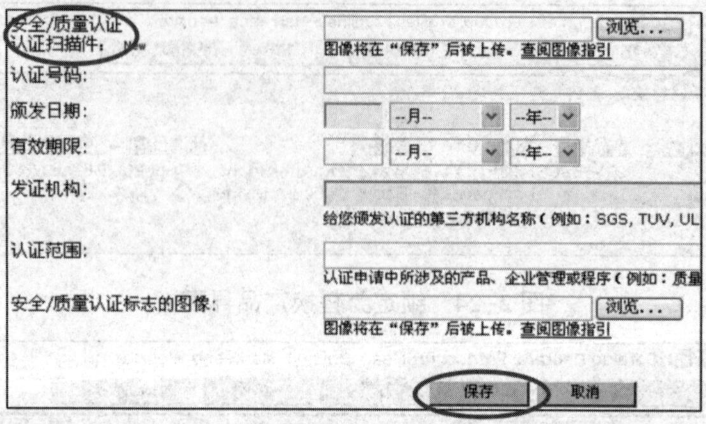

图 2-27　产品认证界面 2

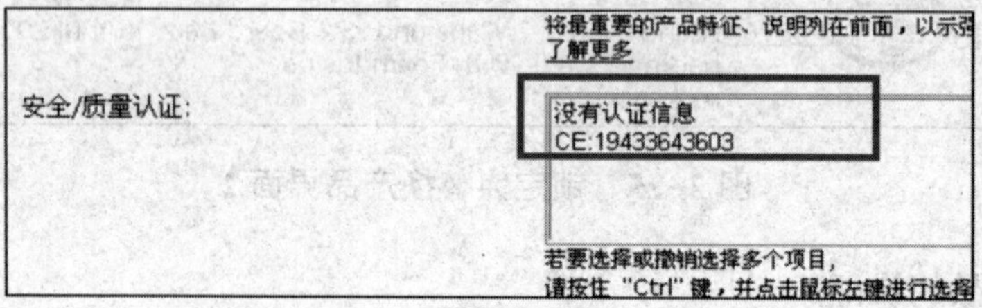

图 2-28　产品认证界面 3

在产品管理栏目中，供应商可以将相关的多个产品与认证进行链接（见图 2-29、图 2-30）。

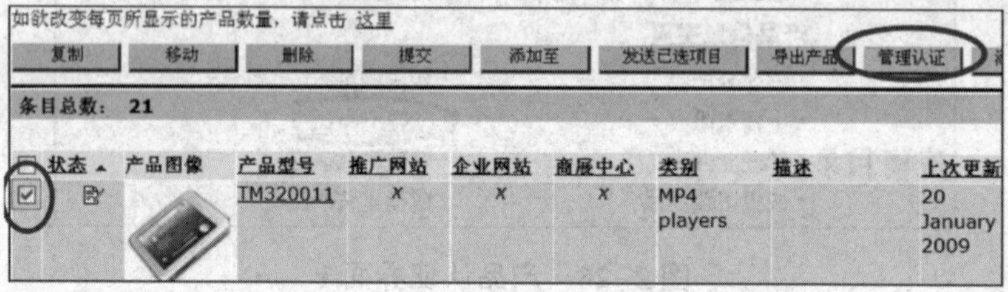

图 2-29　多产品与认证链接界面 1

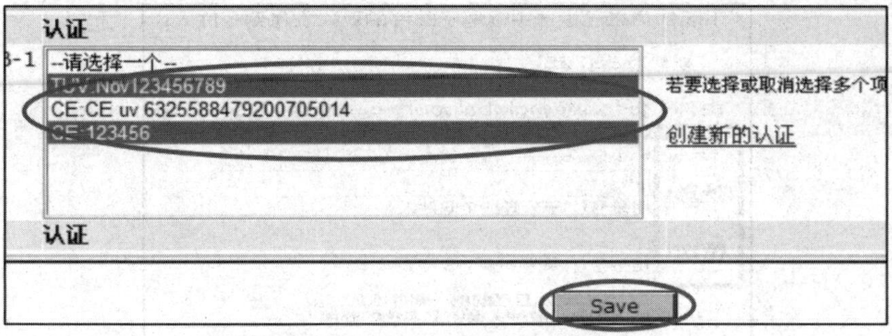

图 2-30　多产品与认证链接界面 2

正如上面提到过的，环球资源网的最大优势是买家社群，因此在网站中同时提供了将已上传的产品群发给建立联系的买家的功能。通过选择需要发送的产品，在地址簿中选取需要发送的买家后，可以一次将产品群发给这些买家，建立与买家的联系（见图 2-31、图 2-32）。

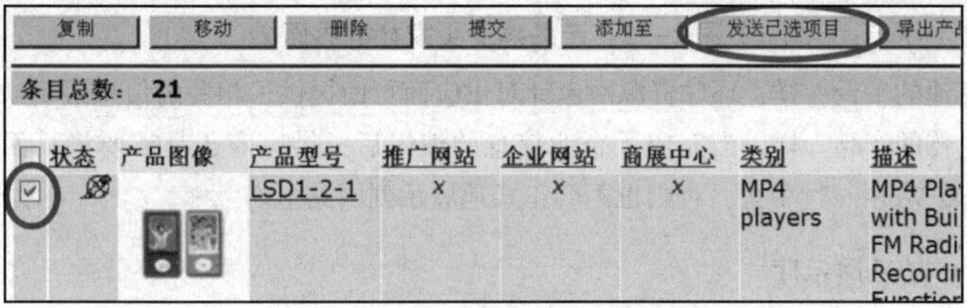

图 2-31　产品群发买家社群界面 1

图 2-32　产品群发买家社群界面 2

与其他的平台一样，环球资源网也针对供应商页面提供了相关的信息编辑功能。但是，与上传的产品一样，当完成了企业信息的编辑后，供应商还是需要将页面提交到“Marketing Website”中去，否则也不会正式地展示到网站上。

（三）精品展示厅

与上一节中提到过的中国制造网提供的“加密产品组”相类似的功能，环球资源网也有提供，被称作“精品展示厅”。在创建了精品展示厅后，供应商可选择需要展示的产品加入精品展示厅，并创建一个密码，生成一个链接，然后把这个链接连同创建的密码通过电子邮件或其他的方式发送给目标客户，邀请目标客户通过精品展示厅查阅供应商推荐的产品。二星以上的客户还可以在精品展示厅中上传 PDF 格式的产品目录或是企业白皮书邀请目标买家下载及查看。另外，精品展示厅还提供了一个比较特别的功能，就是幻灯播放精品展示厅功能，通过这个功能，实现买家以幻灯片播放的方式查看展示厅中的产品。在一些没有网络的场合，比如展会上，供应商还可以通过精品展示厅提供的功能实现离线幻灯展示的功能，由于操作比较简单，在本文中就不多做介绍了。

三、平台效果评估

环球资源网为购买了收费服务的供应商（也就是购买了 1~6 星的供应商）提供了

包括热门产品排行、我的竞争对手、查询分析（在环球资源网中，把所有的询盘都称为查询）、买家线索、精品展示厅登录报告等一系列分析效果的工具，方便供应商对平台的效果进行相对应的评估。

正如上面我们说到过的，环球资源网的星级会直接影响到产品在搜索页面的排名，因此在环球资源网中并没有提供太多的可供用户使用的推广产品，相反地环球资源网与展会的结合非常紧密，因此在选择环球资源网时，我们还需要结合自身的产品和环球资源网的特点来做出更合理的星级方案的选择。

第四节　敦煌网

敦煌网与上述的 3 个平台的运营模式是完全不一样的。无论是阿里巴巴平台还是中国制造网平台，或是环球资源网，采用的都是收费制会员的方式，且采取的都是 B2B 的运营模式。但是在敦煌网，我们可以发现它与上述 3 个平台的不同，简单意义上的理解，可以将其称为一个小 B2B 的模式，因为在敦煌网，主要面对的是小批发型的供应商和买家，同时，成为敦煌网的会员是不需要缴纳基础会员费的。只有在成交后，敦煌网才会根据成交的金额收取一定比例的佣金，而且这个佣金是由买家支付的，也就是说，在敦煌网上做生意，几乎是零成本的。

但是，我们都清楚流量带来点击和反馈，因此任何一个平台中，流量都是最重要的，我们已经反复说到了这点，那么在敦煌网中是否有推广包呢？答案是当然有，敦煌网针对推广服务，推出了高级版，通过支付不同的服务包获得更多的推广，自然也可以获得更多的流量。当然除了流量之外，更重要的是成为高级会员后，供应商可以得到敦煌网行业经理的支持服务，如优先产品审核、快速产品上架及交易纠纷优先处理等服务。而作为普通的免费用户，是享受不到这些服务的。

前面我们说到，敦煌网提供的运营模式是异于阿里巴巴平台、中国制造网及环球资源网的平台运营的，那么我们不得不提到敦煌网的运营模式。在敦煌网，所有的用户都是以“网店”的方式存在的。在敦煌网的规则中，是允许个人注册店铺的，也就是说，敦煌网中存在的供应商并非传统意义上的供应商，更趋向于从事电商贸易的个人或是企业，而不像其他 3 个平台一样，其他 3 个平台要求供应商必须是经过工商注册的法人企业。那么我们把敦煌网理解为小 B2B 网站就不足为奇了。同时，敦煌网规定，个人可以最多注册 3 个店铺，企业卖家可以最多注册 10 个店铺。

一、 平台操作解析

对于平台上产品的上传，在本节中就不着重说明了，因为与其他 3 个平台类似，在敦煌网中上传产品时填写的内容也包含了产品标题、产品图片、产品描述（参数、性能、属性）等，只要根据平台提示进行准确的填写就可以了。

敦煌网中我们真正需要关注的操作点是在这个平台中，引流的概念比其他 3 个平台都显得突出得多。在敦煌网，流量区分为站内流量和站外流量两种。

所谓站内流量就是来自站内搜索得到的流量，这就要求卖家对店铺中的所有商品的关键字的投放及产品内容的填充都要准确和有吸引力。同时，正由于敦煌网的运营模式中，小卖家的店铺模式决定了在敦煌网中，买家关注的是以产品为重心，而不是供应商自身的实力。所以在以产品为核心的平台中，买家的反馈就显得尤为重要。在敦煌网，买家对卖家的反馈、退款行为、口碑、返单等数据，都会直接影响到买家的决定。而且这些数据同时也影响着网站中关键字搜索后的产品排名。比如，店铺中某个产品发生过退款行为或是未能按期发货，又或是作假提供了虚假的出货单据等，都会受到网站的处罚，从而严重影响到产品在网站中的排名。为了获得良好的排名，所有的卖家都非常关注以上提到的几点。

如果卖家具备一定的经济实力，可以选择精准的关键字，在敦煌网中选择购买“金橱窗”或是“黄金展示”的位置来投放定向广告，这里提到的金橱窗指的就是位于搜索页面中靠近顶部中间的位置，而黄金展示同样位于搜索页面，在搜索页面的右侧。这两个位置的定向广告眼球吸引力很强，必然会给曝光带来很大的效果。

除了站内流量之外，操作敦煌网就必须在意站外流量。由于敦煌网针对的是产品营销，因此在敦煌网中，结合了 SNS 营销及视频营销，这要求操作者不但要注意站内引流，还要注意通过平台中提供的“Share”功能将产品分享到包括“Facebook”“Twitter”“Plus. google. com”“LinkedIn. com”“Delicious. com”等知名的社交网络平台上去，将外部的流量引到敦煌网上来。

二、 平台效果评估

敦煌网的效果评估方式与其他平台的评估方式略有不同，由于敦煌网的投入成本相对较低，所以我们在评估该平台效果的时候，更关注的是成交效果，而非像其他平台上的询盘量或是转化量。在敦煌网，采取的应该是“短、平、快”的原则，也就是说，我们运用敦煌网来开展贸易的目的就是快速成交，因此在敦煌网上，我们评价其效果只有一个维度，就是是否能在平台上快速成交。另外，敦煌网所采取的运营方式，决定了在平台中的买家也是以小型的买家为主的，就目前看来，单笔交易的金额并不大，多数是小于一万美金的订单。所以在敦煌网上，我们关注的对象也与其他 3 个平台上的对象不同，这点也建议所有用户关注到。

【结语】

这一章对阿里巴巴、中国制造网、环球资源网及敦煌网为代表的跨境电商平台进行了简要的介绍及操作说明。在这一章里，这些平台的交易都是涉及跨境交易的，所以将它们归入了跨境电商的范畴。在互联网时代里，贸易环境多变，订单也呈现出零散化和片段化，因此再用订单的大小来确定交易的种类已经不准确了，所以我们对于跨境电商平台的理解也会随着环境的变化而产生变化。

【课后习题】

一、单项选择题

1. 阿里巴巴平台上，针对各平台的社交属性，特别推出的社交运营功能被平台称为（　　）。

A. 粉丝通　　B. 客户通　　C. 社交通　　D. 分享通

2. 在最新的平台规则当中，阿里巴巴平台针对供应商等级划分有了一系列的指标来评价，其中最为直观的是（　　）。

A. 出口等级　　B. 产品质量　　C. 供应商排名　　D. 商家星级

3. “信用保障体系”是下列哪个平台上推出的功能产品？（　　）

A. 中国制造网　　B. 环球资源

C. 阿里巴巴平台　　D. 阿里速卖通平台

4. 在中国制造网平台上，如果暂时不想展示一个产品了，可以通过（　　）操作来完成。

A. 下架　　B. 删除　　C. 隐藏　　D. 替换

5. 阿里巴巴平台为了保护供应商的知识产权，专门为上传的产品图片提供的一项功能是（　　）。

A. 图片守护　　B. 不可复制　　C. 代码保护　　D. 图片水印

二、多项选择题

1. 在阿里巴巴平台上，针对供应商等级的划分上，最新规则中影响商家星等级的因素中，以下哪些不是影响因素？(　　)

A. 产品信息质量　　B. 点击率　　C. 在线订单量

D. 产品搜索排名　　E. 平均回复时间

2. 对于跨境电商平台，下列描述不正确的是（　　）。

A. 跨境电商平台的作用主要是为了建立信息交换

B. 跨境电商平台的出现是为了替代传统外贸

C. 跨境电商平台必须有优质的产品发布才行

D. 跨境电商平台不需要维护就可以带来大量的买家信息

3. 评价一个平台效果的关键指标是分析平台的数据，在以下平台功能中，包含了数据分析功能的是（　　）。

A. 数据管家　　B. 数据罗盘　　C. 商业中心

D. RFQ　　E. 我的关键词

4. 阿里巴巴平台上，为了提高产品的图片质量，对上传产品的图片尺寸中相关规定正确的是（　）。

A. 图片像素至少为 640×640

B. 图片的形状最好为正方形

C. 图片不添加水印

D. 图片背景最好为白色

E. 图片最好加上醒目的边框

5. 各个跨境电商平台中，当希望对特定买家展示一些特定的产品，可以通过平台提供的下列功能实现。(　　)

A. 加密产品组　　B. 产品认证　　C. 精品展示厅

D. 名列前茅　　E. 外贸直通车

三、判断题

1. “粉丝通”是中国制造网为了加强平台社交属性而提供的特别的功能。(　　)

2. 在阿里巴巴平台上，上传的产品图片是很容易就被其他用户拷贝和盗用，平台没有办法防范。(　　)

3. 阿里巴巴平台和中国制造网平台在产品的分类方面，都是可以建立子分类的。(　　)

4. 一个跨境电商平台应该具备在线支付和在线物流安排的能力。(　　)

5. 在中国制造网，下架一个产品与删除一个产品的结果是一样的。(　　)

第三章

CROSS BORDER E-COMMERCE

阿里巴巴跨境B2B电商平台

本章重点

本章学习重点是掌握阿里巴巴平台模块的操作。

学习目标

本章旨在让学习者以电子商务网络特性为出发点，理解跨境电商平台中各模块的特点。完成本篇的学习，学习者应获得以下成果：

（1）对阿里巴巴平台的产品模块、推广模块、信息沟通模块、数据支持模式有深刻的了解，并会简单的操作；

（2）对有关跨境电商平台客户均有简单的了解。

第一节　阿里巴巴电商平台操作

学习阿里巴巴电商平台的操作，我们必须从平台的功能模块来进行，只有了解了平台所具备的功能模块，我们才能将其进行有效的搭配和组合，最终实现平台的效果。

一、平台的功能模块操作

由于阿里巴巴平台具有非常复杂的功能模块，为了让大家便捷地了解平台，以及更好地操作好平台，我们将其按商品交易的逻辑分为以下的几个模块：产品模块、推广模块、信息及沟通模块、交易模块和数据支持模块。因其中的交易模块部分在后续章节有讲解，在此就略过此模块。本章我们将针对除交易外的几个逻辑模块逐一进行细分和学习。

（一）产品模块

1. 星等级与新规则

2017 年 7 月开始，阿里巴巴平台针对一系列平台上的规则做出了大量的改动，尤其是针对“优商、优品”这个概念进行进一步的深化，同时对在平台上展示的产品的规格以及表现形式等都有了更严格的规范。这对于操作平台工作的人来说，我们就需要对这些规则有深入的了解之后再有效地操作了。总体来看，阿里巴巴平台将供应商等级进行了新的划分，因此，截至 2018 年 8 月，我们先了解一下阿里巴巴平台的规则发生了哪些变动，然后我们再进一步阐述基于这些规则变化，用户如何完成平台的操作。

首先，阿里巴巴平台将所有在平台上的供应商划定了“商家星等级”（见图 3-1）。

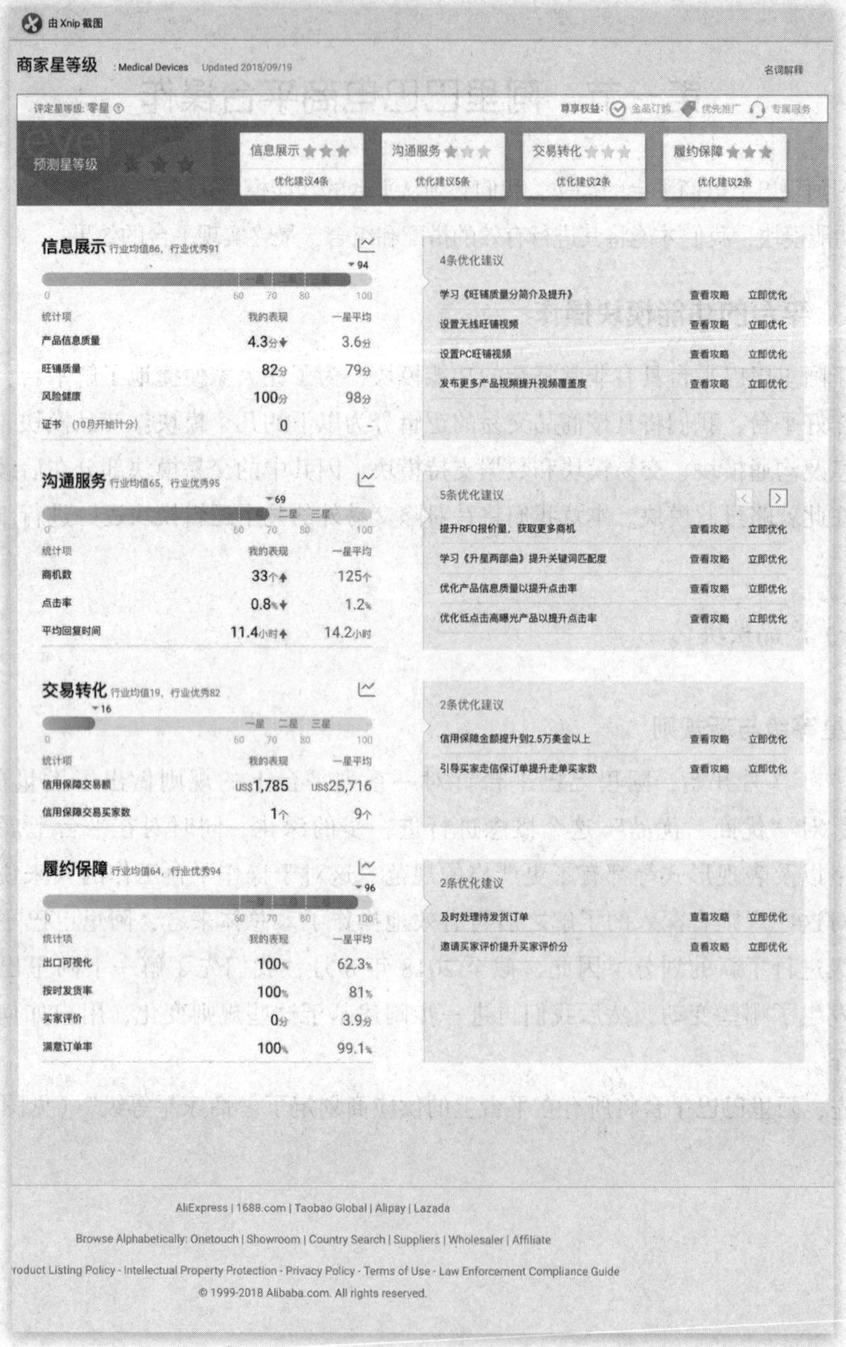
由 Xnip 截图
商家星等级
Medical Devices
Updated 2018/09/19
名词解释
评定星等级：零星
尊享权益：
金品订阅
优先推广
专属服务
预测星等级
信息展示
优化建议4条
沟通服务
优化建议5条
交易转化
优化建议2条
履约保障
优化建议2条
信息展示 行业均值86，行业优秀91
统计项
我的表现
一星平均
产品信息质量
4.3分
3.6分
旺铺质量
82分
79分
风险健康
100分
98分
证书 (10月开始计分)
0
4条优化建议
学习《旺铺质量分简介及提升》
设置无线旺铺视频
设置PC旺铺视频
发布更多产品视频提升视频覆盖度
查看攻略
立即优化
沟通服务 行业均值65，行业优秀95
商机数
33个
125个
点击率
0.8%
1.2%
平均回复时间
11.4小时
14.2小时
5条优化建议
提升RFQ报价量，获取更多商机
学习《升星两部曲》提升关键词匹配度
优化产品信息质量以提升点击率
优化低点击高曝光产品以提升点击率
交易转化 行业均值19，行业优秀82
信用保障交易额
US$1,785
US$25,716
信用保障交易买家数
1个
9个
2条优化建议
信用保障金额提升到2.5万美金以上
引导买家走信保订单提升走单买家数
履约保障 行业均值64，行业优秀94
出口可视化
100%
62.3%
按时发货率
100%
81%
买家评价
0分
3.9分
满意订单率
100%
99.1%
2条优化建议
及时处理待发货订单
邀请买家评价提升买家评价分
AliExpress | 1688.com | Taobao Global | Alipay | Lazada
Browse Alphabetically: Onetouch | Showroom | Country Search | Suppliers | Wholesaler | Affiliate
roduct Listing Policy - Intellectual Property Protection - Privacy Policy - Terms of Use - Law Enforcement Compliance Guide
© 1999-2018 Alibaba.com. All rights reserved.

图 3-1 商家星等级

事实上商家星等级并非是一个单纯的供应商的划分等级，它是基于一系列的数据对供应商在平台上的能力进行区分的一种手段。自 2017 年开始，阿里巴巴平台越来越意识到，买家很难从各种数据中分辨出供应商的好坏，而且，仅仅基于交易数据信保订单来体现供应商的质量也是不客观的，因此，利用商家星等级可以更直观地让买家判断出供应商的基本状况，并帮助买家更高效地做出采购的决策。

从图 3-1 中，我们了解到，一系列的数据经过平台按照一定的规则进行计算后，会得出分别的分值，利用这些分值，最终评价出星等级，下面是阿里巴巴平台对这些数据的解释。

（1）产品信息质量

产品信息质量根据店铺所有商品的信息质量平均得分为从图片质量、文本质量、交易物流信息及其他维度对商品信息进行整体评估并给予分值。

（2）旺铺质量

旺铺质量根据最近 30 天店铺访问时长、店铺访问深度、是否有旺铺视频、是否有无线旺铺视频、产品视频在店铺内产品的覆盖率、旺铺视频有效播放数、旺铺视频平均播放时间、产品视频有效播放次数综合计算得分。

（3）风险健康

风险健康根据最近 365 天在网站发生的违规扣分、违规频次、严重程度进行综合打分，违规包括虚假交易、侵犯知识产权、销售禁限售商品、贸易纠纷、图片盗用、滥发信息等。

（4）商机数

商机数为最近 30 天针对产品信息和公司信息发送的有效询盘数和 RFQ 报价量。

（5）点击率

点击率为最近 30 天产品信息或公司信息在搜索结果列表页或类目浏览列表等页面被买家点击的次数除以被买家看到的次数，即点击数/曝光数。

（6）平均回复时间

平均回复时间为最近 7 天买家发来的所有有效询盘的平均回复时间。

（7）信用保障交易额

信用保障交易额为最近 90 天匹配到账的信用保障订单金额（刨除虚假交易订单）。

（8）信用保障交易买家数

信用保障交易买家数为最近 90 天匹配到账的信用保障订单买家数（刨除虚假交易订单）。

（9）出口可视化

出口可视化指最近 180 天已挂账且发货的信保订单中，出口关键环节（海关申报完成、物流离境等）可在线追踪的订单比率。分母：信保订单已挂账且发货的订单数。分子：信保订单已挂账且发货，并使用一达通出口或阿里巴巴官方物流，或上传线下发货凭证的订单数（一达通出口和阿里巴巴官方物流可获得更高分数）。

（10）按时发货率

按时发货率指最近 180 天扣除已取消和未到约定发货时间的余下订单中按时发货且未取消的订单的比率。

（11）买家评价

买家评价根据买家在交易完成后对供应商的产品质量、卖家服务、按时发货三个维度的所有历史打分取平均得分。

（12）满意订单率

满意订单率为最近 180 天匹配到账的信保订单中未升级仲裁的订单比率。

而且，根据阿里巴巴平台最新的规则，一个供应商的星等级将直接或间接地决定它是否有可能在平台上购买更高等级的服务等。相信这也是阿里巴巴平台为了进一步促进平台上产生更多的在线交易而做出的改变。

另外，在 2018 年，阿里巴巴平台还上线了“粉丝通”（见图 3-2）和“客户通”两个独立的工具，帮助 B 端的商家进行媒体内容的自运营以及平台买家的管理工作。

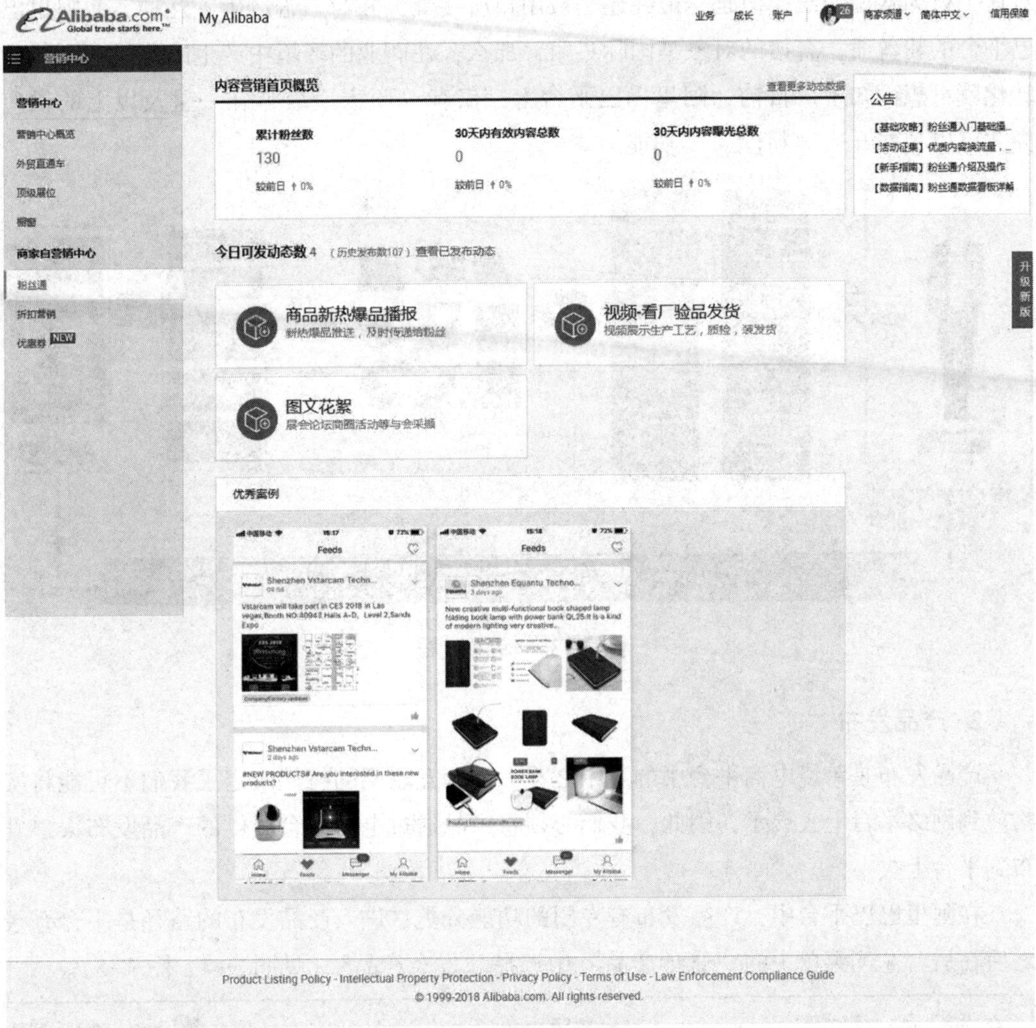

图 3–2　粉丝通

事实上，粉丝通很容易理解，因为类似的功能很早就在其他的社交平台上推出了，比如 Facebook 在 2006 年就推出的“news feed”和“mini feed”，用户分别通过个人自运营的“频道”，积累足够的“粉丝”。当好友足够而且信息流足够的前提下，“粉丝”可以源源不断地收到推送的信息，粉丝通就是这样一个类似的工具，通过在平台内以及在社交媒体上扩散商业信息，通过积累足够的资源，产生可能的转化（见图 3–3）。其实，换种方式去理解，就像是微信的朋友圈，在 2016 年也开始推送广告，虽说众多的用户对这个行为众说纷纭，但是，最终还是被用户所接受，并与广告产生了互动。而阿里巴巴平台的粉丝通，直接的对象是国际买家，那么，在商业的环境中产生的流量和可能的转化就可想而知了。目前，阿里巴巴平台上，仅有“商家星级”在一星及以上的供应商才可以免费开通“粉丝通”功能。

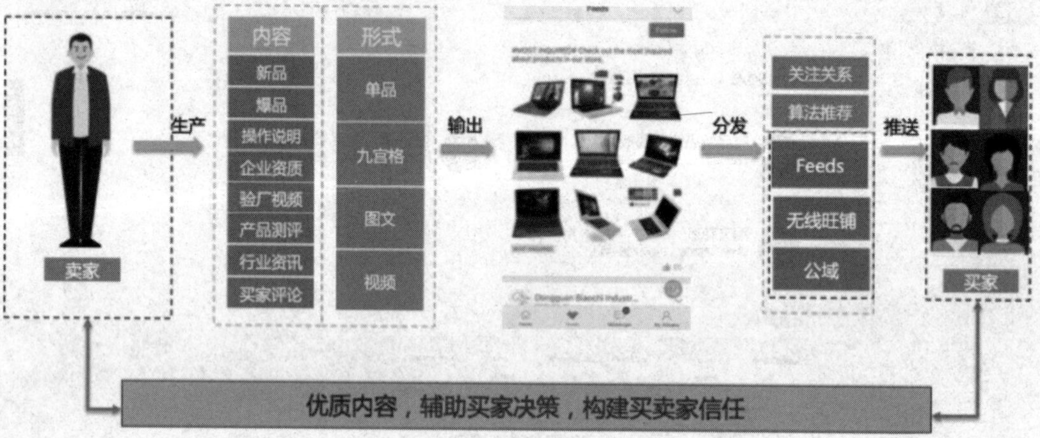

图 3-3　转化过程

2. 产品发布

产品发布是跨境电商平台中的重中之重，因为互联网的特性决定了我们不可能将实物放到网络平台上去展示，因此，我们必须将产品通过电商平台提供的产品发布渠道发布到平台上去。

在阿里巴巴平台中，产品发布有专门的功能分类，进入产品发布的路径是平台登录之后在后台左侧菜单中的“管理产品”中选择“发布产品”（见图 3-4、图 3-5）。

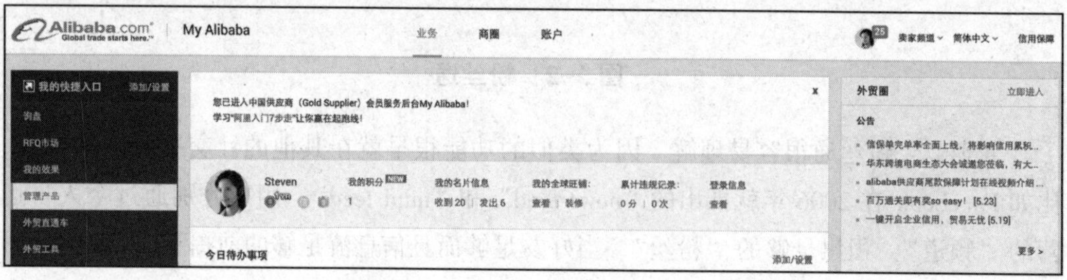

图 3-4　发布产品界面 1

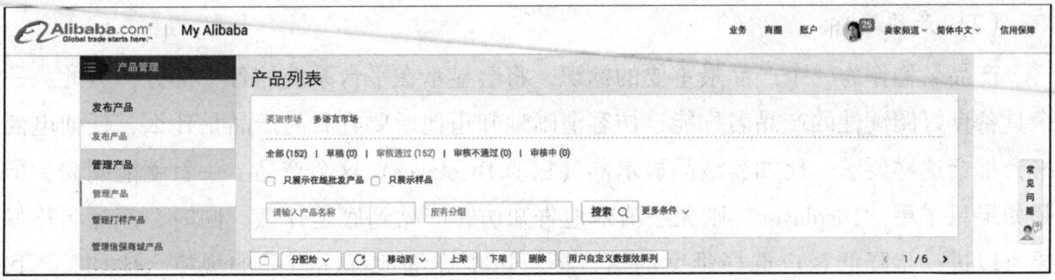

图 3-5　发布产品界面 2

在阿里巴巴平台中，对于产品的发布有相对严格的规定，为了将平台产品正确地展示给客户，平台不希望是大量而没有效果的产品，因为这将给访客带来非常不好的体验。为了平台系统能更好地识别，以及更好地将最优质的产品在平台的各个部分展示出来，阿里巴巴平台对于发布的产品做出了明确的填写要求，产品页面操作时需要严格按照页面提示的内容来进行发布。

（1）产品类目

产品类目提供了一系列依据行业、产品等来归类的类目，在不同的类目下，阿里巴巴平台中所提供的要求填写的产品属性是不同的，也会直接影响到产品发布后被客户搜索到的概率或者是产品的曝光，因此，我们在选择产品类目时一定要根据所要发布产品的正确的类目来进行选择，当然，如果一开始选择不正确，在后期产品管理中也是可以更换的（见图 3-6）。

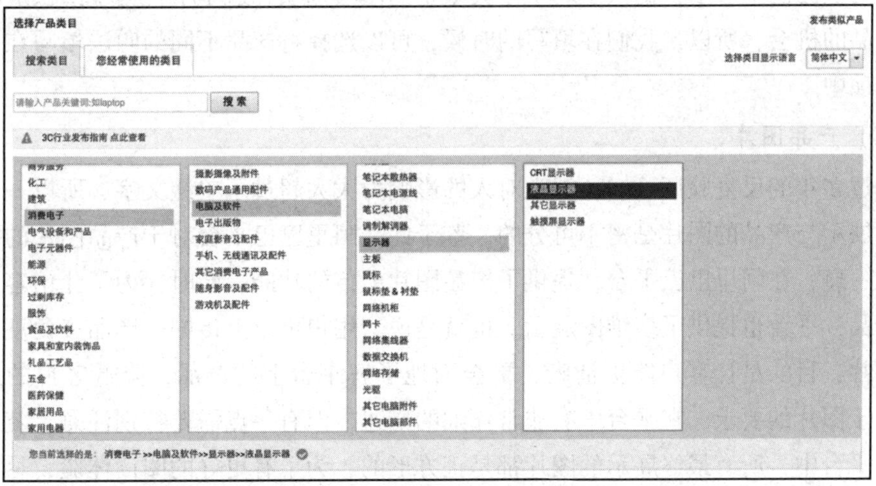

图 3-6　选择产品类目界面

（2）产品名称

产品名称作为一个产品最重要的标识，将会显示在平台系统的各个部分，因此，一个具备良好阅读性的产品名称能让访客清晰地知道他所要查看的产品是什么，任何电商平台都会这样要求。比如，液晶显示器（LCD Displayer）这个产品，一看就能明白，但是如果只采用“Displayer”则无法清晰地告知访客产品到底是什么。同时，产品名称如果可以进一步降低客户选择难度的话，还可以更详细地标注产品的规格，比如，“19 inch LCD displayer”。

（3）产品关键字

在互联网中，关键字所起到的作用是至关重要的，在早期，关键字是唯一的一个可以让搜索结果准确的因素，而在不同的平台里，关键字的定义方式是不同的。在以搜索为目的的平台中，关键字存在模糊的概念，所以，我们在百度或是谷歌这一类的搜索平台中，输入任意一个包括全部字、词或是这些字词中部分的内容，在搜索引擎中都可以得到一定范围的结果；但是在阿里巴巴平台中，所定义的关键字与搜索引擎中所定义的关键字有非常明显的不同，对于无意义的字或词（包括有意义的字或词的部分）是不能搜索到结果的，这是由平台本身的特性决定的，在电商平台中只有具备产品特征的关键字才是有效的。因此，我们在设定关键字的时候，不能用搜索引擎中的那种方式来定义我们的关键字，而要采用能体现产品名称、特点或是其他的内容的关键字来让系统更好地抓取到，从而让客户得到相对满意的搜索结果。

在阿里巴巴平台中，提供了若干个关键字的填写选项，这是平台为了给供应商多种表示产品的机会，所以，我们在填写的时候，可以选择将产品不同的叫法填写在平台给出的选项中。

（4）产品图片

经过多年的反复验证可知，视觉对人的影响力大大超过了单纯文字，所以一个优秀的产品展示与产品的图片是密不可分的。鉴于此，阿里巴巴平台对于产品图片的重视程度可见一斑，在阿里巴巴平台，提供了产品图片上传的功能，同时，为了让访客更好地了解产品，平台也提供了多维图展示。也就是说，用户可以上传同一产品多角度、多维度的图片，目的是让客户能更清晰、更全面地了解平台上的产品，降低客户的认知成本。对于图片的要求，在平台中有非常详细的描述，但有一点需要特别注意，就是在阿里巴巴平台中，所有最终展示的图片都是正方形的，为了有更好的阅读体验，尽量在上传产品图片时，将图片处理为正方形。

另外，阿里巴巴平台提供了图片银行功能，因此，上传的图片可以反复利用，不必每次都上传图片，从而提高工作的效率（见图 3-7）。

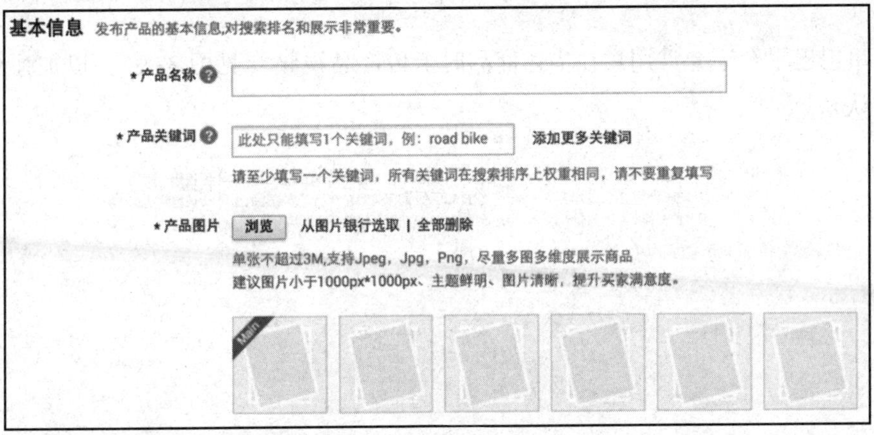

图 3-7　图片银行功能界面

为了增强对平台内产品版权的保护，尤其是在产品图片上，阿里巴巴平台在功能上特别增加了一个功能，这个功能被称为图片守护（见图 3-8）。

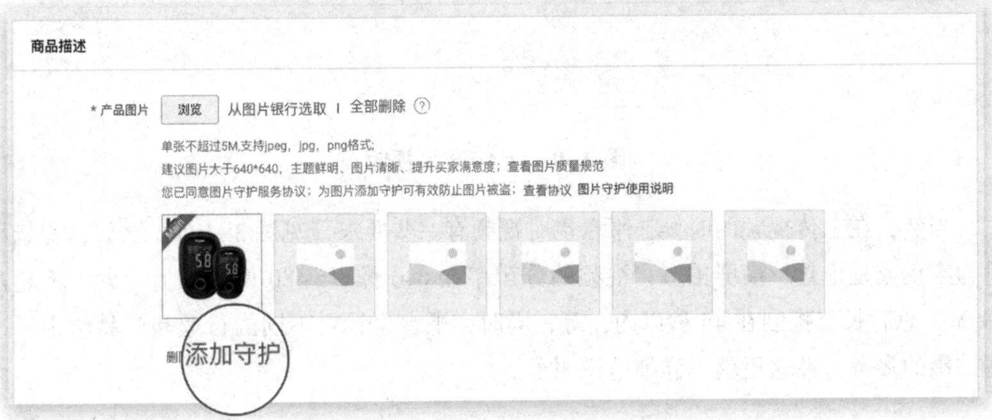

图 3-8　图片守护

在当图片的质量符合平台对质量的要求的前提下，用户可以添加图片守护，这样，盗用的图片没有办法在国际站发布产品时作为主图发布使用，因为系统会检测出来该图片是盗用的，不允许发布使用。但是如果盗用的图片用于产品详情页或旺铺等其他地方时，系统暂时不会强制制止。如发现被盗用，用户可按以往的正常流程发起投诉，阿里巴巴会正常处理。同时，平台后续会视情况开放更多地方对于图片盗用的检测功能。这大大降低了图片被盗用的风险，为了更好的买家体验，也建议所有产品图片不要再加图片水印。

阿里巴巴平台还允许用户在描述商品时上传产品视频（见图 3-9），以加强买家对产品的认知。

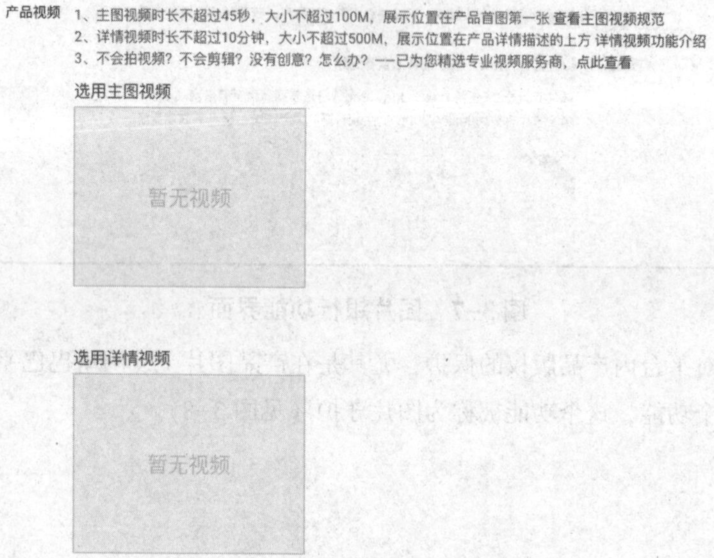

图 3-9　上传产品视频

当然，在上传视频的时候，平台也对视频有一些要求（见图 3-10），比如，背景尽量为素色或是虚化，横屏拍摄，视频的分辨率在 640 像素×480 像素以上，大小不超过 100M，总时长要控制在 45 秒以内，等，同时，平台也针对不同的行业和产品给出了一些拍摄的参考，在这里就不详细地说明了。

图 3-10　图片要求

（5）产品属性

在阿里巴巴平台，对于关键字的要求与其他以搜索结果为目的的搜索引擎是不同的，而现今互联网使用的趋势是尽可能地提高用户体验度。那么对于一个产品来说，除了产品名称之外，产品本身所具有的属性也是体现一个产品的重要因素。那么，除了搜索能为客户提供结果之外，还能提高用户的体验度的无疑就是产品的属性了。而且作为阿里巴巴平台来说，如果要提高用户的体验度，势必要通过除产品名称和关键字之外的其他因素去实现。

一个完整的产品属性不但能更好地体现出产品本身，还可以让平台更好地识别产品，向用户有针对性地推送用户真正感兴趣的产品，从而大幅度地提高用户在平台上发现产品的效率。

基于我们所选择的产品类目的不同，在平台中针对产品所提供的需要填写的产品属性是不同的，那么，在这里列举一个图例来说明（见图 3-11）。

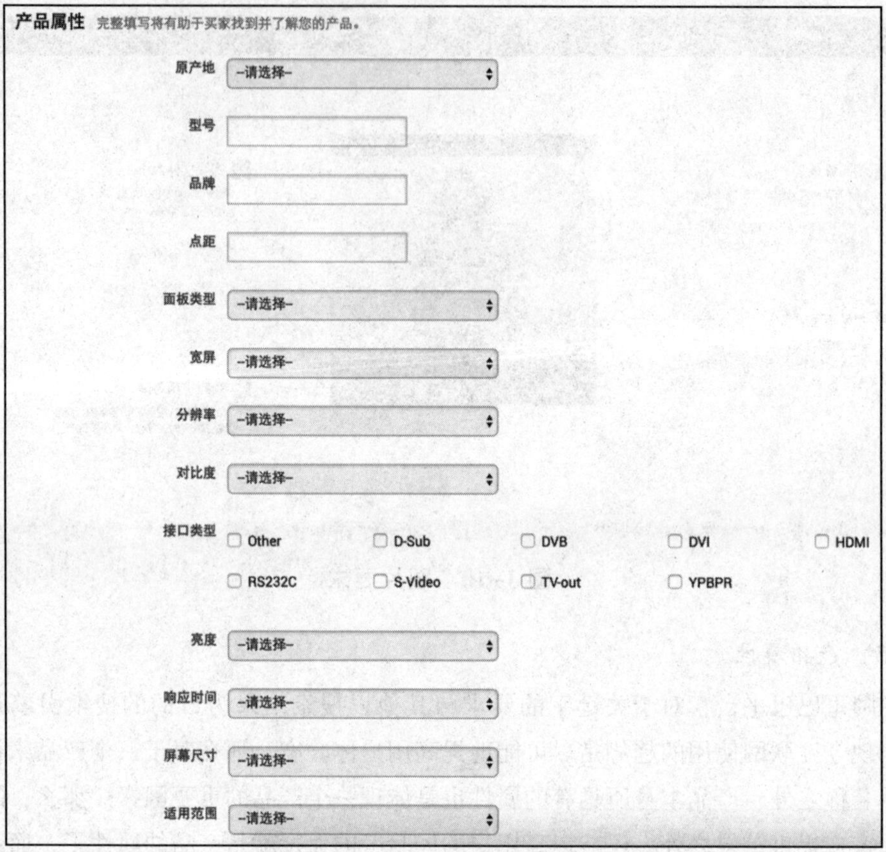

图 3-11　产品属性填写界面

在产品类目中，我们选择的是上述提到的液晶显示器这个类目，所以，针对这个类目，平台提供了与液晶显示器相关的各种属性，如原产地、型号、点距等选项。根据这些属性选项，供应商应该依据真实的原则进行填写，并确保数据的准确性。因为这些属性将直接影响到产品与客户需求之间的匹配程度，也会在将来平台全面实现根据买家喜好度来推荐产品时带来良好的效果。

（6）交易和物流信息

我们说过，一个完整的跨境电商平台应该具备在线实现交易和物流的功能，这也是阿里巴巴平台与其他平台的重要区别之一，同时，在产品中明确标明交易相关的属性也能尽量减少客户在沟通中所花费的时间成本。

根据贸易环节所涉及的方方面面，阿里巴巴平台对于产品价格、订量、付款方式等都提供了选项来进行填写，我们需要知道，正确规范的填写可以给买家对于供应商专业度的评价加分。

在物流信息部分，根据不同的类目，阿里巴巴平台给出的填写要求也是不一样的，原则上，基本的物流信息只需要根据平台的要求填写即可。但在这其中需要指出的是，供应商的供货能力这一要素十分重要。因为在贸易中，一个供应商的供货能力是买家选择是否采用这个供应商的重要标准之一，所以我们要特别针对这个产品的供货能力有非常准确的认识，然后再给出准确的数据。而随意填写会给买家对供应商的选择带来很大的影响（见图 3-12）。

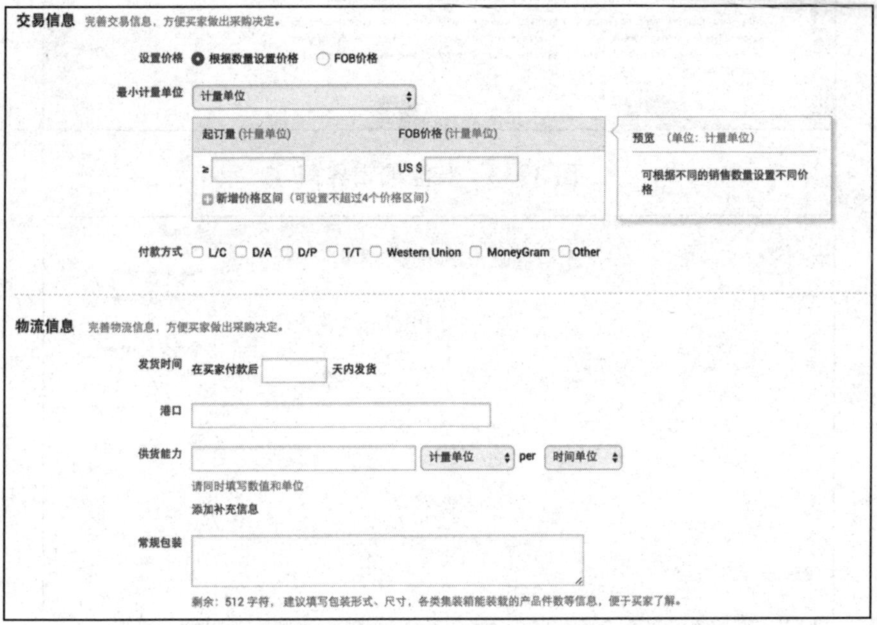

图 3-12　交易和物流信息填写界面

(7) 产品详情

要让客户更详细地了解一个产品，就必须对产品进行详细的描述，阿里巴巴平台提供了非常便捷的工具来完成产品详细描述的填写。早期的阿里巴巴平台只是提供了基本的产品详情编辑功能，但是伴随平台对用户体验度提高的要求，产品的详情页也做了大幅的升级。升级过后，产品详情对于内容部分进行了分类处理。希望供应商能将产品介绍用分段的形式来展示，所以平台提供了两种模式来录入产品详情。一种是用平台提供的更为美观的替换式模板，称为智能编辑（见图 3-13）；一种是更自由的编写模式，称为普通编辑（见图 3-14）。两种模式显示如下。

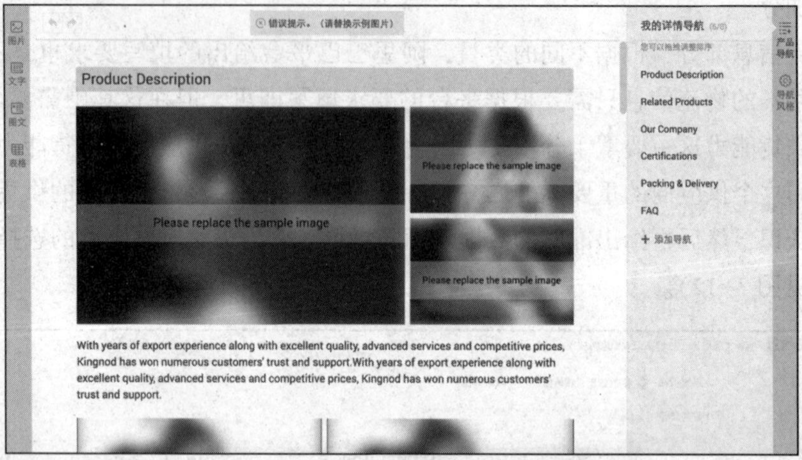

图 3-13　智能编辑界面

图 3-14　普通编辑界面

无论是哪一种编辑模式，在编辑中，平台都将产品详情划分成产品描述（Product Description）、包装和运输（Packaging&Shipping）、我们的服务（Our Services）、公司信息（Company Information）和常见问题（FAQ）这几个区块。通过这样的划分，客户可以在阅读时更清晰，所提供的信息也更直观。因此，卖家在编写产品详情时，尽量要根据这几个区块来对产品的详情分别进行填写，避免客户阅读时在时间上造成不必要的浪费。

(8) 产品分组

这里的产品分组不同于上面的产品类目，产品类目是由平台的系统归类的，选择了不恰当的分组会影响产品的曝光等，但是，这里的产品分组指的是供应商为了区分自己的产品类别而自定义的分组，这个分组也会最终在供应商主页的产品分组中体现。也就是说，在这里建立的分组应该遵循一个原则，就是让客户在供应商主页中能方便地在同一供应商的不同产品分类中切换和查看。从生意的基本习惯来看，过多、过少或是不明确的分组，会影响到买家对于供应商专业度的判断，所以也建议供应商在分组时考虑到买家的采购习惯和产品的专业度等因素。

在录入所有的产品信息后，在产品录入的界面右侧，系统提供了一个“检测信息质量”功能，通过点击这个功能按钮，系统会对已录入的产品信息进行内部校验，并给出适当的建议（见图 3-15）。

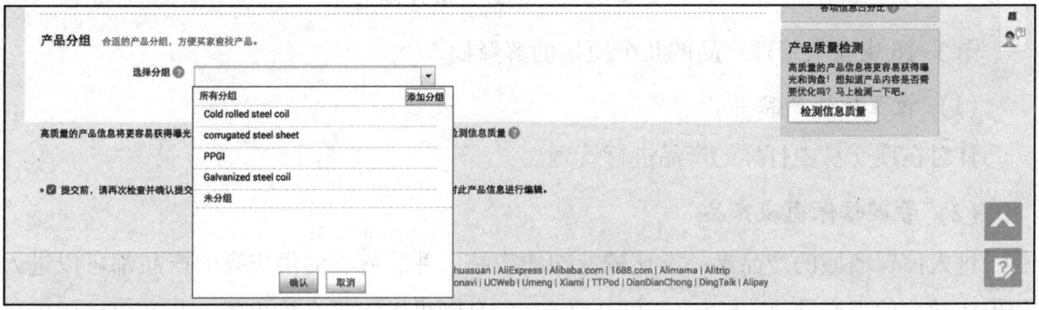

图 3-15　产品分组界面

3. 产品管理

产品管理模块是对所有已发布产品进行有效管理的一个功能模块。在这个模块中，我们可以对产品进行修改、查询、删除等对应的操作，另外，阿里巴巴平台还有一些比较特殊的产品，均在这个功能模块中统一进行管理（见图 3-16）。

图 3-16　管理产品界面

图 3-16 中有关管理产品的几个模块的解释如下。

(1) 管理打样产品

针对在线交易中打样的产品进行管理。

(2) 管理信保商城产品

进入信保商城的产品是一类比较特殊的产品，并非所有的供应商的产品都可以进入信保商城。信保商城（selection. alibaba. com）是阿里巴巴平台推出的一个专门针对阿里巴巴信用保障体系的特殊的网上商城，而要进入信保商城的产品需要具备以下的条件（见图 3-17）。

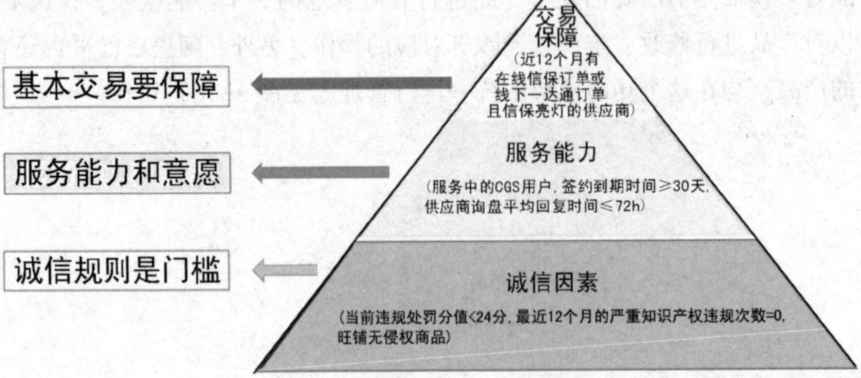

图 3-17　信保商城准入条件示意图

① 要求供应商在近 12 个月内有在线信保订单或是线下一达通订单，且信保亮灯。

② 要求供应商是服务中的 CGS 用户，签约到期时间大于等于 30 天，供应商的询盘平均回复时间小于等于 72 小时，询盘平均回复时间由平台根据供应商在平台中对于询盘的具体操作来自动计算。

③ 要求当前违规处罚分值小于 24 分，最近 12 个月不能有严重的知识产权违规行为，旺铺中没有侵权商品。

（3）产品分组与排序

在这个模块中，可以完成对产品分组的组别名称及组别顺序的排序，也可以对所有已经上传且审核通过的产品进行排序和所属组别的调整。

对具体的操作在平台中均提供了非常详细的指导性说明（见图 3-18、图 3-19）。

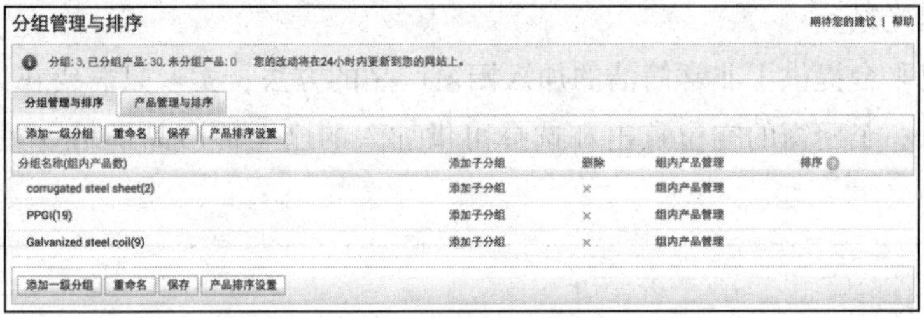

图 3-18　分组管理与排序界面

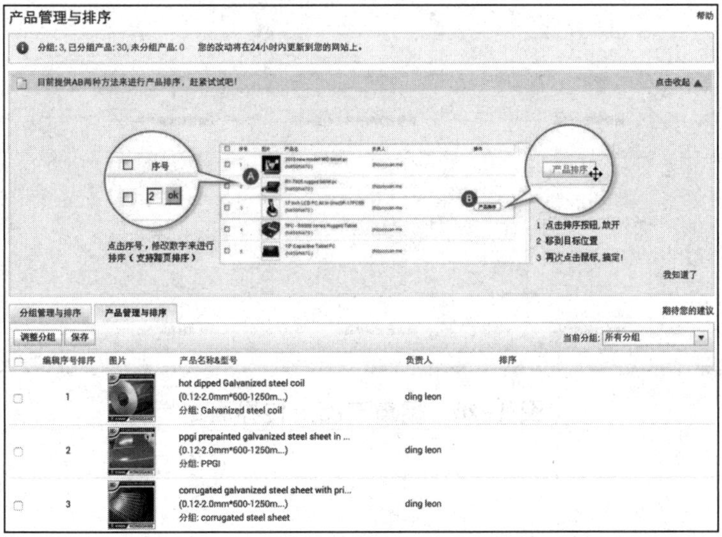

图 3-19　产品管理与排序界面

(4) 管理橱窗产品

在任意一个电商平台中，所展示产品的曝光量都是最重要的，阿里巴巴平台也不例外。在阿里巴巴平台中，关于橱窗产品的操作可以说是重中之重，因为在阿里巴巴的平台排序规则中，橱窗产品的“天然曝光率”就比普通非橱窗产品要高达 8 倍之多，所以，对于基础服务方案的“出口通”用户和高级方案的“金品诚企”用户，阿里巴巴平台所提供的可供使用的橱窗数量是不同的，在此以基础服务方案为例来进行说明。

在基础服务方案中，每个 CGS 可供支配的橱窗产品为 10 个，也就是说，平台允许每一位“出口通”会员在已上传的产品中选择 10 个产品作为橱窗产品来展示在阿里巴巴平台的旺铺中。而在对橱窗产品和后续会提到的外贸直通车服务（P4P）的组合技巧的使用中，我们就会发现，一个优秀的橱窗产品往往可以给产品带来比普通产品更高的展示效率和曝光量。

阿里巴巴平台提供了非常简洁的加入橱窗产品的方法，卖家只需要在这个功能模块的界面中对每一个橱窗的空位点击和选择可供加入的已上传产品即可（见图 3-20、图 3-21）。

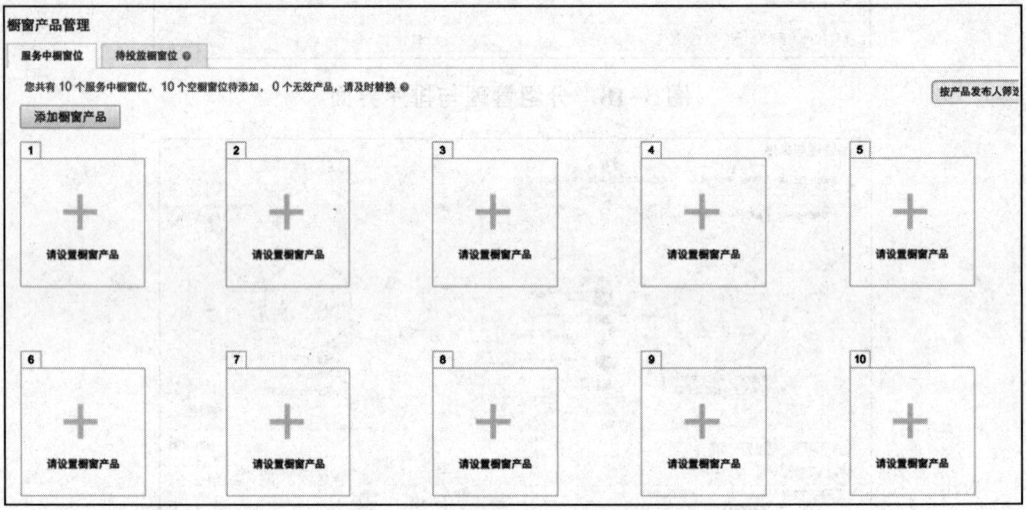

图 3-20　橱窗产品上传界面 1

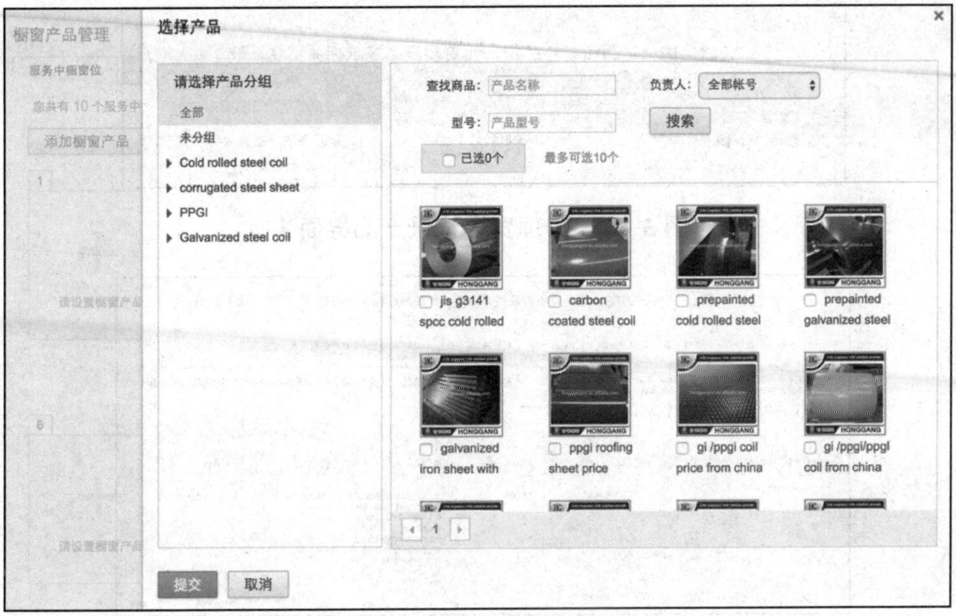

图 3-21　橱窗产品上传界面 2

（5）管理认证产品

认证产品是阿里巴巴平台针对“金品诚企”用户的一个上传产品的认证服务，是指经过第三方专业认证公司全面认证过的产品，包含产品生产设备、产能、工艺等隐形信息都会在主营产品认证报告中展示给买家，彰显产品优势，让买家更放心地与卖家合作。

目前，阿里巴巴平台主要与 BV、TUV 和 SGS 这三家国际上广泛认可的第三方专业认证公司合作，对加入阿里巴巴“金品诚企”服务的供应商的各方面进行更为详细的认证。与普通的 CGS 用户不同的是，“金品诚企”不但对供应商的公司信息进行了认证，还对供应商的生产厂家也同步进行了认证，以确保双方都真实存在并具备平台中所展示的能力。

（6）管理贸易记录产品

这一功能模块主要是针对已经开通了一达通服务的供应商设置的。已经开通一达通服务的供应商，可以在这个模块中设定与一达通服务关联的产品组和产品。可供关联的产品根据阿里巴巴的规则，必须是已经通过阿里巴巴一达通出口审核的已出口过的产品或是待出口的产品。一旦关联后，已有过出口记录的产品将在阿里巴巴显示该产品的详情页中显示与之相关的出口记录等信息，以提高潜在买家的关注度，加快签单的效率（见图 3-22、图 3-23、图 3-24）。

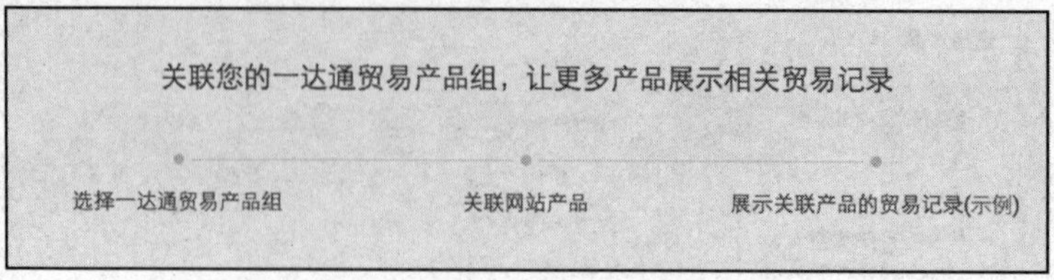

图 3-22　管理贸易记录产品界面 1

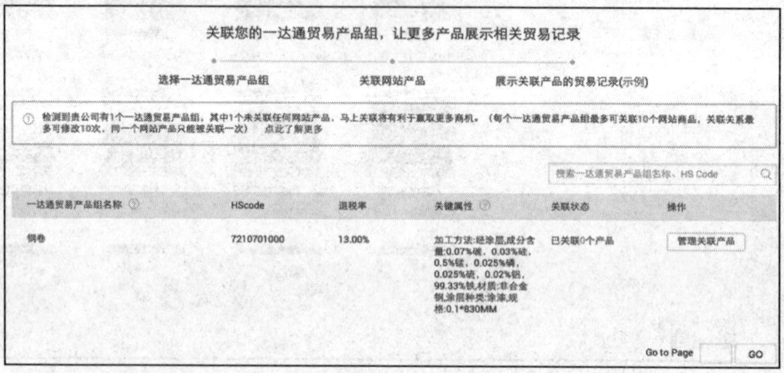

图 3-23　管理贸易记录产品界面 2

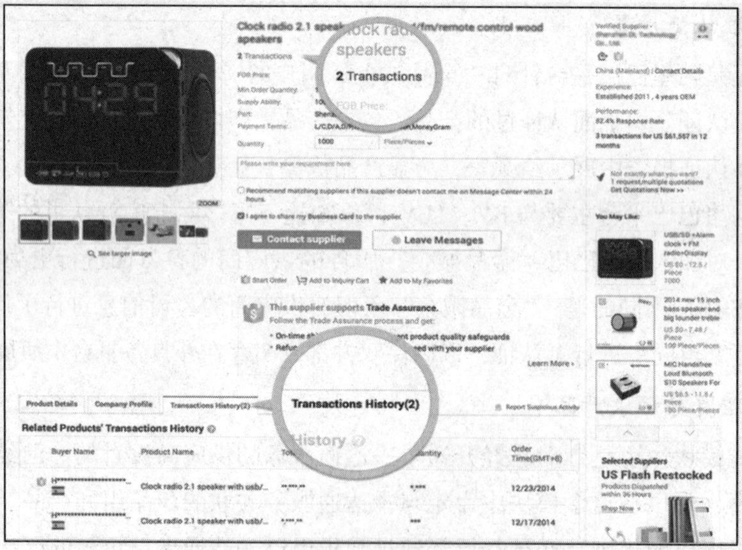

图 3-24　管理贸易记录产品界面 3

（7）回收站

该功能模块提供的仅仅是供应商误删除或是已删除的产品进行恢复或是清空的功

能，需要注意的是，每一个对已删除产品的恢复操作，都需要 24 小时，且所恢复的产品还需要重新审核，即便它在被删除前是审核过的。

到这里为止，我们已经基本完成了在阿里巴巴平台中对于产品部分操作的简要学习。要知道，在任意的商业贸易中，无论是在线上还是线下，我们面对的主体除了买卖双方之外，最主要就是产品，因此，我们需要认真地对待产品的上传和管理，同时也必须认真对待每一个上传的产品，以确保它在平台上能“优美”“高效”地展示，并产生合理的曝光。

另外，我们在管理产品的模块中，发现除了基本的产品外，在阿里巴巴平台中还存在一些较为特殊的产品，这些产品有与交易相关的，也有与曝光相关的，我们只有清楚了解这些产品的作用及管理方法，才能有针对性地进行以下的学习。

（二）推广模块

1. 产品排名

阿里巴巴平台为了让客户更快地搜索到所需要的产品，设计了一种称为排名的系统，这个系统有一套完整的规则。

不同于搜索引擎，初期的阿里巴巴平台有自然排名和付费排名两种形式，而对于不同的服务方案，排名的规则也有所不同。自然排名指的是通过对产品名称、关键字及内容的优化来符合一定的规则，而且在阿里巴巴平台搜索列表中体现的排名也不同（见图 3–25）。

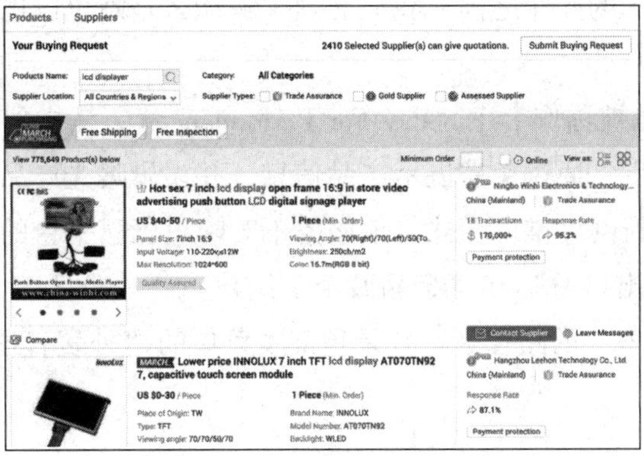

图 3–25　产品排名搜索界面

当买家搜索一个关键字后，与关键字对应的产品会在搜索列表页中显示，买家点击相应的产品图片或是产品名称后，就可进入该产品的详情页进行下一步的动作。所有显示在搜索页的产品，我们在这里都统称为排名产品。

阿里巴巴平台曾经推出过付费排名系统，也就是说供应商选择不同的付费方案后选择某关键字对应的产品在排名页中显示的位置。后来，阿里巴巴终止了该系统，因为如我们上面说到的，平台更关注于提高用户体验度，所以这种付费的排名系统很难让真正优秀的产品排在列表的最前面。目前，阿里巴巴平台经过调整后，最终在排名系统中仅用“顶级展位”“外贸直通车”“橱窗产品”和自然排名产品来替代以前相对复杂而低效的排名系统。

“顶级展位”就是指搜索某个关键字后，购买了对应关键字的顶级展位的供应商可以为对应关键字选择一款产品显示在搜索页的第一位，其次将显示外贸直通车产品。

“外贸直通车”是一个根据关键字进行竞价来获取排名的系统，在下文我们将着重介绍。

“橱窗产品”是我们在之前已经提到过的，是根据供应商所选择的平台方案提供给供应商用于在旺铺首页展示的产品。橱窗产品在搜索页面中展示的顺序是在外贸直通车产品之后。

自然排名产品经过优化后，最终展示在搜索页的最后面，也就是说，在阿里巴巴排名系统的规则中，产品搜索后展示的顺序为：顶级展位→外贸直通车产品→橱窗产品→自然排名产品。

2. “外贸直通车”（P4P）的简介和使用

在讨论外贸直通车的操作之前，我们必须了解什么是阿里巴巴平台上的“外贸直通车”服务。

“外贸直通车”也被称作 P4P（Pay For Performance），是指阿里巴巴会员企业通过自主设置多维度关键字，通过免费展示产品信息，并大量曝光产品来吸引潜在买家，是按照点击量付费的全新网络推广模式。该服务不对阿里巴巴平台的免费用户开放，仅针对付费用户（包括“出口通”和“金品诚企”用户）。

进入“外贸直通车”的路径为：登录顶部主菜单的“外贸直通车”（见图 3-26）。

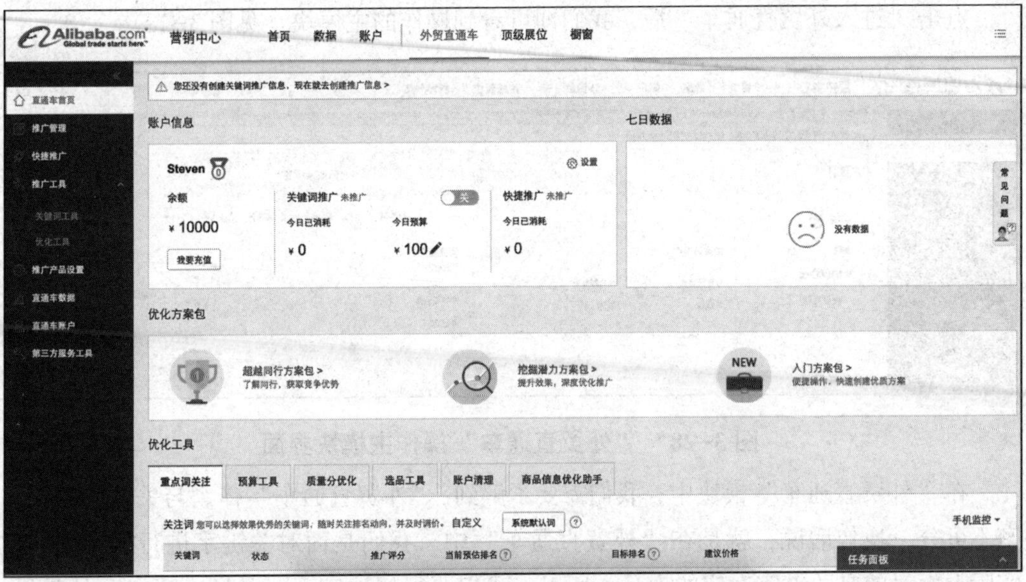

图 3-26　外贸直通车界面

在进入“外贸直通车”后，我们实际进入的是阿里巴巴平台称为“营销中心”的界面。在这个界面中除了“外贸直通车”外，其实还包括了与产品推广有关的“顶级展位”和“橱窗产品”的快捷管理入口，在这里我们主要说明“外贸直通车”。

在这个界面中，我们可以看到当前操作的账号信息。在阿里巴巴平台的系统中，规则默认的是只有平台的主账号有权限操作“外贸直通车”（在阿里巴巴“出口通”方案中，包含一个主账号和四个子账号，方便多人同时操作），用户也可以通过授权某个子账号来操作这个功能模块（见图 3-27）。

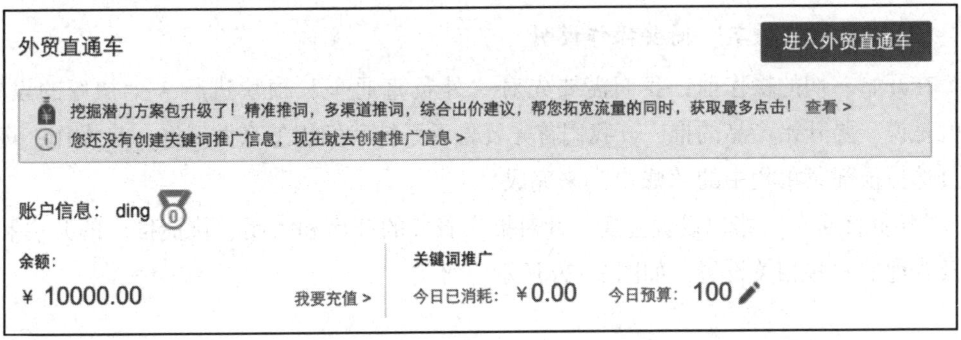

图 3-27　“外贸直通车”操作默认信息界面

点击“进入外贸直通车”后，我们即可看到操作的主模块（见图 3-28）。

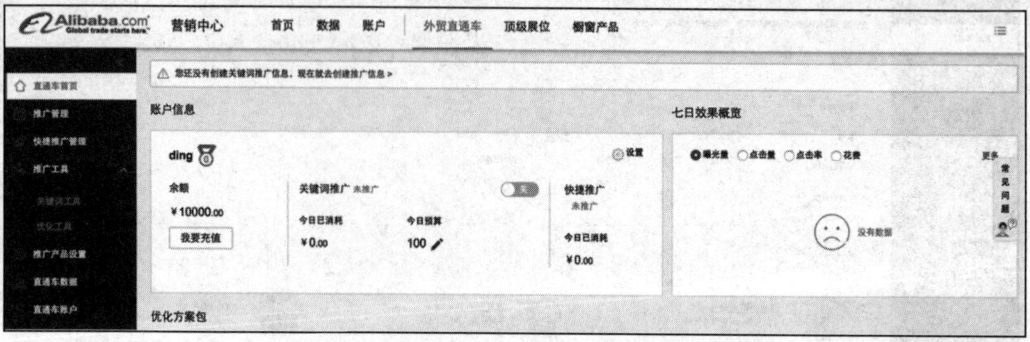

图 3-28　“外贸直通车”操作主模块界面

在“外贸直通车”模块中，我们需要了解到，“外贸直通车”体系与关键字的关系密不可分，换句话说，就是在“外贸直通车”中，我们是面对关键字进行操作的，但实际上面对的是关键字对应的产品。所以，我们要很好地实现“外贸直通车”的效果，实际上是为了更好地实现产品的推广效果。

（1）“外贸直通车”的产品评级体系

为了让更优质的产品能在平台的排名搜索系统中有更多的显示，阿里巴巴平台中实际上是存在一只我们看不到的手，这就是阿里巴巴平台的产品评级体系。在这个产品评级体系中，每个要参与推广的产品都和供应商的整站质量、产品的质量及供应商本身的区间内曝光量等因素相关联。所以，在选择待推产品时，“外贸直通车”系统会给出每个参与推广产品的“星级”，从一星到五星，以五星产品为最高。但由于产品星级的不同，参与推广的产品涉及的每次点击的费用也会不同。

（2）“外贸直通车”简要操作说明

在开始一切的操作前，我们需要先对“外贸直通车”模块进行一个初始的设置，也就是说，要开始产品的推广，我们首先要告诉系统我们想怎么做。这一步操作，可以通过选择顶部菜单栏中的“账户”来完成。

“外贸直通车”账户设置主要是针对推广服务的开启和关闭、快捷推广的开启和关闭及其他的一些相关设置，如图 3-29 所示。

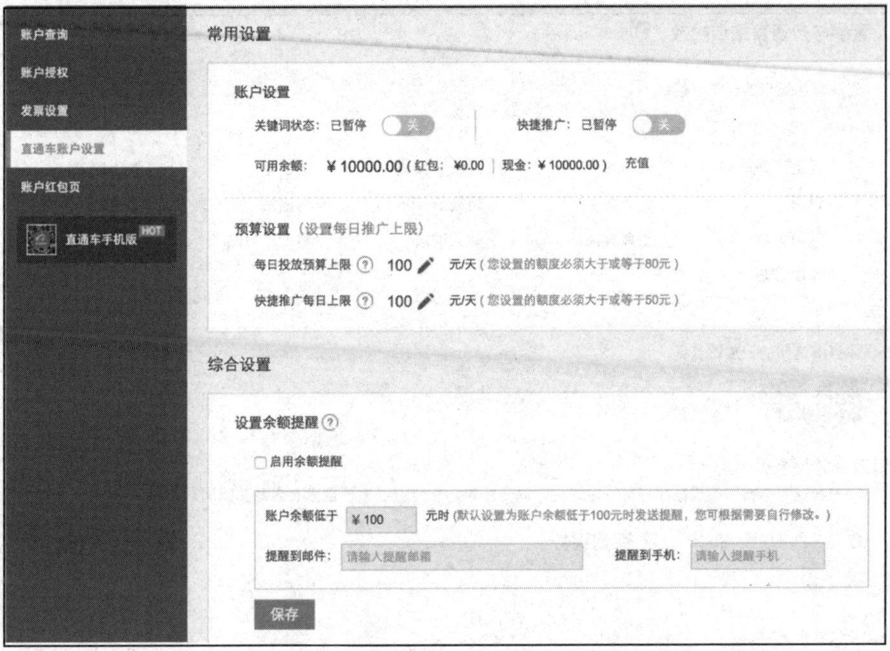

图 3-29　外贸直通车账户设置界面

在设置中，可以通过开启或是关闭关键词状态和快捷推广来开启或是停止“外贸直通车”的功能。而在开启了“外贸直通车”后，我们还需要对每日的推广投放预算来进行设置，每日的限额根据供应商的需求来设置，也就是说，当推广达到设置的限额后，参与排名的产品将不再投放，以达到节省供应商的费用和推广目标的作用。同时，我们可以注意到一点，多语言站点在阿里巴巴平台的“外贸直通车”推广投放中不是默认的。如果供应商上传的产品已经在阿里巴巴平台提供的多语言版本中展示，也可以选择同时在选择的多语言站点中投放。但是，在“外贸直通车”中，还无法针对目标国家或是地区来推广，也就是说，供应商还不能针对企业自身的目标市场来选择需要推广的国家或是地区，达到更精准投放的效果（见图 3-30）。

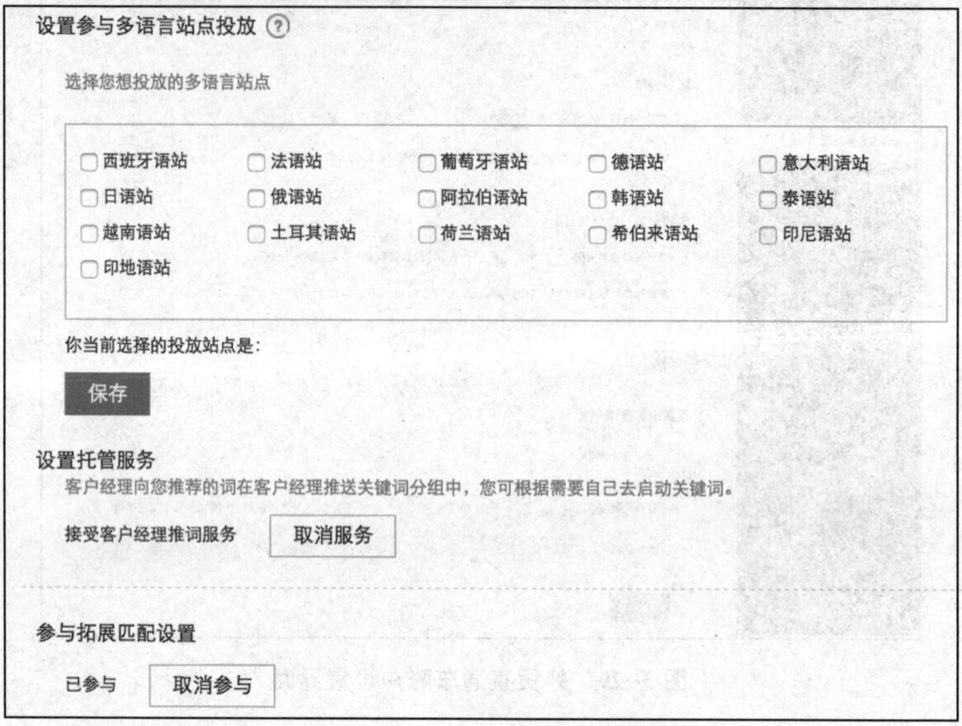

图 3-30　多语言站点投放界面

在左侧的“账户授权”功能模块中，主账户用户可以授权某个“制作员”的子账号来操作“外贸直通车”业务（见图 3-31）。

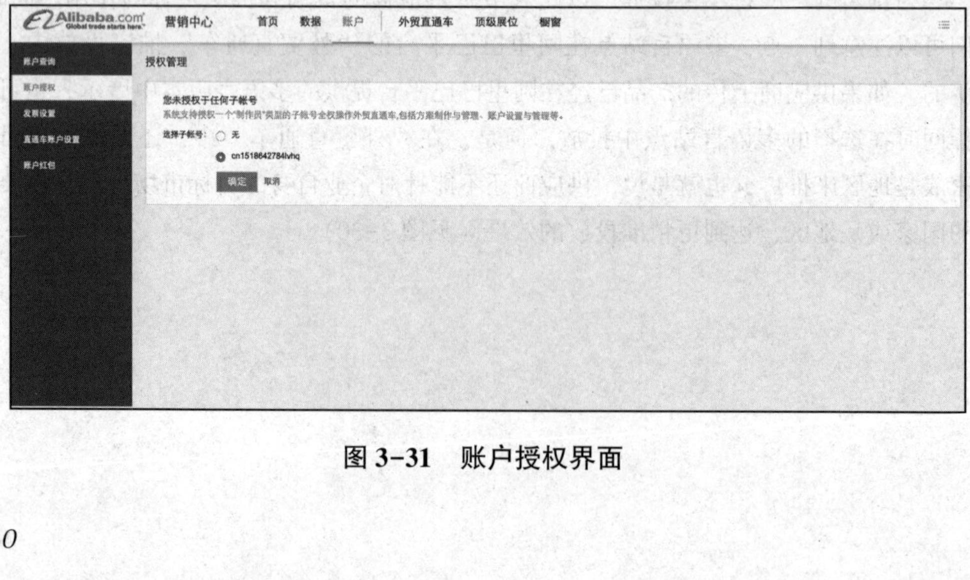

图 3-31　账户授权界面

在完成了账户的初始设置之后，我们就可以开始对要参与的关键字和产品做进一步的设置了。

当选择菜单中的“推广产品设置”后，会进入推广产品设置的界面（见图 3-32）。

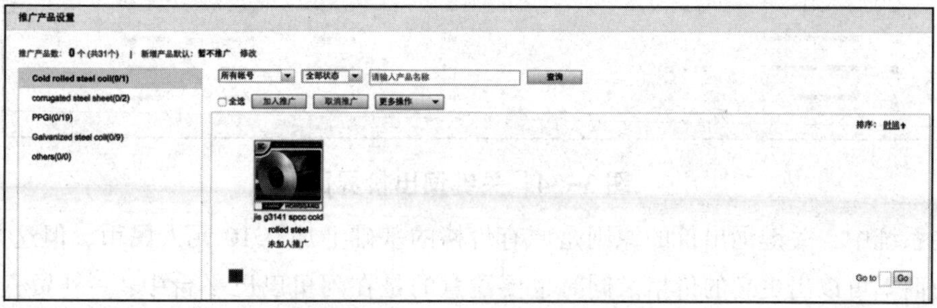

图 3-32 推广产品设置界面

在推广产品设置界面里出现的产品都是用户在上面提到的产品上传中已经上传并通过阿里巴巴平台审核的产品。选择需要推广的产品，加入“外贸直通车”推广产品，我们就可以开始进行下一步的操作。

正如前面我们提到的，“外贸直通车”系统虽然针对产品的推广，但是关键词系统是阿里巴巴平台排名系统中的核心，所以我们要实现产品的推广，实际上实现的是对应了产品的某个或多个关键词的推广（见图 3-33）。

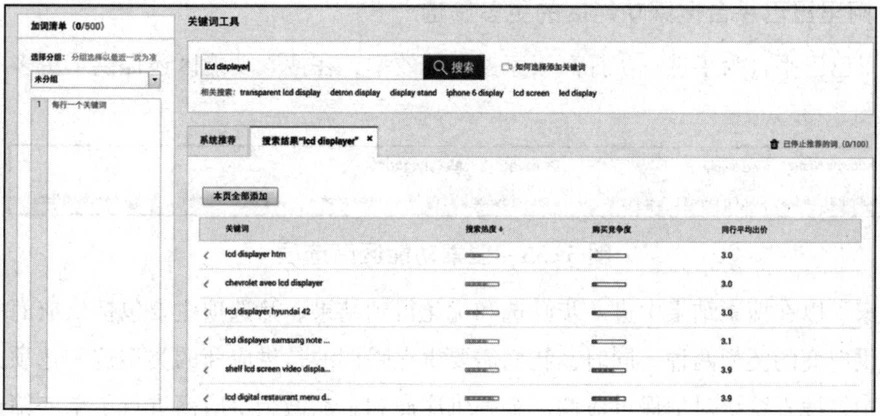

图 3-33 关键词工具界面

在搜索关键词后，系统会给出与关键词相关的一系列的关键字。这时，就可以根据搜索热度及购买竞争度等来选择合适的关键词了。在选择完成后进入下一步，这时就可以开始给所选择的关键词进行出价了（见图 3-34）。

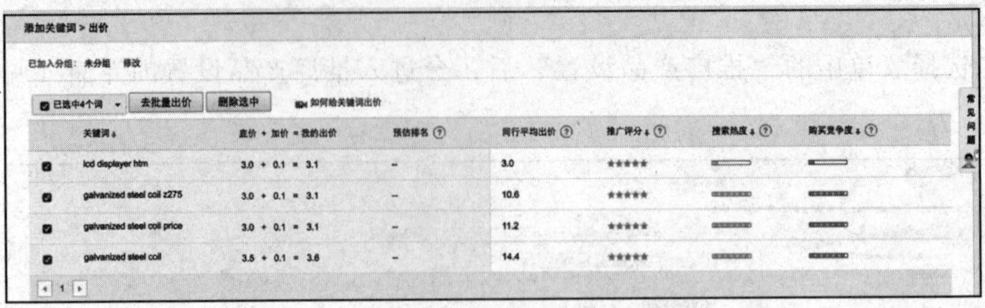

图 3-34 关键词出价界面

在系统中，关键词出价的原则是原有价格的基础上加 0.10 元人民币，但这并不代表供应商不可以出更高的价格。同时也要注意的是在阿里巴巴平台中，“外贸直通车”的出价并非是实际消耗的费用，扣费规则如下：

$$\text{扣费}=\frac{\text{下一名客户的出价}\times\text{推广评分}}{\text{自己的推广评分}}+0.1$$

需要简单了解的是推广评分和这几个因素有关：词和产品的匹配度、产品信息的完整度、买家喜好度。

“外贸直通车”在阿里巴巴平台中非常重要，也非常有价值，涉及很多的出价技巧及关键字搜索的方法，我们会在后续的系列图书中进行专题分析。

3. 阿里巴巴平台搜索功能区的更多筛选

阿里巴巴平台为了进一步提高买家搜索的效率，在搜索功能区还提供了更多的筛选项（见图 3-35）。

图 3-35 搜索功能区筛选项

买家可以在搜索结果中进一步筛选和优化得到结果。筛选项主要包括供应商所在的区域、供应商的类型两种。同时，我们需要重点强调的是供应商的类型这一选项，在这个选项中，搜索系统对信保供应商、金牌供应商和金品诚企供应商进行了单一筛选。我们需要知道的是，由于这个筛选体系的出现，当供应商不是其中的某一类型时，而买家又选择了某一类型，那么，即使你对产品做了最好的优化，也是不可能再出现在筛选过的结果中。因此，我们一定要对各种供应商的要求有非常清楚的认识。下面我们就 3 种不同的供应商类型做一个简要的介绍。

①信保供应商：指的是已经通过一达通审核且在平台中已经开通信用保障服务的；

②金牌供应商：指阿里巴巴的付费用户；

③金品诚企供应商：指购买了金品诚企方案并通过第三方认证的供应商。

基于阿里巴巴目前对交易数据的重视程度，已有大量的阿里巴巴平台供应商开通了信保功能，而且阿里巴巴平台无论在平台内部还是对外的宣传中，都将信用保障体系提到了相当高的位置，因此，如果不是信保供应商，在后期的产品搜索排名的结果上会受到相当大的影响。

4. 平台的新规则及平台推广方向

阿里巴巴平台正处于一个由撮合型平台转型至交易型平台的阶段。在这个阶段中，如何尽量降低平台使用的难度，以及提高平台使用的效率，是任何一个处于转型中的平台需要关注的问题。因此，阿里巴巴平台中所出现的各种规则也伴随着平台的转型在逐步变化。

目前所存在的规则中，有相当一部分针对的是互联网的规则，也可以这样来理解，在商业贸易中，哪种规则都必须符合商业的逻辑，也就是说，买家到平台上寻找的是最适合的产品和供应商，因此，所有针对供应商在平台中所展示的产品都应该是符合商业的逻辑的。那么，过于烦琐的规则就会影响买家和卖家之间本应存在的商业逻辑。

2015 年，阿里巴巴推出信用保障体系之后，原有的规则也开始了潜移默化的变化，比如排名的规则、产品展示的规则等都在发生着一些细微的变化。这一变化尤其体现在 2016 年 4 月份。自 2016 年 4 月开始，所有产品在搜索中排名的权重都开始脱离原有的体系，而转向有实际信保交易的产品。因为在商业逻辑中，只有能成交的产品和供应商才是买家在平台中所需要的，而伴随着平台规则的变化，越来越多的供应商也会朝着这个方向发展。我们可以预见的是不久的将来，阿里巴巴平台上的显性规则会越来越少，而作为使用者的供应商来说，上传最好的产品、用纯粹的商业逻辑来操作阿里巴巴平台会让买家和卖家更容易找到对方。

阿里巴巴平台从最初复杂的产品排名体系、搜索体系、展示体系等，一步步地进化到目前的模块非常清晰的推广思路。作为贸易从业者，我们也应该理解的是，我们使用阿里巴巴平台的目的是为了成交，而不要将自己变成一个互联网从业者去投入了解平台的各种规则。因为在跨境电商平台中，平台的特点决定了过去、现在及将来所有的已经有的新出现的规则都是为了交易和成交服务的，所以我们更应该关注的是如何在规则下更好地实现交易，如果因为规则本身而造成本末倒置那就有点得不偿失了。

（三）信息及沟通模块

我们都知道，在贸易中信息和沟通是建立买卖双方联系并促成最终成交的关键环节。因为在跨境电商平台的特性中，很重要的一点是实现在线的交易，所以作为跨境电商平台的阿里巴巴平台也准备了丰富的解决信息和沟通的功能。在阿里巴巴平台中，将可能实现交易的信息，或者称之为贸易机会分成了两个重要的部分，一个是询盘，另一个被称为采购直达（Request For Quotation，RFQ）。

在真正进入平台对这两种信息进行深入学习之前，有必要对这两种不同信息先进行一个简单的思考。

所谓的询盘也叫咨询，是指交易的一方准备购买或出售某种商品，向潜在的供货人或买主探寻该商品的成交条件或交易的可能性的业务行为，它不具有法律上的约束力。从其定义上来看，我们可以知道，询盘本身只是一种咨询的行为，所以询盘本身所具备的价值并不是很高，但是通过询盘建立与发起咨询一方的沟通是更为重要的。

RFQ 从英文字面上的理解就可以知道，是一方对产品或是服务感兴趣而发起的一次针对索取该产品或是服务的价格的行为，当然，RFQ 可以包含价格之外的其他与可能的交易有关的问题。

从以上两个名词的定义来分析，我们发现询盘和 RFQ 虽然发起的一方都是买家，但是在时间和要求的紧迫性上是有明显的不同的，作为针对性非常明确的 RFQ 来说，比询盘更容易让买卖双方接近交易的核心。

本章中再次提到，阿里巴巴平台正处于一个从撮合型平台转向交易型平台的过程中，那么，在平台中产生的交易就是重中之重了。而作为交易初期的两个主要的点，询盘和 RFQ 就成为阿里巴巴平台中重点关注的对象。接下来，我们就针对平台的几个重点进行讲解。

1. 询盘处理模块

要进入阿里巴巴平台的询盘管理模块，只需要在登录后，在顶部主菜单中点击“询盘”链接就可以打开相应的询盘模块（见图 3-36）。

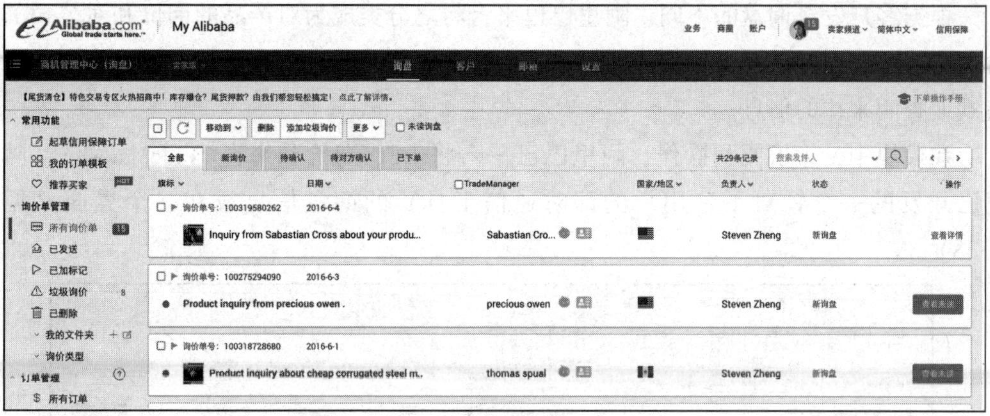

图 3-36　询盘管理模块界面 1

与阿里巴巴平台初期的单一管理询盘不同，目前，阿里巴巴平台的系统中已经将询盘系统与订单系统进行了有效的结合，从询盘管理模块左侧的菜单中已经可以发现，阿里巴巴把这个模块明确地区分为询价单管理及订单管理两个部分。

我们可以参照常用的电子邮件客户端来理解询价单管理模块，在“所有询价单”中，我们可以查阅所有客户发送给供应商的询盘，通过点击不同的标签，可以进入不同的“文件夹”中，正如常用的电子邮件客户端一样，有所有邮件、已发送邮件、垃圾邮件、自定义文件夹等。但是，值得注意的是，在阿里巴巴平台的询盘管理模块中有一个“询价类型”是与电子邮件客户端不同的。当我们打开这个标签时，我们会看到下面的类型：对产品的询价、对公司的询价、会话（见图 3-37）。

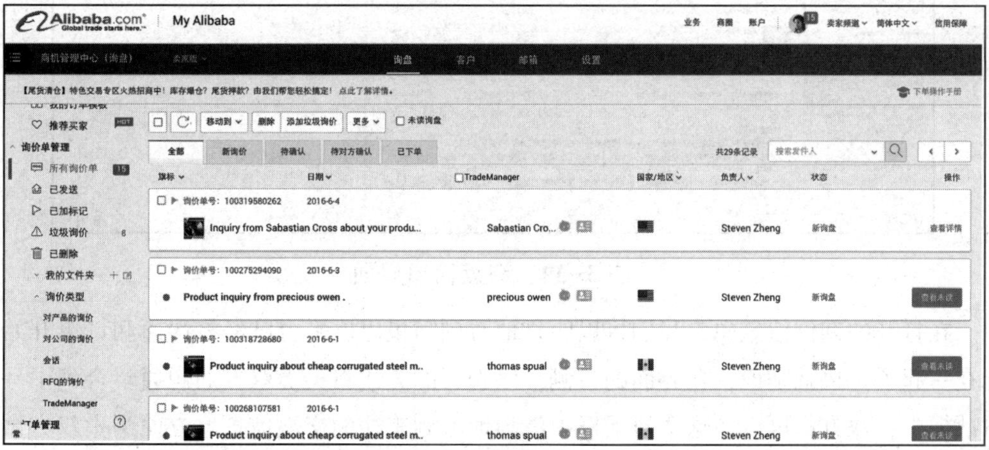

图 3-37　询盘管理模块界面 2

根据客户发送询盘的不同，阿里巴巴平台将之分类成为对产品的询价和对公司的询价两个部分。而对已经有过交流的询盘，阿里巴巴将之归类为会话，方便买家和卖家更直观地查阅来往的信息。

在模块中，为了便利操作，阿里巴巴平台将 RFQ 询价和来自 TradeManager（阿里巴巴开发的一个针对平台用户的即时通信工具）的询盘信息放在一个界面（见图 3-38）。

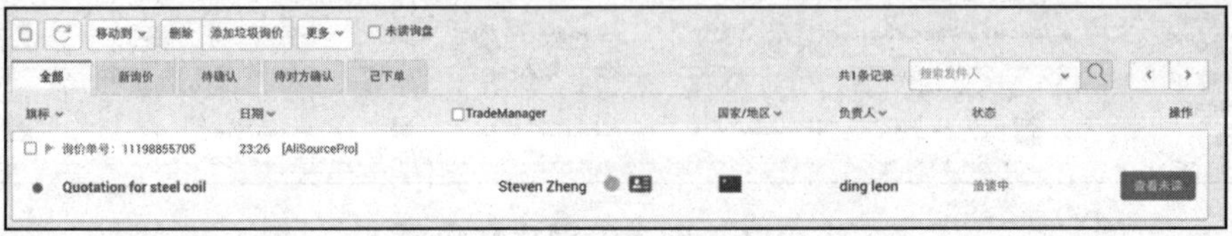

图 3-38 询盘管理模块界面 3

当点击产品的询价、公司的询价或是 RFQ 的询价后，会看到图 3-38 中类似的列表，列表中出现的就是收到的询价信息，可以打开任意一个询价信息来进行后续的操作（见图 3-39）。

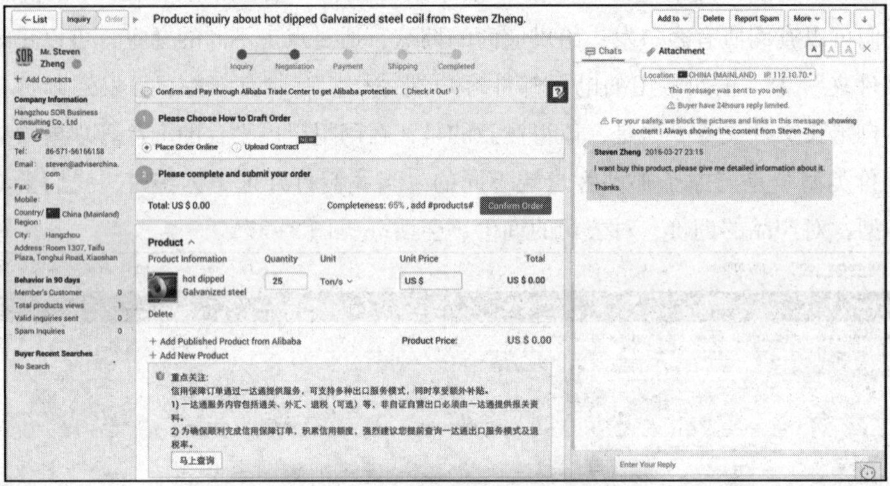

图 3-39 询盘信息界面

在打开的询价信息中，我们可以明显地看到阿里巴巴平台已经将沟通和订单开始结合在一起了。也就是说，在界面的右侧，以聊天的方式将买卖双方的沟通整合到了一个对话框中，双方都可以在这个对话框中清晰地看到来往的交流信息，方便买卖双方做出进一步的动作。

在界面的左侧则显示了买家的基本信息，中间部分则是在完成买卖双方的沟通后可立即通过平台进行下订单的操作，这大大简化了原有的线上建立联系而在线下下订单的流程，加快了交易达成的速度，这也一直是阿里巴巴平台努力要达到的目标之一。

2. 客户档案管理模块

为了方便供应商管理已经收到的询盘中的客户档案，在阿里巴巴平台中，也同时提供了一个比较方便的客户管理功能，这个功能可以在打开询盘管理模块后，在顶部的菜单中找到。

在这个功能模块中，用户可以方便地管理已经添加成客户的信息，包括对客户的基本信息以及活跃度等进行相应的设置和管理，便于更好地跟踪客户，这个功能相当于一个非常简单的 CRM 系统（客户关系管理系统）（见图 3-40）。

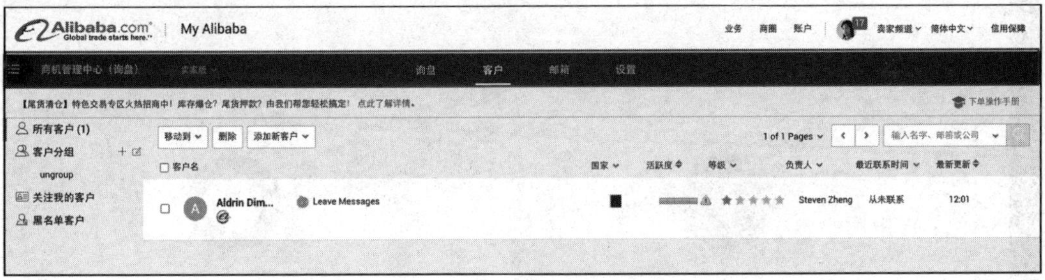

图 3-40 客户管理功能界面

中小企业对于客户关系管理的能力普遍偏弱，而在跨境电商的动态环境中，客户关系管理却是重中之重。所以，如果能有一套整合在平台系统中的客户关系管理系统，那无疑对于工作在平台上的供应商来说是很有价值的。“客户通”（见图 3-41）就是这样一个工具，通过这个工具，能将来自平台的客户有效地进行管理。而且这个工具“植入”了一系列针对销售人员的管理工具，如，提供了不同的客户“打标”功能，客户动态归属功能等。

图 3-41　客户通

通过后台对客户数据的管理，能更有效帮助公司管理层动态地管理销售人员的工作情况，同时，也能更高效地完成客户的管理（见图 3-42、图 3-43）。

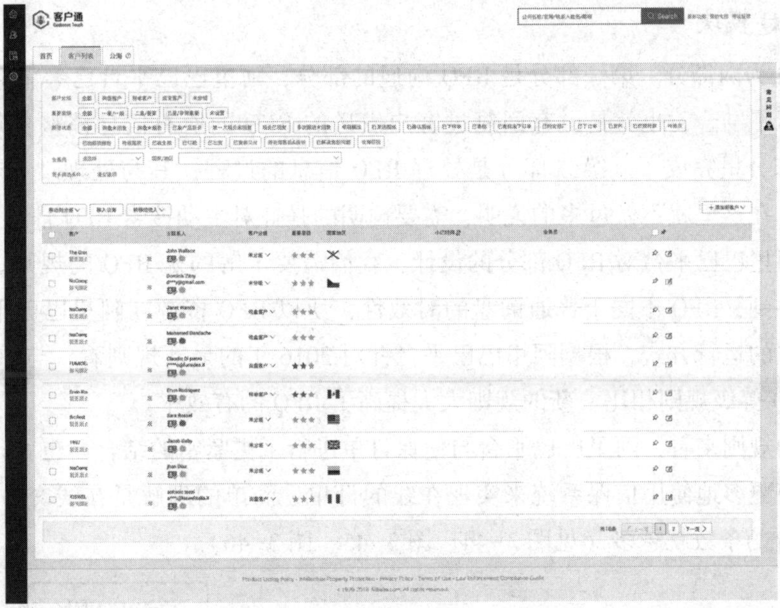

图 3-42　“客户通”界面 1

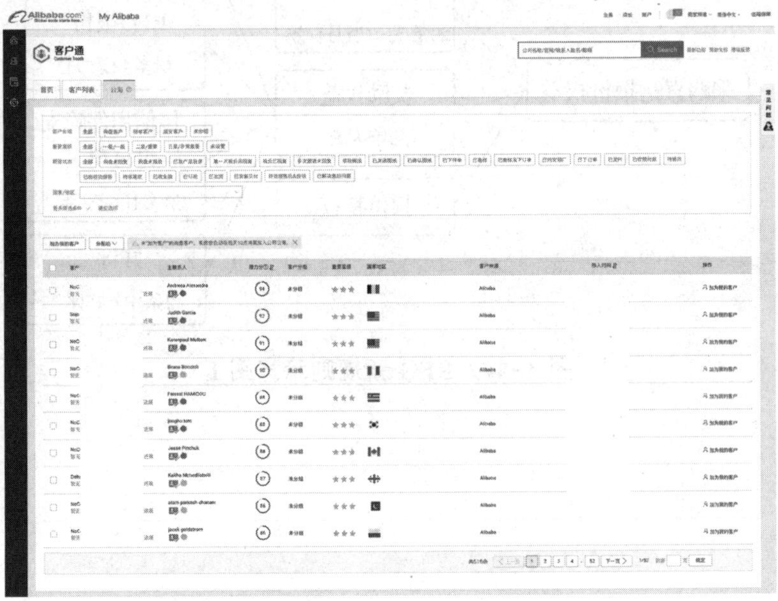

图 3-43　“客户通”界面 2

3. RFQ 模块

RFQ 分为两部分。第一部分是 RFQ 沟通的部分，阿里巴巴平台已经将它与询盘管理部分进行了结合，也就是说有回复过客户发送的 RFQ 的所有信息都整合到了“RFQ 的询价”部分里完成了。第二部分是处理 RFQ 信息的过程，其与处理“产品的询盘”是类似的，在这里就不做过多的说明，需要说明的是针对主动搜索 RFQ 信息的部分。

根据阿里巴巴平台对 RFQ 部分的设计，我们需要了解的是 RFQ 的规则。由于上面我们已经讲到，RFQ 不同于普通询盘的时效性，所以 RFQ 资源在阿里巴巴平台系统中有相对独立的运营方式，根据阿里巴巴平台针对 2016 年的最新规则看，与 2015 年开始执行的 RFQ 等级规则相比，新的规则大大提高了 RFQ 的有效率。

从新的规则来看，阿里巴巴平台与信保订单进行了更紧密的结合，也就是说，平台希望供应商更多地使用信保系统来实现在线的订单，简单的理解是在线交易笔数越多，RFQ 可报价的条数就越多（见图 3-44、图 3-45、图 3-46）。

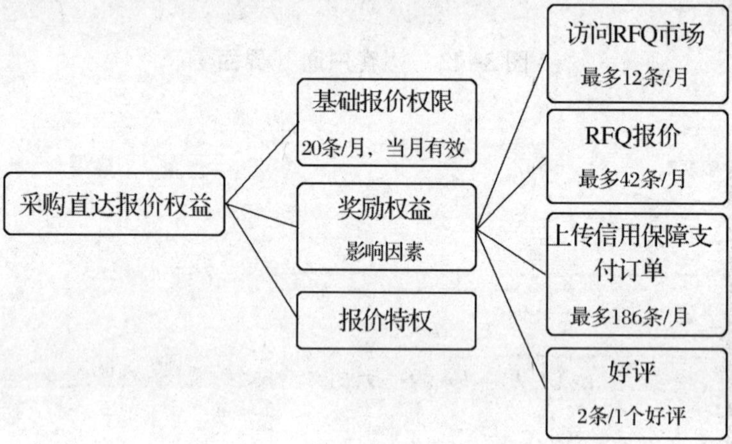

图 3-44 RFQ 新规则示意图 1

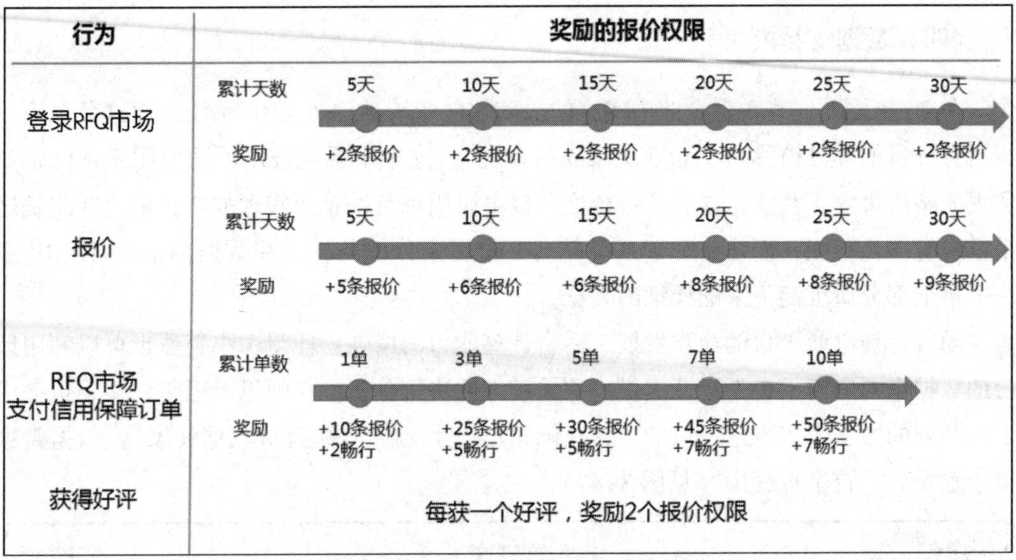

图 3-45　RFQ 新规则示意图 2

要求	当月权益
上月在采购直达市场有 1 条审核通过的报价，且上月有 1 单及以上有效信用保障订单	1、Popular Supplier 的标识 2、报价优先推荐 3、优质 RFQ 优先报价权

RFQ市场表现行为	获得的报价权益
基础报价权限	20条报价权限
访问RFQ市场累计20天	8条报价权限
累计报价15天	17条报价权限
RFQ市场，支付的信保订单3单	35条报价权限，7个报价畅行权限，下个月特权

图 3-46　RFQ 新规则示意图 3

本文的重点不在于分析阿里巴巴平台的规则，所以，以上的规则展示仅仅是为了说明当跨境电商平台中的规则发生变化时，卖家需要了解这些规则的变化以及平台所要做出的改变，同时也希望大家能明白，任何一个跨境电商平台中实现在线交易并沉淀交易数据对于一个电商平台的意义。

（四）数据支持模块

在 20 年前，一些大型企业中实施的一套软件系统被称为 ERP 系统，而这套系统中相当有分量的部分被称为“企业决策支持系统”。这个子系统被广泛地应用于帮助企业实现战略决策等。其实，这个子系统之所以可以用来帮助企业实现战略决策，并非是这个系统有多么智能，而是这个子系统是基于数据来分析的，这些数据都是来自 ERP 系统中每个部分所沉淀下来的详细的数据。

随着跨境电商平台的稳步发展，后台计算能力的增强，使得中小企业也可以利用后台的数据来对电商平台的运营提供一些关键性的决策分析。在阿里巴巴平台中，也提供了一系列的数据来实现这一目的，这在阿里巴巴平台中被称为“数据管家”。数据管家位于登录后的首个页面中（见图 3-47）。

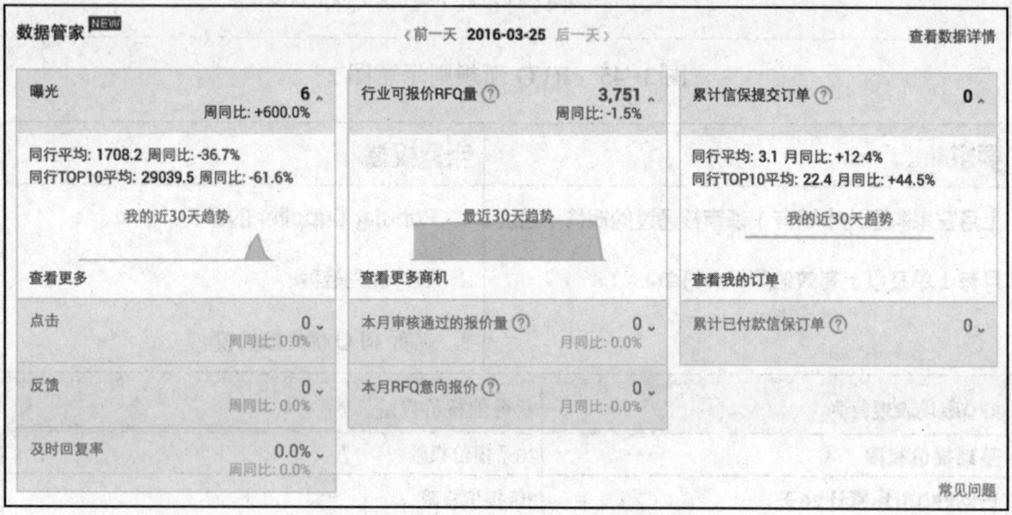

图 3-47 数据管家界面

当进入数据管家界面后，我们可以看到顶部的菜单栏中将数据分为“诊断中心”“知己”“知买家”“知行情”和“专题”五个部分（见图 3-48）。

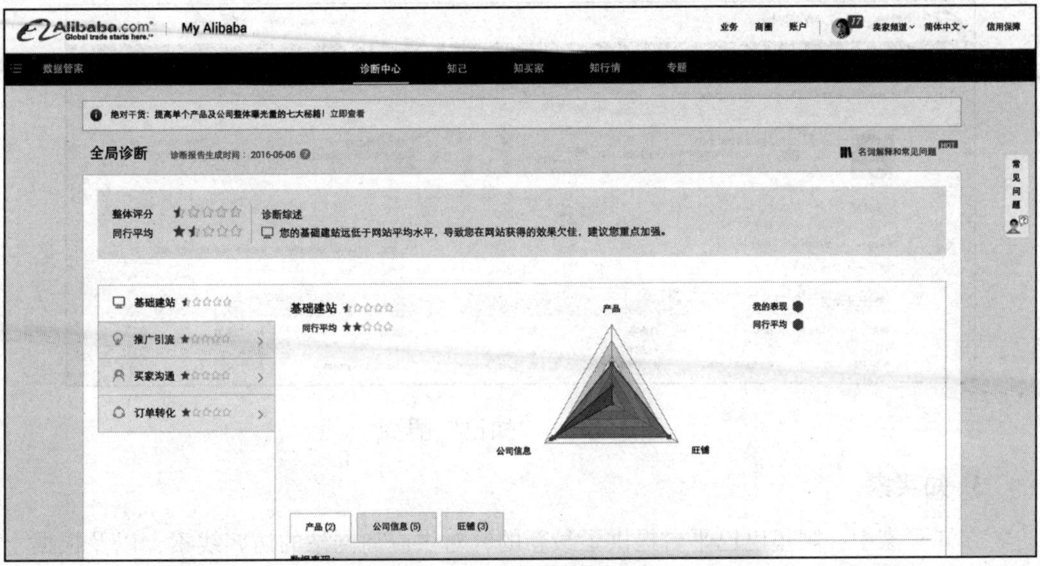

图 3-48　“诊断中心”界面

以下，我们分别对每个分类中的数据做一个简单的分析和说明。

1. 诊断中心

在这个部分里，提供的数据是对供应商的整站进行一个全面的分析，其中包括网站的基础建站、推广引流、买家沟通和订单转化几个部分，分别做出了非常详细的分析。通过对数据的分析，让供应商知道可以在哪些方面做出改进以便于获得最佳的平台效果。

2. 知己

这一部分的数据更为详细，分别针对站点效果、全球旺铺、产品、关键词以及子账号的使用效果和效率等进行了非常详尽的分析（见图 3-49）。

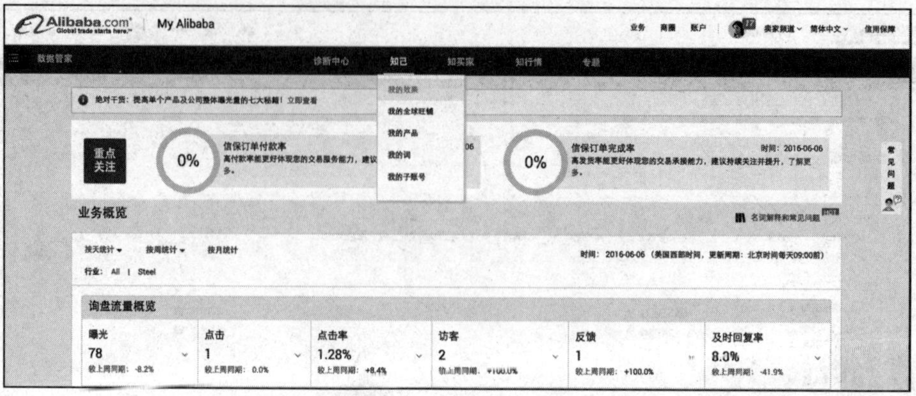

图 3-49　“知己”界面

3. 知买家

在知买家中，阿里巴巴平台提供了最新的针对供应商网站的访客线索，以及根据上传产品和选择推广的关键字所推荐的可能的买家信息等。

4. 知行情

阿里巴巴平台在这个部分中整合了 RFQ 商机、热门搜索词和行业视角几个栏目。

在 RFQ 商机中，用户可以查看 RFQ 市场中最新的询价信息，也可以通过关键词搜索与之匹配的 RFQ 询价机会（见图 3-50）。

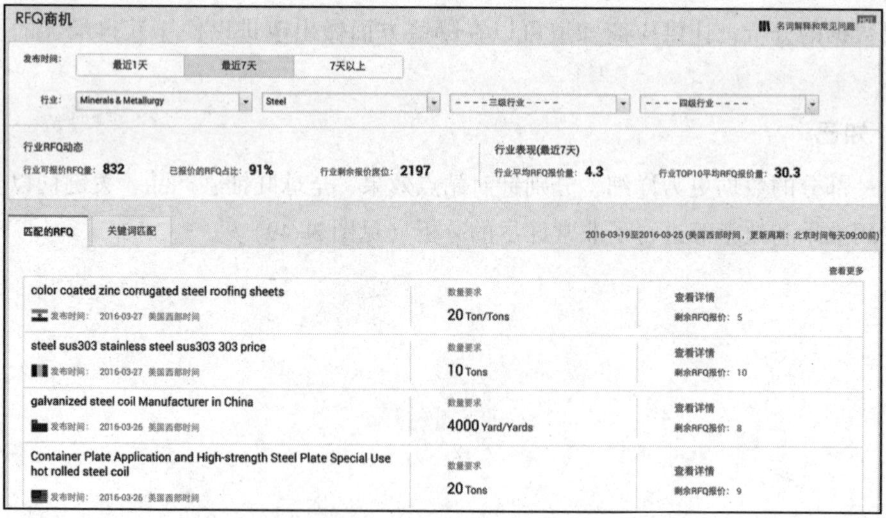

图 3-50　RFQ 商机界面

热门搜索词中，平台提供给用户一个便捷的界面，完成自定义关键词相关的全平台中最热门及最常用的关键词的数据分析。在这里，可以通过输入与自身产品相关的关键词来收集、整理关键词。同时，界面中还提供了将相关的关键词直接加入外贸直通车或是直接参与推广的功能等，简化了原有的操作，提高了平台操作的效率，让卖家将注意力集中到交易成交上去。

行业视角让中国供应商用户（CGS 用户）可以选择 5 个不同的行业来查阅与行业相关的市场咨询信息，以便于供应商掌握最新的市场资讯，调整产业结构和产品管理等。

5. 专题

这个栏目主要是针对阿里巴巴平台系统的全面的数据分析，帮助供应商从这些数据中找到一些线上交易的变化趋势，让供应商可以结合这些趋势对公司的战略做出适当的调整和优化。

二、 平台效果评估方法

针对一个跨境电商平台的效果评估，一般都是从以下的几个方面来进行的。

（一）产品曝光量

1. 如何理解曝光量

在阿里巴巴平台中，指定时间内会员产品和公司信息在平台中被买家看到的次数，我们称之为曝光量。无论买家是通过直接访问供应商的全球旺铺而产生的产品曝光，还是通过买家搜索关键词后产生的产品曝光都会被统计在内，但从非阿里巴巴平台链接进入的产品曝光不被统计在内。

2. 怎样判断产品的曝光量是否合格或是达标

在电商平台中并没有什么特定的标准来界定，因为在不同的行业中，不同的产品在市场中的冷热程度都会直接影响到产品的曝光量。所以更多的时候，评价一个产品的曝光是否正常的依据往往是通过比较来实现的。我们在一个时期内对当前的曝光量与上一周期的曝光数据进行对比后就可以知道当期曝光量的情况是否正常。在前文中，我们提到了阿里巴巴平台提供了“数据管家”服务，在“数据管家”的“知己”栏目中，我们可以查阅到这个数据。

根据选择按天、周和月的统计结果分析，我们就可以知道在不同周期内包括曝光、点击、点击率、访客数量、反馈（也就是询盘）数量、及时回复率等数据的动态比较。通过这样比较，我们用动态的结果来得知我们产品的曝光是否正常。在数据管家中，还提供了行业“TOP10”的对比数据，方便供应商与行业中最好的 10 家供应商来对比，找到差距并进行合理的优化（见图 3-51）。

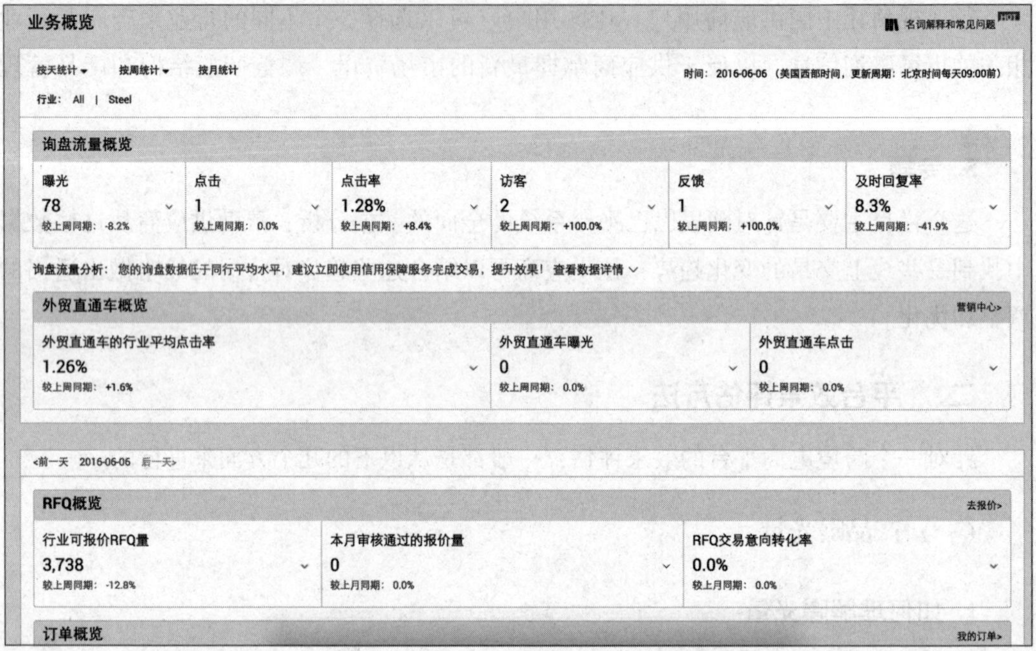

图 3-51　数据管家的业务概览界面

当然，也可以通过联系阿里巴巴平台的客户经理获取一些在平台中并没有直接开放的数据来比较自己的曝光值是否有提升的空间。

（二）询盘量

询盘量代表了投入阿里巴巴平台后所获得的贸易机会，在平台中，阿里巴巴把询盘数据称为反馈数。所以我们要了解询盘数量的多少是否正常，这个问题本身就是一个矛盾，常规情况下反馈数量与产品曝光量基本是成正比的，也就是说曝光数越多，那么询盘数也越多。

但是，在某些情况下，曝光量很大，但是询盘数量很低，这很可能是因为搜索产品的客户很多。但是正如本文前面在产品上传部分提到的，如果没有对上传产品的图片进行适当的优化，给客户一个良好的观感，会直接影响客户的点击行为。而且如果对产品属性的填写不规范及没能很好地说明产品的详情的话，也会造成有曝光、有点击而无反馈的情况。所以，结合曝光量与询盘量的比值，我们可以通过与同行业的对比发现平台中的问题并给予优化。

当然，影响询盘量的因素有很多，我们不能一概而论，但有一点可以明确，就是当询盘在某一个特定的对比周期内发生不正常的浮动时，我们应该对产品、阿里巴巴的规则调整及市场进行分析，找到可能发生的原因并进行相应的调整。

（三）询盘转化率

询盘转化用更容易理解的方式来说明，那就是订单转化，指的是卖家收到询盘后，和买家经过沟通、洽谈等一系列的工作，最终成交的过程；而询盘转化率就是通过询盘转化为订单与收到的询盘总数量之间的比值。

要实现询盘转化率的提高，需要的不仅仅是平台产品或是平台本身的优化，因为这些优化只能确保曝光量和询盘量，但是不能提高询盘转化率。我们需要意识到的一点是，询盘的转化过程实际上就是询盘转化为订单的过程。在电商平台中，供应商的服务能力将影响到订单转化的能力，供应商如何提高订单转化的能力呢？结合跨境电商平台的特点来看，在线交易的能力是跨境电商平台中重要的一个能力，而跨境电商与传统商业之间的区别中非常显著的一条就是高效。所以，我们一定要利用好这个特点，实现在跨境电商平台上高效的服务和高效的信息交换过程。阿里巴巴平台已经提供了非常高效的沟通方式，这是有利于提高服务效率的，那么作为卖家的供应商，就应该充分结合平台所提供的站内沟通工作及移动端的 APP 来实现全时段的沟通，让服务更高效。

另外，信保和一达通是实现在线交易的一个非常高效的手段，通过这两个体系实现的交易会让数据沉淀在网站中，再通过一定的计算方式将之转化成供应商的信用额度，这也会帮助供应商更快速地实现订单的转化。

第二节 平台客户的留存

一、互联网的客户资源池

（一）客户的定义

在现代商业中，客户是指通过购买产品或服务，满足其某种需求的群体。

我们知道互联网的特性让跨境电商平台中买卖双方的定义产生了变化，资源成为互联网中的基本因子。那么，我们对于客户的定义就需要在商业中对客户定义的基础上往互联网基因的方向去思考。

正如我们所知，在跨境电商平台中，交易产生之前，我们是很难预知的，所以我们不再以传统的方式来定义客户，而将客户定义成“可能通过平台完成购买或是销售产品或服务或者拥有某种需求的群体”。我们将一种可能定义成了客户，而不再具体到个人或是企业。

（二）资源池

在跨境电商平台中，每天均会有上千万次的产品访问，也就意味着，在平台中，每时每刻都有可能产生贸易机会。正如我们上面说到的，我们改变了对于客户的理解，所以说，每时每刻都产生着各式各样的“可能”，交易数量在传统的商务活动中是无法想象，也不具备可比性。但是，如果我们将每时每刻都产生着的贸易可能都放到一个虚拟的池子中，我们针对这个池子里的每个可能进行分析，并且建立一个相对有效的筛选方式，那么，随之就产生了一种新的思维方式。这个思维方式就是我们要讲到的资源池的概念。

事实上，所谓的资源池的概念是来自 IT（Information Technology）行业。在不同的应用里，资源池的解释都有所不同，在这里，我们引用云计算中对于资源池的一种解释来说明：资源池是指云计算数据中心所涉及的各种硬件和软件的集合，按其类型可分为计算资源、存储资源和网络资源。

为什么我们要用 IT 行业中的这个理念来应对我们的客户呢？其实理解起来也很容

易，因为我们获得所有贸易可能的地点是跨境电商平台，而跨境电商平台在抛开其商务的属性后，本质还是一个互联网平台，既然它是一个基于互联网而产生的平台，那么，势必它就具备互联网资源的特性。从我们提到的云计算中对于资源池的解释上来看，资源池包含了云计算数据中心所涉及的所有硬件和软件的集合。我们从对客户的定义中就可以这样去理解：当一个贸易机会，或者说是交易可能在跨境电商平台中产生的时候，它就变成了平台中的一个资源，而根据数据计算原理的简单理解，就是在资源池中的所有硬件或是软件，只有在真正涉及计算过程的时候才会被数据中心调用，这和我们在跨境电商平台中当买卖双方达成实际交易的过程十分相似。而资源池中的每一项资源在没有实际产生计算之前，其本身的存在只是还没有发挥它的作用，仅此而已。

当我们对上面的这个概念有了简单理解后，就可以更进一步地理解为什么要建立这样一个客户资源池了。在跨境电商平台中，当任何一个“客户”出现的时候，我们并不知道在什么时候会真正利用到它，换种说法就是我们根本不清楚什么时候这个“客户”会与我们产生实际的交易。但是，我们可以确定的是，在“适当”的时候，这个客户就会与我们建立真正的联系，并且产生实际的交易行为。所以，我们对于跨境电商平台中所有出现的“客户”就不会用主观的角度去决定它的可用性了。

我们同时也发现，在 IT 行业中，是否调用某个资源，取决于我们所设计的调用规则，反映到交易行为上，就是我们还需要创造一个合适的条件来“激活”这些资源，也就是这些客户。在跨境电商平台中，我们已经对交易中所涉及的产品进行了有效的展示，那么，展示产品就能成为“激活”这些资源的触发条件之一。当然，我们都很明白，要让买家与卖家形成最终的交易还需要其他的条件，比如商品的规格、商品的价格、贸易条件等，很自然的，这些促成交易最终达成的因素也同时成为“激活”这些资源的触发条件。也就是我们已经知道了在何时需要去让这些“客户”真正地活起来，从而让买卖双方达成交易，实现跨境电商平台中交易的这个特性。从另一个角度去理解就是，在没有将交易中所必需的因素全部激活之前，这些客户是处于“休眠”状态的。需要注意并且强调的是，我们这里提到的“休眠”不等于无用。

二、 平台客户的特点

从一开始，我们就说过，跨境电商平台是建立在互联网发展到一定阶段而出现的一个产物，而且我们也重新定义了跨境电商平台中的客户。跨境电商平台中的客户不同于传统客户的一些特点如下。

（一）不确定的特点

在传统的国际贸易中，通常我们所接触到的客户来源是展会，而展会与跨境电商平台最大的区别就是在展会中，几乎每一位客户都是与卖家见过面的，也就是说在传统的国际贸易中，买卖双方最终可能达成的交易实际上是建立在双方已经有了初步的接触这个大前提下的。

而在跨境电商平台中，互联网的特点决定了在平台中绝大多数的买卖双方是素未谋面的，所以我们无法在交易最终达成前，甚至是在与客户建立实质性的沟通前去判断客户的信息。当然，在跨境电商平台中提供了许多帮助买卖双方鉴别对方的方法和渠道，但是，这些方法和渠道也是建立在互联网的基础上的，因此，互联网的基因也同样决定了我们还是无法通过最直观的方式去判定双方的背景、真实信息等在交易行为中必需的因素。

（二）定位可变的特点

在互联网产生的初期，有一句非常经典的话："在互联网中，如果你不说，没有人知道你是一个人还是一条狗。"

这句话从侧面反映出，在互联网中，你处于什么样的定位，取决于你后续的行为。我们现在回到交易的过程中再重新去理解这句话的时候，我们很快就可以意识到，互联网中，买卖双方的身份其实是可以互换的，什么时候会产生这样的互换呢？这取决于交易条件的变化，也就是说，当交易需求发生变化的时候，这种买卖双方身份的互换是自然产生的。

结合上面提到的客户资源池来看，初始阶段以卖家身份创建的资源池中，其实卖家本身也是一个"客户"，之所以他是卖家，只是因为在资源池建立的那个时刻，他是卖家而已。当交易条件发生变化的时候，谁又能说卖家不能在瞬间转换成买家呢？

三、 平台客户的黏性

在传统国际贸易中，如何建立客户的黏性是一个很复杂的过程，在这里就不做过多的阐述，但是为什么要建立客户的黏性这个问题是需要进行说明的。

在商业中，单次的交易给商业带来的仅仅是单次的价值，或者说是单次贸易给买卖双方带来的仅仅是单次的利润，为了让买卖双方不断地通过交易获得持续的利润，就必须通过某种方法或是手段让买卖双方形成强大的黏性。这不但是价值的持续体现，更是价值的增值，因为这个黏性继而产生诸如品牌价值、服务价值等与交易本身无关的新的价值。

跨境电商平台中的客户与传统国际贸易中的客户的区别在于不确定性和定位可变性，给我们建立客户的黏度带来了不小的麻烦。那么，我们又如何仅仅是在这种可能下建立与客户之间的黏度呢？这就需要我们基于跨境电商平台的基础来考虑。

跨境电商平台是基于互联网的产物，在所有的互联网平台中，无论是门户性质的平台，还是线上购物平台，同样都需要与访客建立一种黏性，以便于让访客反复、多次地访问这个平台。一般来说，这些平台都会通过建立邮件列表、网站搜索引擎优化（SEO）、利用社交网络建立社群等方式来保持访客的活性。

（一）门户（Portal）

原意是指正门、房屋的出入口，后来引申为派别、宗派、门第、人家等，现多用于互联网的门户网站，是指集成了多样化内容服务的 Web 站点，又称为网络门户。现在通常认为网络门户就是网上浏览者的出发地点，人们经由这道门进入网络世界，也可以看作上网的“启动港”或第一站。

（二）邮件列表

邮件列表几乎是与电子邮件同时出现的，它的历史非常悠久，早在 20 世纪 70 年代 Arpanet（Internet 的前身）出现的初期就得到了广泛的使用。它有些类似于 Usenet 新闻组，它与 Usenet 新闻组的不同之处在于，新闻组使用专门的 NNTP（Network News Transfer Protocol，网络新闻传输协议），只要用户的计算机拥有支持 NNTP 的“新闻阅读器”程序，就可通过 Internet 随时阅读新闻服务器提供的分门别类的消息，要参加时用户无须事先申请，不感兴趣时也不用声明退出。而邮件列表完全是基于电子邮件系统的，信息的发送与接收方式都与普通的电子邮件相同，并有专人对邮件列表进行管理。

同样的，跨境电商平台与这些平台在某些方面是相似，甚至是相同的。所以，这些平台所采用的方法，在跨境电商平台中也同样可以采用，或是同一方法换一种模式来实施。跨境电商平台中，买卖双方需要的是在平台中达成交易，这也是跨境电商平台想要达成的目的之一。因为跨境电商平台中的客户是商人，所以如果完全照搬其他平台中建立和提高客户黏性的方法明显是不可行的，因为买卖双方谁也不愿意轻易地造成对方的困扰。所以，在跨境电商平台中，邮件列表被改成了业务开发信；网站搜索引擎的优化则转换成了跨境电商平台中的排名；建立社交网络的社群变成了创建完善的客户档案系统，分类对客户信息进行管理和维护，周期性地对客户档案及其客户进行更新和激活。

【结语】

本章主要对两个部分进行讲解，一是针对阿里巴巴跨境电商平台的模块进行了相对详细的介绍和分析，二是对平台客户的留存进行了讲解。所有介绍的知识点是基于编写本文时的实际情况来进行的。在实际操作时，由于规则的变化，会让本章所介绍的内容产生一些变化，也请读者根据学习时的实际情况进行合理的调整。

【课后习题】

一、单项选择题

1. 在发布产品时，每个产品可以录入（　　）关键词。

A. 1 个　　B. 2 个　　C. 3 个　　D. 4 个

2. 平台 RFQ 的报价基本权益为（　　）。

A. 10 条　　B. 15 条　　C. 20 条　　D. 30 条

3. 平台规则中，询盘回复的最长时限是（　　）。

A. 12 小时　　B. 24 小时　　C. 36 小时　　D. 没有限制

4. 阿里巴巴的平台排序规则中，橱窗产品的“天然曝光率”就比普通非橱窗产品要高达（　　）之多，因此橱窗产品的质量非常重要。

A. 10 倍　　B. 8 倍　　C. 5 倍　　D. 2 倍

5. 在阿里巴巴基础服务方案中，橱窗产品的数量是（　　）。

A. 10 个　　B. 5 个　　C. 12 个　　D. 20 个

二、多项选择题

1. 平台中，可以被称作贸易机会的是下列的（　　）。

A. RFQ　　B. Inquiry　　C. 产品排名　　D. 访客详情

2. 为了提高贸易成交的可能性，供应商可以在发布产品时针对贸易提供以下信息。（　　）

A. 公司地址信息　　B. 公司注册信息　　C. 产品价格信息

D. 最小订量信息　　E. 付款条件

3. 针对产品发布时产品详情信息的编辑，我们可以使用以下平台提供的哪些功能来进行？(　　)

A. 智能编辑　　B. 普通编辑

C. 代码编辑　　D. HTML 编辑

4. “金品诚企”区别于普通服务方案，还可以提供以下哪些服务项目？(　　)

A. 第三方认证　　B. 企业视频

C. 产品视频　　D. 更多的橱窗产品

E. 信保额度更高

5. 与“外贸直通车”中关键词价格相关的指标主要是（　　）。

A. 供应商整站质量　　B. 发布产品质量

C. 供应商区间曝光量　　D. 供应商平台投入金额

E. 供应商发布的产品数量

三、判断题

1. 产品类目选择错误不会对产品排序有任何影响。(　　)

2. “外贸直通车”是一个平台产品排名的付费推广工具。(　　)

3. 如果产品类目选择错误，必须删除选错的产品，不可后期更改。(　　)

4. 无论如何，在 P4P 中针对某个关键字的推广的单次点击费用是固定的。(　　)

5. 阿里巴巴平台上，可以上传无限个产品。(　　)

第四章

CROSS BORDER E-COMMERCE

跨境B2C电商平台

本章重点

本章学习重点是让读者从跨境 B2C 电商平台的分析对比中发现跨境 B2C 电商平台的发展趋势及从根本上找出跨境 B2C 平台操作的基本理论，为今后的工作实践打下基础。

学习目标

本章旨在让学习者了解跨境 B2C 电商平台存在的意义及它与跨境 B2B 电商平台之间的差别。从学习中掌握全球速卖通、亚马逊、eBay 平台、Wish 平台之间的异同及基本的建立账户和开设店铺的流程。完成本章学习，学习者应获得以下成果。

（1）了解四大跨境 B2C 电商平台的特点；

（2）掌握四大跨境 B2C 电商平台的运营逻辑；

（3）掌握四大跨境 B2C 电商平台的开店区别；

（4）掌握四大跨境 B2C 电商平台的运营推广；

（5）掌握四大跨境 B2C 电商平台的物流配送。

第一节　了解跨境 B2C 电商平台

跨境 B2C 电商平台（以下简称为“跨境 B2C 平台”）与跨境 B2B 电商平台（以下简称为“跨境 B2B 平台”）面对的对象是不一样的，跨境 B2B 平台指的是 Business To Business，而跨境 B2C 平台指是的 Business To Customer。首先，我们要了解什么是跨境 B2C 平台，B2C 平台就是通常说的直接面向消费者销售产品和服务的商业零售模式。这种模式的电子商务一般以网络零售业为主，主要借助于互联网开展在线销售活动。跨境 B2C 平台即企业通过互联网为消费者提供一个新型的购物环境——网上商店，消费者通过网络实施在网上购物、网上支付等消费行为。

一、 跨境 B2C 平台的功能和特点

跨境 B2C 平台从字面上来理解就是跨越国境的商家面对消费者的商业模式。也正由于面对的是非本国的消费者，所以跨境 B2C 平台与跨境 B2B 平台也有相似之处，它们同样需要处理交易、支付、物流等环节。

既然跨境 B2C 平台与跨境 B2B 平台有相似之处，那么，跨境 B2C 平台也具备与跨境 B2B 平台相似的特点。要判断一个电商平台是否为跨境 B2C 平台，也需要从全球性、交易性和物流组织等多个方面来衡量。对于不同的跨境 B2C 平台，运营的逻辑受到各运营商特点的“制约”，所以不同的跨境 B2C 平台的特色都不一样，在下文中我们将针对目前比较流行的跨境电商 B2C 平台做一个简要的分析和介绍。

二、 跨境 B2C 平台的发展和趋势

随着互联网飞速的发展，截至 2015 年，根据国际电信联盟（ITU）全球互联网使用情况报告的统计，全球网民数量已经超过 32 亿，而中国的网民数量截至 2015 年就已经达到了 6. 88 亿。中国的互联网渗透率已经超过 50%，所谓互联网渗透率指的是，使用互联网的用户与总人口数的比值。同时，我们需要特别注意到的是，根据 2015 年互联网趋势报告，互联网渗透率因为人口基数的增长而陷于停滞状态。但是移动互联网渗透率仍然在增长，并超过互联网，达到 73%的渗透率。这个数字是惊人的，可见，由于移动互联网的出现和发展，越来越多的网民开始使用移动互联网来从事或者说开展电商贸

易。我们知道，跨境 B2C 平台主要面对的对象是有购买需求的消费者，消费者的购买是整个 B2C 平台的重心。因此，可以预见的是，B2C 平台的发展在今后的几年里都会是指数级的增长。

全球的跨境 B2C 平台多不胜数，但针对跨境 B2C 的网络平台发展得较好的就不多了，因为跨境是一个复杂的过程，所以并非所有 B2C 平台都能实现跨境的运营。然而，随着全球经济一体化进程的高速发展，相信越来越多的老牌 B2C 平台会加入跨境的行列，也会有越来越多新进的平台开始进入跨境 B2C 平台的开发和运营。

隶属于阿里巴巴集团的全球速卖通平台（以下简称“速卖通”）是在 2010 年 4 月正式上线的一个主力发展跨境 B2C 的电商平台，经过数年的发展，目前该平台的交易额以平均每年 300%的速度增长，排名靠前的交易国家有俄罗斯、美国、巴西、西班牙、英国、法国、加拿大、澳大利亚、以色列、乌克兰等，已覆盖超过全球 220 个国家和地区，海外买家的日访问量已超过 5000 万。我们也同样看到，除了欧美发达国家之外，新兴市场也正在快速接受通过互联网来进行并完成交易的过程；而在所有的交易中，据统计，大约 80%的交易是来自个人消费者的，由此看来，速卖通是一个以跨境零售为主的 B2C 跨境交易平台。

由于跨境 B2C 平台的发展变化非常之快，而平台中的规则也会因为客观经济环境的变化不断地调整，所以在本章中，如果我们单纯地介绍每个平台的操作，会因为后期各平台规则和战略的快速调整，让大家感到困惑。因此，为了更好地让读者了解全球跨境 B2C 平台发展的趋势，在本章中我们将以速卖通为主体，从各维度将速卖通与亚马逊平台、eBay 平台及兴起的 Wish 平台进行对比分析，并从这些维度中帮助大家找到各个平台之间的差异，从而帮助大家在今后的学习和工作中更轻松地运用这些知识点，快速地找到适合的方法来操作和运营自己的平台。

第二节　跨境 B2C 平台特点及对比分析

一、平台的背景介绍

（一）速卖通平台

速卖通平台正式开始运营的时间并不长，它是在 2010 年上线的。上线初期，速卖通平台只是阿里巴巴跨境 B2B 平台中的一个频道。因此，速卖通平台上线伊始是不对外开放的，仅面对阿里巴巴跨境 B2B 平台中的中国供应商提供服务，也就是说，在当时，只有中国供应商才可以免费地使用这个平台。后期，阿里巴巴战略进行了调整，将速卖通平台独立了出来，成为一个面对所有消费者的跨境 B2C 平台，而这个平台的特点之一就是，所有在平台中上线的产品只面向非中国境内的买家，这也就意味着，中国籍的用户可以下载、访问这个平台，但是，在这个平台中是无法购买任何商品的（见图 4-1）。

图 4-1　速卖通交易平台界面

大家知道，阿里巴巴集团面向中国客户的跨境 B2C 平台是基于淘宝网延伸出来的天猫平台。独立出来后的速卖通平台，刚开始是一个免费的平台，在 2015 年，速卖通平台为了规范其运营，对外宣布将从 2016 年 1 月开始，对所有平台用户按照所属的行业，分别收取技术服务费，收取的服务费将按不同的行业以不同的年销售总额来进行返还，如表 4-1 所示。

表 4-1　速卖通收费模式表

单店经营范围	18个经营大类	类目	类目范围		技术服务费年费（元）	返50%年费对应年销售额（美金）	返100%年费对应年销售额（美金）
A	服装配饰	Apparel & Accessories			10000	30000	60000
	珠宝饰品	Jewelry					
	手表	Watch			10000	30000	60000
	鞋包	Luggage & Bags			5000	24000	48000
		Shoes					
	美容健康	Beauty & Health	其他（剔除特殊类目）	其他	5000	24000	48000
			Sex Products（特殊类目）	情趣	10000	30000	60000
	假发及周边配件	Hair & Accessories	其他（剔除特殊类目）	其他	5000	18000	36000
			Centified Human Hair（特殊类目）	真人发	50000	60000	120000
	孕妇和婴儿用品类	Mother & Kids			3000	12000	24000
	玩具	Toys & Hobbies			5000	12000	24000
B	婚纱	Weddings & Events			10000	30000	60000
D	电脑&办公	Computer & Office	其他（剔除特殊类目）	其他	5000	18000	36000
			laptop（特殊类目）	电脑	20000	18000	36000
			Tablets（特殊类目）	平板	20000	60000	120000
			Memory Card（特殊类目）	存储卡	10000	18000	36000
			External Hard Drives（特殊类目）	外置机械移动硬盘	5000	18000	36000
			USB Flash Drives（特殊类目）	U盘	10000	18000	36000
	消费电子	Consumer Electronics	其他（剔除特殊类目）	其他	5000	18000	36000
			Electronic Cigarettes（特殊类目）	电子烟	30000	60000	120000
			Sports & Action Video Cameras（特殊类目）	运动相机	10000	12000	24000
	手机&通信	Phones & Telecommunications	其他（剔除特殊类目）	其他	5000	18000	36000
			Mobile Phones（特殊类目）	手机整机	30000	45000	90000
			Mobile Phones Accessories&Parts（特殊类目）	手机配件	5000	18000	36000
	安防	Security & Protection			5000	18000	36000

续表

单店经营范围	18个经营大类	类目	类目范围		技术服务费年费（元）	返50%年费对应年销售额（美金）	返100%年费对应年销售额（美金）
E	运动&休闲	Sports & Entertainment	其他（剔除特殊类目）	其他	5000	18000	36000
			Sneakers（特殊类目）	运动鞋	10000	24000	48000
			Cycling（特殊类目）	骑行用品	10000	24000	48000
			self balance scooter（特殊类目）	平衡车	10000	18000	36000
F	家居生活&家装	Furniture	其他（剔除特殊类目）	其他	5000	30000	60000
		Home & Garden					
		Food					
		Hardware					
		Tools					
		Construction & Real Estate					
		Lights & Lighting	其他（剔除特殊类目）	其他			
			Downlight + Spotlight（特殊类目）	筒灯+射灯（含支架、非灯泡类）	10000	30000	60000
			LED Lighting+Lighting Bulbs & Tubes（特殊类目）	LED照明和灯泡、灯管	10000	60000	120000
G	家电	Home Appliances			5000	30000	60000
H	其他	Electrical Equipment & Supplies			5000	12000	24000
		Electronic Components & Supplies					
		Industry & Business					
		Office & School Supplies					
		Travel and Vacations					
I	共享类	Special Category					

通过收取该技术服务费的模式，速卖通平台将早期部分无履约能力、无稳定供应链或实力的卖家逐步地清出速卖通市场，取而代之的是更诚信的卖家。

（二）亚马逊平台

亚马逊是一家土生土长的美国公司，成立于 1995 年，位于美国华盛顿州的西雅图，是通过网络经营电子商务的比较早的几家公司之一。刚开始，亚马逊平台只经营书籍，但是随着业务区域的不断扩大，经营的产品类目也不断地扩大。目前，亚马逊平台上的经营包括音乐和游戏、数码下载、电子产品、家居园艺用品、玩具、婴幼儿用品、食品、服饰、鞋类和珠宝、健康和个人护理用品、体育及户外用品、玩具、汽车及工业产品等。2004 年，亚马逊全面收购中国卓越网，这一收购促使亚马逊多年的网络零售经验与中国卓越网相当深厚的中国市场经验进行了有机的结合，从而开始了正面开拓中国市场。不要忘记，亚马逊可不是一家只面向中国的公司，亚马逊是一家面向世界市场的公司，因此有美国亚马逊、日本亚马逊、英国亚马逊等针对不同国家和市场的平台，所以中国的供应商开始尝试通过亚马逊在各个国家的平台来开展跨境销售业务。在早期，中国卖家要在亚马逊上经营自己的产品并进行跨境销售是相当烦琐的过程，比如亚马逊有针对不同国家的平台还需要提供不同国家的身份证明等的规则，然而亚马逊平台在跨境 B2C 上的战略，让其在 2015 年尝试逐步将各个国家的平台打通。让中国卖家只通过中国亚马逊就可以快速地完成各国平台的注册工作，完成跨境销售的目的。另外，我们还要知道，亚马逊是全球用户最多的网络平台，在 2011 年 6 月，全球就约有 20%的用户使用亚马逊的零售和拍卖平台。其中，35. 4%的用户来自美洲地区，31. 8%的用户来自欧洲地区，24. 1%的用户来自亚太地区，这就是为什么跨境 B2C 的卖家热衷于使用亚马逊平台作为他们的开拓市场的原因之一了。

亚马逊平台采取的是与速卖通平台不同的收费模式，它采取的是销售佣金的模式，根据不同的行业，收取销售佣金，如表 4-2 所示。

表 4-2　亚马逊平台收费模式表

商品分类	佣金比例
金条、银条	5%
手机通信、数码配件、电脑、办公用品、大家电、个护健康用品、美容化妆品、食品	8%
图书、音乐、服装鞋靴、箱包配饰、运动户外休闲用品、家居用品（床上用品、卫浴用品、厨具、家居装修、园艺用品、工具）、小家电、玩具、母婴用品、酒类、乐器、汽车用品、其他	10%
宠物用品、钟表	12%
珠宝首饰	15%

亚马逊平台与速卖通平台的另一点不同是，亚马逊平台是不接受个人卖家的，只有符合要求的企业才能注册和使用亚马逊平台进行产品的销售和推广。单就这一点看来，速卖通平台还不能说是一个全面的 B2C 平台，而更像是一个 C2C 和 B2C 的混合体，但是相信

随着平台的进一步规范，速卖通平台向 B2C 转化的过程也会很快。

（三）eBay 平台

eBay 平台创办于 1995 年的美国加利福尼亚州，事实上，eBay 创立之初只是一个进行商品拍卖的平台，用户在平台上可以针对自己的商品发起拍卖。如今，eBay 已经成长为一家从事各品类商品销售的 B2C 销售平台，如果我们要找一家与之最相像的平台的话，那么无疑就是中国的天猫了。因为 eBay 拥有全球广泛使用的 PayPal 支付系统，而天猫拥有国内领先的支付宝系统。这些对比都不是重点，重点在于 eBay 已经拥有超过 3.8 亿的全球买家，40 个站点分布全球，在 215 个国家都有 eBay 的买家，这才是跨境 B2C 卖家所看重的（见图 4-2）。

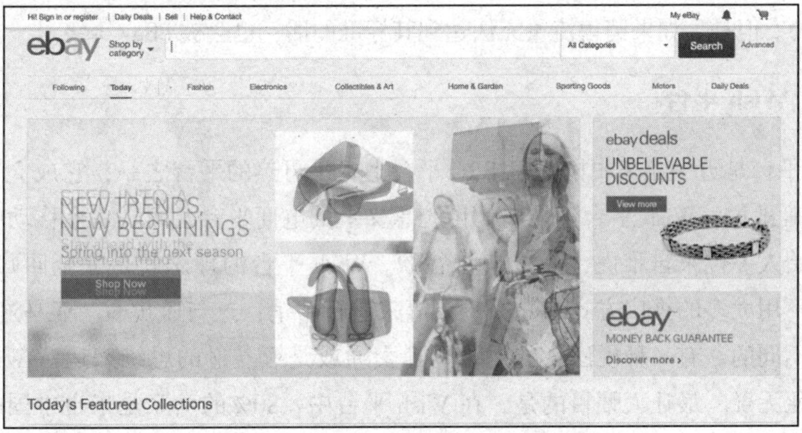

图 4-2　eBay 平台界面

eBay 平台允许个人注册，这一点与速卖通平台是一样的。在支付方面，eBay 平台上主要采用的是 PayPal，亚马逊主要采用的是信用卡的支付渠道。在 eBay 平台中，收费的标准与亚马逊类似，不同的是在 eBay 平台上收费分为刊登费和成交费两类费用。

eBay 平台面对不同国家的收费也是不一样的；如果开设店铺的话，平台是按月或是年单独计收店铺费的；作为免费卖家，允许最多刊登 50 款产品，超过 50 个产品后，如果还需要刊登是需要额外收费的；而如果开设店铺，那么可免费刊登产品的数量就可以大幅提升，当然这个提升是因为用户缴纳了店铺的费用后才得以提升的。另外，eBay 平台为了提高产品的曝光以加大流量，还设置了一些特色功能费，对于特色的功能，包括在搜索结果中使用大图片、使用产品展示主题等，也相应追加了费用。这样看来，eBay 平台可以理解为一个完全自由选择的大型市场，在市场中如何销售，用什么样的方式去销售，你期望你表现的效果如何，取决于用户在这个市场中选择了哪些服务。由于其中所涉及的费用类目较为复杂，在本文中就不进一步说明了，具体的可以参考 eBay 平台的网站，在网站中对于各项费用都有相当详细的说明。

不同国别的 eBay 站点，除了标准费用之外，会针对这个国家或地区收取不同特色的费用。那么，我们从卖家的角度来看，eBay 平台还是没有完全脱离 C2C 的模式，虽然在不同国家的站点里的规则不同。比如，在英国的站点里，卖家必须是商业级别的用户，也就是说你必须是以注册公司的身份进驻，但是在美国的站点里就没有这个限制，用户可以自由选择账户的类型。当然，eBay 平台是欢迎企业进驻的，在 eBay 有专门的企业直销通道，成为企业用户后，可以享受到刊登额度等方面的优势，这一点，对于中国的卖家来说，还是可以根据实际的需求来进行合理的选择。我们可以注意到一点，就是个人账户是可以升级的。但是，如果销售流量无法达到其标准的话，也会被 eBay 降级。

（四）Wish 平台

Wish 平台是近一年来中国跨境 B2C 平台上炙手可热的平台之一，它成立于 2011 年 12 月，准确地说，Wish 平台不能叫作传统意义上的电商平台，而是一个移动电商平台。平台的创始人一位来自雅虎，一位来自谷歌。Wish 平台的理念就是完全回归消费者的喜好，而不用太多的推广方式或是关键词等来进行营销，这与速卖通、亚马逊或是 eBay 都是完全不同的。有一种说法：如果你用速卖通或是亚马逊的思维来运营 Wish 平台的话，你必死无疑。最让人瞩目的是，在 Wish 平台中，80%的卖家是来自中国的，另外，Wish 上注册用户已经超过 5000 万，日活跃用户量超过 120 万，用户主要分布在欧美国家（见图 4-3）。

图 4-3　Wish 平台界面

那么为什么 Wish 平台能受到用户的青睐，从而在短短的几年里发展如此迅猛呢？纵观全球移动互联网高速发展的今天，越来越多的人开始关注片段时间的内容，所谓的片段时间就比如是在公交车上或是在喝杯咖啡甚至是上个厕所的时间，其会被人用来通过移动终端浏览一些自己感兴趣的内容，当然在浏览的同时就不可避免地去关注一些商品，这样的片段时间里，人非常容易采取一些行动。而在 Wish 的逻辑里，产品不是用来展示或是被搜索的，而是被用来推送的，也就是说在 Wish 里，平台所关注的是图片和产品的质量，而且 Wish 平台所采用的也不是常规的产品搜索的方式，而是根据用户访问的大数据来向目标群体推送信息的方式。

就目前而言，Wish 平台收费模式相对比较单一，也存在一定的诟病，原因就是在 Wish 平台上，统一按商品成交金额的 15%来收取，这给相当大一部分的平台卖家带来一定的困扰。

二、 平台的运营逻辑

要使用任何一个 B2C 平台，尤其是在这样一个各类平台层出不穷的时期里，我们一定要先知道不同平台的运营逻辑。为什么这么说呢？因为商业贸易是一个非常复杂的过程，而不同的产品面对不同的市场及买家时，影响买家决定的因素往往也是多样化的，所以说只有最适合的、最符合买家习惯的平台运营逻辑，才能最快地激发买家的购买需求，从而促使买家在平台上下单。

在我们开始分析几个平台的运营逻辑前，我们要知道，无论是上述的哪一个平台，首先要解决的就是支付的问题。在上一节里，我们已经简单地分析了几个平台在达成交易后的支付方式，可以发现他们之间是存在共性的，也就是说在跨境 B2C 平台上，基本上采取的都会包含信用卡、PayPal 这两种最常用的金融通道。只有 Wish 平台，由于其相对于其他 3 个平台来说，略微在收费和交易规则上复杂了一点，所以在 Wish 平台中，会存在除了常用的两种方式之外的第三方金融通道来完成支付交易。也就是说，如果一个平台有自己的金融手段的话，会给平台本身带来非常大的优势，比如 eBay 和 PayPal，再比如速卖通和支付宝之间就是这样。再者，跨境 B2C 平台与跨境 B2B 平台之间存在着一个非常显著的不同，那就是在 B2C 平台上达成的交易，数据很容易就沉淀到平台上。因为在这些平台中促进成交的手段并非是所有平台都可以适用的，规则在不同的平台上特别能表现出各平台的差异性，那么从交易支付方式的运用上，也能看到一个平台的发展方向，也利于我们去分析各个平台的运营逻辑。

（一）平台中的产品

无论是哪一个平台，产品展示都是必需的，否则也谈不上交易。因为互联网是一个虚拟的交易市场，所以商品的曝光就变成了运营一个平台所必需的目标。但是通过上述描述，我们看到了一个与众不同的平台，那就是 Wish 平台，在除了 Wish 平台之外的 3 个平台上，我们多多少少都看到了为曝光和流量而产生额外资源付费的产品存在；而在 Wish 平台里，它的流量并不像其他 3 个平台一样用包括外链、互链等传统的方式来进行。上面我们提到了 Wish 平台是通过大数据分析，将产品直接推送给目标潜在客户的，因此，Wish 平台已经初步具备了数据价值反哺商业的可能性。我们从这个角度去理解的原因是，在另外 3 个平台里，买家在最终决定下单前，在访问网站后，除了直接通过关键字搜索自己感兴趣的产品外，还有通过不同的类目来搜索产品。而且，在大类下还会用更细分的小类目，但是这种方式在 Wish 平台上是找不到的。以下是我们阐述的几个 B2C 平台的截图展示（见图 4-4、图 4-5、图 4-6、图 4-7）。

图 4-4　速卖通平台

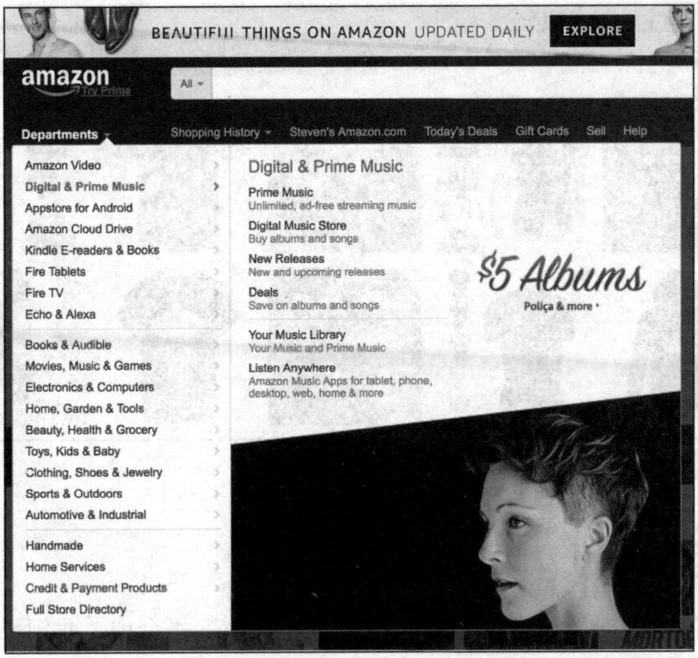

图 4-5　亚马逊平台

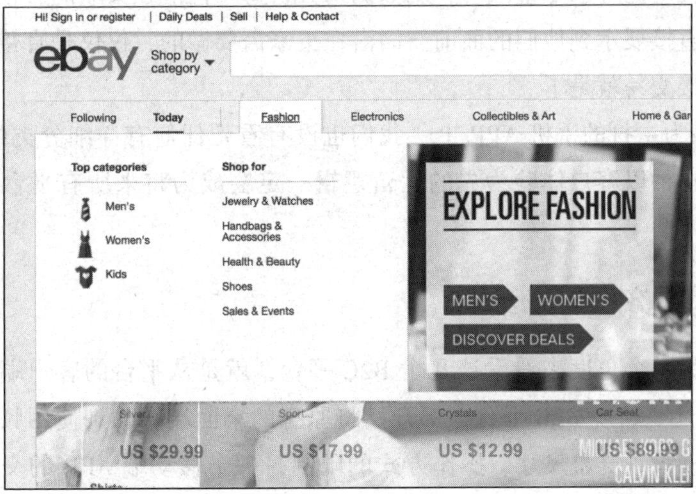

图 4-6　eBay 平台

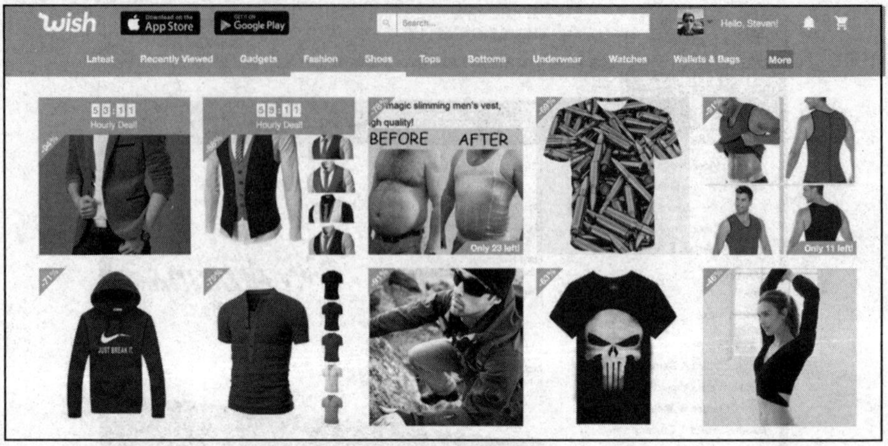

图 4-7　Wish 平台

（二）平台中的类目

Wish 平台中似乎刻意地模糊了类目的概念，在 Wish 平台中，我们没有看到如同其他平台类似的子类目模块。那么，Wish 平台的逻辑是什么呢？他们要做的是将潜在买家完成采购过程中的环节尽量减少，用数据来分析每一位潜在买家的习惯，将他们最可能购买的商品直接展示到他们的面前，而潜在买家需要做的，仅仅是直接在面前选择他要的产品，直接交易就是了。

从 Wish 最为主打的手机 APP 上，我们也没有看到任何有详细分类的迹象。而且，我们也相信，这种以客户体验为先的运营逻辑一定会成为将来所有平台发展的方向之一。

（三）平台的客户端

我们再从另一个角度来看看这几个 B2C 平台，就是从平台的客户端来看。无论是跨境 B2B 平台还是跨境 B2C 平台，都开始将原有的桌面端转移到使用频率更高的移动端，而受到移动设置屏幕尺寸、操作方式的限制，一个移动端 APP 的交互质量也会是影响客户体验的相当重要的部分。在本书中，我们并没有讨论移动客户端 APP 优劣的打算，在这里我们之所以把这一点拿出来分析的原因完全是站在影响买家体验的角度。既然我们将使用这些平台来作为我们从事跨境 B2C 的应用平台，那么，我们就应该从各个方面来深入了解我们将要面对的平台发展趋势。

上述 4 个平台的移动客户端 APP 各有千秋，总的来说，这些平台的移动客户端都主要在支付的交互上大做文章，期望潜在买家能更方便地完成支付的过程，但是由于不同平台采用的支付方式不同，造成了支付过程与平台的结合程度也有所不同。我们从一位买家的角度出发，只有能流畅完成支付的体验才能提高买家对 APP 使用的黏性。而支付的过程与客户端结合得越紧密，那么越能将客户留在平台上，也就是说，越能促使在这个平台上交易的商品更好地完成销售的过程。

除了 Wish 平台之外，其他 3 个 B2C 平台采用的都是与 B2B 平台类似的逻辑，就是将整个销售的过程区分为展示、推广、交易 3 个基本的过程，只有 Wish 平台将推广这个过程无限地弱化了。也就是说，Wish 平台在运营的逻辑上做了减法，而用大数据来解决被动推广到主动推送的这个问题，相信这也是为什么这个平台能在这么短的时间内积累了 5000 万以上用户的原因所在。

三、平台的店铺

（一）速卖通平台

在各个平台上开店铺的方式是有所不同的，正如我们上面介绍过的，在速卖通上是允许个人或者是企业注册的，而且在速卖通平台上，并非是注册后就可以开店，而是先要绑定已经实名认证过的支付宝账号（个人或是企业的支付宝账号均可），还要先完成开店考试。并且速卖通平台规定，卖家需要在完成 10 款以上的产品上传后才有资格开设店铺。而在开设店铺后，如果卖家的产品款式因为任何原因导致数量少于 10 个了，那速卖通平台将有权关闭店铺。

（二）亚马逊平台

在亚马逊平台上，由于其本身在不同国家的平台所遵循的法律是依照所在国的法律规定来执行的，所以在不同的国家里开设店铺的要求都有些许的不同，而且在亚马逊平台上开设店铺首先要选择卖家的类型，我们前面提到过，亚马逊是不接受个人开店的，因此必须是符合平台要求的企业用户才可以开设店铺。

同时，要在亚马逊平台上开设店铺，一定要根据卖家要开设店铺所在国的规则来进行，比如要在美国平台上开设店铺，卖家首先需要免费注册一个账户，然后在亚马逊主页（Amazon. com）下方的菜单中点选“Sell on Amazon”（见图 4-8）。

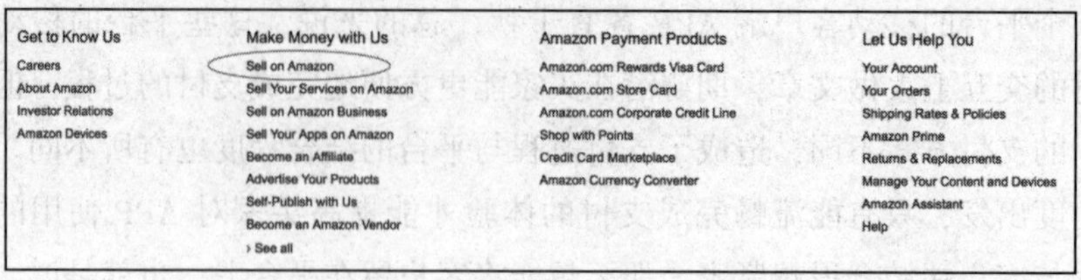

图 4-8　亚马逊主页界面

之后，亚马逊平台就会要求卖家提供包括营业执照、个人联系方式、具有国际收付功能的信用卡及电话号码和税务识别信息等。因为在美国，在不同销售金额的情况下，税率是不一样的。另外，如果卖家所在地不在美国，平台还会要求卖家使用一个平台所支持的国家的账户信息，目前美国的亚马逊平台支持包括澳大利亚、加拿大、印度等 8 个国家和地区，而针对欧盟，也有已经支持的国家的列表，而且现在平台也要求卖家需要精确地注册商品的发运国等，单就美国的亚马逊平台为例我们就应该知道，卖家要在亚马逊平台上开设店铺一定是需要针对平台所在不同的国别来有针对性地开设的，不同于在速卖通平台上开设一个店铺则可卖到全球。当然，我们在亚马逊平台上开设店铺是因为其庞大的用户量和相对较为成熟的市场知名度。所以，虽然看上去在亚马逊平台上开店不像速卖通上开店这样简便，但是，还是有非常多的中国卖家尝试着通过亚马逊平台从事跨境 B2C 销售。在 2016 年，亚马逊（中国）顺应中国高速发展的跨境 B2C 趋势，为中国卖家提供了全中文的注册和申请页面（见图 4-9）。

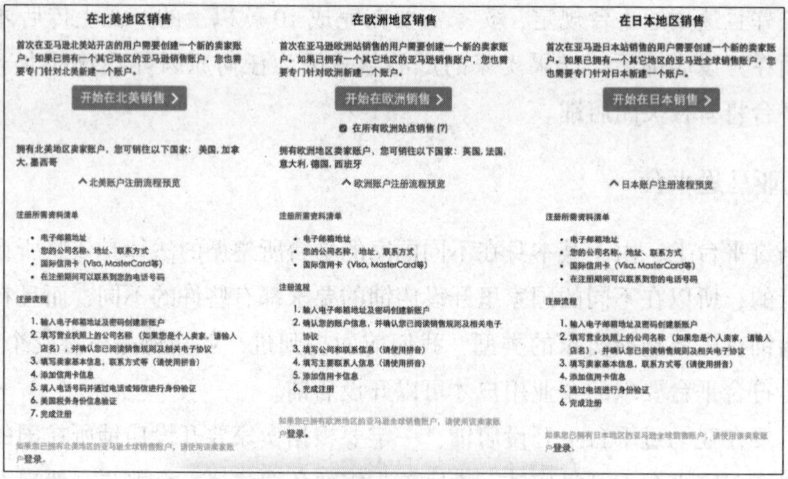

图 4-9　亚马逊中文说明申请界面

（三）eBay 平台

eBay 平台我们在上文中也说到，它从某种角度上，还是脱离不了 C2C 的本质及拍卖的历史“习惯”，但是通过 eBay 平台，我们可以将商品面向 3.8 亿的全球买家，那么在 eBay 平台上开店又是怎么样的呢？

在 eBay 中国的网站上，看似已经提供了开店注册的功能，事实上，如果要开店，其实还是要在香港平台上注册账户的，那么我们还是直接前往 eBay 美国网站上看看如何申请注册 eBay 账户及进行开设店铺的工作（见图 4-10）。

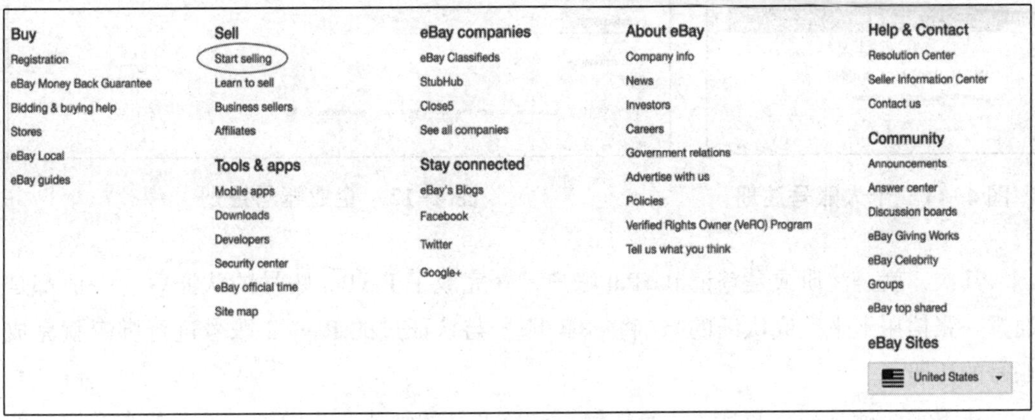

图 4-10　eBay 美国注册申请界面

首先，在 eBay 网站上免费注册一个账号，如实地填写即可，建议使用 Gmail 或是 Hotmail 等国外流行的电子邮件来进行注册。在注册界面上，我们注意到 eBay 还专门针对企业用户提供了企业账号的注册。前文中，我们提到过，虽然 eBay 支付支持个人用户，但是针对企业用户提供的服务方案是不一样的，所以如果卖家是一家企业的话，还是可以选择注册企业账户的。当卖家选择了企业账户之后，那么注册界面就会不同了（见图 4-11、图 4-12）。

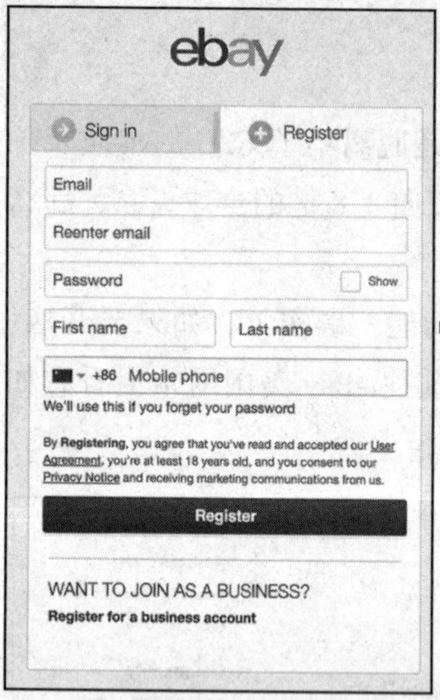

图 4-11　个人账号注册

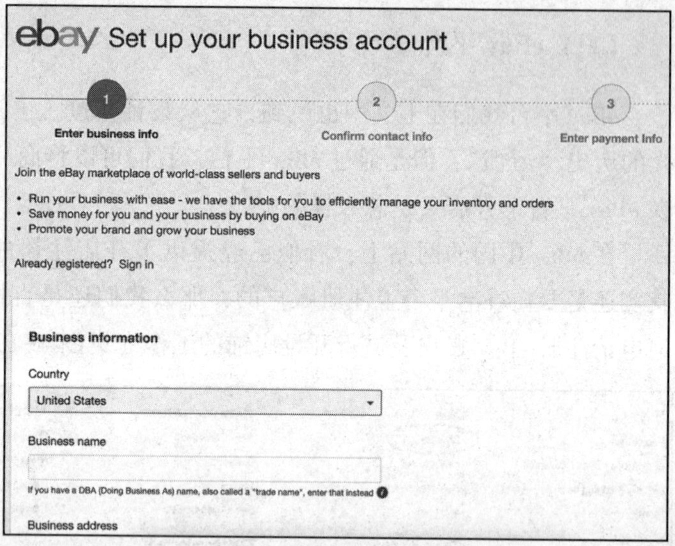

图 4-12　企业账号注册

其次，就是注册或是登记 PayPal 账户，在完成了 PayPal 账号的认证后（一般都是通过一张信用卡来完成认证的），将 eBay 账号与认证过的 PayPal 账号进行绑定就完成账号的注册了。

接下来，就是刊登产品了，具体针对刊登产品的细节，我们可以参考前文介绍过的一些简单的规则及访问 eBay 平台的官方网站来进行了解。

（四）Wish 平台

Wish 平台与前面提到的其他跨境 B2C 平台都不一样，在 Wish 平台上开店非常简便，正如该平台自己所标榜的一样，无论是潜在买家选择商品还是卖家开店，都做了减法，让一切都变得很简单。

在打开“Wish. com”网站后，在网站的最下方（浮动条）点击“Suppliers”后，即出现卖家注册页面。点击免费使用后，即出现 Wish 平台的注册页面了（见图 4-13、图 4-14）。

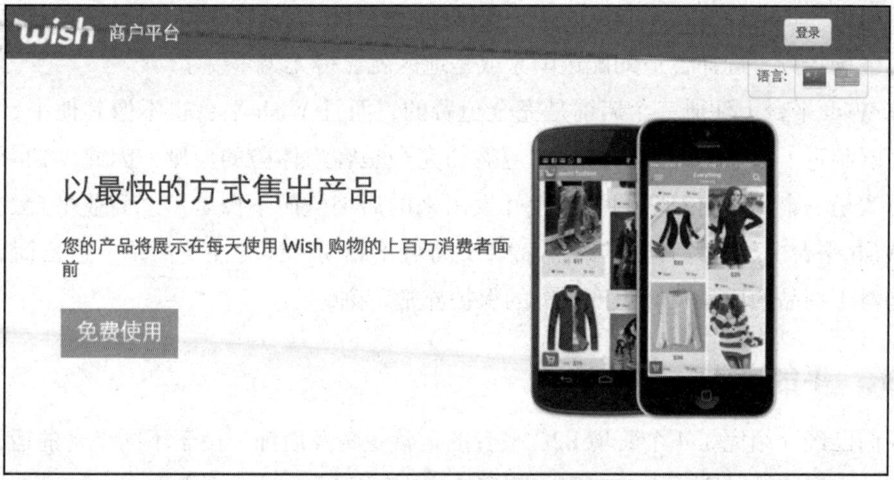

图 4-13　Wish 平台注册界面

图 4-14　Wish 创建店铺界面

我们已经知道，在完成店铺的提交申请后，需要在 Wish 平台上提交一款产品进行店铺审核，而在审核的过程中，Wish 平台会分配一个客户经理发送一封信息收集的邮件给卖家，而在店铺创建完成后就需要开始对配送地区进行合理的设置了。要注意，由于我们反复强调过，在 Wish 平台上是不需要卖家刻意地去引流的，所以几乎所有的流量都是来自平台本身对产品、对后台大数据的分析得来的，那么我们在设置配送区域的时候，如果光是选择了某个国家的话，卖家可能得到的流量将少得可怜，所以根据实际产品的市场优势，选择合适的配送国家或是地区就显得尤为重要了。

在 Wish 平台上注册一个店铺是完全免费的，而且 Wish 平台也不像其他平台一样，从最初就制定了很多的规则，因为它遵循的完全是客户体验的原则，因此 Wish 平台看起来更像是一个完全由互联网从业者开发出来的店铺，而不像是一个商业平台。但是，要在 Wish 平台上经营好自己的跨境 B2C 交易可不容易，因为注册简单、运营简单的代价就是对于商品的质量及知识产权等的保护异常苛刻。

四、 平台的推广

我们已经介绍完了 4 个跨境 B2C 平台的运营逻辑及店铺。由于不同平台的运营逻辑的不同，由于店铺的不同，已经影响到了卖家在不同平台上的推广方式。

这里所指的推广方式不是指平台本身在各个国家的推广，因为无论是跨境 B2C 还是跨境 B2B 平台，平台本身在国际市场上展开的宣传和引流都是平台上的卖家无法控制的，而作为卖家可以控制的只有在平台内部的引流工作。因此，各个平台上的商品推广方式是不一样的。

我们可以将其分为两大阵营，一个阵营是以速卖通为代表的传统跨境 B2C 平台，而另一个阵营就是 Wish 平台。

为什么我们把以速卖通为代表的跨境 B2C 平台称之为“传统的跨境 B2C 平台”呢？原因就在于这个阵营中，平台与产品的关系是平台凌驾于产品之上，也可以这样理解，在这一阵营中，平台是产品的载体，平台中的所有商品都是依赖于平台的运营逻辑的，也就是说，平台的规则发生了哪怕是细微的改变，都会让平台中的商品无论是从内容或品类，甚至是产品本身，都产生很大的改变以适应平台的变化。但是在另一阵营中，平台并非是商品的载体，反而平台中的产品成了平台的依托，而流量不是来自平台本身的，而是来自平台所采用的渠道，这个渠道是单一的，也就是说，以 Wish 为代表的阵营中，潜在买家的习惯决定了产品的流量，决定了商品畅销与否。

另一方面，无论是哪一个阵营，我们都发现卖家的诚信度会是平台所关注的重点中的重点，这点在跨境 B2B 的平台中还没有很直接的体现，因为无论是阿里巴巴跨境 B2B 平台还是其他的平台，都还在尝试通过各种手段和措施来完善这一体制。而在跨境 B2C 平台中，由于面对的对象是直接的消费者，所以在平台中都会建立一个针对最终买家体验的相对客观的评价体系，买家评价高的商品，往往会受到平台的青睐，平台会有意识地将流量引到这些商品上去；而对于评价不好的甚至是较差的商品，不但不会得到平台的青睐，除了商品会被下架之外，甚至很有可能连店铺都会面临关闭。所以在跨境 B2C 平台中，推广的方式并非是花的钱越多越好，更重要的是不但要做好商品在平台中的展示，还要把握服务和商品的品质。

这里需要特别提到的是，Wish 平台开创了一种全新的跨境 B2C 平台的运营模式，它将大数据的价值体现得淋漓尽致，而大数据及云计算的应用，会是未来很长一段时间的发展趋势，我们可以看到的是，在速卖通平台、亚马逊平台、eBay 平台都已经将大数据的应用尝试在平台运营和发展上，在不久的将来，我们很可能会看到它们也开始简化开设店铺的流程，或者说开始做互联网的减法。

五、 平台的物流配送

跨境 B2C 平台之所以能够面对直接的消费者，其实最重要的一点就是平台能够在快速完成交易的同时，完成 B2B 平台所不能完成的快速的物流运输。

在不同的平台上，所采用的物流运输也会由于所在国的不同而不同。我们分别来看一下不同平台上的物流是采用什么样的方法来实现的。

（一）速卖通平台物流配送

在速卖通平台上，支持的物流方式包括 UPS、DHL、FedEx、TNT、EMS、顺丰、中国邮政、香港邮政航空包裹服务。而且在速卖通平台上，卖家必须采用买家所选择的物流方式，未经买家同意，是不能更改物流运输的方式的。平台是鼓励卖家选择速卖通提供的线上发货物流渠道，速卖通只认可以下物流跟踪信息：线上发货物流跟踪信息，各国邮政官网、UPS 官网、DHL 官网、FedEx 官网、TNT 官网、TOLL 官网、顺丰官网、EMS 官网提供的物流跟踪信息。对于无法正常在各物流平台官网上跟踪的物流运输，速卖通平台会不予认可。

（二）亚马逊平台物流配送

亚马逊平台经过多年的积淀，已经拥有可以说是全球最先进的物流运输体系，同时亚马逊平台也是全球跨境 B2C 平台中少有的，具备自己的跨境物流服务的平台之一。而且亚马逊平台的物流服务本身也在全球享有盛誉，所以，自然以采用平台提供的物流最为妥当（见图 4-15）。

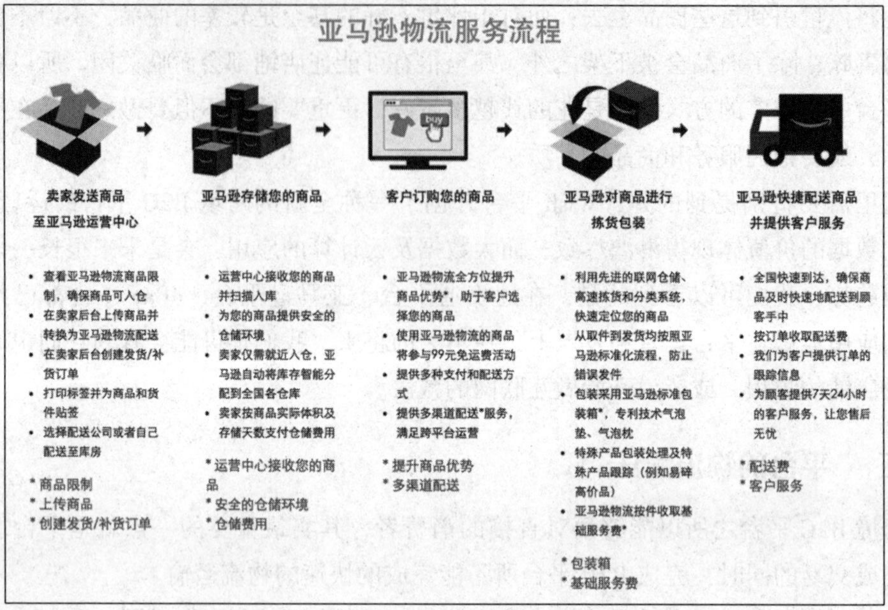

图 4–15　亚马逊物流服务界面

（三）eBay 平台物流的配送

eBay 平台与速卖通采用的是类似的物流运输方式，在此不做特别说明。

（四）跨境 B2C 平台的海外仓

在这里，我们需要延伸地说一些做跨境 B2C 平台所必须考虑到的问题，就是海外仓。所谓的海外仓，就是将货物批量发送至国外仓库，实现本地销售、本地配送这样的跨国物流形式。而海外仓的优势是不言而喻的，通过海外仓，卖家可以更改物品所在地，轻松成为海外卖家，增加产品曝光率，同时由于海外仓的出现，商品以批量的方式发运到海外仓，借助这种方式，降低了商品的运输成本，而销售的价格没有变化，因此等于变相地提高了商品的单价，实现了更高的利润。同时，在跨境 B2C 平台上，订单的响应速度是直接影响买家体验的重要指标之一，因此海外仓可以有效降低订单响应的时间，提升物流配送时效，而且有效地降低了人工成本。另外，由于在海外仓中有备货，所以当出现问题时，卖家可以高效地完成退换货服务，提升客户满意度。

所以，建立海外仓会给跨境 B2C 的运营带来非常大的优势，而各大平台都已经开始各自在不同的国家建立针对自己平台的海外仓，为平台上的卖家提供服务。这一点，我们在选择跨境 B2C 电商平台时，也是值得考虑和参考的。

【结语】

这一章，我们重点介绍了跨境 B2C 电商平台中相对比较突出的 4 个平台，并对各个平台的优势进行了简要的说明。我们并没有针对每一个平台的详细操作方式进行说明，原因在于各个平台的操作部分其实是大同小异的。而且正如我们提到过的，由于平台规则的变化，操作也会频繁地变化，再者跨境 B2C 电商平台不同于跨境 B2B 电商平台，它的变化会随着国家政策、内外部经济环境的变化做出很大的调整。因此在这一章里，我们用平台之间对比的方式来介绍这几个平台，旨在通过这些介绍让读者能基本掌握各大平台的基本知识，在实际的工作中去实践和验证。

【课后习题】

一、单项选择题

1. 以下属于跨境 B2C 平台的是（　　）。

A. Alibaba. com　　B. Made-in-China. com

C. Globalsources. com　　D. AliExpress. com

2. 以下描述正确的是（　　）。

A. 全球速卖通平台是一个完全免费的跨境 B2C 平台

B. 亚马逊平台允许个人卖家

C. eBay 平台和全球速卖通平台一样，都允许个人卖家

D. 天猫全球是一个跨境 B2C 平台

3. 以下针对 Wish 平台的描述错误的是（　　）。

A. 80%的卖家来自中国

B. 交易费比例统一为 15%

C. 一旦在 Wish 平台上传产品，平台将基于数据自动推送到买家终端，卖家无需针对地区及人群等进行设置

D. Wish 平台不像其他平台，需要引流

4. 作为免费卖家，eBay 允许卖家最多刊登（　　）产品。

A. 15 款　　B. 30 款　　C. 40 款　　D. 50 款

5. eBay 支持的付款方式是（　　）。

A. 信用卡　　B. PayPal　　C. 支付宝　　D. West Union

二、多项选择题

1. 亚马逊平台已经支持的国家和地区包括（　　）。

A. 美国　　B. 中国　　C. 日本　　D. 中国香港地区

E. 印度

2. 速卖通平台支持以下哪几个国家的卖家？（　　）

A. 中国　　B. 俄罗斯　　C. 西班牙　　D. 美国

3. 对跨境 B2C 平台的描述中，正确的是（　　）。

A. 亚马逊平台仅支持自己平台的独立物流服务

B. 全球速卖通可以使用许多第三方物流服务

C. Wish 平台需要设置推广的国家和地区

D. eBay 平台上，买家可以使用多种支付方式完成交易

4. 以下针对全球速卖通平台描述正确的是（　　）。

A. 企业和个人都可以注册成为卖家

B. 全球所有卖家都可以在全球速卖通上销售产品

C. 中国籍买家也可以在全球速卖通上购买物美价廉的产品

D. 只需要注册一个账号，发布在平台上的产品就全球同步了

5. 针对 eBay 平台，下列描述正确的是（　　）。

A. eBay 可以用信用卡支付来购买商品

B. eBay 上开店需要支付注册费用

C. eBay 支持个人用户注册成为卖家

D. eBay 上开店，只要刊登产品就一定要付费

E. eBay 上的费用分为刊登费和成交费两类

三、判断题

1. 全球所有人都可以购买全球速卖通上上架并销售的产品。（　　）

2. 天猫是一个跨境 B2C 平台。（　　）

3. 亚马逊平台是一个跨境 B2C 平台，且是一个对卖家收费的平台。（　　）

4. 为了统一管理，亚马逊平台上针对各品类卖家的收费标准都是一样的。（　　）

5. eBay 平台是不允许个人用户注册的。（　　）

第五章

CROSS BORDER E-COMMERCE

跨境电商综合服务平台

本章重点

本章学习重点是一达通平台的操作步骤和业务模式。

学习目标

本章旨在让学习者了解什么是“一站式外贸综合服务平台”；了解一达通的概念和基本操作流程以及平台的业务模式，从而更好地学习跨境电商的相关知识。完成本章学习，学习者应获得以下成果：

(1) 了解一站式外贸综合服务平台；

(2) 了解一达通平台的操作流程；

(3) 了解一达通平台的业务模式；

(4) 了解一达通提供的金融服务和物流服务。

第一节　一站式外贸综合服务平台

一、 什么是“一站式外贸综合服务平台”

外贸综合服务平台依托互联网和 IT 技术，把复杂的进出口流程标准化，把分散的进出口服务资源集约化，形成以服务为核心的全球供应链服务体系。主要服务内容包括融资、通关、物流、退税以及保险等外贸的必须环节和一些增值类服务。如，杭州某家具企业要出口产品至美国，它需要分别找报关行、拖车、海运公司、银行、保险公司等完成交付并实现结汇，这就是“一条链路”。如果把这些都外包给一达通，这条链路就会“被标准化”，即用哪家银行、哪家船公司、什么监管条件、多少费用、多长时间完成等都会被录入系统。然后可以让更多杭州需要发货至美国的外贸企业走这条链路，以集约化的规模获得更好的服务和议价能力。外贸综合服务平台的盈利主要来自服务的批发和零售。

根据国家统计局数据，目前我国中小企业数量近 4000 万户，其中中小外贸企业数量将近 500 万户，这 500 万户中小外贸企业完成我国约 60%的对外贸易总额，而这一外贸生力军也正是“外贸代理服务”的主要客户群体。

市场上一直存在很多不同类型的 B2B 服务商担任着“外贸代理服务”的角色。例如，“报关行”负责帮公司制作报关单据并报关，“货运代理”帮公司订舱并负责运输，“财务公司”帮助公司处理账务并协助退税等相关业务，而“保险公司”和“银行”为物流过程保驾护航等。这些独立的服务方发挥各自的专长帮助公司或企业完成某一个出口环节，最终协助完成货物的顺利出口。

2013 年，为了振兴外贸，国务院常务会议制定了促外贸的国务院六条措施，简称“国六条”。在第四条中第一次正式提出“外贸综合服务企业”这一概念。“外贸综合服务平台”（以下统一简称为“外综平台”）被写入《政府工作报告》，这表明了国家要把过去零散的服务角色整合起来，让它们以平台的力量发挥出更大的价值。这种整合会成为我国外贸服务的新业态和竞争的新优势。

政府的高度关注和政策的大力扶持为外贸综合服务行业注入了强有力的动力，帮助外贸综合服务行业发展成燎原之势。2015 年一季度，广东省内 23 家外贸综合服务试点企业出口 40 亿美元，增长 42.1%；而 2001 年诞生在深圳的最早的“外综平台”——“一达通企业服务有限公司”被阿里巴巴收购后，更是强强联合，带动全国迅速发展，成为 2014 年我国一般贸易出口企业百强榜中名列第 3 名的行业佼佼者。

二、什么是一达通（One Touch）平台

（一）一达通平台简介

深圳市一达通企业服务有限公司是阿里巴巴旗下外贸综合服务平台，也是中国专业服务于中小微企业的外贸综合服务行业的开拓者和领军者。

由于一达通参与了全程的贸易，通过线上化操作建立了有效的信用数据系统，掌握了真实有效的贸易数据，在 2014 年，阿里巴巴集团全资收购了一达通，并将一达通列为阿里巴巴打造外贸生态圈中的重要组成部分。

加入阿里巴巴后，一达通开始更茁壮地发展。从 2014 年 5 月 13 日起，一达通向中国供应商提供 1 美元补贴 3 分人民币的“外贸服务补贴”项目。在其原有产品线外，还与中国 7 家主要商业银行合作，根据中国供应商的出口数据提供纯信用贷款的金融服务；在物流方面，通过整合船公司和货代资源，为客户提供安全及价格透明的整柜拼箱服务。

阿里巴巴以集约化的方式，为外贸企业提供快捷、低成本的通关和外汇、退税及配套的物流、金融服务，以电子商务的手段，解决外贸企业的服务难题。这“一揽子”外贸服务解决方案即为“一达通外贸综合服务”。

（二）平台特点和价值

1. 降低流通成本，改善交易条件，为企业发展减负

国内外贸小企业在流通环节的成本所占比重超过 30%。对于银行、物流公司、海关等基础服务机构而言，外贸服务平台就是一个虚拟的“大客户”，平台可以更低的成本，并且以更高效的方式完成出口流通环节，改变了外贸企业由于规模小而无法获得优惠的流通服务待遇的问题。

例如，物流服务中，整合小单、拼单获得堪比一级代理的低价；金融服务中打包微小融资需求可更容易获得贷款融资或获得最惠贷款待遇。

供应商选择货代公司通常有五个考量因素：一是价格合适有折扣，二是信誉高，三

是渠道稳定性强有保障，四是结算方式灵活，五是客户服务到位。但实际业务中往往会出现一些问题，比如找货代难，价格不明朗容易被忽悠，无法及时监控物流过程，服务有限，尤其不能提供门到门、揽活打包等便利服务。

因此，通过“外综平台”能够整合优质物流服务方，提供透明且有优势的价格方案，实现平台信息服务电子化，这也是未来物流的新方向。

2. 降低外贸门槛，简化交易流程，促进外贸发展

阿里巴巴开展的中国供应商研究项目的研究结果表明，当前我国外贸中小企业中使用过代理的比例约占55%，而企业使用外贸代理最主要的原因是“不懂外贸或缺乏相应外贸操作人员”（56.5%），以及“减少人力投入或提高效率”（24%）。在服务需求中，“通关、外汇”（37.7%）和“退税”（34.7%）是企业需求最大的几个方面。在使用过“一达通”服务的企业中，83.5%的企业都是委托“一达通”进行“通关、外汇和退税”的全套基础性出口代理服务。

“外贸综合服务平台”是一个基于互联网的类公关服务平台。它提升了各国海关、税务等口岸机构直接面向中小企业的监管和服务效率，符合联合国贸易组织倡导的“单一窗口”贸易便利化诉求。商家只需外包给“一达通”，就可在线完成交付，真正实现“不懂进出口，也能做外贸”。这也将极大降低外贸门槛，扩大贸易范围，提高贸易增量。这种市场化的“单一窗口”服务模式也得到国际组织的高度认可和鼓励。

3. 开创信用保障服务，为企业带来商机

阿里巴巴国际站推出了“信用保障体系”，根据每家出口企业在国际站上的基本资信、历史交易数据和其他综合信息，阿里巴巴国际站为其授予相应的信用标示和保障额度（最高设为100万美元），用来为选择他们的海外买家提供采购合约保障。

如果说，前两个特点和价值是为了通过整合交付服务规模，为商家“省钱”，那么信用保障服务则是为商家“增利”，很好地解决了网上交易的“信任”难题。在买方市场的大背景下，为买家提供保障，就是对诚信买家的最大支持。让诚信卖家获取更多订单，也大大缩短了洽谈周期，此项服务一经推出就得到很多海内外商家的积极响应。

由此可见，信用保障服务类似“网购”中的“星冠钻”等级，标志着外贸B2B大额贸易进入在线交易时代。

4. 周边增值服务促进企业发展

一家企业的良好发展，除了业务能力以外，管理能力、沟通能力、创新能力、多渠道合作等很多方面都需要综合提升。外综平台也开始意识到除了为企业提供出口代理基本服务外，还可以提供很多企业供应链周边能够延展的第三方服务，提高中小微企业外贸竞争力。

以企业业务流为例，在商机获得阶段，为企业提供商业数据服务、行业和产品资讯能够拓宽市场思路，找到更多可持续发展的方向；在达成商机环节，对买家进行的资信调查、担保服务、资质代办、代理谈判，能够有效地增加成交概率和降低企业风险；除此之外，在生产环节提供的包装服务，在交易完成后的收款协助/追讨服务，以及从企业整体运营状态出发的相关人才储备和培养，帮助企业影响力建设的各类国家/政府/下一级政府项目的申报、企业宣传等。这一系列在生态链中能够提供服务的环节和模块，都可以通过外综平台以第三方服务嵌入的形式完成。通过汇聚不同的价值服务提供商，形成一套全方位的外贸企业服务生态，满足不同生长周期和不同情形的企业需要。

5. 以信用体系成就外贸生态圈

电子商务应用不是改变固有的商业本质和规律，而是改变商业服务效率和利益分配格局。外综平台是互联网时代产生的商业模式创新，它改变了传统的交付模式，解决了“交付成本和信用认证”两大难题。同时，它也改变了流通服务业利益格局，是典型的“平台经济”模式，它将商品贸易与流通服务分离，把交付服务外包给外综平台完成，让买卖商家专注贸易本身。

过去阿里巴巴国际站并不参与外贸交易，对于大宗外贸交易来说，像淘宝、天猫那样通过在线交易建立信用评价体系显然不太可能。如果有更多的外贸企业使用外贸平台，结合阿里巴巴国际站的信保服务，沉淀中国外贸企业的商机流、信息流、物流和资金流的数据，在此基础上衍生出信用体系，建立 B2B 交易的信用体系，这意味着，今后外贸企业做的每一笔交易都将有迹可循，跟谁做了生意以及交易额有多大，都将通过外贸综合服务留下的数据展示出来，这些将成为中小企业自身实力的证明和凭证，也是企业的新财富。

有了信用体系，买卖双方的“信任成本”得以极大降低，彼此能够根据这个信用体系很轻松地判断对方的诚信度和实力，帮助商家更快地完成匹配、达成交易。

同时，信用体系又将推动行业的健康发展，对于国内的外贸企业来说，信用评价好的企业将获得更多订单，而信用体系也可以反过来推动企业对于自身服务和品质的提升。再者，扩展到整个经济领域，外贸企业通过这个信用体系，甚至可以更便捷地获得融资贷款及其他金融服务，而融资难正是我国外贸领域存在多年的难题。

（三）一达通外贸服务的内容

目前一达通提供的外贸基础服务主要有一达通出口综合服务、一达通出口代理服务。

一达通出口综合服务包括通关、结汇和退税。出口代理服务包括通关和结汇。客户须具有《出口退（免）税资格认定》。出口综合服务和出口代理服务的优势在于：免收出口服务费；可以收到出口服务补贴；出口环节实报实销；垫付退税，服务费仅收退税额的 4%（此费用仅在出口综合服务中收取），收齐相关出口单证后，在 3 个工作日内支付当笔退税款项。

出口综合服务和出口代理服务的区别如表 5-1 所示。

表 5-1　出口综合服务和出口代理服务的区别

	出口综合服务	出口代理服务
基础服务	通关、外汇、退税	通关、外汇
准入条件	1. 出口产品非一达通出口综合服务禁止操作产品； 2. 出口产品开票人须为生产型一般纳税人企业且满足一些要求	1. 出口产品非一达通出口代理服务禁止操作产品； 2. 企业须具有《出口退（免）税资格认定》
税务操作	一达通代为退税	客户办理：《委托出口货物证明》 一达通办理：《代理出口货物证明》 客户自行进行退（免）税申报
垫付退税条件	同时满足下述三个条件后，在 3 个工作日内，一达通可先行垫付退税金额给实际开票方： 1. 外汇款收齐； 2. 若为我司报关，报关放行即可；若为客户自行报关，则结关状态为已结关。 备注：实施启运港退税政策的出口货物暂时仍需要提供纸质出口货物报关单证明联（出口退税专用）； 主要为以下 8 个港口：南京市龙潭港、苏州市太仓港、连云港市连云港、芜湖市朱家桥港、九江市城西港、岳阳市城陵矶港、青岛前湾港、武汉市阳逻港。 3. 增值税发票核票无误	

续表

	出口综合服务	出口代理服务
外贸服务补贴	自助下单：出口 1 美元补贴 3 分人民币 人工下单：出口 1 美元补贴 2 分人民币	自助下单：出口 1 美元补贴 1 分人民币 人工下单：无补贴

第二节　一达通平台操作流程

一、如何开通一达通平台业务

（一）登录和报名

登录一达通操作平台→进入操作平台，一达通操作页面如图 5-1 所示。若已有阿里巴巴国际站账号，则可以在报名页面点击“直接登录”，直接输入国际站账号和密码登录，根据页面提示留下联系方式等信息，客户经理会与您联系。若还没有阿里巴巴国际站账号，可以先免费注册阿里巴巴国际站，然后再登录到一达通平台（http：//onetouch. alibaba. com）点击“申请一达通服务”，后续流程同上。

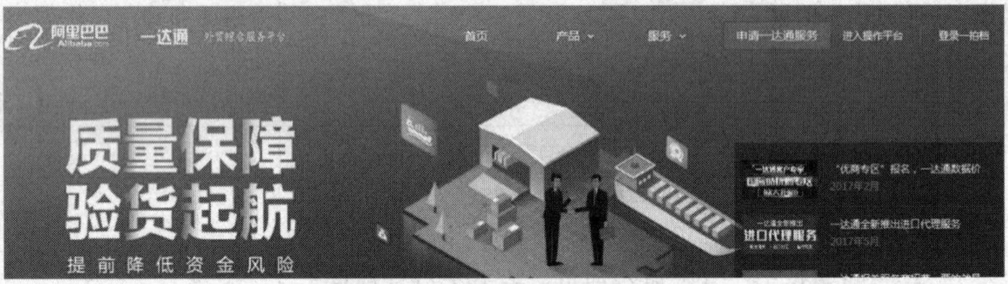

图 5-1　一达通操作页面

单击“申请一达通服务”按钮，跳转到一达通服务申请页面（见图 5-2），在线提交资料后，联系阿里巴巴客户经理，然后签署《外贸代理出口协议书》，提交协议后，就需要准备一达通出货产品的预审和工厂的预审，审核通过后，就可以开始使用一达通服务。

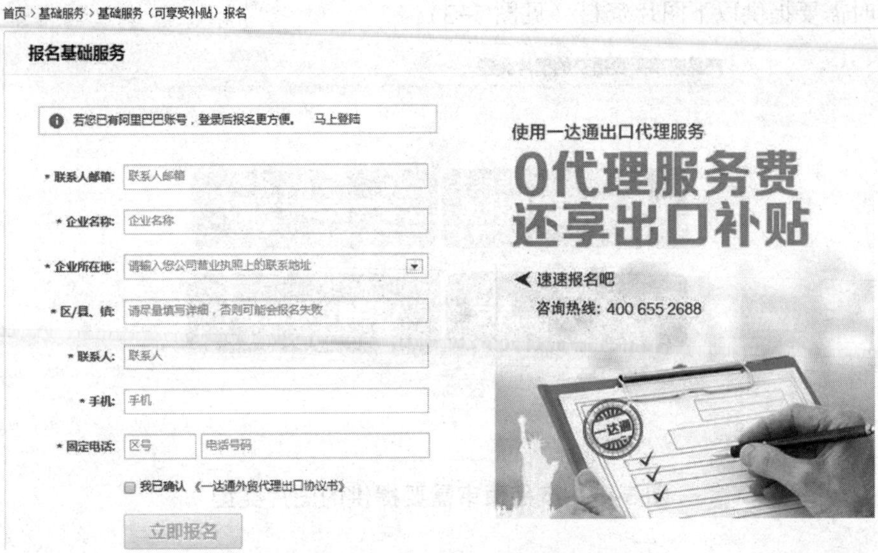

图 5-2　报名基础服务申请页面

目前，单独使用一达通服务的要求是阿里巴巴注册会员用户，首次通关金额大于等于 1000 美元。

（二）产品和开票人预审

“产品预审”和“开票人预审”是阿里巴巴一达通为了确保外贸进出口服务操作的合法合规而设定的服务使用准入检测流程。

首先在一达通平台单击“进入操作平台”按钮，然后就会进入一达通操作后台账户，其次单击“添加产品”选项，进入“添加产品”页面，输入产品的名称，单击“搜索”按钮，就会查找出产品相关的 HSCode（海关编码），根据实际情况选择相应的海关编码。接着就进入了产品参数填写页面，填写相关的产品属性参数，如果默认的项目没有所上传产品的相关属性参数，可以选择页面右侧的自定义添加然后保存。然后还要选择产品的相关联系人，以便在产品有问题时，一达通相关人员或者一拍档可以联系到相应人员。最后提交预审。

产品预审后，还要通过开票人预审。目前一达通可以代理出口退税的开票人性质为：一般纳税人，纳税满两年以上，工厂性质。在一达通的用户首页里选择“添加开票人”选项，进入页面后，依次填入开票人公司信息和证照信息，然后提交预审即可。产品预审时需要提供以下图片资料（见图 5-3）。

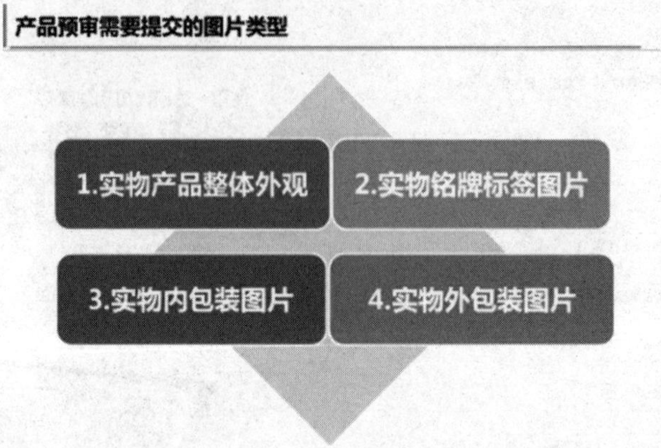

图 5-3　产品预审需要提供的图片类型

二、外贸基础服务流程

（一）出口综合服务流程

一达通外贸综合服务流程为：确认合作→通关→外汇→退税。

具体步骤如下：

1. 确认合作

与阿里巴巴一达通签署外贸出口服务协议书；按提示提供“产品预审”及“开票人预审”所需要的相关信息；收到准入结果通知，即为确定合作。

2. 通关

一达通的通关服务是指以一达通名义完成全国各大口岸海关的申报工作。其通关服务优势主要表现为海关的顶级资质及专业操作造就了极具优势的通关速度。

退税方式可以选择由一达通负责退税，即“3+N”一站式服务，通关、外汇、退税都交由一达通处理；也可选择“2+N”服务，退税需客户自行处理。服务类型选择如图 5-4 所示。

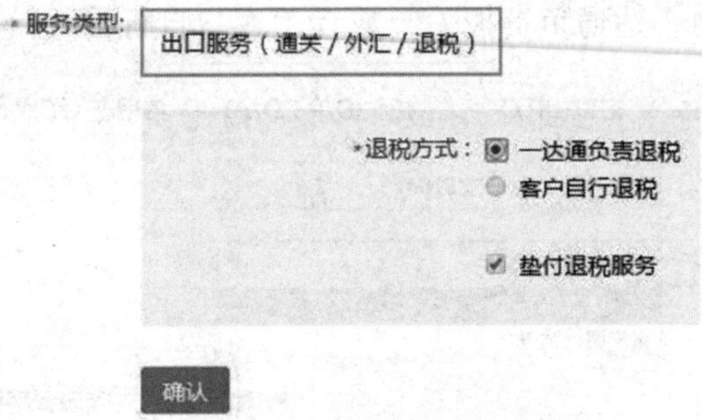

图 5-4　服务类型选择

这里如果我们选择一达通负责退税，操作界面如图 5-5 所示。

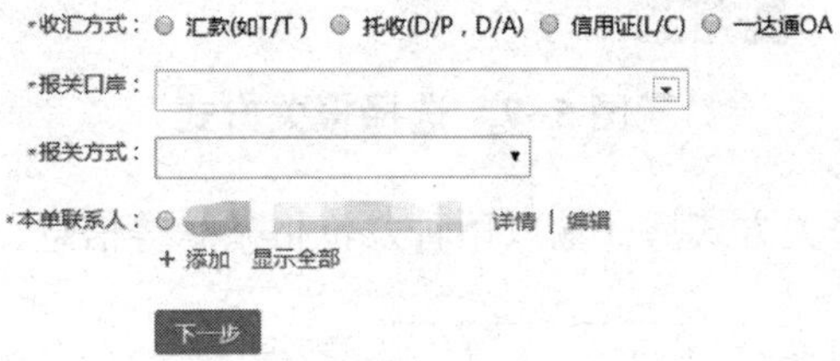

图 5-5　一达通退税操作

选择收汇方式、报关口岸、报关方式和本单联系人。报关口岸可以直接输入港口城市或港口，也可以直接输入港口的代码，比如直接输入港口城市，如图 5-6 所示。

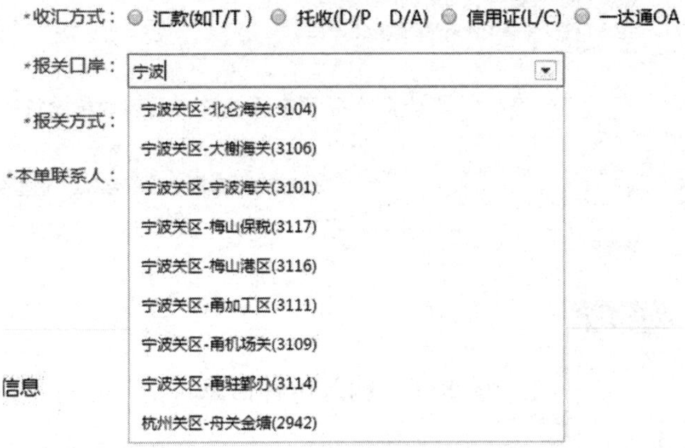

图 5-6　报关口岸操作

报关方式可选“由一达通负责报关”或者“客户自行报关”，如图 5-7 所示。

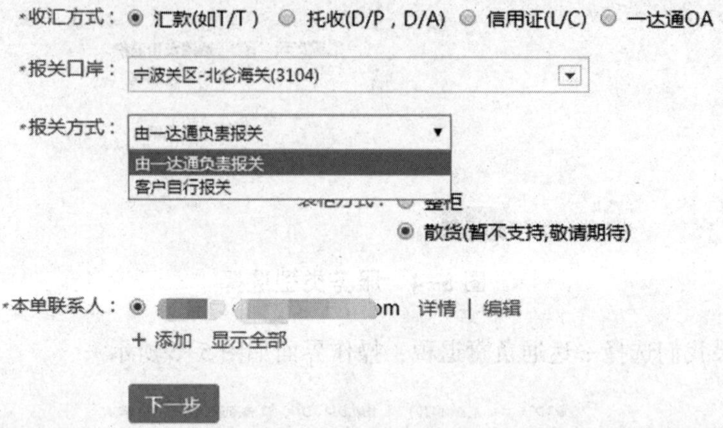

图 5-7 选择报关方式

确认收汇方式与报关方式后，输入币种及价格条款等信息，如图 5-8 所示。

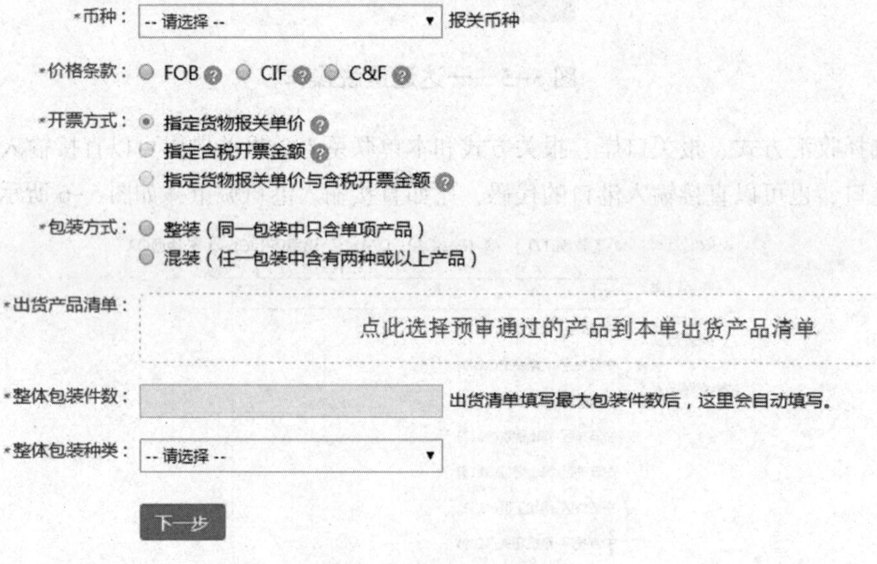

图 5-8 输入币种信息

指定货物报关单价：是指客户直接告知一达通产品的报关金额，一达通会按照此报关金额安排后续收汇和开票工作。

指定含税开票金额：是指客户告知一达通上游工厂的含税开票金额，一达通会按照此含税开票金额核算出口报关金额，并据此安排后续收汇。

指定货物报关单价与含税开票金额：是指客户通过一达通获得的收入若高于供货工厂的货物总价，则高出部分需在国内开服务费发票进行结算。

出货产品清单：点击选择或者添加产品，填入相应的信息，如图 5-9 所示。

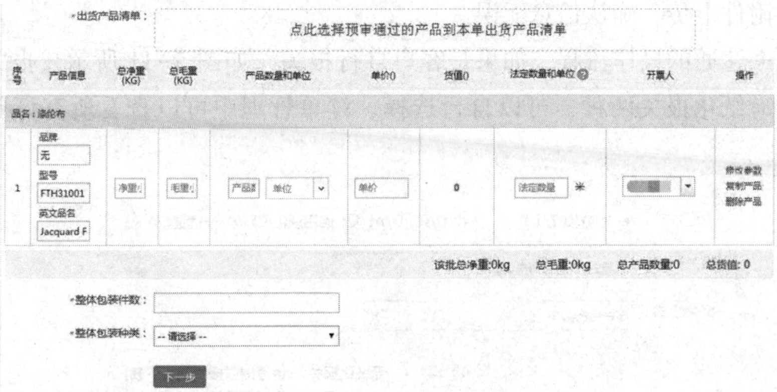

图 5-9　填写出货产品清单

接下来需要填写报关信息，如图 5-10 所示。

图 5-10　填写报关信息

境外贸易商：提单、发票箱单上面的收货人或我们的付汇人。

境内货源地：开票工厂的工商注册地（出口代理）经营单位所在地。

合同类型：“客户提供合同号”是指客户需要自定义合同号，“商检合同号”需要输入商检通关单或换证凭条上的合同号。

最后，附件上传，确认信息无误。

以上是一达通的操作流程，如果是客户自行报关，如图 5-11 所示。报关形式分无纸化报关和有纸化报关两种，可以自行选择。订单管理中可以查看所有订单和订单状态。

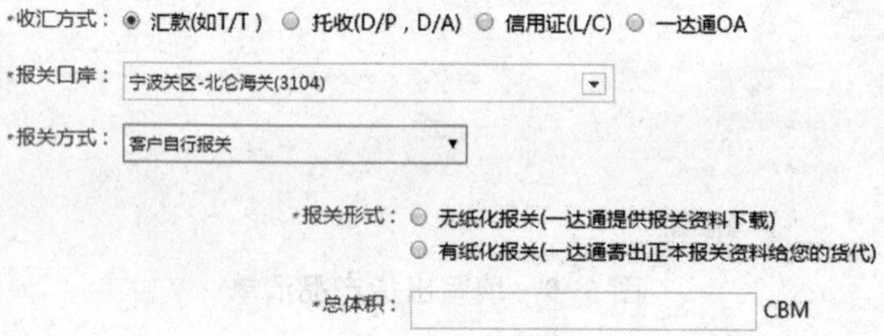

图 5-11　客户自行报关

不同物流方式出口，需要提供给一达通审核的资料也不尽相同，具体参考如下。

快递：出口报关信息表、箱单、运单。

散货仓：出口报关信息表、箱单、入仓单。

空运：出口报关信息表、箱单、订舱单、过磅单。

整柜：出口报关信息表、箱单、订舱单、重柜纸、过磅单。

中港运输：出口报关信息表、司机资料、六联清单、过磅单。

以上所有的物流方式，都需要提供清晰的产品包装和外箱图片（如有品牌和型号，也需要在图片中展示出来），用来核对报关资料。不同的产品需要填写的出口报关信息表会有所不同。一般来说，要按照海关的要求，提供产品的相关参数、功能、图片、出口口岸等必要信息。

需要注意的是：

（1）提供出口报关信息表时，如果一个产品有不同颜色，是按一个产品还是多个产品来报关？

一般情况下，如果对应的品名、价格、品牌、型号、参数等都一致，或仅型号不一样，可以合并为一个产品进行申报。

（2）出口报关信息表要求提供的图片要显示哪些内容？

产品图片：显示型号和 LOGO，或者是产品标签。

包装图片：显示品牌和型号信息。

外包装图片：显示箱唛，特别是型号和 LOGO。

3. 结汇

结汇时银行按现汇买入价汇率结算，付汇时银行按现汇卖出价汇率结算。

结汇步骤：收到海外买家汇款水单；联系外贸顾问提交水单；接到外汇到账通知，确认最终收款账户；查收水单及外汇款。

收汇将产生手续费，如中国香港地区中行入账手续费标准：外币的香港境内跨行汇款收 USD2、境外汇款收 USD7.7；本位币（港币）的香港境内跨行汇款收 HKD15、境外汇款收 HKD60。

离岸账户因开户行在中国境内，中国境内汇款至境外收费比境外汇境外收费要高，境内汇款至境内费用则相对较低。所以，如用离岸账户汇款至中国香港地区，费用约为 USD50，到账时间为 1 个工作日；离岸账户汇款至境内银行，费用约为 USD35，到账时间为 1~2 个工作日。目前公司两种模式并行操作，客户可自行选择付款账户。

目前一达通只能收人民币、美元、日元、欧元、港币、英镑、加元、澳元、新加坡元 9 个币种。

需要注意的是：

（1）结汇国内

上午 11：30 之前收到的外汇按 11：30 实时挂牌汇率结汇，11：30 之后到账的外汇按照 16：30 实时挂牌汇率结汇。

16：30 之后的顺延到下个工作日 11：30 结汇。

（2）结汇香港

上午 12 点前收到的外汇按上午 10：30 中国银行挂牌汇率结汇，12 点之后收到的外汇按 15：30 中国银行汇率结汇。

（3）付汇

深圳按照实时付汇购汇汇率，香港付汇参考结汇时间点。

4. 退税

一达通的退税服务是指以一达通名义帮助企业快速合规地办理退税的服务。退税款打到开票人指定的对公账户。满足条件后，一达通一般会在3个工作日内支付退税款。

退税步骤：收到外贸顾问提供的开票资料和“供货合作合同”；开增值税发票，在“供货合作合同”上盖章，通关单原件快递给一达通；接到“发票收讫”通知；接到外贸顾问的打款通知；查收水单及退税款。

一达通按新的外汇管理规则区分不同类型的客户，不同类型的客户享受不同的退税垫资条件（见表5-2）。

表5-2　客户退税垫资条件

<table>
<tr><th>订单类型</th><th>原退税垫资条件</th><th>变更后退税垫资条件</th><th>备注</th></tr>
<tr><td>A类
客户订单</td><td rowspan="3">三个条件：
1. 外汇收齐
2. 通关办理完毕
3. 增票验证通过</td><td>两个条件：
通关办理完毕+增票验证通过</td><td>全面放开外汇A类客户，未收外汇先退税</td></tr>
<tr><td>B类
客户订单</td><td>三个条件：通关办理完毕+增票验证通过+退税外汇总量平衡</td><td>B类客户过渡期间（3个月）按此方案释放退税款，过渡期后B类客户停止释放退税款，需评级恢复为A类后按A类客户条件释放退税款</td></tr>
<tr><td>融资订单</td><td>两个条件：通关办理完毕+增票验证通过</td><td>只限定信用证融资或买断、赊销融</td></tr>
</table>

（二）出口代理服务流程

一达通出口代理服务流程为：下单→报关出口→一达通开具“代理出口货物证明”→退（免）税申报→收结汇→外贸服务补贴款项发放→结算。

具体步骤如下：

1. 下单

客户于截关时间前至少2个工作日提供出口货物相关资料。如为法检产品且法检备案已完成，请提前至少5个工作日。客户可以选择人工下单或者自助下单。

2. 报关出口

报关后进口。

3. 一达通开具“代理出口货物证明”

收齐相关资料后，一达通在7个工作日内将《代理出口货物证明》办理完毕并寄还给客户。

4. 退（免）税申报

客户自行在当地办理退（免）税申报，申报截止日期为出货之日的次年4月30日。

5. 收结汇

外汇款汇至一达通账号后，一达通将在一个工作日内完成结汇。

需要注意的是：

（1）深圳中行和浙江中行的结汇规则：当日上午11：30之前收到的外汇款以中国银行11：00~12：00现汇买入价结汇；当日11：30~17：30收到的外汇款以中国银行16：00~17：30现汇买入价批量结汇，17：30之后的顺延至第二个工作日。

（2）香港中行的结汇规则：当日上午12：00前收到的外汇款以中国银行10：30对外挂牌汇率结汇；当日12：00至24：00外汇款，以中国银行下午15：30对外挂牌汇率结汇。

6. 外贸服务补贴款项发放

自助下单享受1美元补贴1分人民币，人工下单不享受外贸服务补贴。

7. 结算

客户发起结算后，一达通将结算款项汇至客户的对公账户。

第三节　一达通金融服务

一达通可以提供的金融产品有网商流水贷、赊销保、锁汇保、退税融资、备货融资、超级信用证。

一、网商流水贷

网商流水贷是面向使用阿里巴巴一达通出口基础服务的客户，以出口额度积累授信额度的无抵押、免担保、纯信用贷款服务，该服务由阿里巴巴联合多家银行共同推出。

网商流水贷和一般的银行贷款有区别。流水贷以客户贸易数据累积成为企业的信用，提供相应的贷款，额度高、门槛低、手续简便。而一般银行贷款可能需要抵押、担保及证明信用和还款能力的资料。

2018 年 7 月起，阿里巴巴国际站收银台新增“信用支付”方式，支持客户使用网商流水贷额度支付国际站的付费服务和第三方费用包括出口通和金品诚企会员费，P4P 充值，顶级展位、橱窗、旺铺装修费，培训费，等。使用信用支付之前首先要开通流水贷。

网商流水贷申请授信额度全程免费，1 年有效期内有资金需求随时支用，不支用永不收费。成本低，是无抵押、免担保的纯信用贷款，年化综合成本 12%起。额度高，最高可到 200 万人民币。还款活，可随借随还，或按月付息、到期还本。

只要同时满足以下三个条件即可申请流水贷。一是企业法定代表人或个体工商户负责人，18~65 周岁的中国大陆居民；二是企业工商注册时间满 1 年；三是阿里巴巴国际站付费会员、一达通会员。

二、赊销保

赊销保是指供应商与海外买家进行外贸赊销业务合作时，阿里巴巴一达通通过对其提供的海外买家资信调查，代买保险和贸易融资等一揽子金融服务。赊销保业务的优势在于：一是买家调查，所有买家经过阿里巴巴审核；二是保险覆盖，阿里巴巴为供应商代理购买保险；三是快速融资，发货后 3 个工作日内最高 80%融资款到账。

赊销保的价值点是能够降低卖家做赊销生意的风险和资金周转压力，帮助供应商打开原先难以承接的赊销市场。风险点就在于买家不履约，卖家就没有办法收到剩余 20%的尾款。

如何尽可能规避该风险呢？一是提高报价，用利润率去尽量覆盖尾款比例。买家由于做赊销，也是会愿意接受更高报价的。二是向买家收取预付款，以减小应收款金额，从而减小有风险的尾款金额。

赊销保服务费包含融资利息和中信保保费。

融资利息=融资金额×万分之四×融资天数

中信保保费=应收款总金额×中信保保费费率

保费费率详见“中信保保费费率表”（见表 5-3）。

表 5-3　中信保保费费率表

支付方式及信用期限	A1	A2	B1	B2	C1	C2	D1	D2
OA 0~30 天	0.53%	0.60%	0.78%	0.87%	0.99%	1.07%	1.38%	1.52%
OA 31~90 天	0.62%	0.79%	0.99%	1.09%	1.29%	1.37%	1.70%	1.87%
OA 91~180 天	0.75%	0.93%	1.05%	1.12%	1.34%	1.48%	1.96%	1.99%

注：A、B、C、D 为买家国别对应不同费率。

三、锁汇保

锁汇保是指与银行签订锁汇协议，约定将来办理结汇或售汇的外汇币种、金额、汇率及交割日期，到约定交割日当天，根据协议约定的汇率向银行办理结汇或售汇。换言之，就是锁定汇价在前、实际交割在后的结售汇业务。

购买锁汇保的客户需使用阿里巴巴一达通的通关、外汇及退税服务。客户需根据币种、金额、交割汇率及到期日等情况缴纳一定比例的保证金，部分客户可根据实际情况申请减免保证金。每天外汇开盘 9：30 至收盘 16：30 之间，都可向外汇专员询问报价进行交易。

锁汇保的优势在于：（1）低门槛，单笔 2 万美元起；（2）5 分钟快速锁定，高效便捷；（3）分批分期结汇，锁定方便；（4）优势报价，免费锁定，无忧保值。

四、超级信用证

签订超级信用证协议后，客户使用一达通的外贸综合服务向海外买家出口货物，并由一达通代为收取信用证项下的外汇款时，在客户满足相关条件且经过一达通审核通过后，一达通根据实际情况选择为客户提供的信用证项下审证、制单、审单、交单、收汇等其中一项或几项的综合服务，包括客户作为受益人的交单服务和一达通作为受益人的交单服务两种服务。经专家团队审核为无风险的信用证，阿里巴巴基于信用证正本，给予 70%的打包贷款，即让卖家在收到正本的时候，就可以进行融资，融到的款进行生产，然后出货后，马上通过买断的方式，收回 30%的尾款，这样，买卖双方都解决了双方资金压力、风险问题，是一种双赢的交易方式。

超级信用证的优势在于：一是专家团队审证制单和买家国家银行资质评估，满足条件即可买断收汇风险，即由阿里巴巴承担收汇风险；二是发货交单后提前回笼资金，最高可申请 100%提前收款，交单后 3 个工作日内到账；三是发货交单后可累计信用保障服务交易额，沉淀更多交易数据。

五、 备货融资

备货融资是阿里巴巴联合网商银行推出的一款基于信用保障订单的低息短期贷款服务，帮助出口商解决备货期间的生产、采购资金需求，提升企业接单能力。

在信用保障订单收齐预付款（或收到信用证正本）后即可申请放款，支持企业/个人账户收还款，随借随还无压力。

备货融资的优势在于：一是解决备货期间的生产、采购资金需求；二是额度最高可贷 200 万，日息低至 0.035%；三是放款灵活，支持企业/个人账户收还款；四是还款简单，随借随还，自有资金还款、外汇还款、信用证交单后融资还款均可。

六、 退税融资

客户通过一达通报关出口，基于真实的贸易符合国家出口退税标准，在相关单证齐全后 3 个工作日内，一达通即可向客户提前垫付出口退税款，无担保、无抵押、快速到账，大大提高了客户利润和资金流转的效率。

第四节　一达通物流服务

一、 一达通物流服务简介

一达通可以提供国际海运、国际空运、国际快递和陆运的物流服务。

（一）国际海运

阿里巴巴海运联合各大物流服务商，为客户提供海运整柜和拼箱服务。在线查询船期、订舱、操作。同时，提供拖车、报关、散货以及目的港送货到门等增值服务。已开通上海、宁波、深圳、大连、天津、青岛、厦门、广州八大起运港。海运整柜已基本全航线覆盖，如欧地线、中东印巴线、东南亚线、日韩线、非洲线、美加线、中南美线。

海运拼箱服务开通了日本、韩国、东南亚、美国、加拿大、澳大利亚、中东、印巴、南美等航线。海运服务流程如图 5-12 所示。

图 5-12　海运服务流程

（二）国际空运

阿里巴巴与全球优质空运服务商合作，提供在线查看空运运费、在线比价、在线下单的服务，北京、上海、杭州、广州、深圳多城市起运，航线覆盖 170 个目的国和区域，更有拖车、报关等服务。空运服务流程如图 5-13 所示。

图 5-13　空运服务流程

（三）国际快递

阿里巴巴与国际知名快递品牌合作，在客户完成线上下单支付后，提供快递公司上门取件服务。运费低至 1.1 折，北美平均 3 个工作日投递，支持全国 36 个城市上门取件服务，航线覆盖 200 多个目的国。快递服务流程如图 5-14 所示。

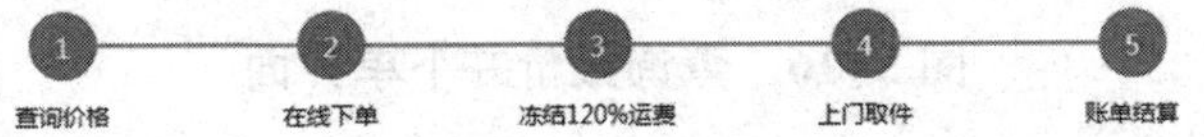

图 5-14　快递服务流程

（四）国际陆运服务

一达通国际陆运服务目前有三种：中港运输、集港拖车以及中俄欧服务。国际陆运使用流程如图 5-15 所示。

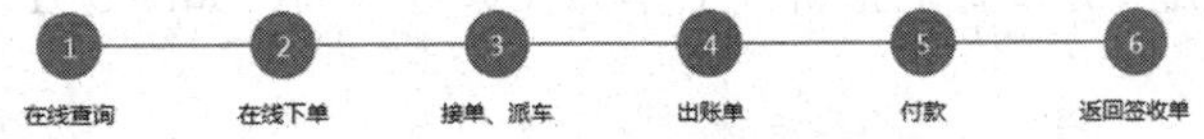

图 5-15　国际陆运使用流程

中港运输：提供珠三角出口至中国香港地区的送货到门服务以及可承接各地送货至

深圳仓库后集中发货到香港。在线查询、下单和支付并及时监控货物流转状态。价格、时效真实有效，拼车低至 0.5 元/kg，当天入仓当天派送。状态在线实时更新，货物零风险（赠送最高 10 万元货运一切险，零免赔额）。

集港拖车：依托阿里巴巴一达通外贸出口的综合服务优势，提供有运力保障的集装箱拖车服务。

中俄欧：可实现全国至俄罗斯的门到门服务，节省时间、通关安全、运价透明。

二、 一达通物流服务操作

先登录阿里巴巴国际站账号，进入 My Alibaba—物流服务—查询报价并下单界面，如图 5-16 所示。

图 5-16 查询报价并下单界面

然后按以下程序开展：选择物流方案，创建物流订单，等待审核结果（国际快递订单无须审核，请直接发货至指定仓库），送货进仓等待入库，待货物入库后付款，服务商安排运输，在线跟踪货物状态。

目前阿里巴巴物流服务不收取任何物流费用以外的平台服务费和平台手续费。物流费用根据服务类型不同，收费标准也会不同。具体可以直接访问阿里巴巴国际站或者登录 My Alibaba—物流服务—查询报价并下单界面进行查询，如图 5-17 所示。

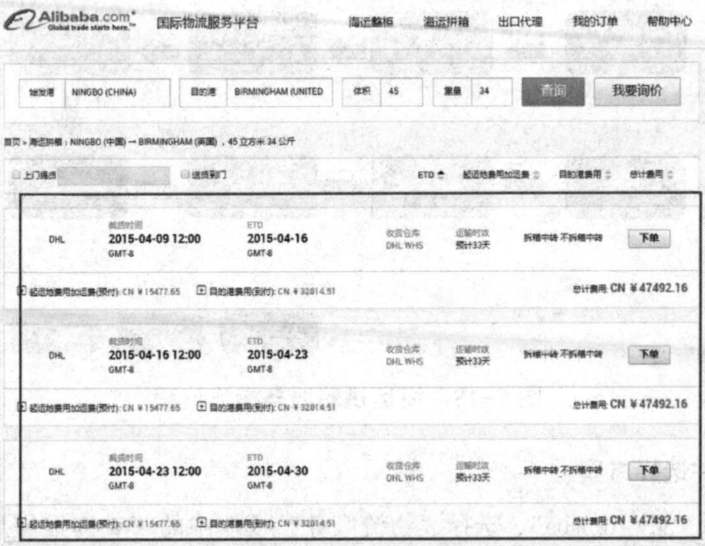

图 5-17 物流运费查询

（一）海运

阿里巴巴海运联合各大物流服务商，为企业提供海运整柜和海运拼箱服务。在线查询船期、订舱、操作，费用透明、真实有效。同时提供拖车、报关，散货还有目的港送货到门等增值服务。目前已开通八大起运港，包括上海、宁波、深圳、大连、天津、青岛、厦门和广州。

海运整柜目前开通了深圳、上海、宁波、青岛、天津、厦门、广州七大起运港。海运整柜已基本全航线覆盖，如欧地线、中东印巴线、东南亚线、日韩线、非洲线、美加线、中南美线。目前只承接普通货物，暂时不支持粉末、液体、化工品、危险品以及单边超过两米的货物。

海运拼箱服务开通了日本、韩国、东南亚、美国、加拿大、澳大利亚、中东、印巴、南美等航线。

以海运拼箱服务为例。海运拼箱（仓到仓）操作流程如图 5-18 所示。

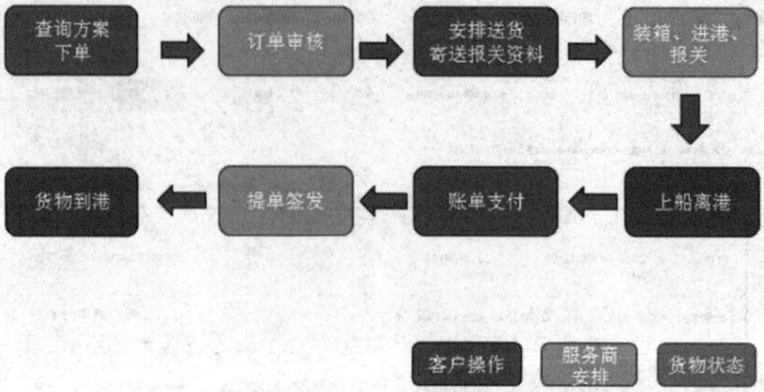

图 5-18　海运拼箱服务操作流程

1. 查询并选择方案

（1）登录“My Alibaba”，选择“物流服务”模块中的“查询报价并下单”选项，也可以直接访问 logistics. alibaba. com，进入查询页面。

（2）选择“服务范围”为“海运拼箱”，输入起运港、目的港，输入件数、毛重和体积之后，单击“查询”按钮展示方案列表（见图 5-19）。

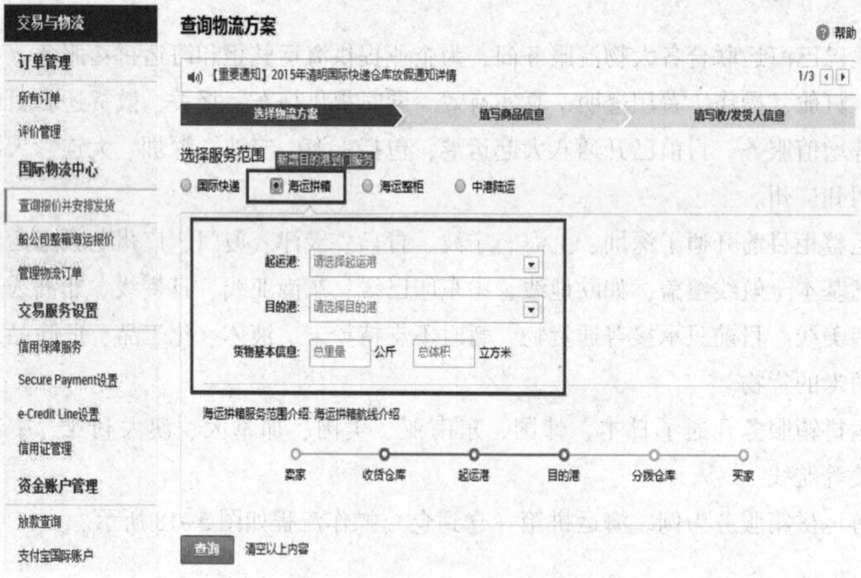

图 5-19　查询物流方案

（3）在查询结果页，对平台支持上门提货、送货到门的方案，可直接通过勾选

“上门提货”“送货到门”选项，对查询方案进行删选。在勾选“上门提货”后的方框内点选提货地址后，平台将自动根据方案查询时录入的货物信息，显示相应的“起运港上门提货费用”。

备注：查询方案显示“提”，表示该方案支持上门提货服务；“送”表示该方案支持送货到门服务。

选择方案后，单击“下单”按钮，进入下单登录页面，如图 5-20 所示。

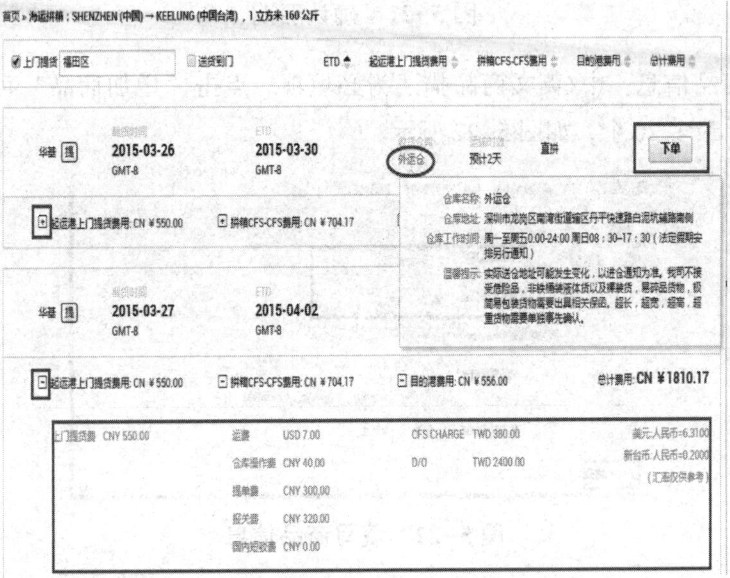

图 5-20　下单登录页面

2. 创建物流订单，填写发货信息，提交物流订单

（1）确认预订船期并填写订单信息：订单信息分两个页面，“商品信息和收/发货人信息”。

①确认船期（见图 5-21）。

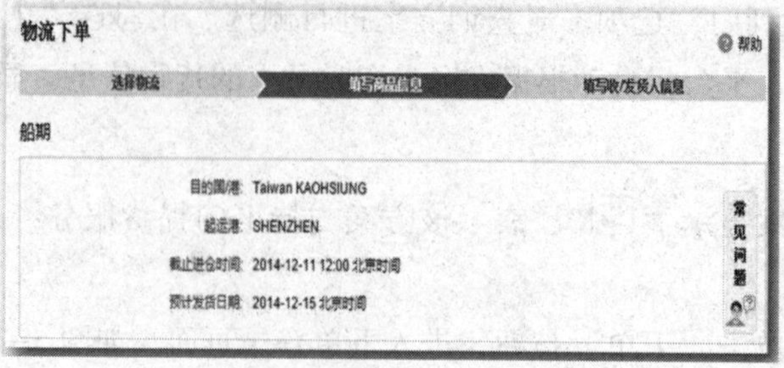

图 5-21　确认船期

②填写商品信息：中/英文商品描述为必填项。点击“增加商品”可输入多种商品，一个订单最多 20 个，如图 5-22 所示。

图 5-22　填写商品信息

③填写商品总包装信息并点击“继续下单”，总申报价值和商品包装信息为必填项，如图 5-23 所示。

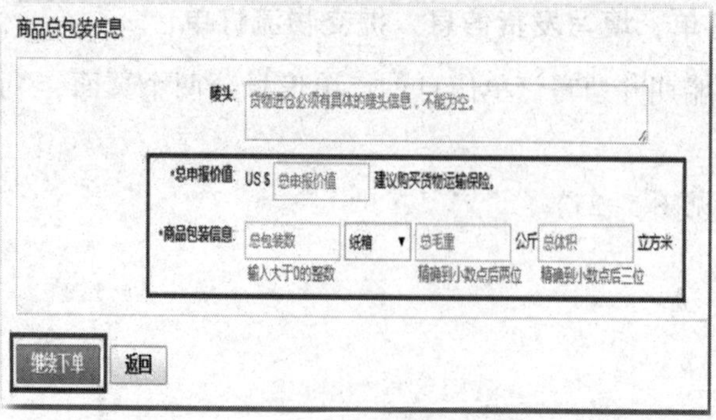

图 5-23　填写商品总包装信息

（2）填写收/发货人、通知人、委托人及其他信息，并提交订单。

①填写发货人、收货人以及通知人信息。勾选保存收、发货人信息，下次下单时可选择常用收、发货人信息，避免重复录入，如图 5-24 所示。

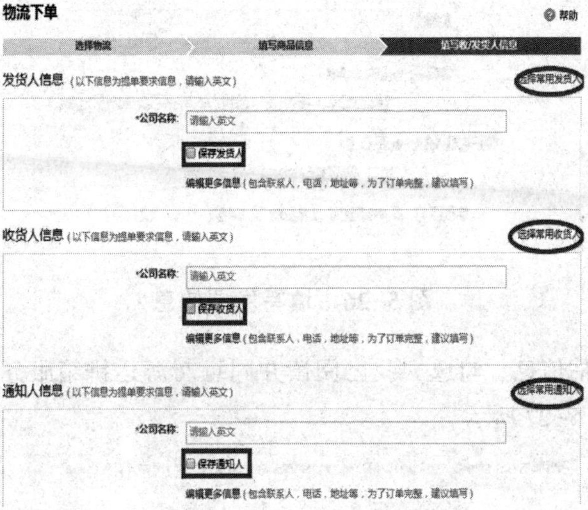

图 5-24　填写发货人、收货人以及通知人信息

②填写订舱委托人信息：其中公司名称、联系人、电话、邮箱为必填项。平台同时支持保存订舱委托人信息，下次下单时可以直接勾选常用订舱委托人，不必重复录入，如图 5-25 所示。

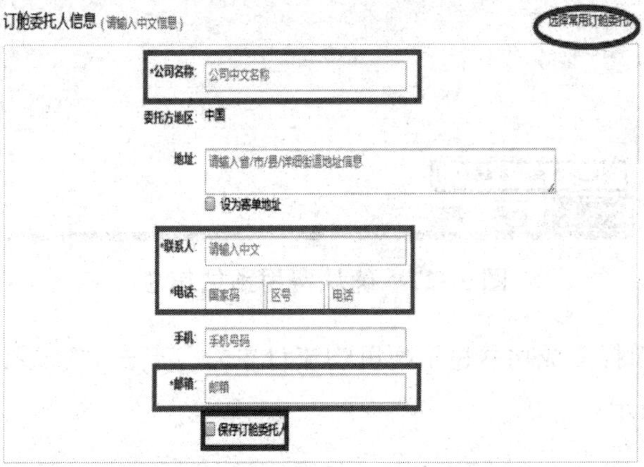

图 5-25　填写订舱委托人信息

③填写发票信息、勾选提单类型及增值服务等。标注红色 * 的为必填项，如图 5-26 所示。

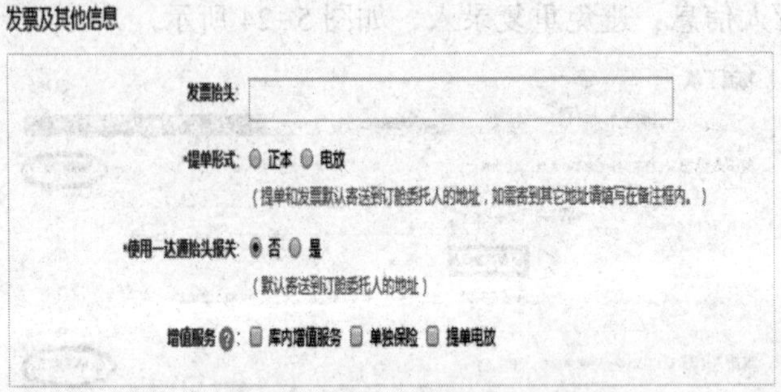

图 5-26　填写发票信息

④确认费用预估信息、勾选“我已阅读并同意《海运拼箱服务协议》”后，点击“提交订单”，如图 5-27 所示。

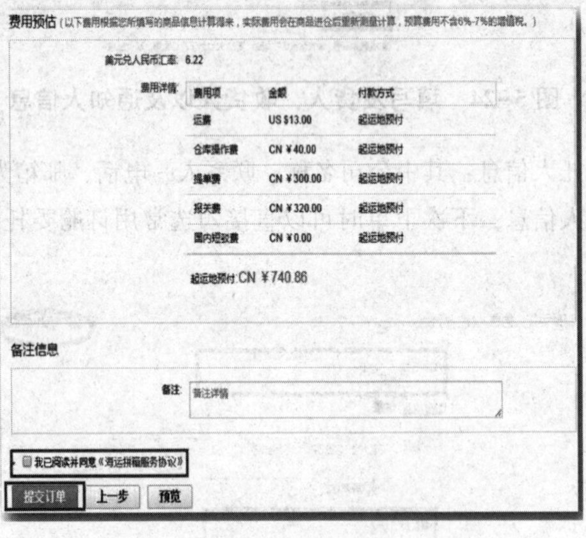

图 5-27　确认费用预估信息

⑤系统提示订单提交成功并显示阿里物流订单号，点击“查看详细”，可查看订单详情，如图 5-28 所示。

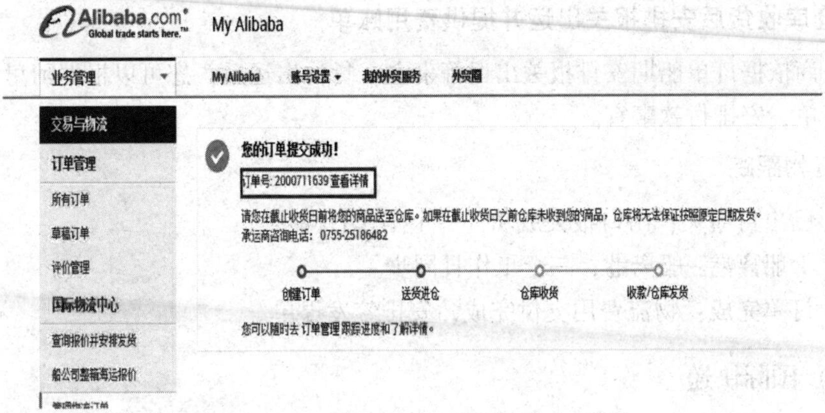

图 5-28　订单提交成功

3. 等待订单审核结果

承运商需要审核您填写的商品是否可运，一个工作日之内反馈确认。进入“管理物流订单”查询订单详情，如图 5-29 所示。

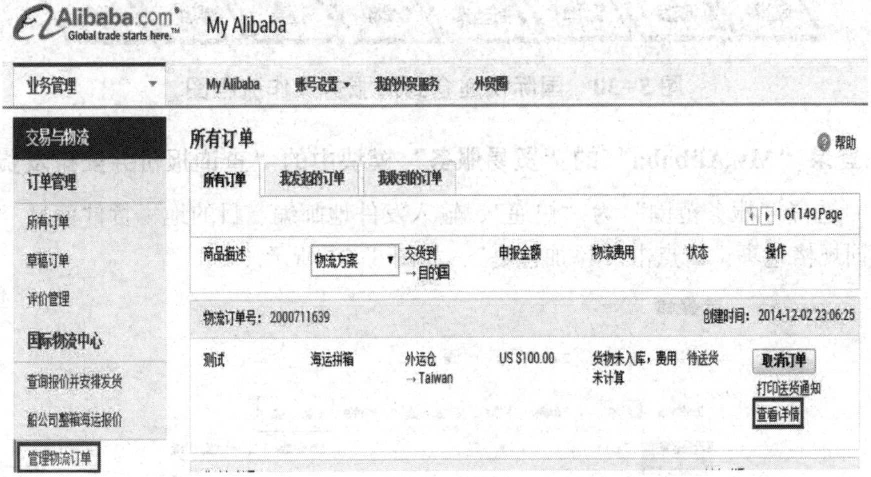

图 5-29　查询订单详情

4. 订单审核通过

订单审核通过后，进仓通知会自动发送到您在下订单时填写的订舱委托人邮箱。请及时安排送货并寄送报关资料。

5. 仓库收货后安排报关出运并提供费用账单

服务商依据订单船期安排报关出运等事宜。货物出运后，您可以根据阿里巴巴提供的费用清单，安排付款事宜。

6. 货物跟踪

(1) 已出口通关：出口报关成功，一个工作日同步。

(2) 上船离港：船离港，一个工作日同步。

(3) 订单完成：物流费用支付完成，安排签发提单。

（二）国际快递

阿里巴巴与 Fedex、DHL、UPS、TNT、EMS、TOLL 等国际知名快递品牌公司合作，在客户完成线上下单支付后，提供快递公司上门取件服务。运费低至 1.1 折，北美平均 3 个工作日投递，支持全国 36 个城市上门取件服务，航线覆盖 200 多个目的国。

国际快递仓到门服务操作流程概览（见图 5-30）。

图 5-30　国际快递仓到门服务操作流程图

1. 登录“My Alibaba”的“贸易服务”模块中的“查询报价并安排发货”

(1) 选择“服务范围”为“快递”，输入发件地邮编、目的地、货件信息。若您有多个不同规格包裹，请点击“添加包裹”，如图 5-31 所示。

图 5-31　查询报价并安排发货

（2）查询结果展示中选择合适的渠道，点击“下单”（见图 5-32）。

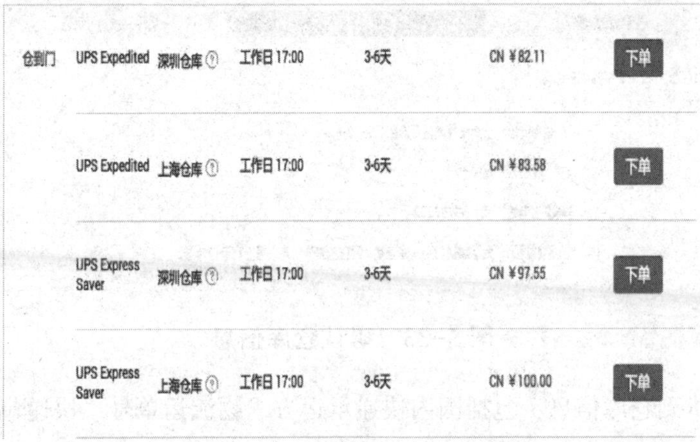

图 5-32　选择合适的渠道

请注意：

①国际快递仓到门服务有：UPS、DHL、FedEx、TNT、EMS、TOLL。

②FedEx 提供 FedEx IE（国际经济快递服务）和 FedEx IP（国际优先快递服务）两种服务。

③UPS 提供 UPS Expedited（全球快捷服务）和 UPS Saver（全球速快服务）两种服务。

④DHL Express-HK 承运商为香港 DHL。

2. 创建物流订单，填写发货信息，提交物流订单

（1）填写商品信息：发货到仓库信息、商品信息、申报信息。

①确认仓库信息，下单后将货物发送到对应仓库（见图 5-33）。

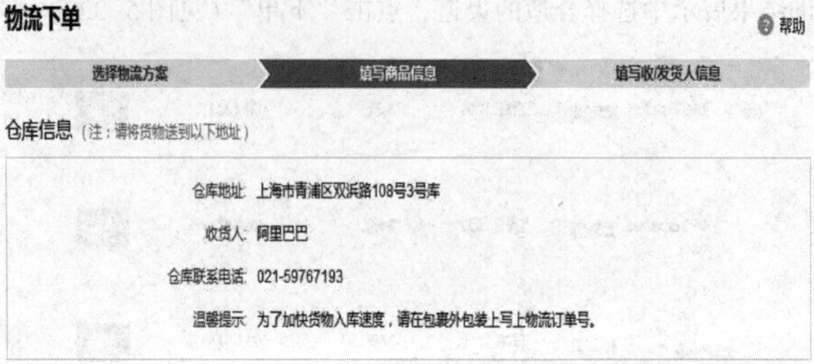

图 5-33　确认仓库信息

②填写发货到仓库信息：包括国内快递承运方、物流运单号、快递包裹件数三项以及包裹的长宽高和重量，如图 5-34 所示。

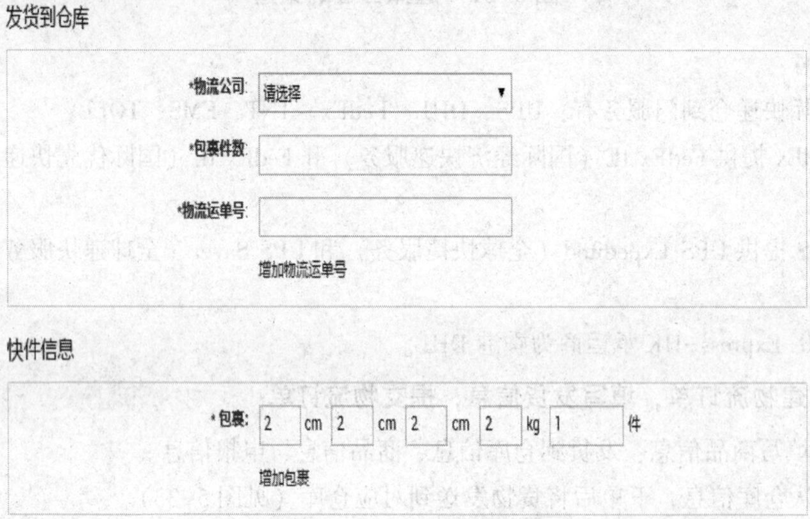

图 5-34　发货到仓库信息

请注意：如果订单需要分多个包裹发货，产生了多个物流运单号，请点击“增加物流运单号”，务必把同一个订单的所有物流运单号填入该信息。

③填写商品信息：包括中/英文商品描述、海关商品编码、商品件数以及商品状态描述等（见图 5-35）。

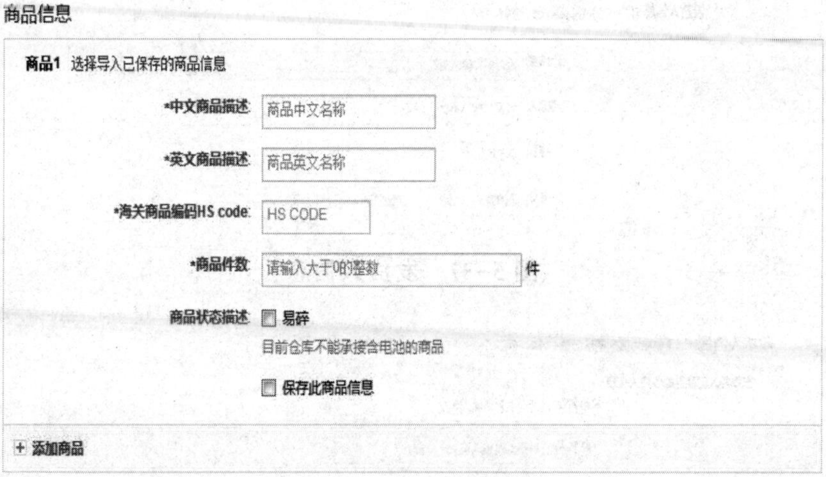

图 5-35　填写商品信息

请注意：阿里巴巴物贸平台国际快递方式无法安排出运电池以及含电池的产品；品名填写必须准确、详细、具体；如果订单包含多个需要申报的品名，请点击“添加商品”填入相应的信息；产品或产品外包装带有®、TM 或明显 LOGO 的标识为带品牌货物，需提供品牌授权书方可安排出运，无法提供产品品牌授权书则无法安排出运。

④填写申报信息后继续下单，如图 5-36 所示。

图 5-36　填写申报信息

请注意：海关规定对产品申报价值超过 600 美元的快递运输货物，需要按要求正式报关；发件人有义务与责任确保通过线上发货提供的产品品名和货值与实际货物相符，并承担违反此原则带来的一切损失。

（2）填写收/发货人信息，并确认预算价格，如图 5-37、图 5-38 所示。

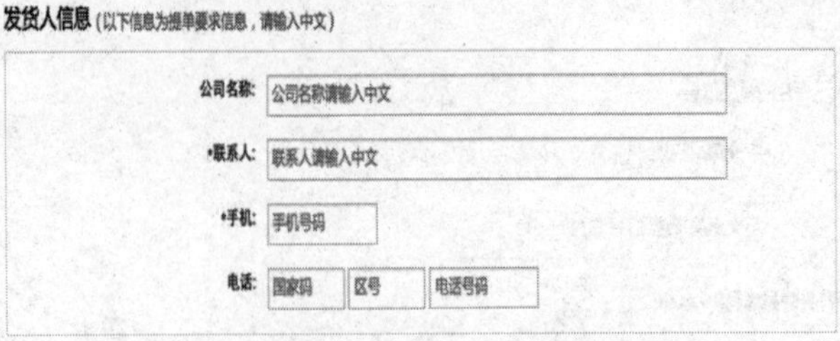

图 5-37　发货人信息

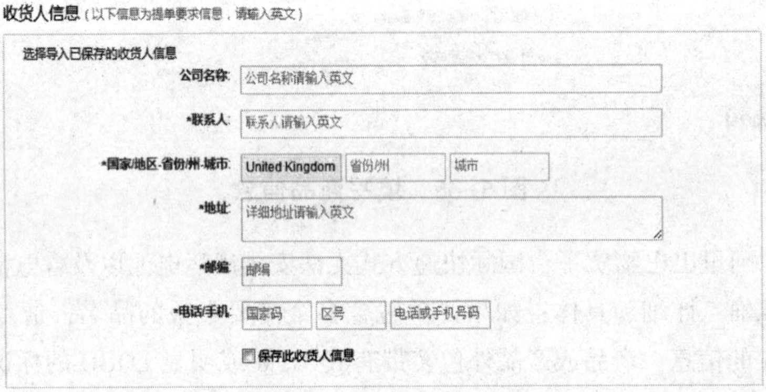

图 5-38　收货人信息

（3）确认预算的费用详情，勾选用户协议，提交订单。如有注意事项，在“备注信息”中进行备注说明，如图 5-39 所示。

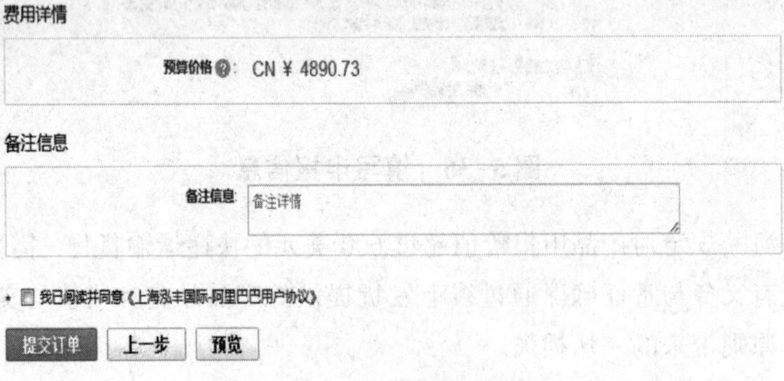

图 5-39　确认预算的费用详情

（4）订单提交成功，如图 5-40 所示。

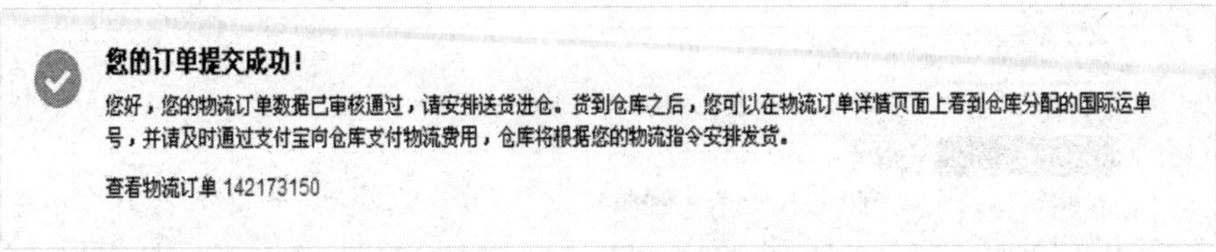

图 5-40　订单提交成功

3. 将货物发到阿里巴巴指定合作仓库

请注意：您须自行承担发货到仓库的国内物流费用，仓库不接受任何形式的到付件；仓库在收货时发现外包装严重破损等不符合收货要求的货物，会直接拒收或退货；仓库有权利对接收货物进行查验并根据系统信息进行查验；仓库收货时会对您的货物进行称重和包装尺寸测量；提供的服务对货物重量和包装尺寸有限制，单边最大尺寸不超过 270 厘米；FedEx、DHL、UPS、TNT、TOLL 计体积重；EMS 按照实重计费，但单边超过 60 厘米，需计体积重。

4. 支付相应费用之后，仓库安排发货

（1）系统根据仓库反馈的信息计算出国际物流费用，请直接点击订单的“付款”按钮进行支付，进入支付页面，通过支付宝或者网银支付国际运费（见图 5-41）。

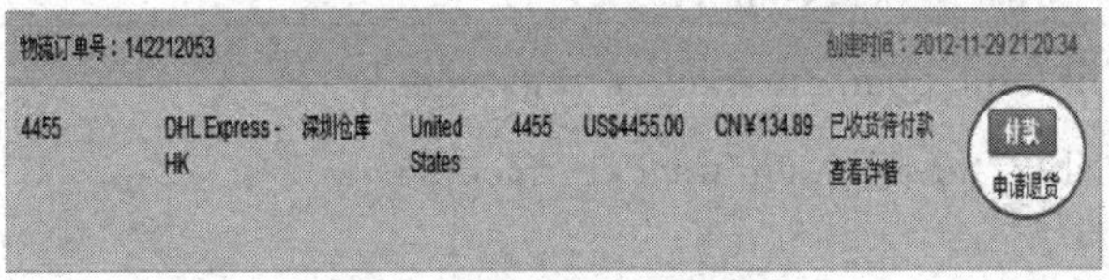

图 5-41　支付运费

（2）系统收到支付成功的确认后，将告知仓库发货。仓库会根据您的物流指令安排发货，并反馈发货信息。系统收到仓库的发货信息后，将以系统邮件形式通知您。同时您也可以在后台“管理物流订单”查看订单状态（见图 5-42）。

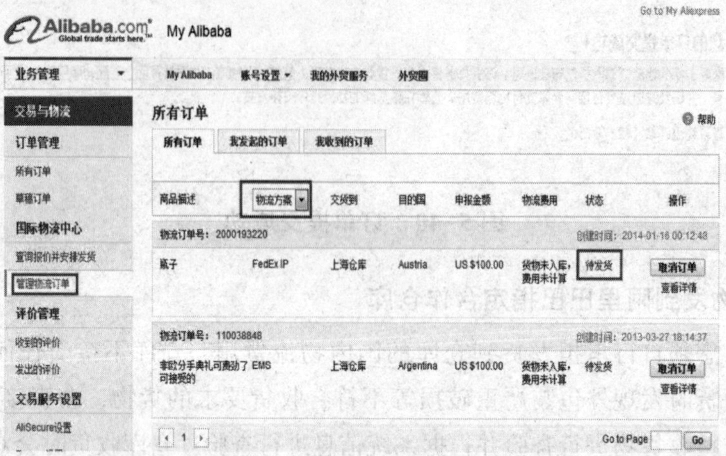

图 5-42　管理物流订单

可在各国际快递官网跟踪订单情况。

EMS：http：//www. ems. com. cn/

UPS：http：//wwwapps. ups. com/WebTracking/track

DHL：http：//www. cn. dhl. com/zh. html

FedEx：http：//www. fedex. com/cn/

TNT：http：//lit2. tnt. com. cn/tracker/tracking. do

TOLL：http：//lit2. tnt. com. cn/tracker/tracking. do

（三）国际空运

阿里巴巴与全球优质空运服务商合作，提供在线查看空运运费、在线比价、在线下单的服务。

目前在线提供空运服务的服务商分为两种。

一是全球 TOP 空运服务商，如 DHL Global Forwarding（敦豪全球货运）和 Kuehne + Nagel（德迅）。DHL Global Forwarding 是有 200 年历史的德国邮政（Deutsche Post DHL）三大业务之一，是世界排名第一的空运服务商，也是供应链解决方案方面的领导品牌。目前其网点遍布全球 220 个国家和地区，旨在提供一站式的物流服务。德迅公司是一家全球领先的物流供应商，能够为客户提供全面的供应链解决方案，从而使客户拥有更强的竞争优势。在过去的 125 年里，德迅从一个传统的国际货运代理公司发展成了一个全球供应链解决方案的提供者。

二是国内如中海环球货运有限公司、北京民航鹏远航空服务公司、港中旅华贸国际物流股份有限公司等10家优质空运服务商。

可空运的货物：特殊物品如液体、粉末、化工品等，需要出具化工研究院的证明；含有磁性的物品需要做磁检，超过航空公司要求的磁性范围的，不能运输；法律禁止的货物不得空运；法律限定的货物需办理手续后才能空运；会对航班安全造成威胁的危险品也不得空运。

另外，请注意，空运货物的运输都需要出具非危保函；发货前，请根据货物性质及重量、运输环境条件和承运人的要求，采用适当的内、外包装材料和包装形式，妥善包装。精密、易碎、怕震、怕压、不可倒置的货物，必须有相适应的防止货物损坏的包装措施。

【结语】

本章以一达通的一站式外贸综合服务平台为核心，分成了四个小节。第一节介绍了一站式外贸综合服务平台的含义，并且简单介绍了一达通；第二节主要讲解了一达通平台的操作流程；第三节介绍了一达通提供的六种主要金融服务；最后一节介绍了一达通提供的主要物流服务。这些都是跨境电商入门需要掌握的基本知识，要注意把理论知识恰当地运用到实际工作中，具体问题具体分析。

【课后习题】

一、单项选择题

1. 政府在哪一个文件里第一次正式提出“外贸综合服务企业”这一概念？（　　）

A. 2013 年“国六条”

B. 2013 年《关于实施支持跨境电子商务零售出口有关政策的意见》

C. 2018 年《电子商务法（草案）》

D. 2015 年《关于促进跨境电子商务健康快速发展的指导意见》

2. 一达通提供的退税服务属于哪一类型的服务？（　　）

A. 出口代理服务　　　　B. 出口综合服务

C. 出口信贷服务　　　　D. 上述都不是

3. （　　）是面向使用阿里巴巴一达通出口基础服务的客户，以出口额度积累授信额度的无抵押、免担保、纯信用贷款服务。

A. 赊销保　　B. 锁汇保

C. 退税融资　　D. 网商流水贷

4. 签订（　　）协议后，由一达通代为收取信用证项下的外汇款时，在客户满足相关条件且经过一达通审核通过后，一达通根据实际情况选择为客户提供的信用证项下审证、制单、审单、交单、收汇等其中一项或几项的综合服务。

A. 赊销保　　B. 锁汇保

C. 超级信用证　　D. 网商流水贷

5.（　　）是指供应商与海外买家进行外贸赊销业务合作时，阿里巴巴一达通通过对其提供的海外买家资信调查，代买保险和贸易融资等一揽子金融服务。

A. 赊销保　　B. 锁汇保

C. 退税融资　　D. 网商流水贷

6.（　　）是指与银行签订锁汇协议，约定将来办理结汇或售汇的外汇币种、金额、汇率及交割日期，到约定交割日当天，根据协议约定的汇率向银行办理结汇或售汇。

A. 赊销保　　B. 锁汇保

C. 退税融资　　D. 网商流水贷

二、多项选择题

1. 外贸综合服务平台的价值在于（　　）。

A. 降低流通成本，改善交易条件，为企业发展减负

B. 降低外贸门槛，简化交易流程，促进外贸发展

C. 开创信用保障服务，为企业带来商机

D. 周边增值服务促进企业发展

2. 目前，一达通可以提供的金融产品有（　　）。

A. 赊销保　　B. 锁汇保

C. 退税融资　　D. 网商流水贷

E. 备货融资　　F. 超级信用证

3. 超级信用证的优势在于（　　）。

A. 专家团队审证制单和买家国家银行资质评估，满足条件即可买断收汇风险，即由阿里巴巴承担收汇风险

B. 解决备货期间的生产、采购资金需求

C. 发货交单后提前回笼资金，最高可申请100%提前收款，交单后3个工作日内到账

D. 发货交单后可累计信用保障服务交易额，沉淀更多交易数据

4. 一达通国际陆运服务目前有三种，即（　　）。

A. 中港运输　　B. 集港拖车

C. 中俄欧服务　　D. 中美专线

5. FedEx 提供（　　）两种服务。

A. FedEx IE（国际经济快递服务）

B. UPS Expedited（全球快捷服务）

C. UPS Saver（全球速快服务）

D. FedEx IP（国际优先快递服务）

三、判断题

1. 一站式外贸综合服务平台的主要服务内容包括融资、通关、物流、退税以及保险等外贸的必须环节和一些增值类服务。(　　)

2. 2018 年，阿里巴巴集团全资收购了一达通，并将一达通列为阿里巴巴打造外贸生态圈中的重要组成部分。(　　)

3. 目前，单独使用一达通服务的要求是阿里巴巴注册会员用户，首次通关金额大于等于5000美元。(　　)

4. “产品预审”和“开票人预审”是阿里巴巴一达通为了确保外贸进出口服务操作的合法合规而设定的服务使用准入检测流程。(　　)

5. 通过一达通提供出口报关信息表时，如果一个产品有不同颜色，但是对应的品名、价格、品牌、型号、参数等都一致，或仅型号不一样，可以合并为一个产品进行申报。(　　)

6. 网商流水贷和一般银行贷款的区别在于：流水贷是以客户贸易数据累积成为企业的信用，提供相应的贷款，额度高、门槛低、手续简便。而一般银行贷款可能需要抵押、担保及证明信用和还款能力的资料。(　　)

第六章

CROSS BORDER E-COMMERCE

跨境电商从业基本技能

本章重点

本章学习重点是对 Skype 和 WhatsApp 的使用以及图片处理技术的实际操作等。

学习目标

本章旨在让学习者了解跨境电商基本的从业素质要求；熟悉 Skype、WhatsApp 的使用及图片处理技术的实际操作；从而更好地学习跨境电商的相关知识。完成本章学习，学习者应获得以下成果：

（1）了解跨境电商公司的岗位设置和职业素养；

（2）了解并掌握 Skype 和 WhatsApp 的使用方法；

（3）了解并掌握 Photoshop 等图片处理软件；

（4）掌握跨境电商中常用的商务英语表达；

（5）了解各国不同的商务礼仪。

第一节 跨境电商公司岗位与素质要求

一、 跨境电商公司主要岗位介绍

目前，跨境电商工作主要是外贸企业从事电子商务运营和物流服务相关的工作，主要工作岗位和具体工作内容如下。

（一）初级岗位

初级岗位的特点是掌握跨境电商技能，懂得“如何做”跨境电商。目前岗位主要需要：

1. 客户服务。能采取邮件、电话等沟通渠道，熟练运用英语以及法语、德语等小语种和客户进行交流，售后客服还需了解不同国家的法律，能够处理知识产权纠纷。

2. 视觉设计。既精通设计美学又精通视觉营销，能拍出合适的产品图片和设计美观的页面。

3. 网络推广。熟练运用信息技术编辑、上传、发布产品，利用搜索引擎优化、社区营销、数据分析方法进行产品推广。

（二）中级岗位

中级岗位的特点是熟悉现代商务活动，掌握跨境电商运营和管理知识，懂得跨境电商“能做什么”。目前岗位主要需要：

1. 市场运营管理：既精通互联网，又精通营销推广，了解当地消费者的思维方式和生活方式，能够运用网络营销手段进行产品推广。包括活动策划、商品编辑、商业大数据分析、用户体验分析等。

2. 采购与供应链管理：所有电商平台的成功都是供应链管理的成功。跨境电商的产品方案制定、采购、生产、运输、库存、出口、物流配送等一系列环节都需要专业的供应链管理人才。

3. 国际结算管理：灵活掌握和应用国际结算中的各项规则，有效控制企业的国际结算风险，切实提升贸易、出口、商品及金融等领域综合管理能力和应用法律法规水准。

（三）高级岗位

高级岗位的特点是熟悉跨境电商前沿理论，能够从战略上洞察和把握跨境电商的特点和发展规律，具有前瞻性思维，引领跨境电商产业发展，懂得“为什么要做跨境电商”。主要包括熟悉跨境电商业务的高级职业经理人以及促进跨境电商产业发展的领军人物。

目前众多跨境电商企业多处于初创阶段，客服人员、网络推广人员、视觉设计人员等是最迫切需要的初级人才。随着企业向纵深发展，竞争不断加剧，负责跨境业务运营的商务型中级人才需求会越来越迫切。而有 3~5 年大型跨境电商企业管理经验，能引领企业国际化发展的战略管理型高级综合人才更是一将难求。

二、 跨境电商从业基本要求

（一）素质要求

1. 严格遵守国家信息和互联网的相关法律法规，具有较高的网络文化素养和网络行为文明素质，具备跨境电商领域相关的诚信与信用素养、信息安全与保密素养。

2. 具有良好的道德素养、人文素养、科学素养和职业素养，具备较高的网络沟通素质。

3. 具备良好的人际沟通素质和团队合作精神。

（二）能力要求

1. 具有 Office 工具使用、PPT 制作、简单图片处理以及外语听、说、读、写能力。
2. 具有用互联网思维来处理网络商务活动的能力。
3. 具有较强的跨境电商业务操作能力和市场拓展能力。
4. 具有较强的商务大数据分析能力。
5. 具有从事国际企业经营的跨文化管理与沟通的能力。

（三）知识要求

1. 牢固掌握现代管理、网络经济和信息技术相关的基本理论和专业知识。
2. 掌握跨境电商基本理论和方法，了解快速发展的跨境电商新兴产业相关动态。

3. 熟悉我国电子商务及对外贸易的方针、政策和法规，精通各国法律、惯例和准则。

4. 了解全球主要国家和地区的经济发展、风俗习惯、消费习俗。

5. 掌握电子商务企业管理相关知识，注重技术创新，把握商业模式创新动态。

（四）跨境电商人的七项必备技能

做一个合格的跨境电商人，必须具备以下七项技能。

1. 外语交流

良好的外语是做好跨境贸易的必要条件。尤其是英语，英语是最为普及的国际通用语言，只有具备基本的英语交流与沟通技巧，才有资格进入跨境电商领域。

2. 贸易实务

一个跨境电商人首先应懂得外贸流程与操作，了解信用证和通关业务，能善巧处理客户投诉。更进一步地，应具有知道如何设计和策划企业国际推广方案，如何快速提升出口业绩，如何进行企业外贸团队建设和管理，如何建设欧美渠道等方面的贸易实务知识和能力。

3. 行业背景

努力研讨、熟记产品资料、说明书、广告等，注意收集竞争对手的广告、宣传资料、说明书等，加以研究、分析，真正知己知彼，采取相应对策。平时多读有关经济、销售方面的书籍、杂志，阅读报纸，了解国家、社会消息及新闻大事，拜访客户时这往往是最好的话题，且不致孤陋寡闻、见识浅薄。

4. 国际营销

一个跨境电商人要懂得电子商务的方法和技巧。如怎样在阿里巴巴国际站发布高质量的产品信息，怎样提高搜索引擎的排名，怎样提炼关键词，怎样提高询盘转化率，怎样做好 P4P 和诚信通等国际网络营销。

5. 法律法规

由于电子商务的发展，全球贸易规则正在发生巨大的变化，跨境电商从业者需能及时了解国际贸易体系、政策、规则、关税细则等方面的变化。对进出口形势也要有更深入的了解和分析能力。避免在跨境贸易中出现侵权行为。

6. 人文地理

跨境电商从业者需要对海外贸易、互联网、分销体系、消费者行为有很深的理解，对世界各国人民的风俗人情、购物习惯都得有一定的了解。

7. 良好心态

跨境电商人应该具备较好的心态和性格特征，要善于和客户沟通，处理各种纠纷。更要时刻保持高涨的工作热忱和激情，做事持之以恒，不因一时的失败而气馁。

下面提供一份某外贸企业电子商务部门岗位说明书的范本，供读者参考（见表6-1）。

表6-1　某外贸企业电子商务部岗位说明书

1. 电子商务主管/经理岗位

电子商务主管/经理岗位说明书

部门	电子商务部	直接上级	总经理（暂定）
职位	电子商务主管/经理	直接下级	网络推广、客服
岗位职责	协助总经理制定年度销售目标 保证每月销售额达到预期目标 每月与本部门人员进行实质沟通，分析和交流现存问题 帮助本部门人员解决工作中存在的问题 从实际出发，安排好每个岗位人员的工作任务和内容 督促本部门人员完成工作，并随时加以鼓励或指导 做好与总经理之间的沟通，制订企业品牌网络营销方案、宣传推广计划，并传达到相关部门执行 维护好供应商与客户的关系 完成上级临时指派的其他工作任务		
任职要求	大专以上学历，三年以上电子商务主管工作经验 熟悉直通车、钻石展位、网络搜索引擎，擅长SEO，熟悉网络推广模式，了解行业现状与发展趋势，具备网络社区或电子商务网站运营策划经验 熟悉主要外贸电商平台的运营环境、交易规则、推广方法 具有良好的文案撰写能力，善于运用语言文字打动买家，熟悉各大论坛的运作情况 负责网络营销及推广方案的制订与实施，编制推广费用预算，审核广告投放数据和进度 通过策划各类活动，结合互联网资源进行有效的广告宣传和促销推广		
具备技能	组织领导能力　□决策能力　□ 管理能力　□沟通协调能力 解决问题能力　□计划能力　□创新能力　□执行力		

2. 业务员岗位

业务员岗位说明书

部门	电子商务部	直接上级	电子商务主管/经理
职位	业务员	直接下级	无
岗位职责	(1) 完成每月的销售定额目标 (2) 对客户提出的问题耐心、仔细、迅速地解答 (3) 维护好与新老客户的关系 (4) 建立客户档案，跟踪售后服务信息		
任职要求	大专以上学历，国际贸易或相关专业毕业，两年以上工作经验 英语听说读写能力达到六级水平以上 好学、上进，具备良好的沟通能力和销售技巧，性格开朗乐观，有较强的工作责任心		
具备技能	□沟通协调能力　□ 谈判能力　□解决问题能力　□创新能力		

3. 网络运营组长岗位

网络运营组长岗位说明书

部门	电子商务部	直接上级	电子商务主管/经理
职位	网络推广组长	直接下级	网络推广
岗位职责	(1) 制订行之有效的推广计划 (2) 精通 Google、Yahoo、Baidu 等搜索引擎的相关知识以及 Alexa 排名机制和优化原则 (3) 利用各种互联网资源、网络媒介推广企业品牌、产品及服务，提高企业网站曝光度、知名度和美誉度 (4) 提出富于创意的网络推广方案，并能高效推动方案的执行 (5) 完成上级临时指派的其他工作任务		
任职要求	(1) 大专以上学历，电子商务专业，两年以上各类网站推广经验、网络营销工作经验，文字功底扎实，有较强的策划、文案撰写能力，能够独立策划并撰写活动文案，书写各种宣传文件 (2) 精通 SEO 优化技术和部署技巧，熟悉网络和论坛，熟悉网络营销手段和策略，能根据要求提高关键词排名 (3) 具备多种迅速提高网络人气的技能，如能熟练使用微信、微博、软文、论坛、博客、SNS 社区等 (4) 熟悉相关网络广告投放者，有成功的网站 SEO 推广经验和丰富的互联网资源者（如网站站长、联盟、网络资源等）优先		
具备技能	领导能力　□沟通协调能力　□ 管理能力　□培养下属能力　□学习能力 □创新能力　□执行力　□计划能力		

4. 网络推广员岗位

网络推广员岗位说明书

部门	电子商务部	直接上级	网络推广组长
职位	网络推广员	直接下级	无
岗位职责	(1) 利用微信、微博、博客、论坛、BBS 等多种网络推广方式进行相关产品推广工作 (2) 运用多种网络推广手段提高网站访问量以及传播效果 (3) 分阶段按时完成网站推广任务，定期或不定期地对推广效果进行跟踪、评估 (4) 对网站的流量负责 (5) 及时提出网络推广的可行性建议 (6) 完成上级临时指派的其他工作任务		
任职要求	(1) 一年以上推广发帖工作经验 (2) 了解网络推广，了解各大论坛、博客、SNS、微信等一些网络推广手段和方向 (3) 有较强的责任心和耐心、较好的书写能力 (4) 有电子商务行业推广工作经验或专职网络推广经验者优先		
具备技能	□团队协作能力 □学习能力 □创新能力 □执行力 □计划能力		

5. 网站建设主管岗位

网站建设主管岗位说明书

部门	电子商务部	直接上级	电子商务营运经理
职位	网站建设主管	直接下级	网站建设技术员
岗位职责	(1) 分析现有网站资源是否能满足企业需求 (2) 负责网站的设计、建设以及日常的维护与更新 (3) 对网站系统数据库进行日常管理，统计数据库中的相关信息 (4) 负责网络运行的安全性、可靠性及稳定性 (5) 负责网站的链接、广告交换和网站层面的合作推广工作 (6) 负责软件开发工作 (7) 负责电脑硬件和软件的维护 (8) 完成上级临时指派的其他工作任务		
任职要求	(1) 大专以上学历，计算机软件开发专业 (2) 两年以上相关工作经验 (3) 能独立完成网站设计及软件开发项目 (4) 能承受工作压力，有较好的工作责任心		
具备技能	领导能力 □管理能力 □专业知识技能 □创新能力 □执行力 □计划能力 □解决问题能力 □培养下属能力		

6. 网站程序员岗位

网站程序员岗位说明书

部门	电子商务部	直接上级	网站建设主管
职位	网站程序员	直接下级	无
岗位职责	(1) 协助主管建立、开发企业网站 (2) 保证企业网站正常运行 (3) 定期对网站进行维护、更新 (4) 协助主管做好软件开发工作 (5) 完成上级临时指派的其他任务		
任职要求	(1) 一年以上网络开发经验，熟悉软件开发过程和软件工程方法，熟悉软件开发工具的使用 (2) 熟悉 SQLSERVER 数据库系统的开发与应用，有较强的编程语言功底，熟悉 C#、Asp. net、Javascript、Xml、Html (3) 熟悉相关工具的使用，如 Powerdesigner、Visio、Project、VSS 等 (4) 有大型专业网站开发经验者优先		
具备技能	□专业技能　□团队协作能力　□创新能力　□分析能力　□概括能力 □判断能力　□逻辑思维能力　□沟通协调能力　□执行力		

7. 设计主管岗位

设计主管岗位说明书

部门	设计部	直接上级	电子商务营运经理
职位	设计主管	直接下级	美工、摄影、室内设计
岗位职责	(1) 负责企业品牌形象设计 (2) 进行网站项目的整体版式、风格设计，负责网页、专题设计和动态调整 (3) 负责企业网站的页面设计、页面内容的更新和网站优化 (4) 负责各类包装设计、平面设计 (5) 负责各类活动的道具设计、美术陈列 (6) 完成上级临时指派的其他工作任务		
任职要求	(1) 本科以上学历，视觉设计类专业，美术和电脑应用功底扎实 (2) 精通 Web 页面设计原理，有良好的视觉设计能力，有优秀的布局感和色彩感，能够整体把握网站的风格和结构 (3) 精通平面设计，熟练掌握操作 CorelDraw、Photoshop、Illustrator、Flash、Dreamweaver 等平面设计软件 (4) 敬业爱岗，积极进取，富有灵感，能高质量、快速地实现设计创意 (5) 具备网页制作和设计经验、有团队领导能力者优先		
具备技能	组织领导能力 □管理能力 □专业知识技能 □创新能力 □执行力 □计划能力 □解决问题能力 □培养下属能力		

8. 美工岗位

美工岗位说明书

部门	电子商务部	直接上级	设计主管
职位	美工	直接下级	无
岗位职责	（1）负责优化、上传产品图片，更新库存 （2）协助主管完成网店装修和各类美工工作 （3）协助主管完成各类活动的道具设计、美术陈列 （4）完成上级临时指派的其他工作任务		
任职要求	（1）大专以上学历，视觉设计、平面设计类专业 （2）有较强的平面设计和美术功底 （3）熟练使用 CorelDraw、Photoshop、Illustrator、Flash、Dreamweaver、Office 等常用设计软件 （4）精通 Web 页面设计原理，有良好的视觉设计能力，有优秀的布局感和色彩感。能够整体把握网站的风格和结构 （5）具备网页制作和设计经验、有团队领导能力者优先		
具备技能	□专业技能　□团队协作技能　□创新能力　□执行力　□沟通协调能力		

9. 摄影岗位

摄影岗位说明书

部门	电子商务部	直接上级	设计主管
职位	摄影	直接下级	无
岗位职责	（1）负责产品照片的拍摄工作以及后期的制作 （2）对拍摄出来的图片做好分类、上传工作 （3）测量产品尺寸 （4）完成上级临时指派的其他工作任务		
任职要求	（1）大专以上学历，一年以上影棚拍摄经验 （2）具备扎实的美术功底，对色彩感觉强烈，对视觉表达有独特的观点 （3）积极热情，具有职业道德、良好的行业素质 （4）有较强的团队意识，能承受较大的工作压力		
具备技能	□专业技能　□团队协作技能　□创新能力　□执行力　□沟通协调能力		

第二节　Skype 和 WhatsApp 的功能及使用

一、 Skype 网络电话

Skype 的官网为 http：//skype. gmw. cn/。Skype 的标志是 。

许多跨境电商业务员习惯用 Skype 进行沟通。Skype 是一家网络电话服务公司，总部设在卢森堡，目前正迅速吞并全球的通话业务。正如 Skype 的广告语说的那样：无论您身在何处，无论他们身在何处——Skype 让天涯变咫尺。

Skype（中文名：讯佳普）是一款网络即时语音沟通工具，具备实时通信（Instant Messaging，缩写为 IM）所需的功能，比如视频聊天、多人语音会议、多人聊天、传送文件、文字聊天等功能。它可以免费高清晰与其他用户语音对话，也可以拨打国内或国际电话，无论固定电话、手机均可直接拨打，并且可以实现呼叫转移、短信发送等功能。

2011 年 10 月，微软正式收购 Skype，其成为微软的一个独立部门。

2013 年 3 月，微软在全球范围内关闭了即时通信软件 MSN，Skype 取而代之。只需下载 Skype，就能使用已有的 Messenger 用户名登录，现有的 MSN 联系人也不会丢失。

2013 年 11 月 26 日，Skype 正式宣布与光明方正建立最新战略合作，双方将在中国大陆推出全新 Skype，包括 PC 以及移动平台。

2014 年 3 月 4 日，微软向全球 Outlook 用户开放网页嵌入版 Skype。

二、 Skype 主要功能

（一） 通话

1. 即时通信

使用 Skype 可以拨打手机和座机，与任何一个人免费通话。作为非常受欢迎的网络电话之一，用其拨打国际长途最低 1 分钱/分钟起，可以在电脑、手机、电视、PSV 等多种终端上使用。

2. 免费群组视频通话

Skype 既可以一对一视频，也可以支持 25 人同时免费视频通话。用户只需创建一个群组，即可享受与群组成员的面对面畅聊时光。

3. 全球电话

Skype 软件可以选用互联网连接来进行免费的无限制通话，使广大用户与朋友、家人和同事之间的交流变得更灵活，更能节约成本，并且可以享受意想不到的通话质量。

（二）信息

1. 视频消息

可发送您亲眼所见、可切身感受的消息。

2. 即时消息

会话瞬间完成，一切尽在指尖——无论是闲聊、规划旅程还是合作完成项目。

3. 发送短信

使用键盘向朋友发送短信，方便舒服。

4. 语音消息

忙得没时间说话了？让 Skype 帮您留意吧！

5. GroupMe

通过手机共享消息、照片和您的位置。

（三）分享

1. 发送文件

通过 Skype 发送文件、照片和视频，不限大小。只需将文件放入或添加到 Skype 聊天框中即可。

2. 屏幕共享

与您的聊天对象共享您的电脑屏幕。

3. 发送联系人

轻松分享联系人、号码和 Skype 用户名。

(四) 其他功能

1. Skype 翻译

不同语言的用户在使用多种语言进行聊天时，可以选择读出聊天文字。在 Skype 的网络电话功能中，可以支持连续性的实时口语翻译，即对方可以连续说话，不需要中断聊天，Skype 后台将长时间实时翻译。

Skype 对于音量控制也进行了优化调整，用户可以选择设置实时翻译静音，而且用户在这一端用较高的音量听取翻译结果，但是通话对方只会以很小的音量听到口译结果。

2. Skype Wifi

可通过全球超过 200 万个公共热点上网。

3. Skype 管理器

一种创建 Skype 账户、分配点数和功能的工具。

(五) 增值功能

1. 留言信箱

Skype VM 服务让用户不在线的时候，还能收到朋友或同事留下的语音消息。

2. SkypeIn

SkypeIn 服务包括一个个人的本地电话号码，无论用户身处本地或是国外，都可以通过 Skype 接亲友的来电；亲友也可以通过固网或移动电话致电该 SkypeIn 电话号码，然后用户即可以通过 Skype 接听来电。目前只有美国、新加坡等国家和地区提供 SkypeIn 的电话号码，中国大陆不提供此项服务。

3. SkypeOut

SkypeOut 指用户可以使用 Skype 拨打至一般市话、手机以及国际电话，即使联系的对方不在电脑前，借用 SkypeOut 也能以优惠通话费率直接拨打电话。

4. Skype Connect

Skype Connect 是 Skype 推出的供商业用户使用的最新产品，是正式的初始化协议产品，企业可以整合 Skype 至其企业内部使用的私有电话网络。Skype Connect 在推出测试版的同时，推出了一个相应的管理工具 Skype Manager。

除了可以使用电脑向外拨打电话之外，商业用户也可以从其他 Skype 用户、固定电话、移动电话或从其他企业内部使用的私有电话网络系统来接听电话。并且 Skype Connect 还可以将来电呼叫转移到手机号码上。

三、 WhatsApp

WhatsApp（WhatsApp Messenger）是一款方便用户发送信息而又无须支付短信费用的跨平台应用程序，目前可在 iPhone、Android、Symbian、Windows Phone、BlackBerry 和 Nokia 等平台上运行。WhatsApp 也是一款非常受欢迎的用于智能手机之间通信的跨平台应用程序，它借助推送通知服务，可以即时接收亲友和同事发送的消息，并且免费从发送手机短信转为使用 WhatsApp 程序来发送和接收信息、图片、音频和视频文件等。WhatsApp 的使用与发送 E-mail 或浏览网页时用的数据一样，因此无须为联络好友和发送信息付费。

四、 WhatsApp 主要功能

WhatsApp 的标志为 。

（一）免费短信

下载 WhatsApp 的用户可以和同样下载本应用程序的朋友或家人尽情聊天，且无须支付短信费用。每一位用户每天可以免费向好友发送一百万条信息。即使用户身在国外，或朋友、家人在国外，只要双方都安装了 WhatsApp，就可以随时随地畅聊，无须支付国际手机短信费用。

需要注意的是，使用 WhatsApp 时需要连接互联网，在无网络状态下无法使用。

（二）多媒体短信

用户可以向好友发送图片、语音和视频文件。支持群组对话，用户可以组群，和好友在群组聊天室里发送信息、图片或视频文件等。

（三）离线消息

即使用户关闭了手机，或者错过了该应用的推送通知，WhatsApp 也会保存用户在离线状态时所接受到的信息，用户在下次使用该应用程序时可以找回并查看这些信息。

（四）显示状态

用户可以使用 WhatsApp 中的“状态”功能，选择在线、繁忙或开会等状态，这样可以告知用户的联系人其状态信息。

第三节　图片处理技术

随着电子商务的迅速发展、网商企业规模的不断扩大，实战型的电子商务人才愈发紧缺。一名优秀的跨境电商从业人员不但要掌握跨境电商基本理论和方法、外语的流利使用等多项“软能力”，更要掌握 Office 工具使用、简单图片处理等硬性技术。而在装修店铺、上传产品图片时，画质清晰、优美的图片会更多地吸引到顾客的目光，这就需要使用到基本的 Photoshop 处理技术。图片处理最专业的软件就是 Photoshop，对于电商企业或个人来说，系统地学习所有 PS 技术是没有必要的，只需要熟练掌握一些常用的修图技术即可。

一、Photoshop 在网店中的应用

（一）美化图片

大多数淘宝店铺的卖家并非是专业的摄影师，而店铺里的照片通常看起来色彩鲜艳，给人以赏心悦目的视觉体验。其实，通过使用 Photoshop 对图片进行简单的调整和美化，就可以得到这样的效果。

（二）图片调色

在电子商务活动中，经常困扰卖家和买家的一个问题就是色差问题，拍摄出来的图片不可能百分之百地还原实物的样子。而使用 Photoshop 对拍摄图片的色调进行微调，

使之接近于产品最真实的颜色，可以尽量减小色差，并且可以提高图片的质感。

（三）合成图片

发布产品时经常需要几张图片组合在一起，这时候也需要使用 Photoshop 的合成技术，为线上产品提供更好的视觉效果。

（四）促销广告

我们经常会在电商网站上看到产品旁边会有很多诸如“包邮”或“本店促销”等文字来吸引顾客眼球、帮助产品促销。使用 Photoshop 可以在图片上添加各式各样的文字广告，为店铺呈现出较好的视觉营销效果。

二、 Photoshop 工作界面介绍

（一）Photoshop 的快捷操作

在我们学习具体的 Photoshop 图片处理技术之前，需要简单了解一下几个基本快捷键操作方法，以便提高学习效率（见图 6-1）。

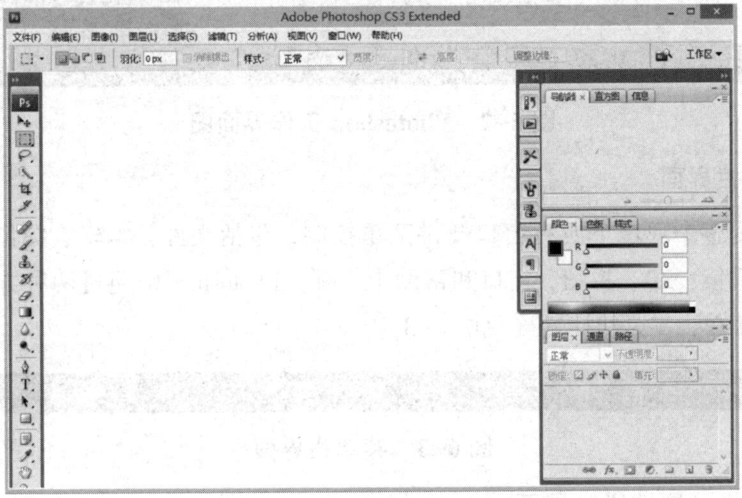

图 6-1 Photoshop 界面

1. CTRL+ O ：打开一张或多张图片。

2. 按 Z 键，拖动鼠标：放大图片，查看局部，方便查看或处理细节。

3. 按 SPACE 键，拖动鼠标：平移图片，可查看邻近图像区域。

4. CTRL+0 ：按屏幕大小缩放，显示原图。

5. CTRL++ ：放大图片。

6. CTRL+－：缩小图片。

（二）Photoshop 工作界面图

Photoshop 工作界面图中 a 框是菜单栏，b 框是属性栏，c 框是工具栏，d 框是图像区，e 框是调板（见图 6-2）。下面我们将分别进行说明。

图 6-2　Photoshop 工作界面图

1. 菜单栏界面

菜单栏为整个环境下所有窗口提供菜单控制，包括文件、编辑、图像、图层、文字、选择、滤镜、3D、视图、窗口和帮助十一项。Photoshop 中通过两种方式执行所有命令，一是菜单，二是快捷键（见图 6-3）。

图 6-3　菜单栏界面

2. 选项栏（属性栏）界面

选项栏（属性栏）界面主要是显示工具栏中所选工具的选项信息，不同的工具有不同的选项（见图 6-4）。

图 6-4　选项栏（属性栏）界面

3. 工具栏

工具栏也叫工具箱，对图像的修饰以及绘图等工具，都从这里调用，拖动工具箱的标题栏，可移动工具箱。有些工具的右下角有一个小三角形符号，这表示在工具位置上存在一个工具组，其中包括若干个相关工具（见图 6-5）。

图 6-5　工具栏界面

4. 图像区

图像区用来显示制作中的图像，它是 Photoshop 的主要工作区。同时打开两幅图像，可通过单击图像窗口进行切换（见图 6-6）。

图 6-6　图像区界面

5. 浮动调板

浮动调板是用来安放制作需要的各种常用的调板的（见图 6-7）。

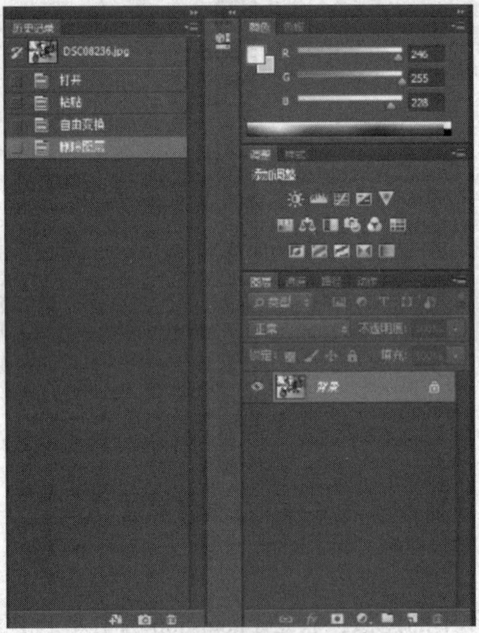

图 6-7　浮动调板界面

（三）常用工具及其快捷键

Photoshop 中常用工具及其快捷键（见图 6-8）。

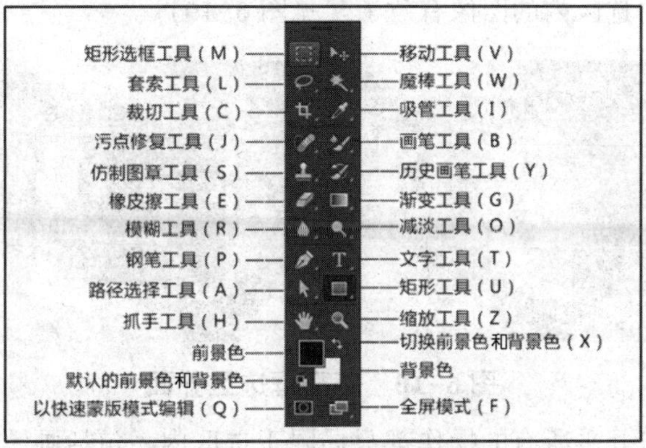

图 6-8　常用工具及其快捷键界面

三、用 Photoshop 处理图片

（一）在 Photoshop 中建立选区

首先我们明确两个概念：选区是封闭的区域，可以是任何形状，但一定是封闭的。不存在开放的选区。选区一旦建立，大部分的操作就只针对选区范围内有效。如果要针对全图操作，必须先取消选区。

Photoshop 中的选区大部分是靠使用选取工具来实现的。选取工具共 8 个，集中在工具栏上部。分别是矩形选框工具、椭圆选框工具、单行选框工具、单列选框工具、套索工具、多边形套索工具、磁性套索工具、魔棒工具。其中前 4 个属于规则选取工具。

1. 规则选框工具

Photoshop 中的规则选框工具（见图 6-9）。

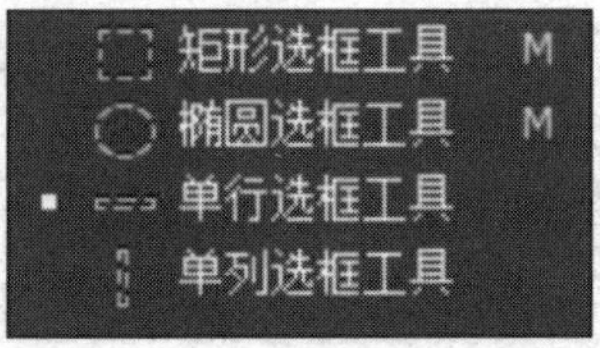

图 6-9　规则选框工具界面

建立一个选区来实现图像部分色彩调整的效果。在 Photoshop 中打开一幅图像，在工具栏选择矩形选框工具。然后在图像中拖动画出一块矩形区域，松手后会看到区域四周有流动的虚线。这样我们就已经建立好了一个矩形的选区。此时再使用色彩调整工具进行调整，就只会对选区内的图像有效了（见图 6-10）。

图 6-10　矩形框选区界面

一旦选区建立，几乎所有的操作都只局限于选区内。包括画笔工具，还包括填充，此时填充前景色也只会在选区范围内有效（见图 6-11）。

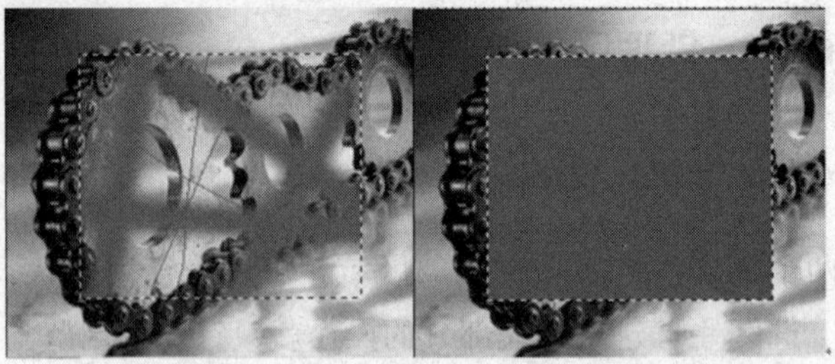

图 6-11　矩形选区操作界面

取消选区的方法是使用菜单选择—取消选择（Ctrl+D）。

2. 建立任意形状的选区

这里要介绍套索工具、多边形套索工具、磁性套索工具、魔棒工具。

（1）套索工具

套索工具图标如图 6-12 所示。

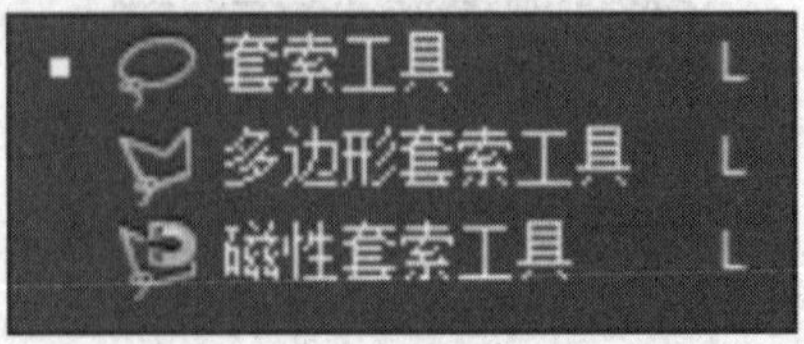

图 6-12　套索工具界面

套索工具的使用方法与画笔有点类似，在屏幕上按下鼠标任意拖动，松手（或按回车键）后即可建立一个与拖动轨迹相符的选区。需要注意的是，如果起点与终点不在一起就会自动在两者间连接成一条线（见图 6-13）。

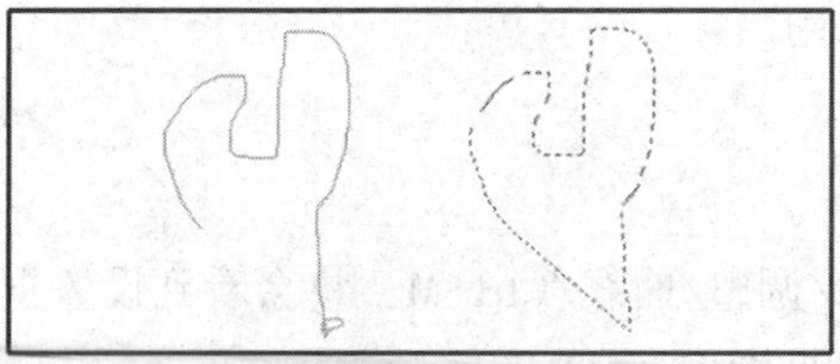

图 6-13　套索工具使用界面

多边形套索工具在选取过程中持续按住 Shift 键可以保持水平、垂直或 45 度角的轨迹方向。在终点起点没有重合的情况下，可以按下回车键或直接双击完成选取。这样起点终点之间会以直线相连（见图 6-14）。

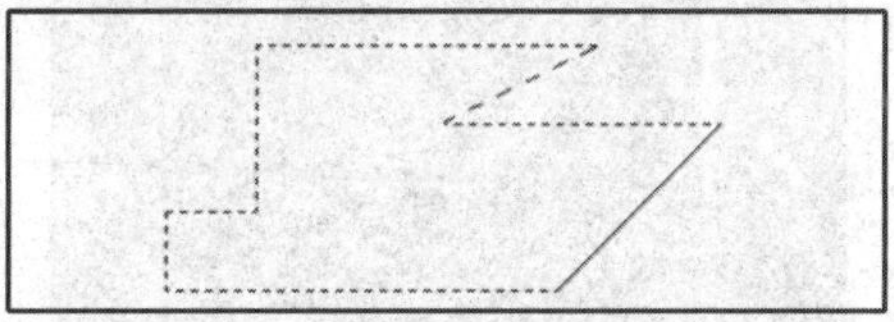

图 6-14　多边形套索工具使用界面

（2）魔棒工具

魔棒工具图标如图 6-15 所示。

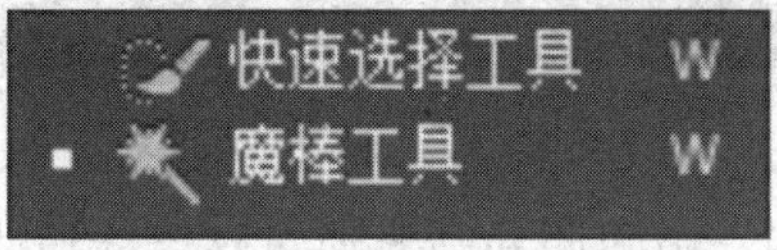

图 6-15　魔棒工具界面

魔棒工具是基于图像中相邻像素的颜色近似程度来选择的（见图 6-16）。

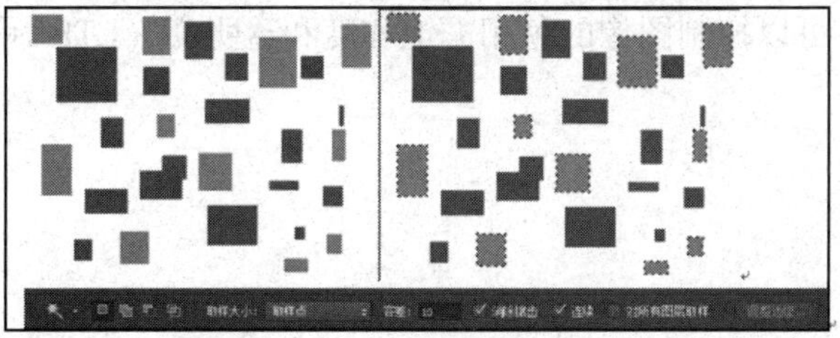

图 6-16　魔棒工具选择界面

容差值数值越大，选择范围就越大；反之，选择范围就小。

选择连续选项时可以将图像中连续的像素选中，否则可将连续和不连续的像素一块儿选中。选择作用于全部图层时，魔棒工具将跨越图层对所有可见图层起作用。如果不选，将只对当前图层起作用。

（二）调光调色

使用曲线命令：图像/调整/曲线/Ctrl+M，将会看到设置框，其中有一条呈 45°的线段，这就是所谓的曲线（见图 6-17）。

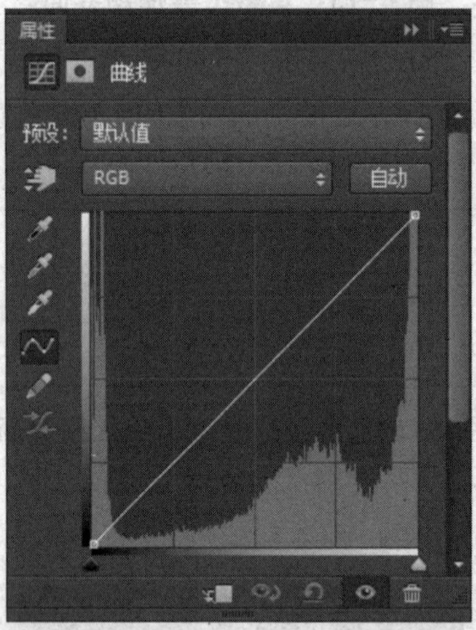

图 6-17　曲线界面

Photoshop 将图像的暗调、中间调和高光通过这条线段来表达。线段左下角的端点代表暗调，右上角的端点代表高光，中间的过渡代表中间调。对于线段上的某一个点来说，往上移动就是加亮，往下移动就是减暗。

色相/饱和度：可以控制图像的色相、饱和度和透明度（CTRL+U）（见图 6-18）。

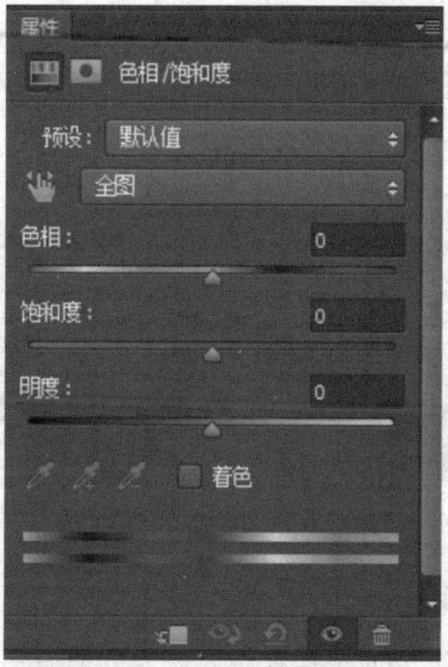

图 6-18　色相/饱和度界面

（三）Photoshop 的修饰和修复功能

1. 仿制图章工具的应用

仿制图章工具还可以从任何一张打开的图像上取样后复制到现用图像上，但是两张图像的色彩模式必须一样（见图 6-19）。

图 6-19　仿制图章工具

仿制图章工具实际上经常被用来修补图像中的破损之处。方法就是用周围临近的像素来填充。也可以用来改善画面。

2. 模糊工具的应用

模糊工具是将涂抹的区域变得模糊，模糊有时候是一种表现手法，将画面中其余部分作模糊处理，就可以凸现主体（见图 6-20）。

图 6-20　模糊工具应用

3. 污点修复工具的应用

使用污点修复工具，只需要简单地在想要修复的瑕疵污点上点击或拖拽，瑕疵污点即会消除。如果单击一次效果不满意的话，可以进行多次单击，直到满意为止（见图 6-21）。

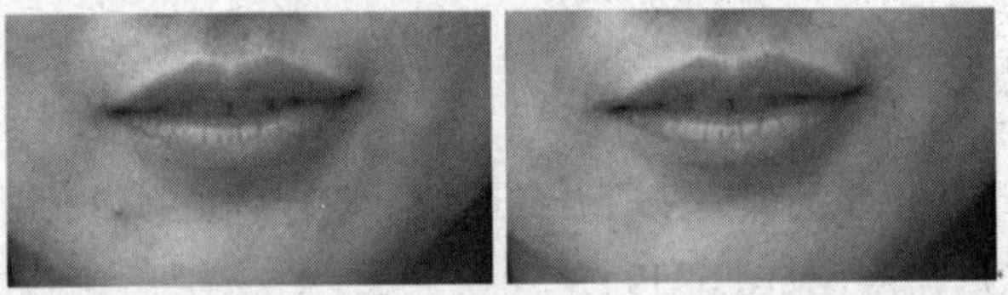

图 6-21　污点修复工具应用

4. 橡皮擦工具的应用

橡皮擦工具顾名思义就是用它来擦除图片中不需要的部分，在使用橡皮擦工具之前，首先需在属性栏设置它的大小、模式、软硬程度、不透明度，选择合适的属性值对图片进行处理。

四、 海报制作

海报制作经过以下步骤。

（一）处理产品图

第一步，把目标产品从整张图中抠出来，去背景，成为一个独立的图层，并对目标图进行简单的处理。

第二步，羽化。为了保持抠出的电动车边缘圆滑，要对选取进行羽化（SHIFT+F6）处理，羽化值一般选在 3~5，根据实际情况而定。

第三步，去污点。在电动车身上有污点、刮痕或者是其他瑕疵的地方，要进行去污处理。去污点一般选用仿制图章工具或者污点修复工具比较方便，使用时注意选择合适的属性值。

第四步，翻新处理。为了使电动车的轮胎、踏板、脚架看起来比较新，可以对这些区域进行加深处理，调整合适的属性值，注意不要画到目标区域以外的地方。

第五步，调光调色。通过调整曲线，改变整个电动车的明度或暗度，可以使图片的对比度增加。色彩可根据实际情况进行微调。

经过上述五个步骤，就可以制作成产品图了（见图 6-22）。

图 6-22　处理产品图

（二）搜罗素材

对于初学者来说，最好找一些跟目标图类似背景的素材，以图 6-22 左图为例，目标图为一张电动车，因此可选择性地找一些汽车海报背景、自行车海报背景来作为背景素材，然后把图中的汽车或者自行车用抠出来的电动车代替（注意：格式为 Photoshop 格式的素材图才能进行深度替换或者修改处理）。

以前面的电动车为例，这里选择了一张原为汽车海报的素材（见图 6-23）。

图 6-23　素材图

查看图层，单击图层前的“眼睛”（），隐藏不需要的图层信息，留下有用的部分作为电动车海报的素材（见图 6-24）。

图 6-24　背景素材图

（三）海报合成

素材准备好了之后，就可以把之前抠出来的电动车图层拖曳进来，和背景素材在同一个文件里。

使用移动工具单击电动车图层，并放到合适的位置。

用自由变换工具（CTRL+T）调整电动车的大小或方向，调整大小的时候注意要按住 SHIFT 键（表示按原比例缩放），否则会使图片变形。

为了使电动车与背景融合，在这里用画笔工具给电动车加了倒影，使用方法就是选择画笔工具调整属性值，新建一个图层，把电动车的倒影画出来，然后调整该图层的填充图和不透明度使之变淡，就像影子一样，就做出效果了。

修饰和点缀。可以给电动车或者背景加一些相关联的修饰物，例如，一条飞舞的丝巾，在把手边上插一个风车等，创意永无止境。为了配合背景氛围，加了一些彩带做修饰（见图 6-25）。

图 6-25　海报合成图

（四）文案点缀

每张海报都要添加一些文案，作画龙点睛之笔，用来突出产品的特点、用途或者卖点。

做海报文案的时候要注意两点：第一，字不宜多，内容抓重点，不唠叨；第二，选择合适的字体，与全图搭配和谐的色彩、恰当的位置。当然，如果需要的话也可以对文字进行一些效果处理，例如投影、发光、描边、渐变、叠加等（见图 6-26）。

图 6-26　文案点缀后的图

资料库

1. 常用的素材网站

千图网：http：//www. 58pic. com/
优界网：http：//97ui. com/
昵图网：http：//www. nipic. com/index. html
素材中国：http：//www. sccnn. com/
淘图网：http：//www. taopic. com/
90 设计网：http：//90sheji. com/
站酷：http：//www. zcool. com. cn/
花瓣网：http：//huaban. com/

2. Photoshop 快捷键的相关知识拓展

（1）文件

新建 CTRL+N	打开 CTRL+O
关闭 CTRL+W	保存 CTRL+S
另存为 CTRL+SHIFT+S	另存为网页格式 CTRL+ALT+S
打印设置 CTRL+ALT+P	页面设置 CTRL+SHIFT+P
打印 CTRL+P	退出 CTRL+Q

（2）编辑

撤销 CTRL+Z	向前一步 CTRL+SHIFT+Z
向后一步 CTRL+ALT+Z	退取 CTRL+SHIFT+F
剪切 CTRL+X	复制 CTRL+C
合并复制 CTRL+SHIFT+C	粘贴 CTRL+V
原位粘贴 CTRL+SHIFT+V	自由变换 CTRL+T
再次变换 CTRL+SHIFT+T	色彩设置 CTRL+SHIFT+K

（3）图像

调整→色阶 CTRL+L	调整→自动色阶 CTRL+SHIFT+L
调整→自动对比度 CTRL+SHIFT+ALT+L	调整→曲线 CTRL+M
调整→色彩平衡 CTRL+B	调整→色相/饱和度 CTRL+U
调整→去色 CTRL+SHIFT+U	调整→反向 CTRL+I
提取 CTRL+ALT+X	液化 CTRL+SHIFT+X

（4）图层

新建图层 CTRL+SHIFT+N	新建通过复制的图层 CTRL+J
与前一图层编组 CTRL+G	取消编组 CTRL+SHIFT+G
合并图层 CTRL+E	合并可见图层 CTRL+SHIFT+E

（5）选择

全选 CTRL+A	取消选择 CTRL+D
全部选择 CTRL+SHIFT+D	反选 CTRL+SHIFT+I

（6）滤镜

上次滤镜操作 CTRL+F

（7）视图

校验颜色 CTRL+Y	色域警告 CTRL+SHIFT+Y
放大 CTRL++	缩小 CTRL+ -
满画布显示 CTRL+0	实际像素 CTRL+ALT+0
显示附加 CTRL+H	显示网格 CTRL+ALT+'
显示标尺 CTRL+R	启用对齐 CTRL+;
锁定参考线 CTRL+ALT+;	

第四节 跨境电商英语

在跨境电商活动中，从业人员会经常和外国人打交道，并且需要经常浏览英语网站，与国外的交流和联系较为密切。一般来说，交易双方的沟通以英语为主，所以从业人员必须具有相当丰富的商务英语词汇量，并且要熟练掌握常用的商务英语口语表达以及书面表达，才能自如地运用到工作中。下面总结了一些常见的商务英语表达。

一、商务会谈口语

在跨境电商中，需要经常和国外合作伙伴进行电话交流或见面洽谈相关事宜，从业人员必须具备一定的口语表达能力，才能顺利开展电商业务。下面总结了一些跨境电商中常见的商务会谈口语（见表 6-2）。

表 6-2 常见的商务会谈口语

I think we can draw up a tentative plan now.	我认为现在可以先草拟一个临时方案。
If you want to make any changes, minor alternations can be made then.	如果贵公司有什么意见的话，我们还可以对计划稍加修改。
Thank you for your cooperation.	谢谢你们的合作。
We've arranged our schedule without any trouble.	我公司已经安排好活动日程。
If you have any questions on the details, feel free to ask.	如果对某些细节有意见的话，请提出来。
Welcome to our company/factory.	欢迎到我们公司/工厂。
I've been looking forward to visiting your factory.	我一直都盼望着参观贵厂。
You'll know our products better after this visit.	参观后您会对我们的产品有更深的了解。
Maybe we could start with the designing department.	也许我们可以先参观一下设计部门。
Then we could look at the production line.	然后我们再去看看生产线。
All products have to go through five checks in the whole process.	所有产品在整个生产过程中得通过五道质量检查关。

表6-2 续1

We believe that the quality is the soul of an enterprise.	我们认为质量是一个企业的灵魂。
We always put quality as the first consideration.	我们总是把质量放在第一位来考虑。
All products have to pass strict inspection before they go out.	所有产品出厂前必须要经过严格检查。
May I ask your general impression?	不知您对我们厂总的印象如何?
No one can match us so far as quality is concerned.	就质量而言,没有任何厂家能和我们相比。
I think maybe we can work together in the future.	我想也许将来我们可以合作。
The purpose of my visiting is to inquire about possibilities of establishing business relations with your company.	我此行的目的正是想探询与贵公司建立贸易关系的可能性。
We would be glad to establish business relations with you.	我们很高兴能与贵公司建立贸易往来。
I'd appreciate your kind consideration in the coming negotiation.	洽谈中请你们多加关照。
I can assure you of our close cooperation.	我保证通力合作。
Would it be possible for me to have a closer look at your samples?	可以让我参观一下你们的产品陈列室吗?
They've met with great favor home and abroad.	这些产品在国内外很受欢迎。
All these articles are best selling lines.	所有这些产品都是我们的畅销货。
Could I have your latest catalogues or something that tells me about your company?	可以给我一些贵公司最近的商品价格目录表或者一些有关说明资料吗?
We also hope to expand our business with you.	我们也希望与贵公司扩大贸易往来。
I think you probably know China has adopted a flexible policy in our foreign trade.	我想你也许已经了解到中国在对外贸易中采取了灵活的政策。
First of all, I will outline the characteristics of our product.	首先我将简略说明我们商品的特性。
If you are interested, I will prepare a list of them.	如果您感兴趣的话,我可以列表让你参考。
By the way, before leaving this subject, I would like to add a few comments.	在结束这个问题之前,我想顺便提出几个看法。
I would like to ask you a favor.	我可以提出一个要求吗?

表6-2 续2

Would you let me know your fax number/telephone number?	可以告诉我您的传真机号码/手机号码吗？
Would it be too much to ask you to respond to my question by tomorrow?	可以请你在明天之前回复吗？
Could you consider accepting our counterproposal?	你能考虑接受我们的反对案吗？
I would really appreciate your persuading your management.	如果你能说服经营团队，我会很感激。
If you insist, I will comply with your request.	如果你坚持，我们会遵照你的要求。
We must stress that these payment terms are very important to us.	我们必须强调这些付款条件对我们很重要。
Our policy is not to grant exclusivity.	我们的政策是不授予专卖权。
We really need more specific information about your technology.	我们需要与贵公司技术相关的详细信息。
I could not catch your question. Could you repeat it, please?	我没听清楚你们的问题，你能重复一次吗？
The following answer is subject to official confirmation.	以下的答案必须再经过正式确认才有效。
We need them urgently.	我方急需这些资料。
I will send the information on a piecemeal basis as we acquire it.	我们收齐之后会立即寄给你。
I'd like to introduce you to our company. Is there anything in particular you'd like to know?	我将向你介绍我们的公司，你有什么特别想知道的吗？
I'd like to know some information about the current investment environment in your country?	我想了解一下贵国的投资环境。
I'd like to know something about your foreign trade policy.	我方想了解有关贵国对外贸易的政策。
Our foreign trade policy has always been based on equality and mutual benefit and exchange of needed goods.	我们的对外贸易政策一向是以平等互利、互通有无为基础的。
We have adopted much more flexible methods in our dealings.	我们在具体操作方法上灵活多了。

表6-2　续3

We have mainly adopted some usual international practices.	我们主要采取了一些国际上的惯例做法。
I'm sure that this product has all the features you want.	我确信这种产品有各种你所要的款式。
I strongly recommend this product.	我强力推荐这种产品。
We've already had a big demand for this product.	这种产品我们已有很大的需求量。
Our product is competitive in the international market.	我们的产品在国际市场上具有竞争力。
The distinction of our product is××.	我们产品的特点就是××。
Our service, so far, has been very well-received by our customers.	到目前为止，顾客对我们的服务质量评价甚高。
Could we see the specifications for the ××?	我们可以看一下××产品的详细规格吗?

二、 常用询盘/还盘用语

在跨境电商中，常见的询盘/还盘用语如表6-3所示。

表6-3　常用询盘/还盘用语

A discount of six percent is all that I'm authorized to offer you.	我权限内所能给你的最大折扣是6%。
What sort of guarantee do you offer on your product?	贵方提供什么样的产品保证呢?
One standard: Replacement during the first year if all rules for proper use have been followed.	有一个原则，如果在一年内符合各种使用规定，就可更换。
We offer a life-time guarantee.	我方提供永久保证。
We have an extended warranty available at extra cost.	对于额外价钱我们有较长的保证期限。
Our guarantee covers maintenance for both parts and labor.	我们的保证是包括更换零件和免费保养。
Tell us about your post-purchase servicing.	告诉我们有关你们售后服务的情况。

表6-3 续1

We use service centers at major stores. They ship goods back to our national service center for repairs.	大的服务中心把产品运送到我们的国内服务中心维修。
We have a toll-free number for customers to call.	我们对顾客提供免费服务电话。
We exchange products under almost all circumstances.	在各种情形下我们都可更换产品。
Could you give us detailed descriptions of the capabilities of your product?	请把你们产品的性能给我们详细说明一下好吗?
How long could the buyer expect your product to last?	购买者期望你们产品的使用期是多久呢?
What has been the consumer reacted to your product?	消费者对你们的产品有过什么反应?
Have you not marketed your product yet?	你们的产品尚未推向市场吗?
We're afraid that your products' quality won't satisfy Chinese customers.	恐怕你们的产品质量无法使中国顾客满意。
We think that product quality is high indeed.	我们认为产品的质量的确很高。
We think your X200 meets our requirements.	我们认为贵方 X200 型符合我们的要求。
I'm afraid that the item isn't what we're looking for.	恐怕这种产品不是我们所要找的。
I think your industrial robots are the best in the field.	我认为你们的工业机器人在这领域是最好的。
In my opinion, the product must be priced under $ 300.	在我看来，产品价格必须订在 300 美元以下。
We think your product is too specialized for mass marketing.	我们认为你们的产品对市场而言太专业化了。
That brings us to the question of price. What do you have in mind?	那使我们想起价钱问题，你心目中的价钱是多少?
We think $ 87,000 per unit with a five percent discount for orders over 100.	我们减少到每台 8.7 万美元，订购超过 100 台给予 5%的折扣。
Your unit price seems fair enough, but we're hoping for a higher discount rate.	单价似乎合理，但我们希望给予更高的折扣率。
Seven percent would be possible for orders for 500 or more.	订购 500 台或以上有可能给予 7%的折扣。

表6-3　续2

What's the best price you're prepared to offer for your product?	你们的产品最优惠的价格是多少呢?
It depends on the quantity ordered.	这要根据所订的数量而定。
What do you think will be a fair price for your product?	你们的产品定价多少才算公平?
How much do you charge per unit?	你们每件要价多少呢?
What's your whole sale price on this item?	这种产品你们的批发价是多少呢?
How much of a volume discount are you prepared to offer?	你们准备提供多少总折扣?
That seems quite soon considering the nature of the product and shipping time.	现在就考虑到产品的性能和运输时间有点太快了。
Other buyers are satisfied with it, but we could delay it if you could pay 40 percent up front.	其他买主对这货物很满意，但如果你能先付40%货款，我们可以延迟交运。
Delivery costs will have to be borne by the manufacturer, I'm afraid.	运费恐怕要由制造厂商来承担。
If you can guarantee on-time delivery with a penalty for late delivery, we can accept your sales price.	如果你能保证用惩罚延误发货方式准时发货，你的销售价我们可以接受。
Who charge responsibility about the shipment?	运费由谁来负责呢?
Who assumes shipment cost?	谁负担运费呢?
That would be the responsibility of the buyer. We are prepared to provide all the document costs.	那是属于买方的责任，我们仅承担提供所有文件的费用。
We would also want you to cover insurance and the cost of transporting the goods to the port.	我们也要贵方负责保险以及把货物运到港口的费用。
In that case, we might need to reopen the question of prices.	如果是那样，我们也许需要重新讨论价格。
When could you typically expect delivery?	你们希望常规的发货时间是什么时候?

以上例子为商务英语交流中常见的句子，不能概括所有商务情况下的英语表述，在实际的电子商务活动中，不能生搬硬套，要具体问题具体分析，对上述常用口语加以灵活运用。在日常的工作和生活中，也要加强口语练习，提高英语听力理解能力和表述能力。

三、 高质量的外贸邮件

（一）优质外贸开发信

1. 什么是外贸开发信（Marketing Letter）

外贸开发信就是外贸业务员把自己公司的产品、服务、优势等通过邮件、信函发送给潜在的国外客户，希望建立合作关系共同发展，潜在的国外客户收到邮件、信函后，如有意向，则会与外贸业务员进行进一步的沟通、谈判，最终确立购买合同。

以下是几篇优质开发信模版。

范文 1

Dear Mike Smith：

This is Sally from ABC Co．, ltd. We're pleased to know you and your esteemed company from Alibaba. com.

We supply boy's pants with high quality and very competitive price for 10 years in China. Hope to find a way to cooperate with you.

E-catalogues and prices will be sent if needed.

Write me back or call me please, let's talk more in details. （Feel free to call me for any question or free samples.）

Thank you.

Best Regards.

Yours sincerely

Sally

范文 2

> Dear Mike Smith：
>
> Are you looking for better supplier?
>
> We supply boy pants to War-Mart with high quality for 5 years and hope to find a way to cooperate with you.
>
> After some research of your company，we find the following products might be of your interest：
>
> Type1：×××
>
> Type2：×××
>
> Type3：×××
>
> Please feel free to call me for any question or free samples. Thank you.
>
> More surprises at www. pandagarmentsandaccessories. coin.
>
> Best Regards.
>
> Yours sincerely
>
> Sally

2. 怎样写外贸开发信

根据收件人的看信习惯，我们从以下方面着手写开发信。

（1）邮件不能写得太长

客户的时间很宝贵，而且每天可能要收到数百封邮件，如果邮件写得很长，客户就没什么兴趣看了。很多外国人的时间观念很强，每天都有几段固定的时间用来处理 E-mail，很多长篇大论的邮件，只要不是熟人发的，一般会被直接删除，或者是把你的地址设为垃圾邮件。

另外随着手机越来越智能化和便捷，越来越多的客户会选择用手机来接收邮件，由于手机界面的局限性，一封很冗长的邮件更不方便客户迅速看完，导致被删除的概率增大。

（2）标题

①主题明确

一个不明确的主题，会让客户根本没兴趣去打开陌生人的邮件。也无法让客户明白其实这封邮件是和他需要采购的产品相关，导致邮件未经打开便被打入垃圾箱。

②用词精简

客户收到邮件时，标题显示出来的字数有限，如果标题用词不精简，那么可能显示出来的文字还不能让客户明白你的邮件主题。另外，客户每天收到很多邮件，需要看到邮件标题能马上明白意思，而不是让客户去概括归纳。

③吸引眼球

吸引眼球应该是主题里面最重要的一个因素了，客户作为采购员，每天都可能收到许多推销的邮件，怎样在众多邮件中脱颖而出是一个优秀业务员必须要掌握的硬功夫。

（3）称呼

怎么写称呼，刚入门的时候，也觉得困难，因为写开发信时，往往都不知道对方名字，其实一般都可以这么解决。

TO：Purchasing Manager/Product Manager 或者 TO：Whom It May Concern。

①知道对方名字

Dear Jone；Hi，Jone；Good Day Jone。

②不知道对方名字

Dear Purchasing Manager/Product Manager；Dear Manager；Dear Director；Dear Friend；Dear Your Teams；Hi，Sir。

（4）正文

正文需要具备以下几个特征。

①开门见山

不要长篇大论地介绍自己及公司，只要简短提一下，以表示对客户的尊重。如果公司有突出的优势，可以写，但是最好一笔带过。比如公司与 Wal-Mart 合作了 5 年，可以这样写："We supply boy's pants to War-Mart with high quality and competitive price for 5 years. Hope to cooperate with you!"。

②段落清晰、语言简单

国外客户往往喜欢用最简单的词汇来表达。所以外贸函电的精髓就是"简单，简单，再简单"，能用一个词表达的绝对不用两个词或短语，能用一句话写清楚的，就不写两句。能用短句的就不用长句。

③有礼有节，表达合作愿望

对客户有礼貌，有开头称呼、问候，有落款祝好。并且字里行间表达对客户的尊重和诚恳合作的意愿。

④换位思考

写完开发信后，自己可以站在收件人（客户）的角度来看开发信，如果连自己都不能满意，那么需要重新修改后再行发送。

其实外贸开发信的主体内容，不需要那么复杂，要把握“四不四少”原则。即：不长篇大论地介绍公司或工厂；不炫耀英文水平；不插入超链接或图片；不说毫无意义的废话；少说从哪里得到的客人联系方式；少用第一人称；少用书面语；少用中国式英语。

（5）签名

写开发信的时候，客户的邮箱还是第一次接收你的邮件，为顺利到达客户邮箱，签名建议纯文本就好。可列举下列信息：NAME；COMPANY；TEL；FAX；E-MAIL；WEB。

业务员写开发信时往往为了提高效率，所以开发信时常用来群发，但是群发时称呼只能统一成一个，比如写 Dear Sir/Madam，而不能写具体的人名，且收件人可能达到几十个，这对于客户来说比较反感，容易被认定为垃圾邮件。建议对客户进行整理和总结，建立 Excel 表格的“潜在客户信息表”，再分别发送。

（6）避免被当作垃圾邮件

根据国际电子邮件协会的判定规则，未经收件人允许，在一段时间内，发送频率过快、内容重复度过高、对方未订阅但发件人发送附件的、邮件中含有 SPAM 高频词（如 Free、Discount、Opportunity、Cheap、Loan、Profit、Stock 等），都是被判定为垃圾邮件的因素。

如何避免被当作垃圾邮件呢？

①第一次给陌生邮件地址发邮件最好不要有图片和附件，等客户回复后才可带。

②开发信中不要有 URL。如有链接也是很容易被拦截的，因为邮件系统会认为有潜在威胁。如果是公司的网址最好是取消链接效果，把前面的 http 去掉，这样客户还是能够看到网站。

③使用常规的字体。特色的字体更能吸住注意力，但如果进了垃圾邮件，那就得不偿失了。

④朴实的、正式的标题。建议用一些朴实、正式一点的标题，避免标题和内容不一致，引起客户的反感。虽说比较另类的标题可以吸引人，不过也是很危险的，加大了拦

截的可能性。

⑤尽量避免群发，有针对性地发邮件。从系统判定垃圾邮件的原因中不难看出，群发的拦截率很高。一天发上千封邮件，倒不如发几十到一百封的有针对性的开发邮件。

⑥邮件要有合理的排版，不凌乱。

⑦ SPAM 高频词要避免。如：Free，Discount，Opportunity，Rate，Profit，Save，Merchant，Stock，ActNow，All New，Call Now，Subscribe Now，Million，Dollars，Opportunity，Win，Winner，Please Read，Don't Delete，Special Promotion，Cheap，Deal，Debt，Income，Insurance，Loan，Money，Mortgage，Price，Compare，Check，Cash，Bonus，Credit，Loans，Buy Direct，Get Paid，Order Now，Specializing，Specialized，Offer，Satisfaction Guaranteed，You've Been Selected 等。

（二）询盘的回复

1. 询盘回复的注意点

对于客户的询盘回复要注意以下几点：

（1）要第一时间回复客户（客户当地时间 24 小时内）；

（2）针对客户问题做出准确的回答，体现公司专业的形象和实力；

（3）表示合作的诚意；

（4）在回复询盘前应看清询盘内容，避免不必要的错误和遗漏。分清买家的用意，有针对性地回复。同时要掌握一些买家的信息（如通过买家的网站、买家的国家的市场、买家感兴趣的产品来了解买家）。

2. 询盘客户类型分析

根据客户发出询盘的动机分析，可以把客户分为以下几类。

（1）寻找厂家型

该类客户目标非常明确。例如，列出产品品名、型号；提出要货数量或询问最少订购量、交货条款等；信息全面，例如，有公司名称、地址、电话、传真、联系人等；询问专业，问题详尽。此类询盘通常会非常明确告诉我们，他对哪款产品感兴趣，或者同时会要求给产品报价、图片、特征或功能以及外包装尺寸、毛重和海运费等；有些会问是否有认证。

例：

Subject：Inquiry about BAND SAW MACHINE WY-0428

Hi, I'm very interested in your WY-0428 band saw machine.

How much for this item? What's the minimun order?

How much of the freight to Thailand? What's the type of Payment term?

Do you have ISO9000 certificate?

By the way, the diamether of the pipe we need cut down is 300mm. Thanks a lot.

该类客户是我们的重点客户。这类询盘要高度关注，及时、准确、全面、专业的答复和有竞争力的报盘是达成交易的关键。在回复中需要写明产品的价格、特点、图片、运费、交货时间等内容。客户需求明确时，要在 24 小时内回复客户邮件（最好是客户当地的上班时间）。有必要的话最好打电话给客户，让他对你有一个好印象。除了图片放在附件里，其余内容最好放在正文。

在买卖的过程中，作为销售方应因势利导，往统一的方向行进，让客户觉得我们是站在他的位置上一直为他着想，使客户加深对你的信任度，为下一步的跟进工作铺平道路。

（2）准备入市型

这种类型的询盘人，也许他在他所在的国家已经有经营经验，但对你的产品还不够了解；也许他的客户已经到他这里询盘，进口你所提供的产品，可以获得较好的利润。

总而言之，他们已经准备和你做生意，但还有许多具体问题还需解决。在这类人的询盘中，一般信息比较全面。例如，有公司名称、地址、电话、传真、联系人等。但从所提问题的专业化程度，可以判断其为潜在客户，是需要培育的。耐心、专业的回答和恰当的跟踪，有利于不断培养他对我们的信任，不断增强他和我们做生意的信心。

例：Subject：Inquiry about Barbies Collection Girl's Wear.

Dear Amy,

We are the importers and manufacturer of various Children's Wear in India.

I am looking for the Barbies Collection to be supplied in India on a regular basis.

Looking for Skirts and long pants. Kindly reply on an urgent basis.

Contact Name：Mr. Naresh Shukla

Company：i-care

Country/Territory：India

Busines E-mail：naresh. shukla@ i-care. com

Telephone：91-11-30825970

Fax: 91-11-308259751

Web: www.i-care.com

回复如下：

Dear Mr. Naresh,

So glad receiving your enquiry for our Barbies' collection from Alibaba.com dated * * *. Thanks a lot.

We are a leading manufacturer in children's wear in China and our products have been exported to customers all over the world such as * * * *. The Barbies Collection is the most popular style in our factory, selling fast.

However, detailed price list for the skirts and long pants will be sent to you based on your specific further product description such as color, specification, special design requirement etc. Please check the following styles photo which should be suitable for your Indian market and tell us more requirements on the exact skirts and long pants.

Please do not hesitate to contact us if any question and we are waiting for your reply.

Best regards,

Amy

对于潜在客户应该分以下 3 种情况分别处理。

情况 1：客户对产品还是比较感兴趣的，也需要这种产品，只是对价格还有不同的意见。

针对这种客户，最好收集同类产品的价格情况，从自己的产品成本出发，让客户了解你的成本，以取得对你产品价格的认可。为了达成协议可在原报价的基础上有所下调。

情况 2：客户对产品很感兴趣，也想购买你的产品，但由于暂时的资金问题无法购买。

对这类客户应和他协调好，共同制订出一个时间表，让他把购买你的产品的费用做进一步的预算。

情况 3：客户对你的产品还没有一个很深的了解，态度暧昧，可买可不买。对这类客户要尽量把自己的产品介绍得浅显易懂，要把产品给客户带来的好处量化，激起客户的购买欲。客户往往最关心你的产品会给他的公司带来什么样的实惠。

（3）收集信息型

这类客户有可能是技术人员，他们现在正要开发或仿造和你的产品相同或相似的产品，他们需要了解市场、了解产品、得到更多的同行信息。十分专业是这类人的询盘的特点。也许和他们交流一两次，他们就会汇来购样品款。他们有可能成为你在他们国家的竞争对手。还有可能是已经有供应商了，但是需要寻找替补或者了解行情来判断原供应商价格等是否合理。

（4）索要样品型

这类人的目标是索要免费样品。经过交流，你会发现他对价格、质量等并不关心，他关心的只是给他送样品。一旦你坚持让他付样品费和邮费，他就远离你。当然也有确实要购买样品，但是由于付款麻烦或者手续费太高所以不愿去购买的。

（5）同行打探型

他是你的竞争对手，是有备而来的。非常了解你的行业。他利用互联网的特点，装扮成外国客户来刺探你的价格、交易条款等信息，从而制定出他们更有竞争的策略。

（6）骗子客户

下面是一个典型的骗子客户的邮件案例：

Dear Friend,

I am Moshod Mobutu Sese Seko, son of the late President Mobutu Sese Seko of Congo Democratic Republic former. Republic of Zaire was war in my country and so my family members escaped to Morroco while I am presently at a refugee camp in Ireland monitoring events. Because of the present crises, my environment is not conductive for investment and more over, most of my father's properties and account have been frozen by the present government of Josepht Kabila.

Now, I want to set up a business overseas and I have about ＄50 Million united state dollars set aside for this project, I decided to contact you to help me in setting up a business, but would not want my name or family name to be used.

I am prepared to give you 20% of the total sum if you can assist me in claiming this fund from a security volt in Europe!! Where my father (Mobutu Sese Seko) deposited this fund before he died.

Please, do contact me immediately for us to discuss. As soon as I hear from you, and confirm your assistance every documents regarding to the claiming of this fund will be handed over to you as the family's foreign partner.

Best regards.

Moshod Seko

骗子客户在询盘时，对产品性能、材质等方面只是停留在表面，一笔带过，毫不关心。在洽谈生意过程中，对方会反复强调自己的订单很大，并强烈要求供应商到自己公司来谈，甚至直接威胁：不来就没法谈！他们往往是利用钓鱼网站，骗取会员的账号和密码来联系的。不难看出，真正的客户一定是对自己的产品有需求的人，那么他肯定首先关注的是与我们的产品有关的问题，其次才是其他因素。而骗局中的“客户”没有那么多耐心，更没有时间跟你先讨论产品的相关问题。所以识别网络上客户的真假，最主要的就是去观察总结客户的需求点是什么。当然，克制贪心、冷静处理、细心观察是我们总结出客户需求点的基础。

第五节　跨境电商商务礼仪

荀子曰：人无礼则不生，事无礼则不成。于个人而言，礼仪是一个人文化修养和思想道德的外在表现；于社会而言，礼仪是一个国家总体道德水平和社会文明发展程度的集中体现，是人类文明和社会进步的重要标志。从古至今，人们之间的交往都要遵循或大或小的相处之道。而现代社会的文化多元性要求人们要更加注重礼仪，学会运用礼仪。

在跨境电商中，我们在遵循基本的商务礼仪之余，还要了解世界上其他国家的消费习惯和风土人情，这有利于我们在商务活动中了解对方国家的习惯和禁忌，有利于双方建立愉快互利的长期合作关系。

一、商务礼仪

作为礼仪的一方面，商务礼仪是人们在长期的商务活动中形成的一种约定俗成的行为方式和行为准则，以互相尊重、互相理解为前提，用来约束交易双方的语言和行为，可以称得上是商务活动中的一门交往艺术。商务礼仪是现代社会商务人才的必备能力，只有了解并遵循商务礼仪，才能在竞争日趋激烈的社会中，成为企业需要的综合型人才。因此，学习商务礼仪的重要性不言而喻。下面介绍一下在跨境电商活动中，大家要注意哪些商务礼仪。

（一）商务礼仪的基本内容

1. 仪表仪态

仪表是一个人的外在形象，仪态是一个人的行为和风度。从一个人的衣着是否整洁美观、妆容是否得体，我们可以看出他的精神面貌是否积极向上；从一个人的一举一动、面部表情、走路和站立的姿势等仪态，我们可以感受到他的个人品质和内在修养。

2. 言谈举止

言谈举止体现在一个人和他人面对面、电话或邮件交流时的语言习惯和方式，以及在商务活动中的行为习惯和方式。言谈举止是人们日常交往的基本途径，谈话的内容和水平取决于谈话者的思想道德水平和内在修养。平时要不断地提高自身基本技能和素质，才能在商务活动中做到言语生动、举止有度、谈吐不凡。

例如，和他人初次见面时，握手时应注视对方并微笑致意；交换名片时，以文字正向对方，一边自我介绍，一边双手递过名片；接受他人递来的名片时，应该双手接过，并表示感谢。和他人面对面交谈时，要注意察言观色，认真倾听对方讲话，不要无故打断他人讲话；电话交谈时要礼貌地介绍自己，语言简洁明确，声音明朗清晰，同时要注意做好电话记录；和他人发邮件时，要注意使用书面用语和礼貌用语，措辞得当。

3. 会客礼仪

商务会客礼仪是指在两个或两个以上的公司或企业人员在商务会谈或访问中要遵循的语言和行为举止的礼仪。若公司和其他企业有商务会谈，应该在会谈开始前到达，并到门口迎接来访人员。如果是初次见面，一般由礼宾人员或我方迎接人员中职位最高者向来访者介绍，其间要面带微笑，以示友好；如果不是初次见面，可直接行握手礼等见面礼节。

如果来访者需要参观公司相关部门，一般需要身份相当的人陪同，并根据实际情况安排翻译、解说等工作人员。

4. 餐桌礼仪

餐桌礼仪是商务礼仪的一个重要内容，文明的餐桌礼仪是一个人修养良好的最佳体现。在和客人共同进餐时，要举止文明，用餐优雅。切忌边吃东西边聊天，以及进餐声音过大。

（二）商务礼仪的基本原则

1. 仪表仪态规范

在商务活动中，要做到仪表仪态规范，即衣着整洁美观、仪态端庄大方、待人礼貌亲切。这是对自己的尊重，更是对他人的尊重。着装在个人形象的塑造上起着非常重要的作用，而个人形象又与企业形象密不可分，所以要注重不同的商务场合对于着装的不同要求。同时，也不能忽视优雅得体的仪态以及平时待人处事的态度和风度。

女士着装：发型大方，化淡妆，衣着得体，裙子长度适宜，鞋子整洁，面带微笑。切忌浓妆艳抹或不化妆；裙子不应过长或过短；衣服颜色要搭配得当，不能过于花哨；穿裙子时最好穿肤色丝袜且丝袜不能破洞。

男士着装：发型清爽大方，面部整洁干净，西装平整，鞋子光亮，面带微笑。男士应在大部分商务场合穿西装和皮鞋，颜色以深色系为主，且全身衣服颜色不能超过三种；一般来说，腰带、鞋子和公文包颜色应该一致。切忌在正式场合穿颜色过于鲜艳的衬衫或袜子。

2. 相互尊重和理解

由于历史和文化的差异，东西方在人生观、价值观等方面都有着相当大的不同，我们不能以本国的风俗习惯去强行要求对方。在跨境电商中，可以通过网络或书籍等途径了解对方国家的风俗习惯和禁忌，做好合作之前的充分准备。在交流沟通的过程中，要尊重和理解对方的文化和信念，尊重文化多样化，让对方感受到我们的企业文化，促进双方的长期合作。

3. 待人真诚友好

真诚是双方合作的基础。跨境电商的从业人员必须时刻以友好真诚的态度对待他人，给他人留下好的印象，提高企业的形象。跨境电商的大部分环节都是在线上完成，双方距离遥远，不可能时刻观测到产品和服务的优劣好坏。不能欺骗或隐瞒合作方，具有良好信誉的企业才能获得长足发展。

（三）商务礼仪的基本要求

1. 注重个人和企业形象

在跨境电商活动中，要时刻注意维护个人和企业的形象，良好的个人形象是企业形象的缩影，而良好的企业形象是企业的无形资产。在现代愈发激烈的市场竞争中，一个具有良好形象和信誉的企业，更容易获得社会与各国的信任和支持。

2. 遵循国内法律法规

我国发布了一系列关于电子商务的相关法律法规，比如《中华人民共和国电子签名法》《互联网电子邮件服务管理办法》《电子商务模式规范》《关于网上交易的指导意见》等。电商企业在商务活动中必须遵循相关法律法规，一切行为都要合乎国家法律，不能做出扰乱国家秩序的行为。

3. 遵循国际准则和规范

跨境电商是指分属于不同国家的交易主体，通过电子商务手段将传统进出口贸易中的展示、洽谈和成交环节电子化，并通过跨境物流及异地仓储送达商品、完成交易的一种国际商业活动。跨境电商会涉及多个国家进行交易，国际贸易必须遵循国际准则和规范，不能扰乱国际贸易秩序。

二、 消费习惯

消费习惯是指消费主体在长期消费实践中形成的对一定事物具有稳定性偏好的心理表现。简单来说，消费习惯就是消费者对某种商品、品牌或消费行为方式的偏好。其本质是个人的一种稳定性消费行为，是人们在长期生活中慢慢积累而成的，反过来又潜移默化地影响着人们的购买行为。

东西方国家有着不同的消费趋向和习惯，下面了解一下主要国家不同的消费习惯和特点。

（一）美国

1. 消费心理

和产品的价格和包装相比，美国人更重视产品质量，产品质量的优劣是进入美国市场的关键。在美国市场上，高、中、低档货物差价很大，如一件中高档的西服零售价在40~50美元，而低档的则不到5美元。商品质量稍有缺陷，就只能放在商店的角落，减价处理。其次包装也是一个重要因素，产品不但要质量好，更要包装精美，给人以较好的视觉体验。

美国是一个注重效率的国家，在他们看来，浪费时间就等于浪费生命。他们希望下单后可以尽快收到让自己满意的产品。所以在设置运费模板的时候最好尽量同时设置四大快递等高效率的物流方式，如果不能这样做，可以在产品描述中进行解释说明，让买家有心理准备或选择其他卖家，这样即使没有做成这一笔交易，也会给他们留下好的印象。

由于美国版图比较大，横跨三个时区，所以不同时区买家的上网采购时间不同。为了提高卖家发布商品的关注率，卖家应该积极总结，选择一个买家上网采购时间比较集中的时间段来发布产品。

2. 圣诞营销

每个季节都有一个商品换季的销售高潮，如果错过了这个销售季节，就要对商品降价处理。美国的大商场和超级市场的销售季节是：1~5 月为春季，7~9 月为初秋升学季，主要以销售学生用品为主；11~12 月为圣诞时期，恰逢退税季节，人们都趁机添置生活用品、购买圣诞礼物。此时美国的市场是最火爆的，各种商品很快就会销售一空。所以卖家要利用好圣诞时期的节日营销。

（二）加拿大

1. 消费人群

加拿大人均生活水平较高，对商品品种的要求多、需求范围广，从普通的纺织品、服装、轻工商品、日用商品、家电产品到大型的机电产品等都有需要。枫树是加拿大的国树，枫叶的标志被广泛应用，也为世界所周知。

加拿大是美国跨境电商的重要市场之一，60%的加拿大人从美国网购，其中 38%的加拿大人生活在安大略省。这里相对较低的物流费和相对较低的汇率，使加拿大居民的网购热情持续有增无减。加拿大信用卡的渗透率也非常高，81%的在线支付都是信用卡支付，紧随其后的是使用 PayPal。加拿大地广人稀，物流对于加拿大偏远郊区来说是一个挑战。

2. 消费特点

加拿大地处寒带，冬季较长，因此对冬季商品需求量较大，冬季服装，如羽绒服、滑雪服及与冰雪运动有关的器械，如冰鞋、滑雪板等在加拿大都有很好的销路。在夏季，加拿大人喜欢露营、登山、游泳、骑自行车、垂钓、养花，因此，帐篷、运动鞋、游艇、帆船、气垫船、山地车、各种渔具、园艺工具等在加拿大市场都有销路。

加拿大是一个热爱运动的国家，54%的人经常参加体育活动，体育器材和设备需求量大。最受加拿大人青睐的前五项体育活动分别为：高尔夫、冰球、棒球、游泳和篮球。2014 年，加拿大体育用品市场规模高达 82.51 亿加元，而且加拿大人均体育用品消费 240 加元，远高于美国的 187 加元。在 82.51 亿加元当中，体育器材销售额为 44.93 亿加元（占 54.5%），运动鞋销售额为 21.38 亿加元（占 25.9%），运动服销售额为 16.2 亿加元（占 19.6%）。

加拿大返校购物开支高涨，服装销量最大。看到孩子的同学高消费拥有好东西时，父母也会不惜血本让自己的孩子同样拥有，彼此相互影响。父母为孩子购买的商品中，时尚服装最受欢迎，消费额占预算总额的比例最高，53%的父母都会把大部分钱用于购买服装。与此形成鲜明对比的是，科技产品则不受父母欢迎，只有 6%的父母会把大部分钱用于给孩子购买电脑或其他电子产品。

宠物用品行业市场发展潜力巨大。里贾纳、萨斯卡通、本拿比、温莎市、基奇纳、里士满、加蒂诺、伦敦市、万锦市和埃德蒙顿是最爱购买宠物用品的十大城市。购买最多宠物玩具和零食的城市分别是萨斯卡通、里贾纳、温莎市以及本拿比。加拿大人给狗买的用品数量比给猫的更多，而且不仅限于猫和狗，给兔子、鸟、鼬和仓鼠购买食品、玩具和服装的人也不在少数。

（三）意大利

1. 消费人群

意大利网购人群年龄多在 18~44 岁，55.4%为男性，44.6%为女性。每天购物最多的时间段为每天的 21 点~23 点。购买产品中，47%为虚拟产品或服务（付费音像资源、旅游服务等），53%为实物产品。电商平台是最主要的购物渠道。意大利社交媒体也主要是国际性的网站，本土特色不明显。

意大利人说话时手势较多，表情富于变化，易情绪激动，常常会为很小的事情互不相让。意大利人比德国人少了一些刻板，比英国人多了一些热情，但在谈判合同、做出决策时不会感情冲动，一般不愿仓促表态，比较慎重。同时比较重视产品的价格，在价格方面显得寸步不让，喜欢采用代理的方式。

意大利人有节约的习惯，不愿多花钱追求高品质，而德国人却宁可多付款来换取高质量产品和准确的交货日期。意大利人同时追求时髦，衣冠楚楚，潇洒自如。他们的办公地点一般都设施讲究，比较现代化，并且他们对生活的舒适也十分注重。与他们谈判时，着装时尚潇洒会给他们留下好的印象。

意大利人与外商做交易的热情不高，他们更愿意与国内企业打交道。由于历史和传统的原因，意大利人不太注重外部世界，不主动向外国观念和国际惯例看齐。他们信赖国内企业，认为国内企业生产的产品一般质量较高，而且国内企业与他们存在共同性。所以，与意大利人做生意要有耐心，要让他们相信你的产品比他们国内生产的产品更为物美价廉。还有一点应注意的是，在意大利从事商务活动，必须充分考虑其政治因素，了解对方的政治背景，以防政局变动而蒙受经济损失。

2. 消费特点

意大利骑行行业跨境电商潜力巨大。从2013年至2014年，跨境电商骑行行业热度持续上升，相关产品的搜索及销量均大幅上涨。敦煌网的数据显示，自行车重点产品线主要为自行车零件、骑行服、自行车配件等。其中，销售额占比最大的是自行车零件产品，约为46%，如车架、车轮、车把等，其次是骑行服，占比为34%，而自行车配件的销售额占比为10%，除了美国、日本外，当属加拿大和意大利骑行跨境市场潜力大了。

3D打印机在意大利跨境市场占比持续增加。3D打印机在全球都受欢迎。根据有关数据显示，美国市场居首位占22%，其他多语言市场占比也很高，意大利占12%，德国占8%，墨西哥占6%，法国占4%，西班牙占3%，其他国家都在3%左右，比较平均，所以从市场热度来看，3D打印市场前景广阔。

意大利是世界童装消费市场中的第六位，目前，童装世界工厂主要设立在中国、印度、巴基斯坦、马来西亚、土耳其和墨西哥等地，这些厂家一部分是本地区投资并运营，一部分是厂商接受其他品牌的贴牌进行生产。

意大利玩具行业发展迅速。在世界最大的玩具进口国家和地区中已跻身前十。在手机行业，来自意大利、西班牙、法国、荷兰等小语种国家流量增长迅猛，这点也值得卖家关注。

(四) 巴西

1. 消费人群

巴西是世界人口大国之一，GDP排名世界第七，南美第一。巴西的电子商务发展迅速，消费人群以女性为主，主要是高收入社会阶层，英语较好。

2. 消费特点

巴西买家的消费趋向主要为服装配饰、化妆品、手机、电器、家具和运动产品等。

其中服装以休闲大气的欧美风为主，配色夸张，追求潮流，巴西买家喜欢有色彩冲击并且颜色搭配较好的产品。

巴西买家更倾向于朋友之间的互相推荐，也喜欢在 Facebook 等社交网站上分享好的商品。他们购物时会参考其他买家的评论，因此高质量的产品会获得更高的回头率和市场。

巴西人在消费方面还有一个特点是非常注重售后服务和产品的耐用性。一般而言，商品最好附带说明书。

相比较而言，巴西人更喜欢包邮的产品。

巴西的无线市场增长快，手机购物的人群比例大，网购习惯较成熟。SNS 是巴西网民花费时间最长的网络应用，并且增速迅猛。另外，巴西用户的付款方式主要是信用卡支付，并且喜欢分期付款。

3. 特色营销

巴西买家喜欢购买有折扣的产品，喜欢参与促销活动。所以我们要运用节日营销和社交网络营销来吸引买家。

节日营销：受宗教文化的影响，巴西人很注重各种节日，比如万圣节、圣诞节等西方传统节日。在这些节日中，各种商品的促销活动是最受欢迎的。要利用好不同节日的寓意来做好有特色的节假日营销活动。

社交营销：巴西人很喜欢社交网络，人均社交好友 306 人左右，平均每个人在社交网络上花费的时间是 10 小时/月，使用社交网络的总人数已达全球第四名。其中使用最多的社交网络以 Facebook、YouTube 为主，卖家可以利用这些社交网络进行适当有效的产品营销。

（五）俄罗斯

俄罗斯季节温差较大，营销的季节性很强。俄罗斯的冬天很冷，所以人在室外非常注重保暖，帽子、围巾、手套是必备品；女性还特别热衷购买动物皮毛的外套。所以在冬季热销的商品有帽子、手套、围巾、皮草长大衣、皮草短大衣等。

俄罗斯人在外面和在家时穿的衣服不一样。在家一定会换家居服，洗完澡会披浴袍，睡觉的时候又穿上薄一点、舒服一点的睡衣。所以家居产品热销的有家居鞋、家居衣和睡衣之类。

俄罗斯人热爱运动。运动是生活的重要组成部门，他们会经常购买专门的运动服、运动鞋及配件。

俄罗斯人爱度假。俄罗斯人（特别是年轻人和孩子）有度假的习惯，一般喜欢去海滩，所以会购买很多海滩上用的东西，像泳装、海滩上穿的衣服和沙滩鞋之类。

俄罗斯女性很喜欢追赶流行，时刻关注新款的服装、鞋、包。一些当季热门和热卖的、新奇的、创意流行的商品比较受追捧。俄罗斯的成年女性不喜欢太过可爱的穿衣风格，他们更喜欢欧洲的性感风。俄罗斯男人比较高大，而且也有很多肥胖的人群，所以对加大码的衣服有特殊偏好。俄罗斯用户较偏好看到欧美模特展示服装，认为衣服会较合身。俄罗斯女性一般都会打扮、化妆，所以对美容类产品的需求大，但是他们更喜欢购买有品牌的化妆品。很多政府及公司的员工都会穿西装（正装），很多节日和正式场合也要穿西装，有些男士会配袖扣。

节日送礼很频繁。每年新年、妇女节、男人节、情人节，俄罗斯人都要送礼，这时候能提供创意类的礼物非常对他们胃口。同时对初生的婴儿十分重视，有朋友生孩子也有送礼物的习惯，喜欢购买像给新生儿的礼物之类的。

价格因素很敏感。价格在俄罗斯人的购买决策中占很大的比重，但也有一部分人更偏重有品牌的优质产品。俄罗斯客人的询盘最大的特色就是俄式英语。可能很多人第一次看很是吃力，因此建议使用靠谱的语言处理软件或者直接使用俄语与对方交流，会提升客户兴趣度，俄罗斯客人很喜欢用 Skype 在线谈生意，也用 SMS。

三、风土人情

风土人情是指一个地方特有的自然环境、风俗、礼节和习惯。例如，中国的春节、中秋节、元宵节等传统节日，以及西方的圣诞节、复活节等传统节日。

不同的地理位置孕育出不一样的风土人情，下面介绍一些国家不同的风土人情。

（一）美国

美国是世界上经济和技术最为发达的国家，不论是英语还是美元，都在世界上占据着不可替代的地位。身处在这样的国家，美国人有着与生俱来的民族优越感和自尊心，这使得他们在和其他国家谈判或合作时表现得尤为自信。美国人在商务洽谈中，语言明确，开门见山，和他们合作时不需要拐弯抹角，直击主题即可。

美国人穿衣以舒适为原则，不会明确规定在什么场合应该穿什么衣服，也不会有人在背后议论他人的衣服不合适。和美国人合作时，也可以穿得舒适自在一点，但是不能邋遢，衣服必须整洁。

美国上班时间是 8 小时工作制，一般是上午 9 点到下午 5 点，相当于国内的晚上 9 点到凌晨 5 点。美国人下班后都不喜欢额外加班，所以最好在他们的工作时间联系他们。可以通过世界时间表网站查询美国的时间表。

一般来说，美国买家喜欢追求时尚，爱好高科技，喜欢社交网络，所以在平时的沟通中也可以多使用一些潮的词汇或者社交工具，尤其是对于商业相关性较大的词汇和话题，可能会能吸引住美国买家，他觉得和你兴趣相投之后，就会多和你联系。

1 月份：冬季服装打折，是服装的销售旺季。

2 月份：2 月 14 日是美国的情人节，是时尚饰品、珠宝和手表、箱包礼品的火热销售季节。

3 月份：美国的春季也是服装销售的旺季。3 月 31 日的复活节是园艺产品的销售旺季，家居用品和美容化妆产品会随着春季新品的到来而迅速升温。除此之外，3 月份也是户外用品、桌球等产品的销售旺季。

4 月份：园艺产品的销量很好。4 月份也是婚礼筹办的好季节，伴娘礼服或婚礼用品会比较火热。

（二）加拿大

在加拿大，商务沟通时送的礼品不可太贵重，否则会被误认为是贿赂。切忌送带有本公司广告标志的物品，他们会误认为不是通过送物品表达友谊，而是在做广告。

邀请加拿大商人赴宴，不要请他们吃虾酱、鱼露、腐乳和臭豆腐等有怪味、腥味的食物，忌食动物内脏和脚爪。不要在自己的餐盘里剩食物，他们认为这是一种不礼貌的行为。

加拿大商人崇尚办事立竿见影。与加拿大人谈判时，注意洽谈时不要绕圈子、讲套话。谈判时应注意如下方面：谈话时，切忌把加拿大和美国进行比较，尤其是拿美国的优越方面与他们相比。切忌询问加拿大客户的政治倾向、工资待遇、年龄以及买东西的价钱等诸如此类的事情，他们认为这些都属于个人的私事。

（三）英国

英国人待人彬彬有礼，讲话十分客气，“谢谢”和“请”字不离口。所以对英国买家讲话发邮件也要客气，不论他们工作和职位如何，都要以礼相待，请他办事时说话要委婉，不要用使人感到有命令的口吻，否则，可能会使你遭到冷遇。英国人特别讲究绅士风度，善于与人交往，讲究交际礼仪。这不仅仅是英国人对自己的要求，他们对卖家修养与风度亦非常看重。

英国人注意服装，穿着要因时而异。他们往往以貌取人，仪容态度尤须注意。英国人讲究穿戴，只要一出家门，就得衣冠楚楚。但他们守旧，一般都热衷于矜持庄重。一般家庭喜爱以前几代人传下来的旧家具、旧摆设、旧钟表。

英国的等级观念非常严重，深入人心。所以要求沟通的对方能够配得上自己，但不是派出的人员身份越高越好，而是要和对方身份对等，否则谈判也很难顺利进行。受到款待一定要致谢，事后致函表示谢意，更能引起注意，赠送小礼品能增加友谊。

不要随便闯入别人的家。但若受到对方的邀请，则应欣然前往。这无疑可理解为对方在发出商务合作可能顺利实现的信号。但在访问时，最好不要涉及商务，不要忘记给女士带上一束鲜花或巧克力。在英国，“女士优先”的社会风气很浓。给英国女士送鲜花时，鲜花数量宜为单数，不要为双数和13，不要送英国人认为象征死亡的菊花和百合花。

与英国买家沟通时，不要涉及政事和历史，称谓英国领导人时一定要讲全名称，比如英国女王的正确称谓是大不列颠及北爱尔兰联合王国女王。不要以英国皇室的隐私作为谈资。英国女王被视为其国家的象征。

与英国买家沟通时，不能一直讲下去，因为英国买家是不会打断正在进行的谈话，但是当他被迫听时，会失去兴趣，就算已然显得彬彬有礼，但其实内心已经不想取得合作。交流时一定要有耐心，英国买家一般态度强硬，而且就算他们事先没有充足的准备，但还是固执己见，所以一次谈不成，可以安排多次谈判，千万不能急躁。

(四) 巴西

巴西人性格豪爽开放，喜欢直来直去，讲话不会拐弯抹角。在人际交往中往往会表现得幽默风趣、活泼好动，会直接表露情感，并且待人慷慨大方、热情好客。巴西原住民很少，基本是移民后代，文化多元性丰富，容易接受外来事物，热爱运动、艺术和美食。

在巴西，按惯例来说，商业会见时只喝咖啡。

尽管巴西的办公时间通常是早上九点钟到晚上六点钟，但是决策者一般上班较晚，下班也较晚，所以给巴西管理人员打电话的最佳时间段是上午十点到中午十二点，以及下午三点到五点。

巴西的公共假日是1月1日、4月21日、5月1日、9月7日、11月15日、12月25日。需要注意的是，1月6日、2月17日与18日、6月24日与29日虽然不是公共假日，但这期间巴西的劳动力不足。

在巴西，棕色和紫色代表悲伤，黄色表示绝望。他们认为人的逝去就如黄叶落下，所以忌讳棕黄色，他们迷信紫色会给人们带来悲伤，所以同样忌讳紫色。除此之外，深咖啡色也被认为会招来不幸。所以在和巴西人做交易时，需要特别注意产品的颜色要代表积极向上的寓意。

【结语】

本章以跨境电商从业人员的素质要求为核心，分成了五个小节。第一节介绍了跨境电商公司的岗位设置以及跨境电商从业人员需要具备的职业素养；第二节介绍了现代通信工具 Skype 和 WhatsApp 的主要功能和使用方法；第三节介绍了如何运用 Photoshop 进行简单的图片处理；第四节介绍了跨境电商中常用的商务英语词汇和表达；最后一节介绍了在跨境电商活动中，要注意哪些商务礼仪，以及要了解的国外的风土人情和消费习惯。这些都是跨境电商从业人员需要掌握的基本技能，要注意把理论知识恰当地运用到实际工作中，具体问题具体分析。

【课后习题】

一、单项选择题

1. 这个图标是哪种应用软件的标志？(　　)

A. Skype　　B. WhatsApp

C. Sale　　D. Facebook

2. 这个图标是哪种应用软件的标志？(　　)

A. Skype　　B. WhatsApp

C. Sale　　D. Facebook

3. 如果希望从任何一张打开的图像上取样后复制到现用图像上，但是两张图像的色彩模式必须一样，可以用以下哪种工具达到这个效果？(　　)

A. 规则选框工具　　　　B. 套索工具

C. 魔棒工具　　　　D. 仿制图章工具

4.（　　）工具的使用方法与画笔有点类似，在屏幕上按下鼠标任意拖动，松手（或按回车键）后即可建立一个与拖动轨迹相符的选区。

A. 规则选框工具　　　　B. 套索工具

C. 魔棒工具　　　　D. 仿制图章工具

5. 在用 PS 软件处理图片时，我们可以用（　　）工具来擦除图片中不需要的部分。

A. 橡皮擦工具　　　　B. 套索工具

C. 魔棒工具　　　　D. 仿制图章工具

二、多项选择题

1. 跨境电商业务员经常用（　　）进行沟通。

A. Skype　　　　B. WhatsApp

C. Sale　　　　D. Facebook

2. 写外贸开发信的时候，（　　）是我们应该注意的。

A. 标题主题明确　　　　B. 尽量写得长一些，内容详尽充分

C. 避免被当作垃圾邮件　　　　D. 吸引眼球

3. 采用（　　）可以使你的外贸开发信避免被当作垃圾邮件。

A. 避免开发信中有 URL　　　　B. SPAM 高频词要避免

C. 避免群发

D. 第一次给陌生邮件地址发邮件最好不要有图片和附件，等客户回复后才可带

4. 根据客户发出询盘的动机分析，可以把客户分为（　　）。

A. 寻找厂家型　　　　B. 准备入市型

C. 收集信息型　　　　D. 索要样品型

E. 骗子客户

5. 商务礼仪涉及（　　）。

A. 仪表仪态　　　　B. 餐桌礼仪

C. 言谈举止　　　　D. 会客礼仪

三、判断题

1. Skype 和 WhatsApp 都可以向好友发送图片、语音和视频文件。（　　）

2. Photoshop 是一款非常专业的即时通信软件。(　　)

3. Ctrl+0 快捷键的功能是按屏幕大小缩放，显示原图。(　　)

4. 套索工具的使用方法与画笔有点类似，在屏幕上按下鼠标任意拖动，松手（或按回车键）后即可建立一个与拖动轨迹相符的选区。(　　)

5. 邮件中含有 SPAM 高频词，如 Free，Discount，Opportunity，Cheap，Loan，Profit，Stock 等，很容易被判定为垃圾邮件。(　　)

第七章

CROSS BORDER E-COMMERCE

跨境电商网络营销推广

本章重点

本章学习重点是掌握如何利用搜索引擎了解海外市场、掌握行业及产品数据。对国外主要的社交网站有一个认识，并且了解如何利用社交平台寻找潜在买家。利用搜索引擎研究竞争对手是市场竞争研究的重要部分，对于判断特定关键词的竞争程度及了解行业整体情况非常有价值。掌握如何利用搜索引擎分析竞争对手也十分必要。最后还需掌握如何使用搜索引擎以及社交平台寻找国外潜在买家。

学习目标

本章旨在让学习者了解如何利用搜索引擎分析海外市场，熟悉利用搜索引擎分析特定行业市场及竞争对手情况的方法，从而帮助营销人员迅速决定是否要进入一个市场并且迅速利用搜索引擎和国外社交平台找到潜在的海外买家。完成本篇学习，学习者应获得以下成果：

(1) 了解利用搜索引擎进行海外市场及竞争对手分析的方法；

(2) 掌握利用搜索引擎寻找国外买家的方法；

(3) 了解国外主要的社交平台；

(4) 掌握利用社交平台寻找潜在买家的方法。

第一节　搜索引擎

一、搜索引擎概述

（一）搜索引擎的定义

搜索引擎（Search Engines）是对互联网上的信息资源进行搜集整理，然后提供查询的系统，它包括信息搜集、信息整理和用户查询3个部分。

搜索引擎是一个提供信息“检索”服务的网站，它使用某些程序把互联网上的所有信息归类以帮助人们在茫茫网海中搜寻到所需要的信息。

早期的搜索引擎是把互联网中的资源服务器的地址收集起来，由其提供的资源的类型不同而分成不同的目录，再一层层地进行分类。人们要找自己想要的信息可按他们的分类一层层进入，就能最后到达目的地，找到自己想要的信息。这其实是最原始的方式，只适用于互联网信息并不多的时候。随着互联网信息按几何级数式增长，出现了真正意义上的搜索引擎，这些搜索引擎知道网站上的每一页，随后可以搜索互联网上的所有超级链接，把代表超级链接的所有词汇放入一个数据库。这就是现在搜索引擎的原型。

（二）搜索引擎营销

1. 搜索引擎营销的定义

搜索引擎营销的英文为“Search Engine Marketing”（SEM是缩写）。搜索引擎营销是一种营销方法，它根据用户使用搜索引擎的习惯，采用付费形式或者技术手段，使网页在关键词搜索结果中排名靠前，引导用户点击，从而达到品牌展示和促进销售的目的。

搜索引擎营销的基本思想是让用户发现信息，并通过搜索引擎搜索点击进入网站/网页进一步了解他们所需要的信息。简单来说搜索引擎营销所做的就是以最小的投入在搜索引擎中获得最大的访问量并产生商业价值。它的方法主要包括：搜索引擎优化（SEO）、点击付费广告（PPC）、竞价排名、付费收录等。

2. 搜索引擎营销的价值

美国知名搜索引擎营销专业服务商 iProspect 和市场研究公司 Jupiter Research 联合调查显示：互联网用户使用搜索引擎越来越没有耐心，越来越多的互联网用户仅关注搜索引擎结果第一页的内容，如果第一页面没有满意的结果，立刻变换关键词或者更换搜索引擎重新进行检索。

iProspect 调查结果如下：62%的搜索用户只点击搜索结果第一页的链接，2002 年的这个比率是 48%，2004 年这个比率是 60%。此外，高达 90%的搜索者只查看搜索结果前三页，2002 年和 2004 年这个比率分别是 81%和 87%①。

因此，通过搜索引擎营销手段让自己的网站在搜索结果中排到靠前的位置是十分必要的，这样搜索引擎才可能为你带来更多的关注和点击，同时也带来更多的商业机会。

二、 利用搜索引擎分析市场

对于大部分出口型企业而言，Google 不是一个陌生的名词。在多数人的记忆中，Google 就是搜索关键词的竞价广告。要付出大量的成本才能得到相应的推广效果。

事实上，Google 还有很多免费的工具供用户选择和使用，便于我们了解产品及行业情况，指导我们找到最精准的推广方式。下面，我们就分享两个 Google 工具的使用。

（一）Google 全球商机洞察

Google 全球商机洞察的主界面如图 7-1 所示。

---

① 数据来源：iProspect & Jupiter Research，2016 年 1 月。

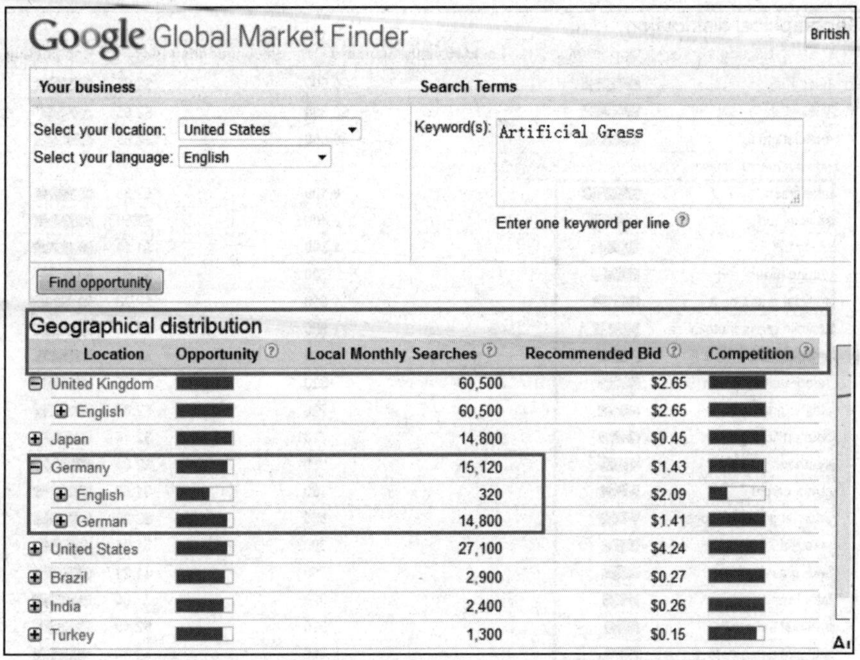

图 7-1　Google 全球商机洞察的主界面 1

当你点开“http：//translate. google. com/globalmarketfinder/g/index. html？ locale = zh _ CN”这个链接，在中间框输入产品关键字，右侧过滤器可以选择你想测试的国家范围。一般初次使用时不用改动，用起来再改动的效果一样。

下一步你可以看到这个界面（见图 7-2），左侧框内是一系列详细数据，可以判断我们的产品在下列国家的商机情况。点开国家前面的“+”位置，这里会给我们提示，我们的产品在每个国家有几种语言的搜索，每种语言的本土表达是什么，另外还有搜索热点词。

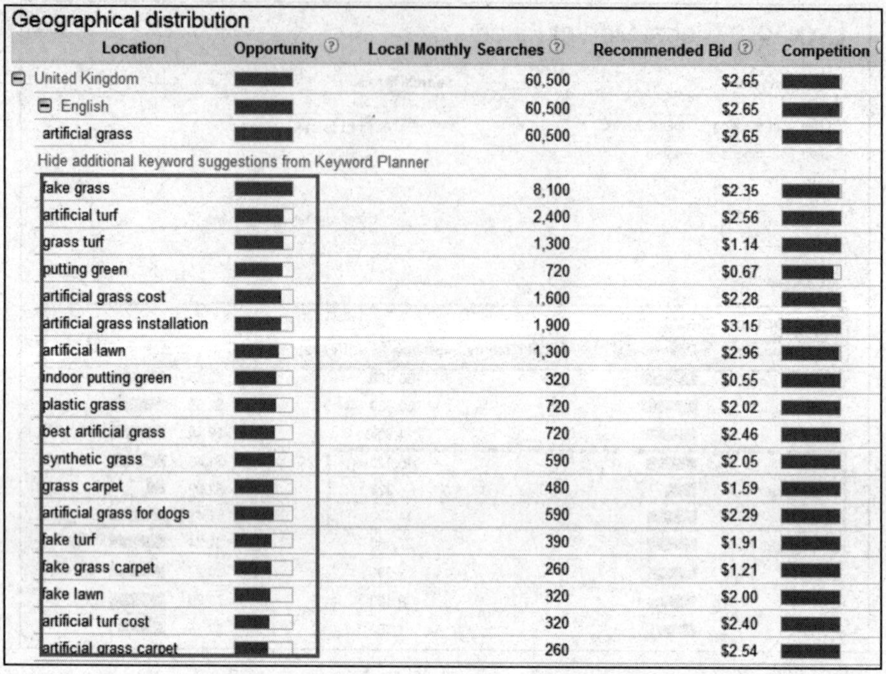

Geographical distribution

Location	Opportunity	Local Monthly Searches	Recommended Bid	Competition
United Kingdom		60,500	$2.65	
English		60,500	$2.65	
artificial grass		60,500	$2.65	
Hide additional keyword suggestions from Keyword Planner				
fake grass		8,100	$2.35	
artificial turf		2,400	$2.56	
grass turf		1,300	$1.14	
putting green		720	$0.67	
artificial grass cost		1,600	$2.28	
artificial grass installation		1,900	$3.15	
artificial lawn		1,300	$2.96	
indoor putting green		320	$0.55	
plastic grass		720	$2.02	
best artificial grass		720	$2.46	
synthetic grass		590	$2.05	
grass carpet		480	$1.59	
artificial grass for dogs		590	$2.29	
fake turf		390	$1.91	
fake grass carpet		260	$1.21	
fake lawn		320	$2.00	
artificial turf cost		320	$2.40	
artificial grass carpet		260	$2.54	

图 7-2　Google 全球商机洞察的界面 2

在这里，我们就可以得到以下信息：

1. 我们的产品在哪些国家热度最高；
2. 产品在每个国家的竞争程度；
3. 产品在每个国家的本地化语言表达；
4. 每个国家关于本产品的热搜词。

通过 Google 全球商机洞察，我们可以找到产品的需求国家。

（二）Google 趋势

接下来，我们介绍另外一个工具“Google 趋势”，该工具主要用来具体分析某个产品在特定国家的需求情况。我们来认识下这个界面上的数据价值。

先看这个数据图（见图 7-3），中间位置的波浪图形，是选择“2004 年至今”选项后，假发（wig）每月的搜索量。从这里很惊异地发现，每年的峰值总是在 10 月出现。

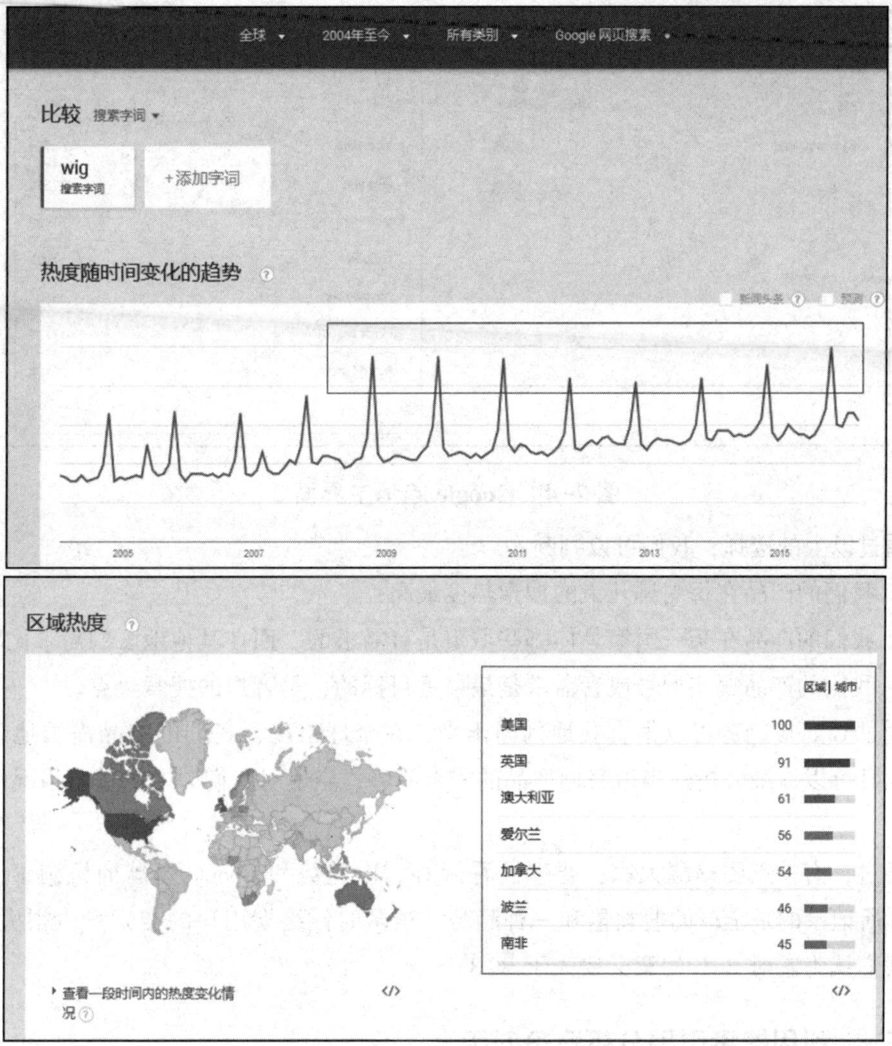

图 7-3　Google 趋势主界面 1

查看一段时间的热点变化情况，输入热门需求的时间段相关字词，设置你想要看的时间段，如“2004 年至今”，即可得到热门搜索。

你可以将图 7-3 地理位置模块里面的“全球”改为“美国”，“2004 年至今”改为“过去 90 天”，再将图 7-4 中右下方“相关字词”右侧的“热门”改为“上升”。那么，波浪图将变成每天的数据。

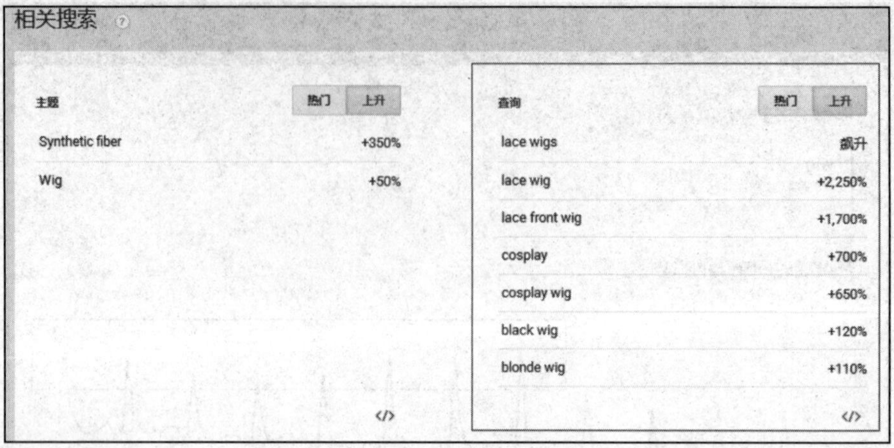

图 7-4　Google 趋势主界面 2

通过以上的选择，我们可以判断：

1. 我们的产品在每周哪几天的搜索热度最高；

2. 我们的产品在某一国家具体哪些城市是有需求的，而在其他地区的需求比较淡；

3. 我们的产品哪些型号或者需求是最接近目标的，是客户的搜索热点。

通过 Google 趋势可以很直观地判断出来，在全球市场，我们的产品需求地区在哪里，而且可以详细分析在当地我们产品的需求趋势、当地对我们国内的进口情况的关注度等。

不过，有一点要提醒大家，要理性看待 Google 趋势和 Google 全球商机洞察，因为 Google 所记录的是全球的搜索量和一种趋势，很多时候终端用户的搜索量占很大一块，所以我们认为它对 B2C 的意义要大于 B2B。

三、 利用搜索引擎分析竞争对手

无论是做企业，还是做网站或者任何行业都会有竞争对手，大家亦敌亦友，互相学习共同进步。我们外贸行业也是如此，在决定进入一个外贸行业之前，首先要做的就是研究行业趋势。当我们对一个行业进行了仔细的分析，发现这个行业有着良好的发展趋势，下一步我们需要做的就是要研究我们潜在的竞争对手了，所谓知己知彼，百战不殆。

如果我们跳过了分析行业及研究竞争对手这两个环节，就容易拍脑袋贸然进入一个行业。没有一个良好的规划就开始做网站做推广，最后只能带来两个结果：一是自己想做的关键词排名怎么都做不上去；二是自己认为不错的关键词，排名做到了第一也没有什么流量，进而也不会带来询盘或者订单。

确定你的竞争对手其实很简单，在搜索引擎中搜索产品的核心关键词，排在前两页的网站就是你的主要竞争对手。当然我们还需要从以下几个方面进一步去了解我们竞争对手的网站。

（一）了解网站的基本数据

想深入了解一个竞争对手的网站，就要对这个网站有深入的分析。我们先要从他们网站的基本数据开始进行研究。

在开始进行研究之前我们先要安装必备的分析工具。首先下载火狐浏览器（Firefox），在菜单中找到“获取附加组件”，搜索 SEO 关键词，我们会看到火狐浏览器为我们罗列出了下载热度最高的附加组件，请选择“SEO Site Tools”或者“WebRank SEO Toolbar”进行安装（见图 7-5）。

图 7-5　Firefox 浏览器添加 SEO 插件界面

安装好工具条之后，我们使用火狐浏览器打开“www.google.com”，在搜索框中输入关键词“Wedding Dresses（结婚礼服）”，我们来看自然搜索结果的排名（见图 7-

6）。

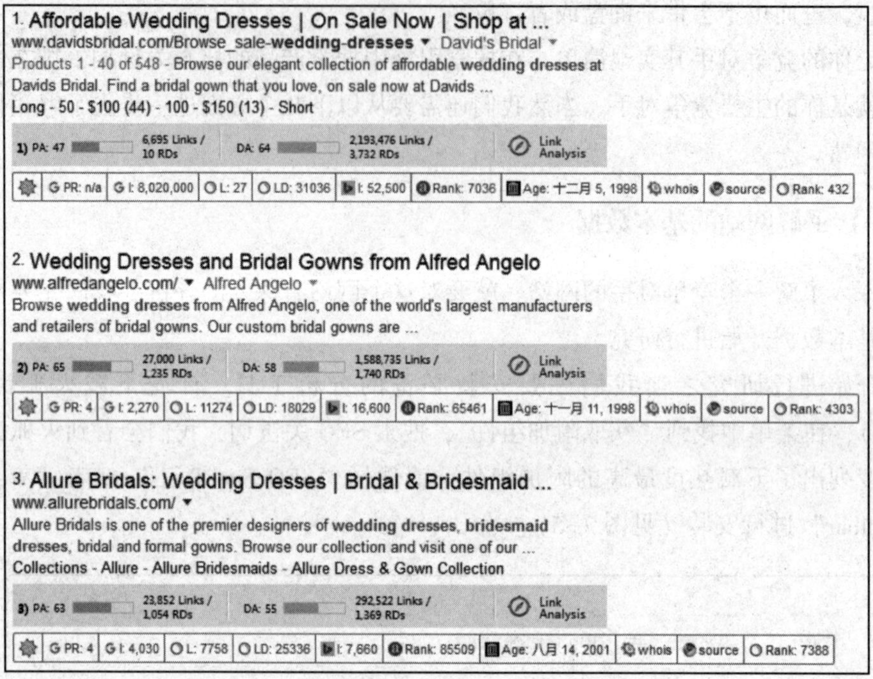

图 7-6　Google 搜索关键词界面

首先我们来看“Wedding Dresses”这个关键词，大家可以使用上一部分我们提到的工具分析一下“Wedding Dresses”这个关键词的全球搜索量及竞争程度，我们发现这是一个热度很高的关键词，全球每月搜索量非常高并且竞争十分激烈。可想而知对于这样一个热度非常高的关键词，可以排在自然搜索结果前三位的网站一定是非常优秀的网站。无论从网站结构、内容及外链（后面会有详细讲解）建设方面都有值得我们学习的地方。

我们来具体分析一下，排在第一位的网站“www. davidsbridal. com/”，它的 DA①、PA② 分别为 64、47，如图 7-6 所示。对于做垂直类产品的网站来说这是一个非常不错的得分。我们再来看排在自然搜索结果第二位、第三位的两个网站，这两个指标的得分与排在第一的网站相差无几。那么是什么原因决定这三个网站的排

① DA：Domain Authority 是指页面所在域名的权重，满分为 100 分。

② PA：Page Authority 是指基于链接计算的页面排名潜力权重分数，满分为 100 分。

名次序呢？

我们再来看一下 Alexa 排名，这三个网站的 Alexa 排名分别为 7036、65461、85509。这是什么意思呢？大家肯定一头雾水，我们先来了解一下什么是 Alexa 排名。Alexa 排名是指网站的世界排名，主要分为综合排名和分类排名，Alexa 提供了包括综合排名、到访量排名、页面访问量排名等多个评价指标信息，它也是当前较为权威的网站访问量评价指标。Alexa 每 3 个月公布一次新的网站综合排名。此排名的依据是链接数（Users Reach）和页面浏览数（Page Views）3 个月累积的几何平均值。

根据这三个网站的 Alexa 排名我们大概可以看出一些端倪了。那么我们又有新的疑问了，是什么决定了网站的 Alexa 排名呢？我需要网站做哪方面的改进可以提升 Alexa 排名呢？对用户有价值的网站内容、合理的网站内链结构都是决定网站 Alexa 很重要的因素，除此之外还有另外一个重要决定因素，那就是外链。

（二）外链

我们看到排名第一的网站页面总共有 2193476 个 Links[①]、3732 个 RDs[②]。而排在第二位及第三位的网站的这两个指标是要远远低于排在第一的网站的。我们都知道，外部链接就像是对一个网页的投票，得到的投票越多，在 Google 看来这个页面就越受欢迎。对于一个网页来说，来自同一个网站的反向链接再多，也还是一个人或者一个网站对你的投票，不能反映外链的广泛度。只有来自成千上万不同的域名的反向链接，才意味着得到了成千上万个人的投票，所以我们在判断一个网页的外部链接策略的时候需要看这个页面获得的 RDs 才更加准确。

那么我们又有疑惑了，是不是 RDs 的数量越多就越好呢？答案当然是否定的。

当我们多研究一些关键词时，会发现排名与外部链接数量之间并不是绝对的对应关系。对于有一些关键词来说，一些外部链接很少的网页也可以获得很好的排名。我们有时候常会纳闷为什么我的网站外部链接非常多，排名仍然没有那些外部链接非常少的网站好。下面我们就为大家来解释一个好的外链应该具备哪些条件。

1. 单项链接

最好的外链是对方网站主动给予的单项链接，而我们不需要链接回去。这表明不是

① Links 是指链接总数，包括 nofollow 的以及 301 跳转的链接。

② RDs 指 Root Domains，是指链接到这个页面 URL 的域名总数。

友情交换链接，是对方网站对我们网站内容的认同并给予一个投票，在Google看来这样的单项外链才是最有价值的外链。

2. 经过编辑的外链

外部链接其实分为很多种，最有价值的是将链接嵌入软文。也就是说对方网站在一篇专业文章中很自然地提到了我们的网站，并且给予了我们一个反向链接，这表明对方网站认为我们网站上有浏览者需要的最权威、最有用的信息，所以才会提供一个反向链接到你的网站页面，这种链接才是真正意义上的投票。

3. 内容相关性

一个与目标网站内容相关的外链才是好外链。例如，一个财经评论的网站给做婚纱的网站一个单向外部链接，这在Google看来是主题完全不匹配的。即便这个财经网站拥有再高的网站权重，也不能够给婚纱网站的页面带来排名的提升。

4. 域名权重及排名

发出单向链接的网站的域名注册时间，以及该网站的域名权重都是很重要的决定因素。总的来说一个网站的域名注册时间越久，域名权重越高，对于获得该网站反向链接的网页来说排名的帮助越大。

5. 导出链接数目

一个网页页面上存在的导出链接数目越多，那么每一个链接所能分得的权重就越少。所以如果一个网站页面上没有内容，全部都是各种导出链接，那么即使这个网站拥有再高的权重对网页的排名提升效果也不大。只有实质性内容的新闻或者博客网页上得到的导出链接才具有对排名有促进效果的价值。

6. 来自“好邻居”的链接

我们在寻找外部链接的时候要关注正规网站，不要去寻找违法或者色情网站的外链。搜索引擎对于这类网站的惩罚是非常严厉的，如果我们在这种类型的网站上加了外部链接，也有可能被搜索引擎一起惩罚。

7. 来自“gov，edu”等域名的外链

“gov，edu”这类域名是不可以随便注册的，这些域名大多与政府机构、大学或者科研机构有关系，域名本身就很难获得，加上这种类型的网站上存在垃圾内容的可能性相比起其他后缀的域名要小很多。所以来自这些域名后缀的外链也是非常有价值的。

四、利用搜索引擎寻找买家

除了参加世界各地的展会，购买阿里巴巴、中国制造等第三方平台的会员等方法外，外贸从业人员还应该掌握一个强大又经济划算的工具：用搜索引擎来搜索客户，在以下内容中我们会从几个方面向大家详细介绍如何用搜索引擎寻找到全世界的买家。

（一）关键词法

搜索产品相关的关键词，会出来成千上万甚至上百万的网页，这些网页都跟我们搜索的产品有着千丝万缕的关系。将这些搜索结果进行深度挖掘可以找到很多我们潜在的买家，或者是非常有价值的行业内论坛。例如，当我们在 Google 中搜索“solar energy products”的时候，可以看到搜索引擎给出了几个关键词推荐，这些被推荐的关键词并不是随便出现在这里的，这都是 Google 通过算法计算出的跟我们输入的关键词最相关而且搜索热度较高的长尾关键词。这些都是我们用来搜索客户的很好的关键词（见图 7-7）。

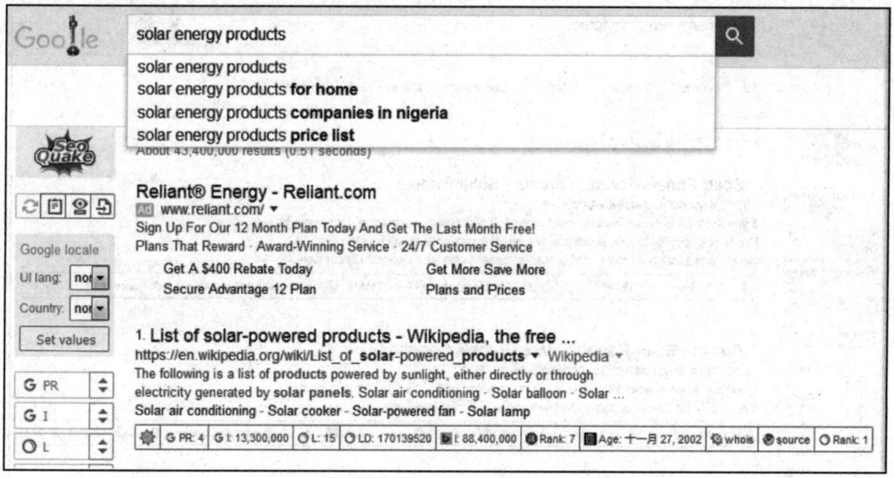

图 7-7　Google 搜索关键词出现的相关关键词推荐界面

当我们选中关键词之后，下面会出现相关的搜索结果，我们可以看到有付费的广告也有自然搜索结果（见图 7-8）。一般来说除去像“Wiki”“Youtube”等此类网站，剩下的能够排在自然搜索结果第一页的都是权重较高的企业网站或者是行业内论坛。这些企业网站本身就可能是我们的潜在客户，他们有可能就是我们的产品在相应国家的大型代理商，需要从中国进口商品到本国销售，那么我们果断要把此类网站的联系方式，例如邮箱地址、电话等保存下来；如果是一些行业内论坛那就更要引起关注了，因为很多潜在买家会在论坛中发布一些求购信息。

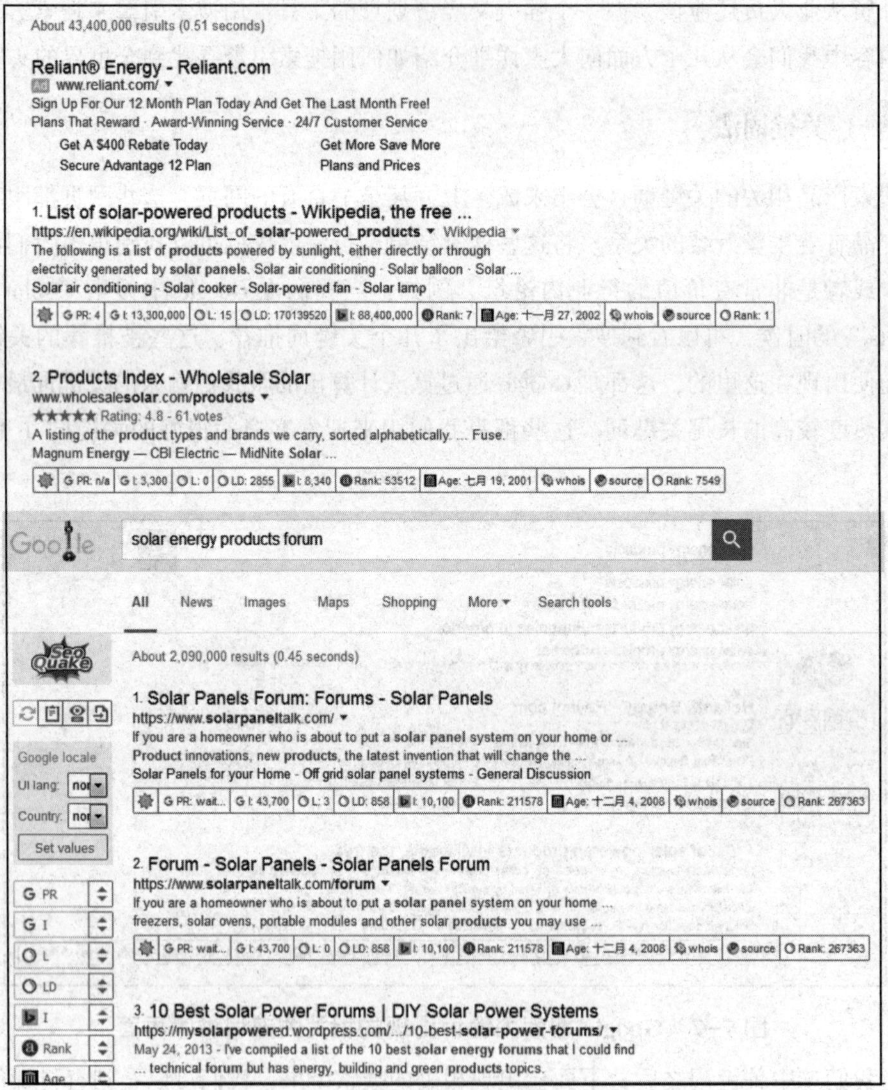

图 7-8　Google 搜索关键词界面

（二）纵向法

除了利用搜索引擎寻找可能的直接买家之外，我们还可以利用纵向思维去寻找客户。比如销售的产品是“PPR Pipes”（家用上下水输水管），我们就要思考，在国外什么样的人群可能是我们的潜在买家。如果新房需要装修肯定需要这类产品，那么房子的主人一般会到什么地方购买呢？第一种情况是在装修公司的推荐下直接从他们那里购买，第二种情况则是到类似于建材大卖场的地方购买。那么这两种人群不正是我们要寻找的潜在买家吗？那么我们到什么地方可以找到这两种人群的联系方式呢？想来，他们也是做生意的，也需要发布广告，我们可以到 Google 中搜索这类公司发布的广告，比如说装修公司发布的广告，那么我们拿到联系方式之后就可以与之联系。按照纵向法我们又可以扩展一大批潜在客户。当然潜在客户信息的获得还是要基于我们熟练使用搜索引擎。

（三）横向法

除了专业性很强的产品之外，大多数客户的采购类别都是可以延展的。比如我们搜索到一个客户的求购信息是办公桌，那么我们可以类推这个客户可能也会需要采购办公椅。有的客户的求购信息提到了金属相框，那么同样的这个客户很有可能也会对木质相框感兴趣。依此类推，我们会发现我们潜在客户范围在不断地扩大。

但是使用横向法寻找客户切记不要急躁，因为客户目前求购的产品并非我们所推荐的产品，我们需要耐心跟客户沟通，让他们对我们的产品品牌有一个好的印象，也许当时客户对我们的产品并没有需求，但是假以时日当客户需要采购类似产品的时候可以第一时间想到我们的品牌，这就够了。千万不能抱着很急躁的心态，一定要记住一句话：“欲速则不达”。

第二节 社交网络营销

一、社交网络形成的基础

（一）了解社交网络

社交网络即社交网络服务，源自英文“SNS”（Social Network Service）的翻译，中文直译为社交网络服务。社交网络服务含义包括硬件、软件、服务及应用，由于四字构成的词组更符合中国人的构词习惯，因此人们习惯上用社交网络来代指“SNS”。

（二）社交网络形成的基础

社交网络主要是根据人脉理论，通过朋友介绍来认识新的朋友，并且这个关系网可以无限地扩展下去。社交网络营销是一种非常时髦并且高效的营销方式。

二、社交网络的作用

因为社交网络这个关系网是基于真实存在的人，所以比起传统的广告渠道，社交网络可以找到更精准的客户，提高成交率，并且因为社交网络具有很强的互动性，可以使我们的广告得到很快的反馈。社交网络营销可以帮我们推广品牌，让我们的潜在客户对我们的品牌有一个很强的认知度。在某些情况下，即便不能够直接快速带来询盘，社交网络也可以跟其他营销渠道结合带来很好的推广效果。很多时候我们的潜在客户会在社交平台反复看到我们的品牌甚至跟我们进行过互动，但是当时这个潜在客户并未有采购需求，当他某一天有采购需要的时候可能会直接在搜索引擎中搜索我们的品牌从而直接带来询盘甚至订单。在这整个过程当中虽然 SEO 是询盘来源的直接渠道，但是我们不能够否认 SNS 在推广品牌方面有着不可替代的作用。

三、 主要社交网络介绍

（一）Facebook

1. Facebook 简介

Facebook 是美国的一个社交网络服务网站，于 2004 年 2 月 4 日上线。主要创始人为美国人马克·扎克伯格。Facebook 是世界排名领先的照片分享站点。截至 2016 年 3 月，Facebook 拥有约 13.5 亿用户。

Facebook 的总部在门罗帕克的 1 Hacker Way。从 2006 年 9 月 11 日起，任何用户输入有效电子邮件地址和自己的年龄段，即可加入。

Facebook 是一种综合社交网络，创造性地将人与人之间的线下关系搬到线上，通过 Facebook 可以维持与朋友、客户之前的关系，也可以建立新的人际关系，通常用户在 Facebook 中上传的照片或者头像都是真实的，通过这种真实的与客户之间的互动，使得客户与我们之间有了一种可信任的良性交流，从而更容易基于信任而建立业务关系。Facebook 具有信息传播快、信息量大、客户精准、广告效果可量化等显著特点，是目前国内企业出海开展国际贸易的主要渠道之一。

2. Facebook 找客户的操作流程

（1）主动寻找客户

第一步：用邮箱、手机号注册 Facebook 账号，手机号具有唯一性，不可随意更换。尽量完善我们在 Facebook 的注册信息，使客户更容易信任我们。

第二步：登录 Facebook 账户。

第三步：输入产品关键词，打开链接。查看用户“详细资料”“联系方式”等信息。如果判断该客户为潜在客户则可加为好友，那么该用户的相关信息中可能还有我们其他的潜在客户。如果我们搜索到的是一个企业的公共主页，我们则可以在该公共主页中找到该公司的相关联系方式，我们可以关注该主页，并且在该公共主页已关注的其他主页中找到我们其他的潜在客户（见图 7-9）。

图 7-9　Facebook 公共主页界面

点击“ABOUT”会看到该公共主页公司的详细介绍（见图 7-10）。

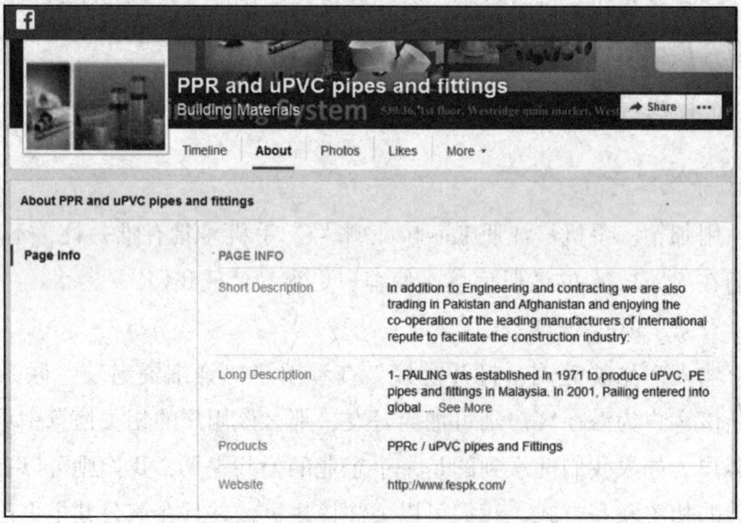

图 7-10　Facebook 公司主页界面

（2）建立公司公共主页

除了主动寻找客户以外，利用 Facebook 我们也可以完善自己公司的公共主页，等待客户主动联系。专业的名称要与我们现在的品牌和业务地区相关。Facebook 专业地址要与品牌或者公司网站、网址一致。例如“Alibaba 国际站”在美国地区的 Facebook 主页地址为：“https：//www. facebook. com/AlibabaUS/”，这个 URL 可以一目了然（见图 7-11）。

图 7-11　阿里巴巴在 Facebook 的公司主页界面

主页的设置需要与公司网站大体保持风格一致，可以设置主页的名称和网址、联系方式并且创建 Facebook 短网址。如果已经在其他社交平台有过推广还可以在 Facebook 中添加其他应用，例如 Twitter、Pinterest、Google 等。当公共主页建立好之后，可以开始在主页中发布内容，内容要有独创性、有吸引力并且图片要抓人眼球。我们在正式开始建立内容之前，可以参考竞争对手或者其他行业公司的主页，看他们是如何撰写内容做到让更多的 Facebook 用户关注自己的公共主页。

当我们建立好 Facebook 主页之后，还要持续地发布对用户有帮助或者他们感兴趣的内容，才能吸引访问者成为我们的粉丝。主页上的粉丝通过浏览我们发布的高质量内容，可以进行分享，让他更多的好友知道我们的品牌并且形成广泛传播，进而得到更多用户的认同。所以说主页上发布的内容信息是至关重要的。在建立品牌主页之初如果我们不知道要发布哪些内容，可以通过研究竞争对手或者同行的 Facebook 粉丝主页，研究他们每天发布的文字、图片，甚至视频内容，可以仔细研究他们发布的每一篇帖子的评论数量、被点赞的数量，借此来分析这篇帖子的内容是不是被用户所喜欢，是否形成了广泛的传播。如果这篇帖子是一篇高质量的具有被广泛传播潜力的帖子，我们会看到这篇内容的浏览者主动分享到他自己的朋友圈，这就产生了极大的病毒式传播效应。而这种品牌效应的传播都是不需要额外付出成本的。

在编辑内容的过程中，我们要切记，图片是非常重要的。Facebook 是一个非常看重图片的社交平台。如果我们拥有丰富的产品图片，我们可以将这些高质量的产品图片制作成相册，并且带上网站链接，从中精选出一张图片作为 Facebook 分享相册的封面图片，吸引更多的浏览者点击我们的图片相册进而访问我们的网站。

因为 Facebook 主页没有好友概念只有粉丝。那么如果一个浏览者没有成为我们主页的粉丝是不是我们更新的内容他就没有办法看到了呢？理论上来说是这样的，那有没有什么好的解决方法呢？我们如果认为某个浏览者可能是我们的潜在客户并且我们希望让他持续看到我们内容上的更新，我们需要怎么做呢？我们可以在个人 Facebook 主页上添加这个人为好友，然后把我们每天在 Facebook 主页中更新的内容分享到个人页面的时间线上，这样我们个人页面上所有的好友都可以看到这些更新的内容，当他点击这些内容进入我们的粉丝主页的时候，就有可能成为我们主页的粉丝。Facebook 会对我们分享的像素超过要求的图片进行压缩，所以我们上传的图片尽量是正方形，保证我们的图片不会变形，不会影响用户体验。如果我们需要分享的链接过长，我们可以使用 Facebook 提供的短网址服务，将网址缩短，这样更容易吸引访问者点击链接。有些访问者会直接在 Facebook 搜索框中搜索他们需要的信息，我们可以在分享的内容中加上关键词“tag”，这样可以增加用户搜索到我们帖子的概率。切记，标签是一个词中间不能有空格，可以在标签中添加数字但是不能添加 $ 或者% 等特殊符号。

3. 案例分享：从“自动送上门的客户”到“主动找客户”

一个澳大利亚客户通过 Facebook 找到了我。在我们成交第一个订单之后的很长一段时间里我一直认为是我自己运气好，碰到一个能主动送上门的客户。这个客户说他正是通过搜索看到我分享在 Facebook 相册中的图片，并且被图片的描述所吸引。进入我们公司网站详细了解了我们公司的各方面信息之后才给我发出了第一封询盘。这么想来这个客户其实并非自己送上门的，而是得益于我前期在 Facebook 分享的精美图片，并且每张图片都有详细的描述和链接。

这次谈话使我认识到 Facebook 推广的重要性，我们可以发散思维一下，既然客户可以看到我分享的图片进而联系到我，为什么我不能主动出击通过客户分享的内容或者图片去找我们潜在的客户呢？于是我开始在 Facebook 搜索框中进行产品关键词的搜索，看到了很多跟该行业相关的公司主页及个人主页。如果我们发现了不太熟悉的公司名字就说明这个公司很有可能是我们的潜在客户。我们可以提出好友申请，如果客户不接受我们为好友的话，我们可以看看该客户的个人主页或者是公司主页中是否有公司邮箱、电话等详细的信息，拿到这些信息之后我们就可以发出第一封开发信或者打电话给客户。也许有人认为这是碰运气，但是我们需要知道 Facebook 搜索信息得来的这些客户信息其实是相关性非常强的，并不是大海捞针、漫无目的。所以 Facebook 不但能够找到客户，而且还是一个效率高、成本低的有效渠道。

（二）LinkedIn

1. LinkedIn 简介

LinkeIn（领英）创建于 2002 年，致力于向全球职场人士提供沟通平台，并协助他们事半功倍、发挥所长。作为全球最大的职业社交网站，LinkedIn 会员人数在世界范围内已超过 3 亿，每个《财富》世界 500 强公司均有高管加入。

LinkedIn 有三大不同的用户产品，也体现了三种核心价值。

（1）职业身份

职业身份呈现为个人档案。LinkedIn 平台可以便捷地制作、管理、分享在线职业档案，全面展现职场中的自己。完善的个人档案是成功求职、开展职业社交的敲门砖。

（2）知识洞察

关注行业信息、汲取人物观点、学习专业知识、提升职业技能、分享商业洞察。在飞速变化的互联网时代，把握市场脉动，获取知识见解，是保持职业竞争力的基础。

（3）商业机会

在 LinkedIn 寻找同学、同事、合作伙伴，搜索职位、公司信息，挖掘无限机遇。在这里，建立并拓展人脉网络，掌握行业资讯。

2. LinkeIn 找客户的操作流程

第一步：注册 LinkeIn 账号。

第二步：登录 LinkeIn。

第三步：搜索产品关键词，选择群组“Group”，如果群主是“View”模式的就点击查看。如果群组是“join”模式的就点击加入，等待审核通过后查看。

第四步：在“View”模式下，我们可以在个人页面当中看到“contact info”，通常我们点击“company website”会跳转到该用户的公司网址，这个时候我们可以把该公司的“E-mail address”找到并发邮件进行联系，也可以直接打电话过去。

第五步：如何判断该用户是否是你的潜在客户？查看该用户近期发布过的消息是否跟我们的产品相关，也可以根据用户的姓名或者所在公司去阿里巴巴买家栏目查看他是否发布过求购信息，如果符合以上两点，说明他有意向从中国采购并且是我们的潜在客户。

第六步：拿到客户的姓名、E-mail 地址之后我们再给客户写开发信就不会被轻易删除了，因为通过此前这一系列的沟通，彼此之间已经建立了基本的信任，这是成功吸引客户的第一步。

【结语】

本章内容以跨境电商的在线推广方法为中心，分成了两节内容。众所周知，如何更高效地寻找到客户是跨境电商中一个非常重要的问题。所以本章着重从搜索引擎与社交平台两个大的方面分析这些推广方法的本质及如何利用这些工具找到国外的潜在买家。通过本章的学习读者应当掌握利用搜索引擎、社交媒体的原理及进行推广的方法。

第八章

CROSS BORDER E-COMMERCE

跨境电商品牌营销

本章重点

本章学习重点是对品牌营销中品牌的定位、识别、推广及其战略、维护与更新、危机管理等知识的掌握。

学习目标

本章旨在让读者了解跨境电商品牌营销的具体内容、步骤及策略。主要了解：

(1) 品牌与品牌营销的含义；

(2) 品牌的定位与识别；

(3) 品牌的传播与推广；

(4) 品牌的利用与发展；

(5) 品牌的维护与危机处理。

第一节　品牌营销的概念

一、品牌

全球著名管理大师彼得·德鲁克说："21 世纪的组织只有依靠品牌竞争了，因为除此之外它们一无所有。"美国广告专家莱瑞莱特指出："未来的营销是品牌的战争——品牌互争长短地竞争，拥有市场比拥有工厂更重要。拥有市场的唯一办法就是拥有市场主导地位的品牌。"管理大师汤姆·彼得斯在其著作中写道："品牌！品牌！品牌!!! 这就是赋予 20 世纪 90 年代末及以后的信息。"这些预言今天已经成为现实。在经过产品竞争、价格竞争、广告竞争、服务竞争之后，商业竞争已跨入品牌竞争时代。如今，品牌已经成为营销界最热门的主题。

那究竟什么是品牌？

品牌的英文"brand"的原意并不是品牌的意思，而是烙在牛和马身上的烙印。在古代，人们为了证明牲口的所有权，就在牲口的屁股上打上烙印。在 1865 年之前，"brand"只是用来指代烙印，根本没有品牌的含义。所以品牌的诞生就带有了一定的偶然性，同时也是一个必然的过程。

直到 20 世纪 50 年代，现代意义上的品牌概念才由美国奥美广告公司创办人大卫·奥格威第一次提出。从此，学者、专家开始注重对品牌的研究。

我们认为：品牌是一种识别标志、一种精神象征、一种价值理念。品牌是一种名称、术语、标记、符号或图案，或是它们的相互组合，用以识别企业提供给某个或某群消费者的产品或服务，并使之区别于竞争对手的产品或服务。品牌反映了一个产品、服务或者主体的属性、利益、文化个性及消费者类型，体现的是一个产品、服务或者主题的核心价值、差异化、质量和信誉的保证及其溢价能力。培育和塑造品牌也是一个不断创新的过程。通过这一过程，企业能够巩固原有的品牌资产，进而多层次、多角度、多领域地参与竞争，在全球化市场上立于不败之地。

二、品牌营销

（一）概念

品牌营销简单地讲：就是把企业的产品特定形象通过某种手段深刻地映入消费者的心中。在品牌战略专家看来，品牌营销是指企业通过利用消费者对产品的需求，然后用产品的质量、文化及独特性的宣传来创造一个牌子在用户心中的价值认可，最终形成品牌效益的营销策略和过程，是通过市场营销运用各种营销策略使目标客户形成企业品牌和产品、服务的认知—认识—认可的一个过程。品牌营销从高层次上来讲，是把企业的形象、知名度、良好的信誉等展示给消费者，从而在顾客和消费者的心目中形成企业的产品或者服务品牌形象，这就是品牌营销。

著名品牌营销专家翁向东说过："品牌营销的关键点在于为品牌找到一个具有差异化个性、能够深刻感染消费者内心的品牌核心价值，它让消费者明确、清晰地识别并记住品牌的利益点与个性，是驱动消费者认同、喜欢乃至爱上一个品牌的主要力量。"

品牌营销的前提是产品要有质量上的保证，这样才能得到消费者的认可。品牌建立在有形产品和无形服务的基础上。有形是指产品的新颖包装、独特设计以及富有象征吸引力的名称等。而服务是在销售过程当中或售后服务中给顾客满意的感觉，让顾客体验到真正做" 上帝"的幸福感。让他们始终觉得选择买这种产品的决策是对的，买得开心，用得放心。从消费者的立场看，他们往往看重的是商家能提供哪些服务及所提供服务的质量。从长期竞争来看，建立品牌营销是电商企业长期发展的必要途径。对电商企业而言，既要满足自己的利益，也要顾及顾客的满意度，注重双赢，赢得高忠诚度顾客。

（二）品牌营销的意义

品牌不仅是企业、产品、服务的标识，更是一种反映企业综合实力和经营水平的无形资产，在商战中具有举足轻重的地位和作用。无论对于传统企业还是电商企业，唯有运用品牌、操作品牌，才能赢得市场。加入 WTO 后，国外跨国公司与知名品牌早已大举进入中国市场，中国电商品牌与世界知名品牌的产品在同一市场进行角逐。显而易见，产品的竞争实际已过渡到品牌的竞争。因此，积极开展品牌营销，对于中国电商企业是当务之急。

一个品牌成功与否和品牌营销息息相关。甚至可以说，没有品牌营销的企业势必难以成功。当今社会的科学技术极大发展，物质极大丰富，产品逐渐进入同质化阶段。当琳琅满目的商品都可以满足消费者的使用时，消费者对产品的评价将主要在于品牌和产品的品质。所以，今后的产品销售，不仅仅只是在销售产品，更重要的是在向消费者寻求品牌内涵的认同。

品牌营销对电商企业的重要性主要体现在以下 4 个方面。

1. 培养消费者忠诚

品牌一旦形成一定的知名度和美誉度后，企业就可以利用品牌优势扩大市场，加速消费者品牌忠诚度的形成，在最短时间内拥有一批高忠诚度的品牌拥护者。在 2017 年的一场交流会中，雷军讲到动情之处，哽咽了几次，原话是："万一哪天小米活不下去了，我们就发起募捐，我相信'米粉'朋友们一定会给我们捐款的，我相信他们会心甘情愿的。""因为我们是真正在全心全意为'米粉'服务，为了给他们提供最酷的产品，为了能以最厚道的价格让'米粉'们都买得起，七年来我每天都过得非常焦虑，我付出了全部的热情。"可见小米企业拥有黏性极高的粉丝群体，"米粉"们对企业也高度忠诚。

2. 稳定产品价格

强势品牌能够减少需求价格弹性，增强对动态市场的适应性，减少未来的经营风险。

3. 降低新产品投入市场风险

一个新产品进入市场的风险是相当大的，而且投入成本也相当高，但是企业可运用品牌延伸将新产品引入市场，采用现有的强势品牌，利用其知名度和美誉度，推出新产品。iPhone 7 将耳机孔与充电口合二为一，不少人因此抱怨此举带来的不适应，认为充电和听歌无法两全等。随着时间推移，苹果还是证明了自己引领业界潮流的能力，后续各厂出的机子纷纷去掉了 3. 5mm 的耳机孔。

4. 有助于抵御竞争者的攻击

保持竞争优势。新产品一经推出市场，受到消费者追捧，就很容易被竞争者模仿。但品牌是一个企业独有的无形资产，它可以通过注册等方式，得到法律保护，消费者对于品牌的忠诚是竞争者通过模仿无法达到的。

（三）品牌营销与跨境电商

中国的货物出口贸易，自2009年超越德国以来，就一直居于世界首位。然而，这仅能说明中国是一个贸易大国而非贸易强国。为什么这么说呢？有两点原因：第一，中国出口的货物技术含量低，很多机电及高新技术产品都属于加工贸易；第二，中国出口的货物品牌化程度低，大部分是OEM或ODM的贴牌产品。OEM（Original Entrusted Manufacture，原始设备制造商）的基本含义是定牌生产合作，俗称“代工”，基本含义为品牌生产者不直接生产产品，而是利用自己掌握的关键的核心技术负责设计和开发新产品，控制销售渠道。ODM（Original Design Manufacturer）的直译是“原始设计制造商”。ODM是指某制造商设计出某产品后，在某些情况下可能会被另外一些企业看中，要求配上后者的品牌名称来进行生产，或者稍微修改一下设计来生产。其中，承接设计制造业务的制造商被称为ODM厂商，其生产出来的产品就是ODM产品。

中国要想成为贸易强国，必须提升出口产品的技术含量和品牌化水平。高端核心技术的提升并非一朝一夕就能实现，但一般工业生产的基础技术已经在过去几十年中累积成熟。品牌方面呢，虽然有少数大型企业的海外成功案例，但并不能掩盖中国大量中小企业品牌国际化艰难的现状，特别是跨境电商的品牌化道路更为艰难，一旦跨境电商企业有了自己的国际化品牌，不仅给电商企业带来不可限量的发展前途，也提升了中国企业的品牌化。

2017年，中国出口跨境电商交易规模为6.3万亿，同比增长14.5%；主要品类前三名分布在3C电子产品20.8%、服装服饰9.5%、家居园艺6.5%；跨境电商一直处于快速增长阶段，2012—2017年共增长超过300%。中国出口跨境电商网络零售市场交易规模为1.2万亿元，同比增长21.2%。中国跨境电商发展势头正盛，出口仍占主导地位，通过“一带一路”倡议和全球经贸一体化的深度融合，跨境电商将呈现出巨大的发展潜力。区块链、大数据等新技术有望开辟数字经济下的跨境电商新道路，未来通过对新技术的运用，能够进一步了解客户的购物习惯、兴趣爱好和购买意愿，进行有针对性的广告营销和推送，实现个性化服务。出口跨境电商是带动我国外贸发展不可或缺的主要力量之一，出口电商发展由成长型逐渐走向成熟，由“中国制造”向“中国质造”跨越。

高速增长的背后，当跨境电商的潜力还没发挥到比较满意的程度时，与传统外贸类似的问题随之而来，突出表现有：中小跨境电商急剧增加、向来以价格取胜的竞争方式从传统外贸转向跨境电商业务、价格竞争导致利润率持续下滑及销售服务水平欠缺等。产生这些问题的根源在于出口企业只是在销售方式上进行科技革新而参与了新型的同质化竞争，且本身的营销方式并未产生任何变化。发展自主品牌，作为差异化营销方式之一，可以有效提升跨境电商的竞争优势，提高利润率和生存率，解决发展中的问题，以实现其可持续发展。

品牌营销能给跨境电商带来以下优势。

1. 品牌营销能给跨境电商带来价格优势

跨境电商实施自主品牌营销，与传统外贸相比，最直接的是能给电商带来价格方面的优势，实现净利润的持续增长和企业自身的长久发展。一是跨境电商利用电商平台销售能节省各种广告费用及实际参展费和促销费，以降低境外客户的购买成本。二是在电商平台上销售的自主品牌产品由于附加品牌价值和服务，一般要比中性无牌产品的价格高30%~40%，甚至更高，而代售其他知名企业的OEM产品只能获取一定比例的中间费用，利润空间非常有限。三是由于电商平台的多数买家是最终消费者，缩小了许多中间环节，能获得比传统外贸成交价高许多甚至是翻倍的价格，有效地将部分中间商费用成本转化为跨境电商自身利润的一部分，让利于最终消费者，建立其消费信心。另外，更为重要的是，消费者对于自己钟爱的品牌，愿意付出更高的价钱。一般品牌产品会比非品牌产品价格高，而这种价格差正是品牌价值的一种直接视觉体现。

2. 品牌营销有利于跨境电商企业提高竞争力

跨境电商实施自主品牌营销，首先，有利于增加最终用户的让渡价值，培养忠诚客户。让渡价值指客户在购买电商产品时获得的总价值与付出的总成本之间的差额，跨境电商的自主品牌产品由于成本降低让利于购买者，从而获得购买者的认同，增加了客户的让渡价值，使跨境电商企业获取竞争优势。其次，在各大电商平台上，信息纷繁复杂，展示同一类产品的跨境电商少的几家，多的上百家，增加了境外消费者对这类产品的购买难度，使其在决策时变得摇摆不定。而在线的品牌产品往往会比中性无牌产品对客户吸引力更大，增加购买数量，积累更多、更好的在线口碑，突出了品牌营销的优势所在。再次，跨境电商通过电商平台的窗口，实施自主品牌营销，赋予电商企业的独特品牌文化价值和情感内涵，加上周到的客户管理服务和高性价比的价格，能提高客户对本企业品牌产品的体验性价值。最后，品牌的推广营销有利于跨境电商企业不断增强自身的实力，向高层次和规模化扩张。依托知名电商平台，跨境电商企业通过品牌营销手段，可从某一单一品牌产品向系列化品牌产品发展，进而建立起自主品牌旗舰店，经过长期营销的积淀，从其寄居的跨境电商平台抽身而退，通过品牌这一营销手段而最终建立自己的品牌电商平台。

3. 品牌营销能促使出口企业经营方式转型

与传统贸易相关的信息、物流、资金已由买卖双边向多方向或网状结构模式发展，促使了更多的出口企业从传统外贸参与到跨境电商的业务中。在线直面更多的最终消费者，以了解其对产品及品牌等附加值的需求，在竞争中完善专业服务水平使其营销方式转变，提升风险应对机制。品牌能够通过为顾客提供除商品本身以外的各种附加值来使顾客更为满意，最终使得顾客更乐意用较高价格购买。实施品牌营销，可以使跨境电商打破传统外贸的 OEM 困境，实现其海外市场的品牌突破，促使其从单一传统外贸方式向传统外贸和跨境品牌电商并存的综合营销方式转变。

第二节　品牌定位与识别

一、品牌定位

（一）品牌定位的含义

定位是定位理论中最核心、最基础和最早的概念和观点，正是定位这个概念和观点奠定了定位理论的基础，以至于人们把这种视心智为战场、打造品牌就是要在这场心智战争中取得主导地位的理论称为定位理论。

品牌定位就是对品牌进行总体的规划、设计，明确品牌的方向和基本活动范围，进而通过对企业资源的战略性配置和对品牌理念持续性的强化传播，来获取市场（包括消费者、竞争者、社会公众等）各方的认同，从而实现预期的品牌优势和品牌竞争力。

（二）品牌定位的策略

对品牌进行定位是为了使潜在的消费者能够对品牌产生有益的认知，从而形成对品牌的偏好和持续的购买行为，美国的著名营销学者杰克·屈特认为：定位的基本原则并不是去塑造新而独特的东西，而是去操作原已在人们心目中的想法，打开联想之门，目的是在顾客心目中占据有利的位置。所以，掌握品牌定位的策略方法就十分必要。

跨境电商企业可以在以下方法中寻找最适合企业的定位方法，打造属于自己的独一无二的电商品牌，这有助于在跨境电商市场站稳脚跟。

1. 类别定位

依据产品的类别建立起品牌联想，称作类别定位。类别定位力图在消费者心目中形成该品牌等同于某类产品的印象，以成为某类产品的代名词或领导品牌。当消费者有了这类特定需求时就会联想到该品牌。

七喜汽水“非可乐”就是借助类别定位的一个经典案例。可口可乐与百事可乐是市场的领导品牌，占有率极高，在消费者心目中的地位不可动摇。“非可乐”的定位使七喜处于与“百事”“可口”对立的类别，成为可乐饮料之外的另一种选择。不仅避免了与两巨头的正面竞争，还巧妙地与两品牌挂钩，使自身处于和它们并列的地位，成功的类别定位使七喜在美国龙争虎斗的饮料市场上占据了老三的位置。

2. 比附定位

比附定位是以竞争者品牌为参照，依附竞争者定位。比附定位的目的是通过品牌竞争提升自身品牌的价值与知名度。企业可以通过各种方法和同行中的知名品牌建立一种内在联系，使自己的品牌迅速进入消费者的心智，借名牌之光使自己的品牌生辉。

史上最为经典的比附定位案例当属美国艾维斯汽车租赁公司。20 世纪 60 年代，赫尔茨公司占据了美国汽车租赁市场份额的 55%，为了避免与之正面交锋，艾维斯公司在其广告中发出了著名的“老二宣言”，因为巧妙地与市场领导建立了联系，艾维斯的市场份额大幅上升了 28%。

我国的蒙牛公司也是比附定位的受益者。在刚启动市场时，蒙牛只有区区 1300 多万元的资金，名列中国乳业的第 1116 位，与乳业“老大”伊利根本不可同日而语。但蒙牛却提出了“为民族争气、向伊利学习”“争创内蒙古乳业第二品牌”“千里草原腾起伊利集团、蒙牛乳业——我们为内蒙古喝彩”等广告口号，并将这些口号印在产品包装之上。这些广告看似是对伊利的赞赏，同时也把蒙牛和伊利放在了并驾齐驱的位置，在消费者心里留下深刻印象。而今，刚刚八岁的蒙牛已成为“行业老大”，其超常规的发展也被业界标上了“蒙牛速度”。

3. 档次定位

不同的品牌常被消费者在心目中分为不同的档次。品牌价值是产品质量、消费者心理感受以及各种社会因素如价值观、文化传统等的综合反映，档次具备了实物之外的价值，如给消费者带来自尊和优越感等。高档次品牌往往通过高价位来体现其价值。

以我国上汽公司为例，其定位是“公务员专用车”，上汽曾经成功地占据了中国公务用车70%的份额。上汽按照国内的行政级别推出了细分的公务用车产品系列，如科级坐桑塔纳、县处级坐桑塔纳2000、厅局级坐帕萨特、省部级坐奥迪。正因为上汽针对当时特定的国内市场定位明确，并且市场档次划分得十分准确，才造就了今天的上汽。台湾顶新集团为了更好地占据方便面市场，在成功推出了“康师傅”品牌占据中档市场后，为进军低档方便面市场时，又推出了“福满多”的品牌。

4. 消费者定位

消费者定位是指将产品与某类消费者的生活形态和生活方式的关联作为定位的基础，深入了解目标消费者希望得到什么样的利益和结果，然后针对这一需求提供相对应的产品和利益。

例如，海尔刚推出自己的手机时，为能体现出海尔国际化品牌的定位，提出了“听世界、打天下”的口号。因为手机本身在品质上的差距很小，关键是给消费者的感觉，海尔手机瞄准的是都市里一大批正在奋斗的年轻人，而这些人都满腹豪情，希望自己能打出一片属于自己的天空，所以“听世界、打天下”综合消费者和品牌特点，既传达了海尔大气的感觉，又考虑到目标市场的需求，最终取得了良好的市场业绩。

5. 比较定位

比较定位的策略是指企业为了突出品牌的特性，抓住知名竞争对手的弱点来向消费者推销自己的优点，从而获取市场认可的方法。

丰田公司为了突出其“凌志”汽车高质低价的产品特性，在美国宣传该车时，将其图片和奔驰汽车并列在一起，并加上大标题：“用36000美元就可以买到价值73000美元的汽车，这在历史上还是第一次。”并且经销商在向其潜在顾客赠送的录像带中有一段内容如下：一位工程师分别将一杯水放在奔驰和凌志车的发动机盖上，当汽车发动时，奔驰车上的水就晃动起来，而凌志车上的却没有。此举无疑为凌志汽车提高了声誉，获得了广泛的市场认可度，取得了良好的效果。

6. 功能性定位

功能性定位是将品牌与一定环境、场合下产品的使用情况联系起来，以唤起消费者在特定情景下对该品牌的联想。

最近一段时间，运用功能性定位最为成功的当属“王老吉”。一句广告词“怕上火喝王老吉”红遍了大江南北，凭借其明确的功能性定位，使王老吉销售额从一个亿到五个亿，再到十个亿，直线上升，王老吉也俨然成了凉茶的代名词，使一个多年的区域性品牌一跃成为全国性的知名品牌。当困了、累了的时候，消费者会想到喝红牛；出现上火的状况时，消费者会想到喝王老吉。情景性消费是与功能性定位的有效对接，以此来占领消费者的心智。

（三）品牌定位的步骤

品牌定位就是使品牌实现区隔。

今天的消费者面临太多选择，企业想要抓住消费者，要么做到差异化定位，要么在定价上取胜，制定一个极具性价比的价格，这样企业才能生存下去。而其中关键之处，在于能否使品牌形成自己的区隔，在某一方面占据主导地位。

跨境电商企业一定要切实地理清自己的区隔，并按照这 4 个步骤来建立定位。

1. 分析行业环境

企业不能在真空中建立区隔，周围的竞争者们都有着各自的要领，需要切合行业环境才行。

首先，企业得从市场上的竞争者开始，弄清他们在消费者心中的大概位置，以及他们的优势和弱点。可以进行调查，就某个品类的基本属性，让消费者从 1 到 10 给竞争品牌打分，这样可以弄清不同品牌在人们心中的位置，也就是建立区隔的行业环境。同时，需要考虑的，是市场上正在发生的情况，以判断推出区隔概念的时机是否合适。就像是冲浪，太早或者太晚，都随时可能身葬大海。把握住最佳时机，企业才有可能得到一个好的区隔。

2. 寻找区隔概念

分析行业环境之后，企业要寻找一个概念，使自己与竞争者区别开来。

美国有 3600 家大学，比世界上任何地方都要多，但他们在很多方面都很相似，尤其是愿意接受政府援助作为奖学金和贷学金方面。位于底特律西 90 英里的休西贷洱学院（Hilsdale College）就此提出了一个区隔概念：拒绝政府资金，甚至包括联邦背景的贷款。几乎没有竞争者敢这样做。休西贷洱的口号是“我们脱离政府影响”，将学校定位为“保守思想的乐园”，使自己的区隔概念深入人心。正如一位集资者所说，“我们把这个产品卖了出去”。

3. 找到支持点

有了区隔概念，企业还要找到支持点，使它真实可信。任何一个区隔概念，都必须有据可依。比如可口可乐说“正宗的可乐”，是因为它就是可乐的发明者。可口可乐公司就提供一些其他汽水公司所没有的服务。区隔不是空中楼阁，消费者需要企业证明给他看，企业就得提供一些其他企业所没有的服务，以便支撑起自己的概念。

4. 传播与应用

并不是说有了区隔概念，就可以等着顾客上门。最终，企业要靠传播才能将概念植入消费者心中，并在应用中建立起自己的定位。企业要在每一方面的传播活动中，都集中体现出区隔的概念。当企业的区隔概念被消费者所接受，而且在企业的销售、产品开发、设备工程以及其他任何地方都得到贯彻。那么，就可以说，企业已经为品牌建立了定位。

（四）品牌定位的意义

品牌定位对电商企业来说是至关重要的，其意义有以下几个方面。

1. 品牌定位是形成市场区隔的根本

准确的品牌定位能使跨境电商企业品牌与其他跨境电商企业品牌区别开来，从而能够从众多同类或同行业的品牌中脱颖而出，使消费者眼前一亮，因而能在消费者心目中占据一定的地位。

2. 品牌定位有利于树立品牌的形象

品牌定位是针对目标市场及目标消费者确定和建立起来的独特的品牌形象的结果。它是人们在看到、听到某一品牌后所产生的印象，是消费者通过对品牌感觉、认知和理解在脑海中储存的品牌的信息。而品牌定位是对企业的品牌形象进行整体设计，从而在目标消费者的心中占据一个独特的有价值的地位。就如顾家家居宣传所说的“因为顾家，所以爱家”，顾家家居这个品牌在消费者心中就是有个“顾家的、爱家的、保守的”品牌形象。

3. 品牌定位有利于塑造品牌的个性

品牌定位不但有利于向消费者提供个性化的需求，而且也有利于塑造品牌的个性。品牌和人一样都有个性，品牌个性的形成与其定位是息息相关的，也可以说品牌定位是品牌个性的前提和条件。Zara 这个品牌向消费者展示的是一种平价奢华、灵活、百变、高时髦感的品牌形象。

4. 品牌定位有助于与消费者沟通

品牌的定位说得通俗一点就是企业要弄明白“我是谁、我该怎么做、我做什么”的过程。要想与消费者沟通，取得消费者的认可，首先要告诉消费者“我是谁、我能为你做什么”——就是品牌定位。只有说清楚你是谁，消费者才能根据自己的情况，决定是否需要你，要不要接触你、了解你。

5. 品牌定位有利于企业占领市场和开发市场

一个成功的品牌定位对企业的占领市场、拓展市场具有极大的引导作用。品牌定位的价值已远远超出了产品本身，产品只是承载品牌定位的物质载体，人们使用某种产品在很大程度上是体验品牌定位所表达的情感诉求。Anker 为用户提供三星、苹果等手机的替代充电器，充电器应用了 Anker 的自主专利技术 PowerIQ，能智能识别每个设备的输入电流电压，自动调整电流输出，为设备提供最快、最稳定的充电，节省充电时间。Anker 依靠精准的品牌定位，如同一匹黑马，占领了欧美市场。

二、品牌识别

（一）概念与作用

品牌识别（Brand Identity）是一个较新的概念。它并非是由营销和传播理论家凭空想出的新潮词语，而是对品牌有真正重要意义的新概念。

我们认为，品牌识别指从产品、企业、人、符号等层面定义出能打动消费者并区别于竞争者的品牌联想，与品牌核心价值共同构成丰满的品牌联想。品牌识别也可以称之为品牌期待留在消费者心中的联想。一个强势品牌必然有丰满、鲜明的品牌识别。科学完整地规划品牌识别体系后，品牌核心价值就能有效落地，并与日常的营销传播活动（价值活动）有效对接，企业的营销传播活动就有了标准与方向。

那么品牌识别有什么作用呢？

第一，明确企业所设想的品牌理想状态的品牌识别，将成为策划、评价品牌有关方案时的可靠依据，并据此来判断是否适应品牌战略发展，企业中的任何成员都能进行共同标准的判断，从而促进整个公司内部对品牌战略的共同认识。

第二，明确从消费者的立场出发的规定要素的品牌识别，将有利于实现基于品牌识别而形成的品牌战略，并唤起消费者的购买行为等效果。

第三，明确市场竞争中的规定要素的品牌识别，将揭示企业竞争优势的源泉是什么，从而更有效地突出消费者所能察觉的并与其他竞争品牌相差别的核心要素。

（二）建立有效的品牌识别系统

了解如何建立有效的品牌识别系统，首先要弄清什么是产品，什么是品牌，什么是成功的品牌。

产品（Product）：产品是指可以满足消费者在功能方面需求的任何事物，它可以是一种有形的产品，也可以是某种形式的服务。

品牌（Brand）：品牌可以被定义为一些名称、符号和设计，通常这些元素组合在一起，用以区别特定的生产厂商的产品。

成功的品牌（Successful Brand）：成功的品牌应被定义为不仅仅在功能上满足消费者的需求，而且能够同时提供满足消费者某些心理需求的附加价值的品牌。成功的品牌可以用下面的公式表述：

$$S=P\times D\times AV$$

其中，S 是成功的品牌，P 是有效的产品，D 是与众不同的品牌识别系统，AV 是附加价值。

由此我们可以得出这样的结论：一个企业要想建立成功的品牌，首先是生产质量过硬的产品，其次是建立有效品牌的识别系统，最终为消费者带来除产品使用功能之外的附加价值。

目前，国外学术界有 3 种比较前沿的方法用以分析和规划品牌识别系统。

1. 品牌金字塔

凯普福乐（Kapfferer）在他的《战略品牌管理》一书中提出了品牌金字塔。并经由其他学者加以完善。品牌金字塔将品牌构成分为 4 个层面，分别是品牌根基（Brand Root）、品牌定位（Brand Position）、品牌主旨（Brand Theme）和品牌执行（Brand Execution）。品牌根基是品牌核心，是随着品牌延续而不断完善的过程。品牌定位是一个品牌区别于其他品牌，并将自身根植于消费者心智中的过程。品牌定位是构成品牌根基的重要元素，同时它也是品牌根基的延伸。品牌主旨是品牌定位的视觉及文字的表达，品牌执行是传播品牌的各种手段，如广告、公关、微博、促销等。通过品牌金字塔，我们可以从策略和执行层面分析和规划品牌。下图是奔驰汽车的品牌金字塔，我们不难看出奔驰品牌从根基到执行的一致性及其品牌各要素之间的关系（见图 8-1）。

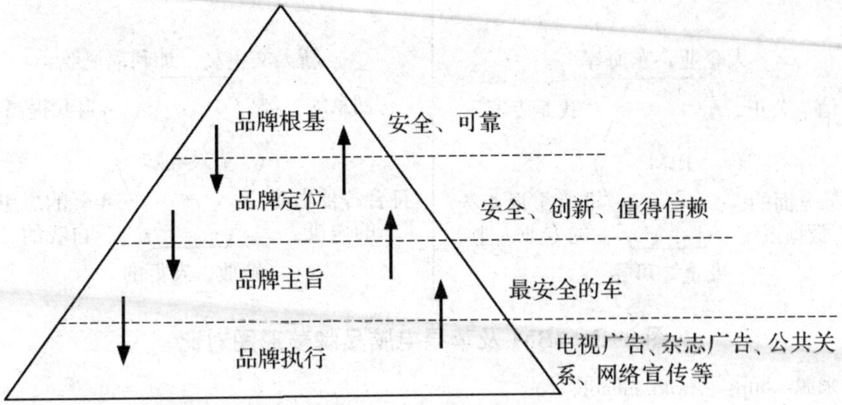

图 8-1　品牌金字塔

此图来源：http：//wiki. mbalib. com/。

2. 品牌菱形图

品牌菱形图（Brand Prism）同样是由凯普福乐提出的，利用品牌菱形图，我们可以对品牌及其消费者进行分析，从而为品牌的规划提供依据（见图 8-2）。

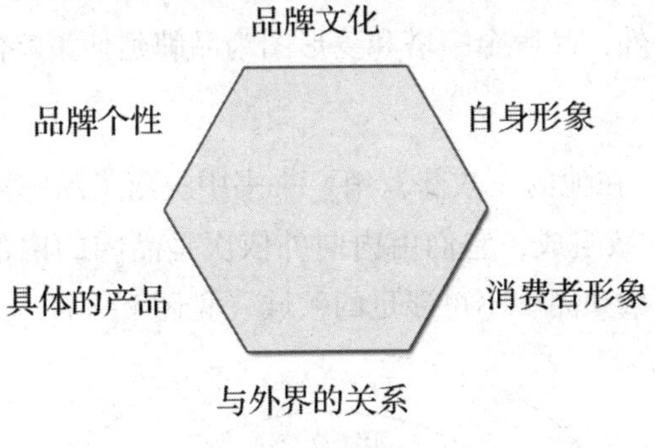

图 8-2　品牌菱形图

此图来源：http：//wiki. mbalib. com/。

下面是 IBM 及苹果电脑的品牌菱形图的对比（见图 8-3）。

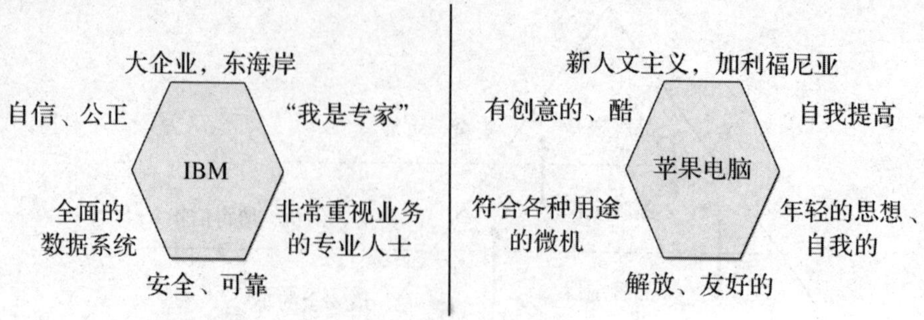

图 8-3　IBM 及苹果电脑品牌菱形图对比

此图来源：http：//wiki. mbalib. com/。

从以上对比中，我们能够很清晰地分析出这两个品牌的个性差异，以及它们的目标顾客和目标市场的差异。IBM 品牌要传达的核心信息是为专业人士服务的专业系统。而苹果则要传达的是为富有创意的人们设计的电脑。

利用品牌金字塔和菱形图我们可以对自己的品牌进行深入的分析，发现品牌自身的长处及发展的机遇。也可以同其他的竞争对手进行比较，从而为新品牌的定位和已有品牌的重新定位提供依据。同时，品牌金字塔和菱形图可以帮助我们的品牌在传播过程中保持信息的连续性。另外，品牌金字塔和菱形图为品牌延伸策略的制定提供了依据。

3. 品牌环状图

戴维森（Davidson）在他的《攻势营销》一书中提出了品牌环状图（Brand Circle）。这个环状图是 由 4 个区域组成，它们由内向外依次是品牌的内部核心、品牌的外部核心、品牌可以延伸的领域和品牌不可涉足的领域（见图 8-4）。

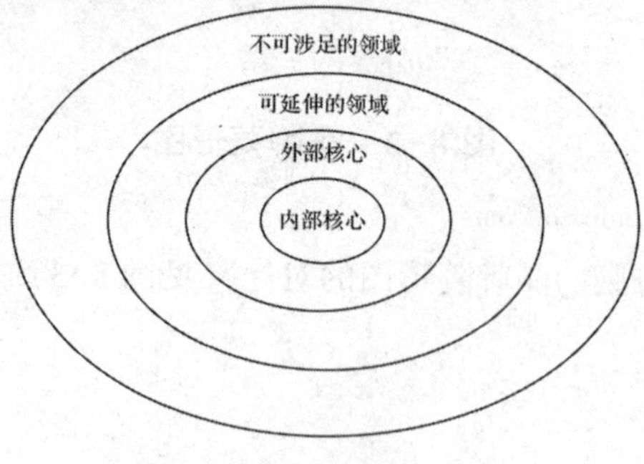

图 8-4　品牌环状图

此图来源：http：//wiki. mbalib. com/。

品牌的内部核心包含了品牌中固有的决定性元素，是品牌根本策略的表达。品牌外部核心则包含了一些品牌中可选择的元素，这些元素是品牌基本元素的补充，它们不是品牌最本质的核心内容。品牌的内部核心和外部核心体现了当前的品牌状况。品牌可延伸的领域包含了品牌今后可能发展并延伸的方向，也就是说品牌在这些方向上发展和延伸是安全的，品牌不可延伸的方向则提示了一些方向，一旦品牌涉及这些方向，不但会使得形象变得模糊，而且可能给品牌带来严重的损害。

以上的 3 种方法可应用于新品牌的建立，有助于我们把握品牌的定位，并在品牌建立的初期就对品牌的未来发展进行规划。对于已有的品牌，运用这 3 种方法，可以对品牌的现有定位进行分析，同竞争对手进行比较，及时发现问题，并对品牌的发展和延伸进行有目的的规划，从而使品牌得到良性的发展。针对问题品牌，以上的 3 种方法同样可以应用于品牌的再定位。

SHARK（鲨鱼）手表品牌隶属于专注外贸品牌销售的广州某公司。SHARK 走的是目前很多跨境电商企业想做但没做好或者正在尝试实现的品牌定位：自有品牌+自主经营+自主营销。不像大部分在跨境电商平台销售的手表品牌，SHARK 并不会时常进行促销，他们更专注深耕某个产品的运营和营销。流量集中、客群精准、口碑传播，这是 SHARK 品牌的营销定位，直接的成果是高单价、高重复购买率。SHARK 正是因为自身精准的品牌定位和营销，成就了在跨境电商平台的手表品类排名靠前卖家的地位。

但是目前，国内的一些企业在品牌的建设上急于求成，过分强调炒作，而并不重视品牌的内涵建设。这样的品牌即使一时声名鹊起，却难有长久稳定的发展。这也是许多中国品牌只能各领风骚三五年的真正原因。总之，品牌建设是漫长的过程，在这个过程中，需要我们不断运用科学的手段对其进行规划和维护，这样我们的品牌才可能长久不衰。

第三节　品牌传播与推广

一、 概念

所谓“品牌传播”就是企业以品牌的核心价值为原则，在品牌识别的整体框架下，选择广告、公关、销售、人际等传播方式，将特定品牌推广出去，以建立品牌形象，促进市场销售。品牌传播是企业满足消费者需要、培养消费者忠诚度的有效手段，是目前企业家们高擎的一面大旗。

品牌传播是企业的核心战略也是超越营销的不二法则。品牌传播的最终目的就是要发挥创意的力量，利用各种有效发声点在市场上形成品牌声浪，有声浪就有话语权。传播是品牌力塑造的主要途径。

品牌传播的宗旨是运用媒体新闻为企业宣传，是一种新型推广方式，相对于硬性广告或传统的 B2B 平台宣传等。网络迅速发展到今天，广大网民用户对新闻的接受程度要高很多。同样是做宣传和营销，同样都是希望找到并影响、打动潜在客户，何不以新闻的形式做宣传，让公众在不知不觉中接收信息？这种传播模式就是品牌传播的最新趋势。

二、品牌传播过程

（一）明确品牌在企业中充当的角色

品牌通常定义为通过创造顾客忠诚，以确保未来收入的一种关系。由此，整合品牌传播的起始点包括分析品牌所充当和能充当的角色，以确保获得更高的忠诚度。评估品牌的价值，对企业战略的审视，以及顾客、雇员和关键股东等因素，都需要考虑进去。

这个步骤对一些传统意义上关于商业发展关键驱动要素的假定提出了挑战。这些传统理念包括“价格是我们唯一的附加价值”“我们仅仅是一个产品提供商”“我们不能疏远了分销伙伴”等，这些理念需要根据其可能性，而不是它曾经怎样发挥过良好效果，进行重新的审视。

（二）理解品牌价值的构成要素

一直以来，执行管理层在寻求一个可以对营销传播的投资回报进行量化的工具，而得到的结论是仅仅被告知无法单独地获得这类数据。在整合品牌传播的范式下，这种情况将会得到改观。整合品牌传播计划给管理人员提供一套和企业其他投入的资产相关的，用以判断品牌资产投资绩效的工具。

一些公司通过品牌价值评估的方式来判断投入的绩效，这种方式得出一个以基准（Benchmark）品牌价值为目标的测量方法。但是，在整合品牌传播过程中的价值“评估”并不需要计算出原始的数字。因为品牌价值评估可以识别出品牌价值的作用要素，它可以帮助显示或测量传播活动对品牌价值的影响效果，或者进行预测。

通过对从一个测量周期到另一个测量周期品牌价值相对变化的测量，我们可以客观地对建立和促进品牌方面所进行投入的回报进行量化，从而评估整合传播计划的整体效果。

（三）明确哪些消费者是品牌信息期望到达的目标受众

品牌的角色明确之后，接下来是至关重要的一步：要找出核心的目标顾客群。要区分优先次序，很有必要辨别出哪些是驱使企业成功的顾客群体，哪些仅仅是对企业的成功起一定的影响作用。

有时候，如果你成功地影响了核心顾客群体，由此获得的企业绩效足以强大到激发那些起一定作用的受众的关注和反应。首要的挑战，在于要设计一个联系核心受众的品牌战略，还有一个联系功能顾客群体的传播计划。

（四）形成“大创意”

大创意是指独特的价值诉求。传播千篇一律的信息是对现有资源的一种浪费，而传播意味深长的独特性则是成长的催化剂。大创意源于对顾客群体需要、市场动态及本企业商业计划的一种清楚理解。大创意与企业用以迎合关键顾客群体需要的策略是相匹配的。

优秀的创意需要符合 4 个基本的标准：符合顾客群体需要，诉求区别于竞争对手，诚实可信并且具备能够随着企业业务的发展而发展的内在张力。

（五）改变认知来获得大创意

一旦顾客形成了和品牌的忠诚关系，顾客群体将逐渐被纳入这个过程。在这个过程中，新形成的感知可能妨碍对品牌独特承诺的反应能力。这种“感知障碍”需要有所突破，以传达“大创意”。

在这些障碍中，有一部分显得尤其难以克服。如果这种障碍是和认知关联的，可以通过增加信息的曝光度来解决这个问题。但是，如果遇到的是信任方面的问题，就需要改变目标顾客群体看待品牌价值的态度。

（六）通过信息传播改变消费者认知

改变消费者对品牌的认知并不是件容易的事情，它需要一种传播上的努力，这种努力需要具有穿透消费者每日因接触过载信息所形成的“防卫墙”的能力。要想获得他们注意，传播者必须通过精心准备的信息以消除混乱，并促使他们改变心理预设。

一个携带大创意的驱动性信息，可以在媒介预算适度的情况下获得良好的传播效果。在媒介投放之前，务必确认信息的准确性，这将有助于优化投入回报。

（七）利用媒介改变认知态度

一旦获得大创意，就需要使用合适的传播媒介。通常，在每一个卷入的阶段都需要使用个性化的媒介来适应顾客群体的需要。

广告和公关是建立品牌认知的有力工具，它们对品牌相关性的形成也有潜移默化的作用。间接的、直接的或者是互动的接触频率高的媒体，对于品牌相关性和逐渐形成独特价值的感知，也很有帮助。

一旦购买决策形成，直接的互动是形成满意度和忠诚度最有效的手段。但是这么做也有一定的挑战性，需要平衡各种媒体的作用力量，以建立一种整合的、可以最有效地传播信息的媒体解决方案。

（八）确定最佳媒介组合

执行的最根本的挑战，在于确定最佳媒介组合以促使目标顾客群体形成强烈的品牌忠诚度，诀窍是在有限的媒介预算的前提下，优化信息传播的力量。这将有助于产生一种驱动性的投入回报，并确保未来的收益。

创造性的媒介计划用以合理使用媒介预算，将是影响成功的一个非常重要的技巧，特别是在第一年。然后，作为一个示范性的结果，在接下来的第二年及再往后，这将成为进行品牌投入的一个预算参考。

（九）效果测量

投入需要在清楚了解事实的前提下进行，在和其他投资的比较中，要使人相信整合品牌传播上的投入，是一种投资而非花销，就需要展示一个相应的令人满意的投入回报。通过定量的方法了解信息和媒体的传播效果，将有助于在接下来的几年中优化传播效果。

（十）重复整个过程

从第五步开始，重复整个过程。整合品牌传播是一个有机的过程，通过积极的深入展开，可以使之得到滋长并变得更加强大。测量了首次效果后，返回到整合品牌传播活动的初始，并考虑进一步提升的机会。

重新回到对信息的考量上，探求使他们更具有驱动性的机会；重新回到媒介计划上，考量信息是否到达目标受众；重新回到媒介预算上，考量这些预算是否被合理配置；最后，重新回到评估工具上，确定它们是否能有助于对推动和管理计划的深入了解。

创建于2007年的环球易购专注于跨境外贸B2C电子商务，背靠深圳高度集中的电子市场的地理优势，开发海外市场，经过努力，在海外市场建立了广阔的销售网络，得到了美国等多国客户的认可，年销售过百亿。环球易购通过“自营垂直网站+入驻第三方平台”模式开展跨境B2C出口业务，通过旗下Chinabrands平台开展跨境B2B出口分销业务，旗下有Zaful、Nextmia、Langria、Excelvan、Suaoki、Finether等多个自有产品品牌，在多个自建垂直网络销售平台上在线销售的SKU有20万种之多，销往全世界200多个国家。以跨境B2C电子商务在线零售模式把中国制造的产品直接销售到海外终端消费者，推动中国制造走向世界是环球易购的企业使命。环球易购通过打造自有品牌的方式，改变目标消费者对跨境商品的认知，并且明确了哪些消费者是跨境电商企业在品牌推广时预期笼络的目标客户群体。环球易购将持续优化供应链，在产品质量、发货速度、客户服务等多方面提升客户满意度、增强客户黏性、提高重复购买率和平台品牌溢价，通过获取更多的资源、提供多样化的产品和服务，巩固品牌忠诚度。

三、品牌传播特点

（一）传播元素的复杂性

传播内容通常体现为品牌传播元素及其组合后的符号意义，有形和无形的品牌传播元素构成了品牌传播的主要信息。在理解品牌的内涵时我们就已经发现，品牌本身具有相当的复杂性。

品牌由两大部分构成，即品牌的有形部分和无形部分。有形部分主要包括品名、标志、标准色、标志音、代言人、标志物、标志包装、产品、员工等，无形部分主要是指品牌所表达或隐含的“潜藏在产品品质背后的、以商誉为中心的、独一无二的企业文化、价值观、历史等”，这两部分事实上也构成了品牌传播的核心内容。有形部分和无形部分在组合形成品牌含义、参与品牌传播的过程中，会体现出无限的组合可能和延展性，由此也就决定了品牌传播信息的复杂性。

（二）传播手段的多样性

品牌传播手段是基于品牌传播类型的一种概念界定，主要是基于品牌传播的信息编码特点、信息载体运用形式、运作流程与组织形式等差异而做出的类型划分。各种传播手段之间应具有明显的差异性和相对的独立性，比如广告、公关，它们既有类似甚至交叉之处，又有着显著区别，可以自成一体。

传播手段的多样性主要体现为：并非只有广告和公关才是品牌传播的手段，事实上，能够用来协助品牌传播的手段非常丰富。按照整合营销传播的理论，营销即传播，所有来自品牌的信息都会被受众看成品牌刻意传播的结果。换言之，在品牌传播中，一个企业或一个品牌的一言一行、一举一动都能够向受众传达信息。任何一个“品牌接触点”都是一个品牌传播渠道，都可能意味着一种新的品牌传播途径和手段。

（三）传播媒介的整合性

所有能用来承载和传递品牌信息的介质都可以被视为品牌传播媒介。新媒介的诞生与传统媒介的新生，正在共同打造一个传播媒介多元化的新格局。品牌传播媒介的整合要求与传播媒介的多元化密切相关。在“大传播”观念中，所有能够释放品牌信息的品牌接触点都可能成为一个载体，比如促销员、产品包装、购物袋等。

在网络中，接触点更是具有无限的拓展空间和可能，由互联网所带来的新媒体的丰富性，至今尚未为人们完全认识。如此，品牌传播在新旧媒介的选择中，就有了多元性的前提。

（四）传播过程的系统性

品牌具有系统性，“在社会系统中，品牌既是一种经济现象，又是一种社会、文化和心理现象；在微观营销体系中，品牌几乎覆盖营销要素的所有环节，因此它具有明显的系统性特点”。

系统性是品牌最为基本的属性，不承认品牌的系统属性，将导致无法科学理解品牌现象中的多元化特征，更无法正确全面地建构起品牌的理论体系。对品牌的感受、认知、体验是一个全方位的把握过程，并贯穿于品牌运动的各个环节中。消费者品牌印象的建立是一个不断累积、交叉递进、循环往复、互动制约的过程。

作为一个复杂的系统，无论从消费者认知的角度来看，还是从企业创建的角度来看，品牌都是一个动态传播与发展的过程。这种动态传播与发展的目的，是在“品牌—消费者—品牌所有者”三者的互动性交流和沟通中，逐渐建立一种品牌与顾客之间的不可动摇的长期精神联系，即“品牌关系”，这也是品牌营销传播的本质所在。

四、传播与推广方式

（一）广告传播

广告作为一种主要的品牌传播手段，是指品牌所有者以付费方式，委托广告经营部门通过传播媒介，以策划为主体，以创意为中心，对目标受众所进行的以品牌名称、品牌标志、品牌定位、品牌个性等为主要内容的宣传活动。

对品牌而言，广告是最重要的传播方式，有人甚至认为：品牌=产品+广告，由此可见，广告对于品牌传播的重要性。根据资料显示，在美国排名前20位的品牌，每个品牌平均每年广告费用为3亿美元，人们了解一个品牌，绝大多数信息是通过广告获得的。广告也是提高品牌知名度、信任度、忠诚度，塑造品牌形象和个性的强有力工具。由此可见，广告可以称得上是品牌传播的重心。鉴于广告对于品牌传播的重要性，企业在做广告时一定要把握以下几项内容。

1. 做广告时，要先寻找一个有潜力的市场，进行市场研究，了解广告对新的消费心理和消费习惯的需求，再运用广告等手段来宣传和美化你的产品以吸引消费者，最后，找到一个好的卖点。

2. 做广告时，要把握住时机。企业要根据不同的市场时期，对广告的制作和发布采取不同的策略应对。

3. 一定要连续进行，广告有滞后性。如果一个广告播放一段时间看到效果不明显就不播了，这是很不明智的选择。因为这样会使之前的广告投入全部打水漂。所以，广告投放一定要持续，千万不能随意停下来，否则就会引起消费者的很多臆测，从而给企业和品牌带来不利影响。

4. 在做广告时一定要注意广告媒介的选择和资源投入的比例。因为在广告传播活动中，媒介的传播价值往往是不均等的。

2002年，“金龙鱼”通过一支广告获得了新的突破，关键在于其独特且创新的营销传播理念“1∶1∶1”。看似简单的“1∶1∶1”理念，配合“1∶1∶1最佳营养配方”

的理性诉求，既形象地传达出金龙鱼由三种油调和而成的特点，又让消费者“误以为”只有“1∶1∶1”的金龙鱼才是最好的食用油。“金龙鱼”通过成功的广告推广，一直以绝对优势稳居小包装食用油行业第一品牌地位。

（二）公关传播

公关是公共关系的简称，是企业形象、品牌、文化、技术等传播的一种有效解决方案，包含投资者关系、员工传播、事件管理以及其他非付费传播等内容。作为品牌传播的一种手段，公关能利用第三方的认证，为品牌提供有利信息，从而教育和引导消费者。

公共关系可为企业解决以下问题：一是塑造品牌知名度，巧妙创新运用新闻点，塑造组织的形象和知名度；二是树立美誉度和信任感，帮助企业在公众心目中取得心理上的认同，这点是其他传播方式无法做到的；三是通过体验营销的方式，让难以衡量的公关效果具体化，普及一种消费文化或推行一种购买思想哲学；四是提升品牌的“赢”销力，促进品牌资产与社会责任增值；五是通过危机公关或标准营销，化解组织和营销压力。

（三）促销传播

销售促进传播是指通过鼓励对产品和服务进行尝试或促进销售等活动而进行品牌传播的一种方式，其主要工具有赠券、赠品、抽奖等。

尽管销售促进传播有着很长的历史，但是长期以来，它并没有被人们所重视，直到近 20 年，许多品牌才开始采用这种手段进行品牌传播。

销售促进传播主要用来吸引品牌转换者。它在短期内能产生较好的销售反应，但很少有长久的效益和好处，尤其对品牌形象而言，大量使用销售推广会降低品牌忠诚度，增加顾客对价格的敏感，淡化品牌的质量概念，促使企业偏重短期行为和效益。不过对小品牌来说，销售促进传播会带来很大好处，因为它负担不起与市场领导者相匹配的大笔广告费，通过销售方面的刺激，可以吸引消费者使用该品牌。

（四）人际传播

人际传播是指人与人之间直接沟通，主要是通过企业人员的讲解、示范操作、服务等，使公众了解和认识企业，并形成对企业的印象和评价，这种评价将直接影响企业形象。人际传播是形成品牌美誉度的重要途径，在品牌传播的方式中，人际传播最易为消费者接受。不过人际传播要想取得一个好的效果，就必须提高人员的素质，只有这样才能发挥其积极作用。

海底捞凭借其完善的管理模式、细致的服务模式和优秀的营销模式成为餐饮行业的标杆。海底捞的价格虽略高于其他的火锅店，但消费者往往能够心甘情愿地接受，对其服务十分满意，在排队等号时可以预约店内免费美甲服务，品尝小食，海底捞提供的服务一直被称赞。海底捞始终秉承“顾客至上，服务至上”的宗旨，为顾客提供愉悦的消费体验。顾客认为它的消费有价值、值得去向别人推荐就形成了口碑，品牌就很容易被人津津乐道。

品牌传播与传播方式的选择及设计密切相关，如果传播方式选择不当、设计不合理就不可能收到好的传播效果。因此，企业在进行品牌传播时一定要把传播方式的选择和设计放在重要的位置上。

第四节　品牌利用与发展

一、品牌战略

品牌是目标消费者及公众对于某一特定事物心理的、生理的、综合性的肯定性感受和评价的结晶物。人和风景、艺术家、企业、产品、商标等都可以发展成为品牌对应物。我们在市场营销中说的品牌，指的是狭义的商业性品牌，即是公众对于某一特定商业人物，包括产品、商标、企业家、企业四大类型商业人物的综合感受和评价结晶物。

一些意识超前的企业纷纷运用品牌战略的利器，取得了竞争优势并逐渐发展壮大。从而确保企业的长远发展。在科技高度发达、信息快速传播的今天，产品、技术及管理诀窍等容易被对手模仿，难以成为核心专长，而品牌一旦树立，则不但有价值并且不可模仿，因为品牌是一种消费者认知，是一种心理感觉，这种认知和感觉不能被轻易模仿。

品牌战略的关键点是管理好消费者的大脑，在深入研究消费者内心世界、购买此类产品时的主要驱动力、行业特征、竞争品牌的品牌联想的基础上，定位好以核心价值为中心的品牌识别系统，然后以品牌识别系统统率企业的一切价值活动。

（一）单一品牌战略

单一品牌又称统一品牌，它是指企业所生产的所有产品都同时使用一个品牌的情形。这样在企业不同的产品之间形成了一种最强的品牌结构协同，使品牌资产在完整意义上得到最充分的共享。

单一品牌战略的优势不言而喻，商家可以集中力量塑造一个品牌形象，让一个成功的品牌附带若干种产品，使每一个产品都能够共享品牌的优势。比如大家熟知的“海尔”就是单一品牌战略的代表。海尔品牌 2005 年以 702 亿元的品牌价值连续四年蝉联榜首，比第二名高出 222 亿元。在 2005 年世界品牌 500 强中海尔荣登第 89 位。海尔集团从 1984 年起开始推进自己的品牌战略，从产品名牌到企业名牌，发展到社会名牌，已经成功地树立了海尔的知名形象。海尔产品从 1984 年的单一冰箱发展到拥有白色家电、黑色家电、米色家电在内的 96 大门类 15100 多个规格的产品群，并出口到世界 100 多个国家和地区，使用的全部是单一的海尔品牌。不仅如此，海尔也作为企业名称和域名来使用，做到了“三位一体”。而作为消费者，我们可将海尔的“真诚到永远”的理念拓展到它名下的任何商品。一个海尔品牌的成功，使得海尔旗下的上万种商品成了名牌商品。单一品牌战略的优势尽显其中。单一品牌的另一个优势就是品牌宣传的成本要低，这里面的成本不仅仅指市场宣传、广告费用的成本，同时还包括品牌管理的成本，以及消费者认知的清晰程度。单一品牌更能集中体现企业的意志，容易形成市场竞争的核心要素，避免消费者在认识上发生混淆，也不需要在各个品牌之间的协调。

该战略的风险：当然作为单一的品牌战略，也存在着一定的风险。它具有“一荣共荣”的优势，同样也具有“一损俱损”的危险。如果同一品牌名下的某种商品出现了问题，那么在该品牌下附带的其他商品难免会受到株连，至此整个产品体系可能面临着重大的灾难。单一品牌缺少区分度，差异性差，往往不能区分不同产品独有的特征，这样不利于商家开发不同类型的产品，也不便于消费者有针对性地选择。因而在单一品牌中往往出现“副品牌”。

（二）副品牌战略

品牌咨询界大师翁向东是副品牌理论的创始人，他认为副品牌几乎不花钱就让消费者感受到全新一代和改良产品的问世，创造全新的卖点，妙趣横生而获得了新的心理认同。副品牌是指企业在生产多个产品的情况下，给其所有产品冠以统一品牌的同时，再根据每种产品的不同特征给其取一个符合该产品特点的名称。副品牌策略只要巧加运用，便能在不增加预算的前提下低成本推动新产品的成功。副品牌还能给主品牌注入新鲜感和兴奋点，提升主品牌的资产。

副品牌战略的基本特征和运用策略如下。

1. 重心是主品牌，副品牌处于从属地位

企业必须最大限度地利用已有的成功品牌。相应地，消费者识别、记忆及产生品牌认可、信赖和忠诚的主体也是主品牌。这是由企业必须最大限度地利用已有成功品牌的形象资源所决定的，否则就相当于推出一个全新的品牌，成本高、难度大。

当然，副品牌经过不断的推广，在驱动消费者认同和喜欢的力量上与主品牌并驾齐驱的时候，主副品牌就演变成双品牌的关系。当超过主品牌的时候，副品牌就升级为主品牌，原先的主品牌就成为担保品牌和隐身品牌。如喜之郎的水晶之恋在刚刚上市的时候，水晶之恋是以副品牌出现的，随着水晶之恋在市场上受到消费者很大的认同，水晶之恋成了消费者认同和企业推广的重心即主品牌了，原来的主品牌喜之郎就降格为担保品牌了。

2. 副品牌分描述型和驱动型两种

对产品的品类和特点进行描述，但没有实际性增进消费者对产品认同和喜欢的，一般称之为描述性副品牌。如海尔电熨斗的副品牌“小松鼠”亲切、可爱，特别适用于小家电，但仅仅增加了消费者接触“小松鼠”的兴趣，对吸引消费者实质性认同和喜欢海尔电熨斗的作用十分有限。

能彰显产品的个性并有效驱动消费者认同的副品牌称之为驱动型副品牌。如海尔洗衣机的副品牌“小小神童”能栩栩如生彰显出产品的卖点，消费者会因为副品牌的内涵而认同乃至购买该产品。

3. 副品牌具有口语化、通俗化的特点

副品牌采用口语化、通俗化的词汇，不仅能起到生动形象地表达产品特点的作用，而且传播快捷、范围广，易于较快地打响副品牌。

4. 副品牌一般不额外增加广告预算

采用副品牌后，广告主广告宣传的重心仍是主品牌，副品牌从不单独对外宣传，都是依附于主品牌联合进行广告活动。这样，一方面，能尽享主品牌的影响力；另一方面，副品牌识别性强、传播面广且张扬了产品个性形象。故只要把在不采用副品牌的情况下，本来也要用于该产品宣传的预算用于主副品牌的宣传，其效果就已经超过只用主品牌的策略。

为了摆脱蒙牛身上浓重的“超女气息”和一直以来带给消费者低端品牌的刻板印象，蒙牛在自身这个主品牌的基础上推出副品牌——特仑苏。特仑苏的品牌塑造方式和过去所有的牛奶品牌都不一样：区隔蒙牛，采用主副品牌战略。特仑苏必须着力淡化与蒙牛的联系，但又不能放弃蒙牛这个主品牌所带来的影响力，因此特仑苏在广告片中仅在片尾做了文字性提示，而且仅在包装盒的侧面最下方留有蒙牛的标识。这种若即若离的主副品牌关联度着实让人值得回味。特仑苏利用各个小的利益点烘托产品价值，用产品价值提升品牌地位，以赋予品牌的价值来弥补产品力的不足，产品与品牌互为促进，共同推动产品的销售。

（三）多品牌战略

一个企业同时经营两个以上相互独立、彼此没有联系的品牌的情形，就是多品牌战略。众所周知，商标的作用是就同一种的商品或服务，区分不同的商品生产者或者服务的提供者的。一个企业使用多种品牌，当然具有的功能就不仅仅是区分其他的商品生产者，也包括区分自己的不同商品。多品牌战略为每一个品牌各自营造了一个独立的成长空间。

很明显，它可以根据功能或者价格的差异进行产品划分，这样有利于企业占领更多的市场份额，面对更多需求的消费者；彼此之间看似竞争的关系，但是实际上很有可能壮大了整体的竞争实力，增加了市场的总体占有率；避免产品性能之间的影响，比如把卫生用品的品牌扩展到食品上，消费者从心理上来说就很难接受。而且，多品牌可以分散风险，某种商品出现问题了，可以避免殃及其他的商品。

该战略缺点：宣传费用高昂，企业打造一个知名的品牌需要财力、人力等多方面的配合，如果想成功打造多个品牌自然要有高昂的投入作为代价；多个品牌之间的自我竞争，品牌管理成本过高；品牌容易在消费者中产生混淆。

成立于 2007 年的 Sunvalley 集团，产品丰富多样，供应链遍布全球各地。目前已发展成为一家行业领先的跨境电商企业，旗下拥有六个国际知名的消费类品牌：RAVPower、VAVA、TaoTronics、Anjou、Sable 和 HooToo。RAVPower 主营一站式移动电源；VAVA 涵盖的品类有蓝牙音箱、一站式车载摄像头；TaoTronics 旗下有 LED 台灯、蓝牙耳机和音箱，以及通用二合一蓝牙发射和接收器；Anjou 主打护肤、精油；Sable 则经营家用纺织品；HooToo 从销售 iPhone 闪存驱动器、4K 兼容的 C 型 USB 集线器，到全功能网络摄像头。Sunvalley 集团很明显采用的是多品牌战略，通过多个品牌的发展和布局，Sunvalley 集团定位了不同利益的细分市场，强调各品牌的特点，吸引不同的消费者群体，充分适应市场的差异性，提高产品的市场占有率，从而占有较多的细分市场。

二、品牌组合中的管理

品牌组合是指包括一个组织所管理的所有品牌，包括主品牌、担保品牌、子品牌、品牌化的差异点、联合品牌、品牌化的活力点及公司品牌。

企业在进行品牌组合时主要考虑：品牌组合中的品牌是否存在重叠或不足，是否能够在不影响利润和增长的情况下剔除一个品牌，是否有一个优势品牌能够带动某一市场的开发，是否有一个品牌可以作为其他品牌的后盾（防御品牌），是否有一个区域品牌和全球品牌的最佳组合等。总的来说，涉及品牌组合的数量和质量（构成或关系）问题。

（一）品牌组合的增量管理

品牌组合的增量管理是指企业为了区别新市场或进入新市场，通过一定的途径增加品牌数量，使之提高品牌组合的效益和效率的过程。其途径包括：

自创新品牌：为不同类型的产品在不同市场启用新的品牌名，塑造新的品牌形象，用于区别不同市场的个性和偏好。

购并品牌：企业为了迅速进入某个市场，从而购并这个市场中已有品牌的做法。如宝洁公司收购“吉列”品牌进入剃须刀市场。

联盟品牌：企业为了利用他人的资源打开某个市场，通过合资或合作的形式，共同建立一个混合品牌或联盟品牌（见表 8-1）。

表 8-1　不同途径的特点分析

途径	评判标准		
	速度	控制	投资
自创品牌	慢	高	中
购并品牌	快	中	高
联盟品牌	中	低	低

不同增量途径的选择，无论是自创品牌、购并品牌还是联盟品牌在速度、控制和投资上都各有优势和劣势。企业品牌组合增量的理想的方式应是快速地进入和占领市场、严格的控制（确保品牌形象不受损害）和最低的投资。

企业应该根据这 3 种方式的不同特点，再结合自身在品牌组合管理方面的经济和能力、金融方面的实力，产品和市场特点以及企业要达到的目标，选择不同的增量途径。

（二）品牌组合的减量管理

当一个品牌组合中的品牌成员已经多到影响企业资源利用、绩效产出，超出其管理能力时，适当的减量管理势在必行。例如，1999 年联合利华的“品牌瘦身战略”的实施就是因为它发现公司的 75%的销售来自 2000 个品牌中的 400 个，这 400 个品牌的年增长率约为 4.6%，有很高的利润，如果集中精力发展这 400 个品牌，必然对公司业务的增长有很大的益处。

总之，品牌组合的增量管理着眼于企业如何利用市场机会的问题，而减量管理则着眼于如何提高盈利效率和资源利用效率的问题。无论是增还是减都着眼于企业整体资源的利用和竞争能力的提高上。

（三）品牌组合中质的管理

1. 母子品牌的管理

母品牌或称主品牌一般是公司品牌或品牌系列，代表公司形象和企业产品的总体形象，具有很高的声誉，在市场上的号召力比较强，而子品牌也称副品牌，一般是公司的产品品牌，代表的是某种产品的个性和形象，母品牌和子品牌的搭配，既可借助母品牌的声誉和实力，又可拥有特色，防止出现“一荣俱荣，一损俱损”的结果。

对其管理要注意建立和维护母品牌的形象，防止母品牌被滥用，具体办法：要建立母品牌的优势形象，母品牌不应使用在性质差别很大的产品类别当中，不应使用在市场前景不好的市场中；又要使子品牌真正反映产品的特点，在市场上建立相应的个性和形象，做到“名实相符”。

2. 多品牌的管理

多品牌指的是在同一产品类别上引入多个品牌。如宝洁公司在一种洗衣粉上使用了 9 个品牌。多品牌组合可以满足人们对同一产品的不同需求或不同利益的追求，在同一品类的不同市场形成竞争和合作的态势，既提高品牌的活力又有效地防止了竞争对手在销售渠道和细分市场的攻击。对多品牌的管理要注意合理定位。品牌的合理定位是将不同子市场组合成一个统一的品类市场的重要工具。它使多个品牌之间既有竞争又有互补，对品牌的边界进行严格管理。在价格区间、目标人群、品牌定位、产品设计、产品品质、风格特色、销售渠道、服务等方面要对品牌进行尽可能的差异化管理。

3. 外来品牌和自有品牌的管理

在企业的品牌组合中，有的是自创品牌，有的是购并的、租用的或联盟的品牌，企业对这些品牌在感情上可能存在不同的反应，但在实际的应用中应摒弃感情因素，而从实用的角度去管理这两种品牌。首先，要明确外来品牌的作用。是为了进入新的市场，还是作为防御品牌；是为了利用外部资源，还是为了消除竞争。其次，要明白外来品牌和自有品牌之间是互补的关系，还是竞争关系，或是二者皆有。若是互补关系则应充分利用相互的资源，挖掘品牌的潜力；若是互相竞争则要进行评估，然后进行选择性的发展；若是既有竞争又有互补则参照多品牌管理法则进行。

4. 受托品牌和托权品牌的管理

在品牌组合中还有一些品牌组合是“受托品牌”（Endorsed Brand）+“托权品牌”（Endorser Brand），受托品牌是经托权品牌认可的独立品牌，托权品牌一般是公司品牌或品牌系列。在表达中，受托品牌在前，托权品牌在后，知名品牌的托权给受托品牌带来信誉和支持。如“佳洁士—宝洁”“金六福—五粮液”等，对其管理主要是把它和母子品牌关系区别开来，在母子品牌关系中，母品牌是驱动消费者购买的主要“驱动因素”，但在“受托品牌和托权品牌”结构中，受托品牌是主要的购买驱动因素，而托权品牌主要起保证和提示的作用。那么要求企业对受托品牌进行重点突出，加大宣传力度和发展力度。

5. 全球品牌和区域品牌的管理

全球品牌是企业在全球范围内营销，对全球市场有一定影响力的品牌；而区域品牌是在区域范围内营销，对区域市场有影响力的品牌。显然全球品牌的市场规模和影响力都比区域品牌要大，但二者是有紧密联系的，可以说全球品牌是建立在优势区域品牌基础上发展而来的。企业在处理品牌的地理影响范围时，要注意全球品牌和区域品牌的搭配，因为全球品牌一旦面临市场萎缩也可成为区域品牌，区域品牌一旦发展良好也可成为全球品牌，二者的相互搭配可以弥补品牌组合中品牌的市场覆盖范围和影响力范围，提高企业的品牌资源配置效率和效益。

品牌组合的管理是动态的艺术，必须随着环境的变化而不断调整，但成功的品牌组合管理一定是在品牌组合的量与质上取得平衡的管理，一定是提高品牌组合效益和企业市场竞争能力的管理。

第五节　品牌维护

一、品牌更新

（一）含义

品牌更新是指随着企业经营环境的变化和消费者需求的变化，品牌的内涵和表现形式也要不断变化发展，以适应社会经济发展的需要。品牌更新是社会经济发展的必然。只要社会经济环境在发展变化，人们需求特征在趋向多样化，社会时尚在变，就不会存在一劳永逸的品牌，只有不断设计出符合时代需求的品牌，品牌才有生命力。

品牌创新是品牌自我发展的必然要求，是克服品牌老化的唯一途径。由于内部和外部原因，企业品牌在市场竞争中的知名度、美誉度下降，以及销量、市场占有率降低等品牌失落的现象，称为品牌老化。现代社会，技术进步愈来愈快，一些行业内的产品生命周期也越来越短，同时社会消费意识、消费观念的变化频率也逐渐加快，这都会影响到产品的市场寿命。

企业在进行品牌更新时，要综合考虑两方面的影响因素：一方面，要考虑品牌更新成本，即把企业自己的品牌从一个品牌定位点转移到新的品牌定位点，或者更有效地维持原有的品牌形象所支付的成本费用。在通常情况下，更新后的品牌形象与原形象的距离越远，其更新成本就越高。另一方面，要考虑市场对品牌新形象的认可与接受程度，即品牌新形象所增加的收入。

（二）品牌更新策略

1. 形象更新

形象更新，顾名思义，就是品牌不断创新形象，适应消费者心理的变化，从而在消费者心目中形成新的印象的过程。有以下几种情况：

第一，消费观念变化导致企业积极调整品牌战略，塑造新形象。如随着人们环保意识的增强，消费者已开始把无公害消费作为选择商品、选择品牌的标准，企业这时即可采用避实击虚的方法，重新塑造产品形象，避免涉及环保内容或采用迎头而上的策略，更新品牌形象为环保形象。

第二，档次调整。企业要开发新市场，就需要为了新市场而塑造新形象，如日本小汽车在美国市场的形象，就经历了由小巧、省油、耗能低、价廉的形象到高科技概念车形象的转变，给品牌的成长注入了新的生命力。

2. 定位的修正

从企业的角度来看，不存在一劳永逸的品牌，从时代发展的角度，要求品牌的内涵和形式不断变化。品牌从某种意义上就是从商业、经济和社会文化的角度对这种变化的认识和把握。所以，企业在建立品牌之后，会因竞争形势而修正自己的目标市场，有时也会因时代特征、社会文化的变化而引起修正定位。

第一，竞争环境使得企业避实就虚、扬长避短、修正定位。美国著名非可乐饮料——“七喜”饮料，进入软饮料市场后，经研究发现，可乐饮料总是和保守型的人结合在一起，而那些思想新潮者总是渴望能够找到象征自己狂放不羁思想的标志物。于是该饮料即开始以新形象、新包装上市，并专门鼓励思想新潮者组织各种活动。避实就虚的战略使得七喜获得了成功。这是在面对两大可乐公司的紧逼下寻找到的市场空隙，品牌的新市场定位给他们带来了生机。

第二，时代变化而引起修正定位。如英国创立于 1908 年的李库柏（Lee Cooper）牛仔裤是世界上著名的服装品牌之一，也是欧洲领先的牛仔裤生产商。近百年来，它的品牌形象在不断地变化：20 世纪 40 年代，自由无拘束；20 世纪 50 年代，叛逆；20 世纪 60 年代，轻松时髦；20 世纪 70 年代，豪放粗犷；20 世纪 80 年代，新浪潮下的标新立异；20 世纪 90 年代，返璞归真。

3. 产品更新换代

现代社会科学技术作为第一生产力、第一竞争要素，也是品牌竞争的实力基础。企业的品牌想要在竞争中处于不败之地，就必须保持技术创新，不断地进行产品的更新换代。有这样一个例子：香雪海冰箱的合作厂家曾经错误地估计中国技术水平及市场消费能力，误认为中国无氟制剂技术近几年之内不会获得成功并投入使用。但中国很快便研制出了无氟环保冰箱并批量上市。此时，他们却仍守着旧冰箱生产线的投资，眼望着他人先行一步并尽占商机而懊悔不已。在我国有诸多外国知名品牌，比如，“汰渍”洗衣粉已推出多代新产品，其技术水平呈升高趋势，这也是为什么众多消费者偏爱该品牌的缘故。

4. 管理创新

“管理创新是企业生存与发展的灵魂”。企业与品牌是紧密结合在一起的，企业的兴盛发展必将推动品牌的成长与成熟。品牌的维系，从根本上说是企业管理的一项重要内容。管理创新是指从企业生存的核心内容来指导品牌的维系与培养，它含有多项内容，诸如与品牌有关的观念创新、技术创新、制度创新、管理过程创新等。

（三）品牌更新原则

品牌更新是拯救品牌的良方妙药，是品牌创建与发展过程中的必然要求和结果，是品牌自身、市场、消费者、宏观政策等方面变化带来的产物。在品牌更新中应遵循以下原则。

1. 对症下药

品牌产生问题既有内部原因也有外部原因，既有可控原因也有不可控原因，既有宏观原因也有微观原因。归纳起来主要有如下几种原因：品牌的产品步入衰退期、品牌产生不正确联想、不适当定位、个性不突出，延伸不成功、竞争者挑战、市场和消费者的变化和更新。如果品牌已经变成“朽木”，不宜改造更新，品牌经营者应立即抛弃，节能型重新创建发展，不可感情用事而犹豫不决、错失良机。

2. 严谨、系统、科学

品牌更新首先要进行科学系统的调查研究，找出问题的关键点和重点；然后，针对找到问题的关键点和重点进行研究论证，确立有效的方法；接着，进行严谨的调查、测试分析、评估决策，切不可委曲求全；最后，严谨、系统、科学地贯彻执行品牌更新工程。在品牌更新实施过程中，如发现一些突发问题，应立即上报，请求重新研究决定。

3. 求实创新

实事求是是解决一切问题的出发点、根本点和落脚点。只有实事求是，问题才能得到解决和发展；只有创新，才能更好地求实。品牌更新必须求实创新，才能超越自己，超越历史，超越竞争对手，走向卓越。许多强势品牌不断地变换角度，不停地推出新产品，使别的品牌和企业根本无力模仿。

4. 以市场为中心

以市场为中心，就要以消费者为中心。以4P（产品、价格、地点、促销）为核心的传统营销理论，越来越失去它过去耀眼的光芒。而以4C（消费者、便利、成本、沟通）为核心的新营销理论，越来越成为工商业的法宝和竞争的思想武器。品牌更新只有以市场为中心，以消费者为中心，才能符合及满足消费者的需要，才能真正成功，进而其才能在原有的市场秩序中突飞猛进，达到品牌更新应有的意义和作用。

5. 效益整合原则

效益是品牌更新的目的和根本动力，也是企业和品牌的追求。效益第一是市场经济永恒的话题和不变的原则。我们不仅要讲经济效益也要讲社会效益。品牌更新，不能像"狗熊掰玉米"那样，不丢这样，就丢那样，应力求与原有的一些元素既相吻合又相促进，才能达到效益整合最佳状态，绝不可与原有的一些元素相悖，给人一种混乱的感觉。

6. 持续发展原则

品牌更新的目的是永葆品牌的活力和青春，不是为了更新而更新。更新还是"革命"，要看品牌发展到什么状态。如果品牌资产已经贬到负数的地步，最好扔掉，但有的品牌还没腐朽到负数，对于品牌本身来说只是一个重新定位、修正的问题。品牌更新应该珍惜原来已有的品牌资产的基础，应该继承品牌历史遗产来重塑或修正品牌，把品牌资产利用最大化。

7. 符合法律原则

法律是一切行为的检验器，品牌更新也不例外。品牌更新，只有符合法律，才能得到法律的保护和人们的拥护，才能达到应有的效果和目的。否则，不仅前功尽弃，得不到法律的保护，还可能会受到法律的惩罚，这样不但与品牌更新原有目的和动机相悖，还会导致品牌走向灭亡。

（四）品牌更新步骤

1. 调查分析阶段

品牌经营者在实施品牌更新之前，必须进行调查分析，以便了解该品牌自身的情况，消费者和竞争对手及宏观政策等方面，为准确的品牌更新打下有利的基础。

2. 明确品牌的劣势和弊端

品牌经营者在调查分析基础上，进行适当的研究，明确品牌的弊端和劣势，并要了解产生该劣势和弊端的根本原因。

3. 寻找、验证措施

针对问题，需要不断地寻找对策以及对对策进行比较分析、验证，明确方法和措施存在哪些优势和劣势，实施会产生哪些正面影响和负面影响，在此基础上进行下一步操作。

4. 执行实施阶段

实施阶段是最复杂最困难的一环，实施的好坏关系到品牌的命运和前程，因此计划的实施，除了需要及时高效外，还要灵活、认真、科学。

云集正式宣布品牌升级，推出全新品牌标志和全新宣传口号“注册云集 APP，购物享受批发价”。作为电商领域的一股新兴势力，云集在成立短短三年内，达成了注册店主人数超过 450 万，VIP 用户数突破 3300 万，2017 年总销售额突破 100 亿的体量，爆发力着实惊人。此次，云集从品牌标志、字体和色彩等方面强化了品牌视觉规范，强化消费者品牌认知。可以看到，升级后的 LOGO 更具有互联网企业的现代化风格。同时，作为深受 450 万云集店主喜爱的卡通形象小云鸡的视觉形象也进行了全新升级。云集秉持着严谨、系统、科学、求实创新、以市场为中心、持续发展的品牌更新原则，准备通过此次的品牌更新，将品牌的战略目标升级为会员电商+社会化零售的模式，并准备在未来充分发挥社交电商的独特优势，通过大量的需求聚焦，降低单品的生产边际成本，为云集的产品取得近乎“批发价”的价格优势，从而真正为消费者带来极致性价比的消费体验。

二、品牌危机管理

（一）品牌危机定义

品牌危机是指由于企业内部和外部的诸多可变性因素，使得品牌产品在设计、生产、原料、配方等环节上出现有损消费者身心健康的隐患，甚至直接损害消费者的生命安全，从而造成品牌形象受损和品牌价值降低的意外情形，从而引发品牌被市场吞噬、毁掉直至销声匿迹，公众对该品牌的不信任感增加，销售量急剧下降，品牌美誉度遭受严重打击等现象。品牌危机的首要特征是突发性。

（二）品牌危机产生原因

电商名牌产品是不会有危机的，很多人都这样认为，事实却并非如此。尽管信息技术的发展和交通工具的更新为人们深入市场前沿提供了全面而准确的资料，但竞争的残酷性、市场的全球化等使任何一个品牌都无法保证自己在多变的市场环境中不会发生波动乃至危机。

1. 内部原因

（1）缺少整体发展战略

有一套好的、完善的整体发展战略是名牌产品和企业更好地发展的重要因素之一。产品怎样发展？价格怎样定位？不同市场采取怎样的营销手段？有许多问题都需企业认真思考，勇敢面对。不同地区、不同人，对产品的需求和要求不同，中西部的人没有东南沿海城市的人开放，他们的传统观念比较浓厚，也较保守。拿服装销售来说，厂家在采取产品营销策略时就不能一概而论，在开放城市投入开放型服装是对的，然而，对较保守的地区投入较开放的服装是行不通的。有许多品牌的危机都是因为其缺少整体发展战略而造成的。

（2）质量问题

产品自身出现了质量问题是品牌产生危机的一个重要原因，产生这个原因的主要因素就是企业领导及员工缺乏质量意识，对产品的质量不重视。对于产品本身的质量问题，笔者认为它主要有 4 种表现，即以次充好，缺斤少两，偷梁换柱，企业为获取利润销售积压、过时、变质的产品等。

（3）产品缺乏创新

市场在不断变化，人们的消费水平、消费观念也在不断地变化着，这就要求企业的名牌产品也要不断变化、不断改进、不断创新，以适应市场的变化和消费群体的变化，“流水不腐，户枢不蠹”说的就是这个道理。只有不断创新的名品才是真正的名品，反之，一味守旧、跟不上时代发展和潮流的名品终有一天会被人们抛弃，被市场所淘汰。

（4）缺乏危机意识

为了追求经济效益，把“名牌”抛在了脑后，从思想上丢掉了“名牌”的意识。有的企业在名牌创出后，便认为大任已经完成，只顾追求经济效益而忘记了长远利益，把“名牌”抛在了脑后，对危机放松了警惕，致使企业“名牌”的位子还没坐热就大势已去。再加上缺乏预警机制和监督机制。由于对危机丧失了警惕，企业在对名牌产品进行营销时，一般都不会建立预警机制和监督机制，不对危机进行有效的预防和监督，当危机悄然降临，企业猛醒时，危机已经发生。

2. 外部原因

（1）假冒货的冲击

名牌产品因其占有极大的市场份额、具有较高的信誉备受消费者青睐，理所当然地成为造假者、制假者首选的造假对象，大到“奥迪”汽车，小到剃须刀、电熨斗、方便面，各路假冒货肆意充斥市场，践踏着大街小巷的每一处角落，严重程度令人触目惊心。

假冒货的身影无处不在，一些假冒的名牌产品招摇过境，给国家的信誉造成了严重的影响。特别是最近几年，出口到俄罗斯、捷克、斯洛伐克和东南亚及其他欧美的产品有相当一部分都是假冒产品，不仅使当地消费者深受其害，同时，国家的形象和声誉也受到了严重的影响，在有些国家，“中国货”已成了劣质产品的代名词。

（2）国外名牌的冲击

随着改革开放的深入，我国与他国之间的交流日益扩大，外国介入我国的经济活动日趋频繁，或是在我国投资建厂，生产外国知名品牌，或是同我国企业合资，用外国品牌换掉我国品牌……由于这一浪潮的袭击，我国名牌产品的地位岌岌可危。

（三）品牌危机管理

品牌危机管理已成为品牌管理战略的一个重要课题。成功的危机管理可以使品牌化险为夷、渡过难关，甚至大大提高品牌的知名度、美誉度；相反，失败的危机管理则会使一个正在走俏的品牌一下子遭遇冷落，甚至就此销声匿迹。

1. 品牌危机预警系统

品牌危机预防着眼于未雨绸缪、策划应变，建立危机预警系统，及时捕捉企业危机征兆，并为各种危机提供切实有力的应对措施。其具体措施如下。

第一，建立信息监测系统。建立高度灵敏、准确的信息监测系统，及时收集相关信息并加以分析、研究和处理，全面清晰地预测各种危机情况，捕捉危机征兆，为处理各项潜在危机指定对策方案，尽可能确保危机不发生。危机信息监测系统要便于对外交流，适于内部沟通。其信息内存要突出“优”，信息传递速度要强调“快捷”，信息的质量要求“再确认”，分析后的紧急信息或事项要实施“紧急报告制度”，将危机隐患及时报告主管领导，以便能及时采取有效对策。

第二，建立品牌自我诊断制度。通过建立这一制度，从不同层面、不同角度进行检查、剖析和评价，找出薄弱环节，及时采取必要措施予以纠正，从根本上减少乃至消除发生危机的诱因。这种自检自诊不是有了问题才检查，而是通过检查以防止问题的发生。一个有效的办法就是调查研究品牌危机的历史，其目的有两个：一个是以自己或他人的历史为前车之鉴，避免再犯类似的错误；二是从以往的危机处理中吸取经验、教训，找出有效地解决危机的方法。

2. 品牌危机处理

首先，迅速组成处理危机的应变总部。在危机爆发后，最重要的是应该冷静地辨别危机的性质，有计划、有组织地应对。因此，迅速成立危机处理的应变总部，担负起协调和指挥工作就是十分必要的。一般来讲这类机构应该包括以下各种小组：调查组、联络组、处理组、报道组等。每个小组的职责要划定清楚。一旦危机事件发生，调查组要立即对事件进行详细的调查，并尽快做出初步报告。

其次，迅速启动“产品召回”制度。由于产品质量问题所造成的危机是最常见的危机。一旦出现这类危机，企业要迅速启动产品召回制度，不惜一切代价也要收回所有在市场上的不合格产品，并利用大众媒体告知社会公众如何退回这些产品。

同时，进行积极真诚的内、外部沟通。搞好内部公关，取得内部公众理解。面对各种突发性的品牌危机，企业要处变不惊，沉着冷静，正确把握危机事态的发展，有条不紊地开展危机公关工作，才能处理好内部公众关系，避免人心涣散、自顾不暇、各奔前程的局面。企业要迅速组建由首席执行官领导的危机公关小组，小组成员由企业相关部门人员组成，有必要时可以根据情况聘请社会专业公关资源做顾问进行协助，制订出公关方案，统一口径对外公布消息。另外，要通过媒体向所有受影响的消费者及公众致以诚挚的歉意，公布处理和改正措施，承担应有的责任，最大限度地争取公众的谅解，即使责任不在企业，也要给消费者以人道主义的关怀，为受害者提供应有的帮助，以免由于消费者的不满，他们的关注点会转移到事件之外，使危机升级。

3. 品牌危机善后

在平息品牌危机事件后，管理者就要着手进行品牌的恢复与重振工作。

第一，吸取教训，制订危机管理计划。危机的发生是任何企业都不愿遭遇的，无论是处理危机还是重新获得公众好感，恢复形象，都需要投入大量时间和精力，花费巨大。特别是对于那些临阵磨枪、仓促上阵的电商品牌，必须吸取深刻的教训，危机过后应立即着手制订品牌危机管理计划，必要时请专家和公共关系公司进行指导和帮助，这样才不至于再犯同样的错误。

第二，实事求是地兑现企业在危机过程中对公众做出的承诺。企业在危机后实事求是地兑现在危机中的各种承诺，体现了企业对诚信原则的恪守，反映了企业对完美品牌形象和企业信誉的一贯追求。承诺意味着信心和决心，企业通过品牌承诺，将企业的信心和决心展现给顾客及社会公众，表示企业将以更大的努力和诚意换取顾客及社会公众对品牌、企业的信任，是企业坚决维护品牌形象与企业信誉的表示；承诺也意味着责任，企业通过品牌承诺，使人们对品牌的未来有了更大更高的期待。

第三，要继续传播品牌信息，举办富有影响力的公关活动，提高品牌美誉度，制造良好公关氛围。企业与公众之间的信息交流和沟通是企业获得公众了解和信任，争取公众支持与合作的有利手段。危机期间，品牌形象和企业信誉大为减损。在企业经历危机考验之后更需要加强企业对外的信息传播，消除公众心理和情感上的阴影，让顾客及社会公众感知品牌新形象，体会企业的真诚与可信，提高企业美誉度。

苹果在 2017 年历经了一次严重的品牌危机，iPhone7 手机用户会发现自己的手机即便是处在网络较好的环境内依旧出现无服务的状态。刚开始的时候，有 iPhone7 用户发现手机出现这种无服务的状况后，可以通过重启来解决，但是 iPhone7 经常会出现无服务这一问题，这就已经影响到了 iPhone7 用户的正常使用体验。并且这种无服务的故障进一步恶化，将会导致手机短路，更严重的将会导致 iPhone7 无法开机，即便是用刷机或者升级系统的方法也没有解决。对此，苹果公司表示召回问题手机，免费维修，并对因此维修花过钱的用户，会照例返还用户维修的花费。

苹果公司在危机爆发后，冷静地辨别危机的性质，有计划、有组织地应对，并迅速启动“产品召回”制度，不惜一切代价地回收所有在市场上的不合格产品，并利用媒体告知用户如何退回这些问题产品。苹果完美地化解了这次品牌危机。

【结语】

任何电商企业在做出品牌营销决策前，都必须确定既能与目标消费者心智相吻合，又能够与竞争对手形成区别的差异化竞争优势，将品牌的信息加工提炼成最能表现品牌竞争优势，同时又能被目标消费者乐意接收的信息，然后选择恰当的渠道，将品牌信息传递给目标受众；通过有效的品牌传播，可以使品牌为广大消费者和社会公众所知，满足消费者需要，培养消费者忠诚，而消费者最突出的特征就是对某个产品很难长期保持不变。因此电商品牌必须加强对品牌形象的维护与更新，加速对品牌产品的创新研发，保持好的品牌形象；建立品牌危机预警系统，及时发现品牌营销中的危机，妥善处理品牌危机，恢复品牌形象，危机过后及时吸取经验教训，完善危机处理系统。

【课后习题】

一、单项选择题

1. 品牌中可以用语言称呼、表达的部分是（　　）。

A. 品牌　　B. 商品

C. 品牌标志　　D. 品牌名称

2. 品牌定位的关键是（　　）。

A. 表达品牌的价值主张　　B. 了解竞争对手情况

C. 弄清目标受众的心智状况　　D. 了解自身优势

3. 下列不属于品牌传播过程的是（　　）。

A. 明确品牌在企业中充当的角色

B. 理解品牌价值的构成要素

C. 运用媒体新闻为企业宣传

D. 明确哪些消费者是品牌信息期望到达的目标受众

4. 在相同的产品类型中引进其他品牌，其品牌战略是（　　）。

A. 品牌延伸　　B. 多品牌

C. 新品牌　　D. 产品线扩展

5. 品牌危机的首要特征为（　　）。

A. 突发性　　B. 蔓延性

C. 危害性　　D. 被动性

二、多项选择题

1. 品牌营销对电商企业的重要性以下能体现的是（　　）。

A. 培养消费者忠诚　　B. 稳定产品价格

C. 降低新产品投入市场的风险　　D. 有助于抵御竞争者的攻击

2. 以下属于品牌定位策略的是（　　）。

A. 类别定位　　B. 比附定位

C. 档次定位　　D. 功能性定位

3. 下列属于品牌传播特点的是（　　）。

A. 传播元素的复杂性　　B. 传播范围的广域性

C. 传播媒介的整合性　　D. 传播过程的系统性

4. 企业采用统一品牌策略（　　）。

A. 能够降低新产品的宣传作用　　B. 有助于塑造企业形象

C. 易于区分产品质量档次　　D. 促销费用较低

5. 品牌危机产生原因有（　　）。

A. 缺少整体发展战略　　B. 假冒货的冲击

C. 质量问题　　D. 产品更新换代

三、判断题

1. 品牌营销的前提是产品要有质量上的保证。（　　）

2. 品牌定位就是对品牌进行总体的规划、设计，明确品牌的方向和基本活动范围，进而通过对企业资源的战略性配置和对品牌理念持续性的强化传播来获取市场各方（包括消费者、竞争者、社会公众等）的认同，从而实现预期的品牌优势和品牌竞争力。（　　）

3. 品牌传播的最终目的是运用媒体新闻为企业宣传。（　　）

4. 品牌战略的关键点是管理好消费者的大脑，在深入研究消费者内心世界、购买此类产品时的主要驱动力、行业特征、竞争品牌的品牌联想的基础上，定位好以核心价值为中心的品牌识别系统，然后以品牌识别系统统率企业的一切价值活动。（　　）

5. 品牌创新是品牌自我发展的必然要求，是克服品牌老化的唯一途径。（　　）

第九章

CROSS BORDER E-COMMERCE

跨境电商风险控制

本章重点

本章学习的重点是跨境电商的风险控制节点。

学习目标

本章旨在让学习者了解跨境电商流程上的风险点，熟悉结算、支付、物流过程。从而知晓跨境电商各个环节中隐藏的风险。完成本篇学习，学习者应获得以下成果：

（1）了解传统国际贸易支付和跨境电商支付的区别；

（2）掌握传统国际贸易支付和跨境电商支付的风险；

（3）熟知跨境贸易物流流程和风险退货、退款处理；

（4）形成跨境电商的全面控制风险的意识。

第一节　跨境线下支付介绍和风险

跨境电商交易间以商品交换而发生的，以货款为主要内容的债权债务的清算方式，称为跨境支付。不同的支付方式中，支付时间 、支付地点和支付方法都不相同。所以这个过程当中，必然会存在风险。而在跨境电商中的物流环节，也存在着不少的风险，比如运输中造成的风险，在到港后恶意不提货的风险，还要面对在货物起运后国际采购买家破产的风险。

首先，我们来看一下跨境支付风险。在这其中应该了解到支付渠道的线上支付和线下支付，我们先就线下支付进行介绍。

线下银行支付和原有的国际贸易的支付基本一样，只是贸易平台不在线下等各大展会，而在 B2B 和 B2C 平台上。例如：阿里巴巴、中国制造网、环球资源网等 B2B 平台，速卖通、eBay、亚马逊等 B2C 平台。它们的支付方式有以下几种：现金支付、信用证支付、托收付款、交货付款、西联汇款、交单付款、分期付款、记账付款、延期付款。我们通常情况下会使用以现金支付、信用证支付、交货付款、西联汇款为主的支付方式。

一、 现金付款

（一）B2B 贸易中的现金支付

在跨境贸易 B2B 中采用比较多的是电汇（Telegraphic Transfer，T/T）。电汇是指汇出行应汇款人申请，拍发加押电报、电传或 SWIFT[①] 给在另一国家的分行或代理行，收款行按指示解付一定金额给收款人的一种汇款方式。

电汇分为两种：前 T/T 和后 T/T，什么是前 T/T？在跨境贸易行业内，在发货人发货前，付清 100%货款的，就称为前 T/T。类似国内的传统贸易的款到发货。当然，也可灵活应用，先付 30%作为定金，然后发货后支付余下的 70%。以此类推 50%或者是

① Society for Worldwide Interbank Financial Telecommunication，SWIFT：环球银行金融电信协会。SWIFT Code（银行国际代码）一般用于发电汇、信用证电报，每个银行都有，用于快速处理银行间的电报往来。像中国银行、建设银行、工商银行、农业银行、交通银行等拥有国际结算资格的大银行，也会对自己内部的分支机构分配不同的后缀。

70%作为预付定金，发货后再支付余下货款。而发货后再付清 100%货款的，就称为后 T/T。发货方掌握货权，提货凭证为船运货物正本提单。这样的支付方式相对比较安全，但也不是 100%安全。

以下几个风险点要注意。

1. 在 T/T 付款的情况下，买家在银行操作付款手续后就会有一张付款凭证，这张付款凭证我们俗称“水单”。见到“水单”不代表货款就已经付出，这个风险点在新手操作订单时经常出现。有些国际诈骗分子利用经验不足的业务员进行诈骗。因为“水单”基本以复印件形式出现，是复印件，就有可能造假。将以往用过的“水单”进行涂改、篡改、伪造，或者只是一张填写过信息但没有递交银行的废件单，当作已经在银行付款的证明传真给发货方，诱导业务员提前把船运整本提单快递寄出，最后在没有收到货款的情况下，导致货物被提走，损失惨重。

2. 在 T/T 付款的情况下，即使使用真的“水单”，国际诈骗分子也可以在几个工作日内以汇款错误作为理由，要求银行撤回付出的货款。利用时间差，一边提供真的“水单”，一边又要求银行撤回付款，使得业务人员，误以为是真的“水单”；还有就是诈骗分子宣称货款已经打出，以市场急需为由，诱导业务员把正本提单寄出，导致供货方在没有收到货款的情况下，货物被提走，损失惨重。

3. 在 T/T 付款的情况下，即使是用真的“水单”，在银行正式办理汇款手续，国际诈骗分子也可以把货款从银行划出。虽然使用正确的中国银行的 SWIFT Code，在几天后货款就会到达收款的相对应银行，但是如果诈骗分子故意使用错的银行账户号码，或者是故意填错几个字母。在货款到达银行后，不能直接入到供应商账户。在 3 个工作日后，如果对方银行没有提供更正函，则视作汇款错误，会自动把款项退回原来打出货款的对方银行账户中。这也会使得业务人员误以为是货款已经打出，只是没有入账而已。对方仍会以市场急需为由，诱导业务员把正本提单寄出，还是会导致供货方在没有收到货款的情况下，导致货物被提走，损失惨重。

以上 3 点，是在跨境贸易中，国际诈骗分子用假的“水单”，没有办理真的“水单”，办理真的“水单”但是不使用正确的账户号码，施行欺诈的手段。此时，我们应对的原则就是，以中方银行收到货款并入到人民币账户的入账单为准，实行放行正本提单原则。这样就可以减少或者避免这类的风险发生。

（二）B2C 贸易中的现金支付

这里主要是讲，跨境贸易 B2C 中的国际信用卡支付。国际上有五大信用卡品牌，分别是威士国际组织（Visa International）、万事达卡国际组织（Master Card International）、美国运通国际股份有限公司（America Express）、大来信用卡有限公司（Diners Club）、JCB 日本国际信用卡公司。用国际信用卡支付，如同我们使用信用卡是一个道理，用透支的额度消费和购买商品。

国际信用卡有以下几个风险点要注意。

1. 信用卡持卡人恶意透支。持卡人没有还款能力的情况下，购买跨境商品，付款未到中方收款账户，在货物发出后，银行收回在路上的货款。

2. 持卡人谎称未收到货物。持卡人恶意说没有收到货物，或者是由他人代收，非本人签收。拒付应有货款，提出申请冻结资金。还有，谎称说中方是欺诈货款，在中方收到货款后，报警称遭遇诈骗，要求归还货款。

3. 持卡人恶意挂失，在银行还没有完成挂失处理的时候，持卡人利用短暂时间进行网络支付，事发后称已经丢失，被不法分子盗用信用卡进行支付。在中方收到货款后，持卡人报警称遭遇到信用卡盗用，要求归还货款。

4. 持卡人恶意要求退货。因为有在中方发货，对方收到货物后的 7 天或者是 10 天内无条件退货的法律保障存在。当跨境电商 B2C 采用跨境空运的方式时，相对国内快递费用较大。所以对方提出退货时，中方大都选择放弃货物。这不仅仅是要退回货款，还损失货物。

所以，我们在跨境 B2C 贸易时大都采用第三方网络支付方式，不采用信用卡支付。用在线第三方支付 PayPal、Alipay 等。因为它们都有自己的风险控制模型，后面会有详细的解析。

二、信用证支付

信用证（Letter of Credit，L/C）是当今跨境贸易中在银行结算中最主要也是最常用的一种结算支付方式。它是一种由银行依照客户的要求和指示开立的有条件的承诺付款的书面文件，开具信用证的额度是由买方在开证行的信用等级和账户金额以及流水数量决定的。信用证付款的方式是随着跨境 B2B 贸易的发展，全球各大国际结算银行参与跨境贸易结算的过程而逐步形成的。由于货款的支付以取得符合信用证规定的货运所有单据为条件，避免了预付货款的风险，因此信用证支付方式在很大程度上解决了进出口双方在付款和交货问题上的矛盾。它已成为跨境 B2B 贸易中的一种主要付款方式。

采用信用证付款时，买家是根据买卖合同填写开证申请书并向开证银行缴纳信用证保证金[①]或提供其他保证后，请开证银行开具信用证。信用证是开给卖方的，以卖方为受益人，信用证一经开出，就成为独立于买卖合同以外的一项约定。卖家在付运期之前按照合约要求将货物付运出去，然后取得一套单证，其中包括最重要的已装船提单(B/L)，而且其中的数量、日期及表面状况与买卖合约是一致的，即可前往信用证指定的银行（议付行）申请结汇。议付行按信用证条款审核单据无误后，即把货款垫付给受益人，然后通知开证人付款赎单。

信用证作为付款方式，卖家有以下几个风险点要注意。

1. 进口商不按合同规定开证

信用证是银行根据开证申请人（即进口商）的要求或指示开立的。信用证的条款应与买卖合同一致，但在实际业务中如果进口商不依照合同开证，从而会使合同的执行发生困难，或者使出口商遭受到额外损失的情况亦很多见。例如，进口商不按期开证或不开证；进口商在信用证中变更一些条件或增加对其有利的条款，以达到企图变更合同的目的；等。

2. 进口商伪造信用证诈骗

有些进口商伪造信用证。例如，窃取其他银行已印好的空白格式信用证，与已倒闭或濒临破产银行的职员恶意串通开出信用证；将过期失效的信用证恶意涂改，变更原证的金额、装船期和受益人名称；伪造保兑信用证，即进口商在提供假信用证的基础上，为获得出口方的信任，蓄意伪造国际大银行的保兑函。出口商如警惕性不高，将导致货款两空的损失。

3. 开证行的信用风险

信用证作为一种银行信用，在受益人提交了与信用条款完全一致的单据情况时，开证行对之承担首要的付款责任。在外贸实际业务中，由于开证行信用较差所导致的收汇困难也不乏其例。还有，开证行能否付款还会遇到进口国的国家或政府管制的风险。如进口国家国际收支困难、缺乏外汇储备、阻碍开证行支付货款外汇或延误支付。受益人想减轻这种风险，可以要求受益人所在出口国的银行保兑信用证。

---

① 信用证保证金：由银行，即开证行根据各企业的经营情况确定其信用度，再根据信用度来确定企业须缴纳保证金的比率，信用越好的企业缴的保证金比率越低，保证金一般等同于所要开的信用证金额。

4. 进口商故意设置“软条款”

所谓信用证中的“软条款”，是指信用证中加列各种条款致使信用证中的开证付款不是取决于单证是否表面相符，而是取决于第三者的履约行为。开证申请人通过制定“软条款”，在一定程度上限制着银行的第一付款人地位，从而大大降低了银行的信用程度。信用证中的“软条款”使名义上不可撤销的信用证变成可撤销的。

三、交货付款

交货付款（Cash Against Documents，C. A. D.）又称凭单付款，卖方在完成出口装运之后，不开汇票只备妥有关货运单据在出口地、进口地或第三国向买方指定的银行或代理人收取货款，不开汇票索款。

这是国际贸易现汇结算中使用的一种支付方式。买方凭卖方所提交的单据，将货款付与卖方。它的特点是交单即为交货，付款以交单为条件。其付款地点可以在卖方国家，也可以在买方国家；而在实际业务中，较多的是采用“在启运港凭单付款”。在国际结算的汇付、托收、信用证支付方式都可采用凭单付款。它与托收方式中的付款交单所不同的是，它是从买方的立场出发，即买方的付款是以卖方的交单为条件，而付款交单是从卖方的立场出发，即卖方的交单是以买方的付款为条件。它与信用证方式中的“交单付款”所不同的是，它是从卖方的立场出发，即卖方的交单是以开证行的付款为条件，而交单付款是从开证行的立场出发，即开证行的付款是以卖方提交单据为条件。“凭单付款”“付款交单”“交单付款”，都是货款与单据同时交割的支付方式。

无论通过银行寄单与否，出口商切不可放 1 份正本提单给进口商。有的进口商可能找出种种理由，要求出口商同意不付款情况下放 1 份正本提单，一旦放给进口商 1 份正本提单，那么出口商的物权就丧失了，众所周知，3 份正本提单具有同等法律效力，1 份生效后其余 2 份主动失效。投保短期出口信用险，不失为安全措施之一。但保险公司对进口商的资信调查比较严格，对一个进口商的批准限额是有限的，如果采用远期 CAD 方式，则不可能大规模采用保理业务方式来确保收汇安全。涉及四方当事人的保理业务机制有两种：用保理机制和双保理机制。中国银行、中国工商银行等各银行大多采用双保理机制。随着信用证在国际贸易交付方式中比重的下降，保理业务机制将在我国出口贸易实务中发挥越来越重要的作用。在保理机制的保护下，出口商可采用赊销（O/A）承兑交单（D/A）等更利于进口商的支付方式。综合运用出口信用险、保理机制、进口商资信、扩大出口规模实现规模效益。

通过银行交单时，应指示委托行在给代收行面函（COVER）中注明进口商付款后变单，并申明受 URC522 约束，实际上将 CAD 转化为 D/P 托收业务。

四、 西联汇款

西联汇款是国际汇款公司（Western Union）的简称，是世界上领先的特快汇款公司，迄今已有 150 多年的历史，它拥有全球最大、最先进的电子汇兑金融网络，代理网点遍布全球近 200 多个国家和地区。西联公司是美国的第一数据公司（FDC）的子公司。换汇限额根据对方国兑付限额规定和中国外汇管理政策的规定执行。在中国，个人外汇出口限额为每人每次 2000 美元，到现在为止已经放宽付款金额达到 9000 美元，具体详细情况查询当地银行和西联汇款的网点。与普通国际汇款相比，西联汇款、速汇金国际汇款有比较明显的优点，它们不需开立银行账户，10000 美元以下业务不需提供外汇监管部门审批文件，汇款在 10 分钟之内就可以汇到，简便快捷。

五、 外汇风险

外汇风险又称商业性外汇风险，它是指以外币计价或成交的交易，由于外币与本币的比值发生变化而引起亏损的风险，即在以外币计价成交的交易中，因为交易过程中外汇汇率的变化使得实际支付的本币现金流量变化而产生的亏损。

这种外汇风险主要是伴随着商品及劳务买卖的外汇交易而发生的，并主要由进行贸易和非贸易业务的一般企业所承担。具体来说，可将这些交易分成两大类。

一类是企业资产负债表中所有未结算的应收应付款所涉及的交易活动和以外币计价的国际投资和信贷活动；另一类是表外项目所涉及的、具有未来收付现金的交易，如远期外汇合约、期货买卖及研究开发等。在国际经济贸易中，贸易商无论是即期支付还是延期支付都要经历一段时间，在此期间汇率的变化会给交易者带来损失，从而产生交易结算风险。

第一，外汇交易风险。由于进行本国货币与外币的交换才产生外汇风险。以外汇买卖为业务的外汇银行负担的风险主要是外汇风险。银行以外的企业在以外币进行炒股或借款以及伴随外币炒股、借款而进行外汇交易时，也要发生同样的风险。个人买卖外汇同样也存在风险。

第二，外汇结算风险。为了将来进行外汇交易而将本国货币与外币进行兑换，由于将来进行交易时所适用的汇率没有确定，因而存在风险。首先，我们以出口为例来看受险部分发生和消失的时刻。通常出口时，从签订合同到装船，提供信用到最终结算为止，未结算的余额的本币出口贷款是未确定的，这就会成为承受风险的受险部分。这样，承担受险部分的出口商在本币汇率疲软时，其本币出口货款会增加；本币汇率坚挺时，其本币出口货款会减少。

第三，外汇折算风险。企业进行会计处理和进行外币债权、债务决算等时候如何以本国货币进行计价的问题，比如在办理决算时，评价债权、债务，因所适用的汇率不同，就会产生账面上损益的差异。

那么如何避免外汇风险呢？主要有以下六种方法。

1. 选择恰当合同货币。在有关对外贸易和借贷等经济交易中，选择何种货币作为计价货币直接关系到交易主体是否将承担汇率风险。为了避免汇率风险，企业应该争取使用本国货币作为合同货币，在出口、资本输出时使用硬通货，而在进口、资本输入时使用软通货。同时在合同中加列保值条款等措施。

2. 通过在金融市场进行保值操作。主要方法有现汇交易、期货交易、期汇交易、期权交易、借款与投资、外币票据贴现等。

3. 对于经济主体在资产负债表会计处理过程中产生的折算风险，一般是实行资产负债表保值来化解。这种方法要求在资产负债表上以各种功能货币表示的受险资产与受险负债的数额相等，从而使其折算风险头寸为零，只有这样，汇率变动才不致带来折算上的损失。

4. 远期结汇锁定汇率。远期结汇业务是指外汇指定银行与客户协商签订远期结汇合同，约定将来办理结汇的外币币种、金额、汇率和期限。到期外汇收入发生时，即按照该远期结汇合同订明的币种、金额、期限、汇率办理结汇的业务。因为一旦合约签订就得按时、按价和按量进行交割。它可以锁定汇兑成本，防止本币汇率上升、外币汇率下跌给出口企业带来的风险和损失。比如，某企业预计 3 个月后将收到一笔美元货款，为规避人民币汇率上升的风险，企业可与银行提前签订远期结汇合同，锁定结汇汇率。3 个月后企业可按照约定的汇率将美元货款结汇成人民币，降低汇率风险。

5. 办理人民币与外币掉期业务。人民币与外汇掉期业务是指银行与客户协商签订掉期协议，分别约定即期外汇买卖汇率和起息日、远期外汇买卖汇率和起息日。客户按约定的即期汇率和起息日进行人民币和外汇的转换，并按约定的远期汇率和起息日进行反方向转换的业务。

根据央行 2005 年 8 月 2 日《关于扩大远期结售汇业务和开办掉期业务通知》，针对经常项目下业务，企业按时提供所需相关凭证，即可办理掉期业务。外贸企业通过掉期业务可按约定的即期汇率和起息日进行人民币和外汇的转换，并按约定的远期汇率和起息日进行反方向转换，进行汇率风险防范及货币保值。

6. 充分利用结算方式中的融资便利。

①出口押汇。在托收和信用证的结算方式下，出口企业将合同（或信用证）项下全套的货权单据做抵押，向银行申请融通资金。该业务下，外贸企业可以在国外债务人付款之前从银行得到预扣利息后的且保留追索权的垫款，加速资金周转。

②票据贴现。出口企业用未到期的银行承兑汇票或商业承兑汇票向银行申请贴现，银行按票面金额扣除贴现利息后将余款支付给出口企业。当前人民币汇率不稳，升值倾向较大，若出口企业担心出口收汇受损失，可以通过票据贴现予以适当弥补。

③保付代理。出口企业向银行授让其应收账款，银行向出口企业提供坏账担保、货款催收、销售分类账管理以及贸易融资等金融服务。一般用在赊销等信用方式出口商品或服务的交易中。该方式下锁定了进口商的信用风险，外贸企业将应收账款债权转让给银行后即可获得资金融通，提前获得应收外汇账款，再根据现行国家到汇管理规定办理结汇手续，从而达到规避汇率风险的目的。

第二节　跨境线上支付介绍和风险

一、信用保障服务

对跨境线上支付，我们主要以阿里巴巴国际站为例做介绍。

阿里巴巴根据每个供应商在国际站上的基本信息和贸易交易额等其他信息综合评定后给予一定的信用保障额度，用于帮助供应商向买家提供跨境贸易安全保障。信用保障服务是阿里巴巴 B2B 国际站以阿里巴巴集团在美国纽约交易所过千亿美元的市值作为资本背书，向中国供应商授予一定的交易额度，来保证给到国际采购商资金安全、交货期准确的一项 B2B 线上交易服务系统。信用保障服务授予中国供应商一定额度，如果发生中国供应商恶意拖欠货物、恶意拒不发货，或者没有按照国际采购商时间发货，没有按照国际采购商质量要求交付货物时，阿里巴巴 B2B 国际站将先行赔付给国际采购商。这样一来，刺激和提高了国际采购商的采购欲望，同时阿里巴巴的一达通业务负责完成报关、报检、收汇、出货等动作。通过这个交易系统，买卖双方都在阿里巴巴网站上留下了交易订单数据，再用税务系统、海关系统的单据，进行系统验证来防止虚假交易出现。这样一来，这个交易数据就可以沉淀为信用数据。信用数据可以帮助中国供应商获得更多订单，同时中国供应商和国际采购商把这个信用数据转化成订单融资的额度。中国供应商可以以这个额度，让国际采购商先付货款。反之，国际采购商以这个额度作为赊销的额度，先拿到货物，再付货款。其中，这个资金的周转时间和资金用度都用这个信用保障体系来支撑。这是一个独立于国际贸易中一般贸易结算的信用证体系，具有划时代的意义。

（一）如何开通信用保障服务

开通信用保障服务的步骤如下：

进入信用保障卖家页面，点击申请开通（见图 9-1）。

图 9-1 信用保障服务界面

系统审核满足条件后，即可实时开通并获得保障额度。

（二）阿里巴巴会员开通信用保障服务满足的条件

1. 供应商企业类型为非货运服务类，且具有销售交易合同中约定的产品的全部合法权利。

2. 公司法人或实际控制人及关联公司无其他不良诚信记录。

3. 无其他潜在风险。

付费会员和非付费会员均可申请，免费申请开通，不收取任何费用。

（三）开通信用保障服务的好处

1. 开通信用保障服务，获得信用保障额度后，可以给买家提供安全交易保障，让卖家可以得到更多信任，促成交易。

2. 开通信用保障服务后，可以根据实际走单情况积累信用，彰显资质，获得阿里巴巴平台的更多曝光机会，吸引更多买家，促成交易。

3. 买家更倾向于选择支持信用保障服务的供应商。

二、 信用保障额度

（一）什么是信用保障额度，有什么用

信用保障额度是阿里巴巴以供应商的真实贸易数据等信息为依据给供应商做背书，帮助供应商在额度范围内向买家提供贸易安全保障。保障额度是供应商实力的展现，额度越高，可以支持的信用保证订单越多。

（二）信用保障额度怎么计算

信用保障额度的评估基于阿里巴巴风险测算模型，考量系数较多，且根据出口行业的变化和信用评估渠道的拓展而不断调整。

1. 供应商公司的基本面情况（如工商认证信息、阿里巴巴合作年限、平台操作表现等）。

2. 供应商的经营能力，目前主要参考贸易流水来评估（根据供应商最近 6 个月内达成的贸易流水，进行额度授予并设置最高上限）。根据流水类型设置不同权重，一般情况下：

（1）通过信用保障订单产生的流水，权重最高；

（2）仅通过一达通完成出口的，权重次之；

（3）平台通过可信途径获得的企业自营出口数据也会设置上限和权重。

3. 供应商的资信状况，目前主要参考阿里巴巴国际站违规处罚累计扣分（扣分会导致信用保障额度降低，超过一定分值或出现其他重大违规行为则供应商会无法使用该服务）。

4. 其他风险因素（如企业和法人代表征信情况、纠纷处理等）。信用保障额度的提升是一个循序渐进的过程，无法通过单个行为或事件迅速提升，需要长期的积累。

（三）提高信用保障额度的基本原则

1. 供应商公司的基本面情况（如工商认证信息、阿里巴巴合作年限、平台操作表现等）。

2. 供应商的资信状况，目前主要参考阿里巴巴国际站违规处罚累计扣分（扣分会导致信用保障额度降低，超过一定分值或出现其他重大违规行为则供应商会无法使用该服务）。

3. 其他风险因素（如企业和法人代表征信情况、纠纷处理等），信用保障额度的提升是一个循序渐进的过程，无法通过单个行为或事件迅速提升，需要长期的积累。

4. 如果你的国际站会员服务期小于 90 天，额度也会下调至 2000 美金，续费（全款到账）后会重新计算额度。

注：如出现不可抗力或情势变更的情况（包括但不限于重大灾害事件、受政府机关指令需要停止或调整的、遭受严重网络攻击或因系统故障需要暂停的），阿里巴巴可主张免责。阿里巴巴可根据行业变化及运营需求对额度评估规则进行调整并决定公布的内容和范围。

（四）具体如何实施提升信用保障额度

1. 多走信用保障订单和一达通出口服务订单，积累交易数据。

2. 在信用保障服务额度管理页提交近 6 个月内的自营出口流水，申请提高额度，提交后次月 10 日额度更新。

3. 注重诚信经营，避免出现违规操作被扣分、产生纠纷被投诉等情况。

（五）下单时可用额度不够怎么办

1. 及时释放使用中的保障额度，若已经发货需尽快关联一达通出口委托单，提醒买家尽快确认收货，取消作废订单。

2. 申请提高信用保障额度，申请方法参考以上内容，额度提升周期为一月一次。

三、 保障金额的冻结和解冻

保障金额在供应商提交订单时冻结，根据所选保障范围不同，解冻时间不同。

1. 若按时发货，则通关办理完毕当天额度释放。

2. 若逾期发货，通关办理完毕后 15 天额度自动释放。

3. 买家自动确认收货当天，额度释放。

4. 如果买家一直未确认，将在发货后 N 天订单完结后自动释放。N 根据运输方式不同而不同，海运 45 天、陆运 30 天、空运快递 15 天。

四、 在线支付的安全保障

（一） e-Checking

信保创新在线支付方式 e-Checking 于 2016 年 4 月 12 日全球首发（见图 9-2）。

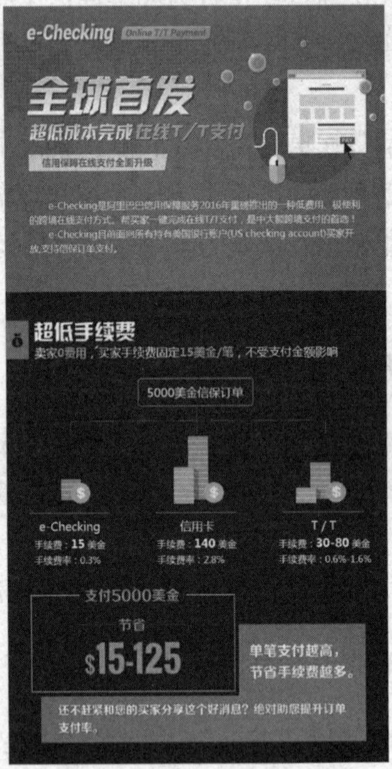

图 9-2 e-Checking 界面

风险控制点如下。

在现阶段信用保障还不够完善，主要是在额度不够的情况下，中国供应商难以控制尾款的安全。如果国际采购商恶意不提货，或者在产品发出之后申请破产，则无法用信用保障来保证中国供应商的货款安全。一般的有效做法是用中国出口信用保险来负责尾款的安全，这样就形成买卖双方都有保障的闭环体系。

中国出口信用保险的业务范围包括：中长期出口信用保险业务，海外投资保险业务，短期出口信用保险业务，国内信用保险业务，与出口信用保险相关的信用担保业务和再保险业务，应收账款管理、商账追收等出口信用保险服务及信息咨询业务，进口信用保险业务，保险资金运用业务，经批准的其他业务。①

（二）Secure Payment

“Secure Payment”是阿里巴巴国际站针对国际贸易提供交易资金安全保障的服务，它联合第三方支付平台 Alipay 提供在线上支付交易资金的安全保障，同时保护买卖双方从事在线交易，并解决交易中的资金纠纷问题。

该服务的三大优势如下。

1. 快速交易

支持起草快递订单、在线批发、在线交易、买家线上下单，通过阿里巴巴后台可实时查看订单进展。

2. 多种支付

支持信用卡、西联、银行汇款支付方式，方便买家支付。

3. 安全收款

买家支付货款成功后会通知卖家发货，买家确认收货或者物流妥投且超时后，会放款至卖家国际支付宝账户。卖家不用担心收不到钱的情况。

目前只要是阿里巴巴中国供应商会员即可使用 Secure Payment 服务，包括中国香港地区和中国台湾地区的供应商（备注：海外会员仅为买家身份，暂无法作为卖家发起 Secure Payment 订单）。因为 Secure Payment 有类似支付宝的风险控制体系，所以被称为国际版的支付宝。它的风险控制节点主要是以货物抵押为主。基本步骤是先由国际采购商付款到 Secure Payment 对应账户，接着中国供应商发出货物，通过国际快递发货到海外采购商指定地址之后由海外采购商签收确认，最后由 Secure Payment 确认放款。

Secure Payment 主要风险和不足点在于用押款的方式在做风险控制，对于资金少、

① 来自中国信用保险官方网站。

货值大、便于空运的产品比较适合使用。所以，对跨境电商 B2C 的速卖通比较合适。为了规避交易中未能及时填写线上发货通知导致订单超时退款给买家的情况发生，请卖家发货后，务必及时将发货通知单填写到线上系统，以便提醒买家已发货。若卖家已发货，买家发起退款纠纷，需要卖家 10 天内通过旺旺或者邮件及时联系该买家，了解原因并解决，若不能解决，20 天后该纠纷会自动升级到阿里巴巴仲裁团队。当买家争议纠纷订单自动升级到仲裁，则需卖家及时配合阿里巴巴纠纷处理人员，上传证据及凭证。

（三）PayPal

PayPal 是美国 eBay 公司的全资子公司。1998 年 12 月由 Peter Thiel 及 Max Levchin 建立，是一个总部在美国加利福尼亚州圣荷西市的互联网服务商。它允许在使用电子邮件来标识身份的用户之间转移资金，避免了传统的邮寄支票或者汇款的方法。PayPal 也和一些电子商务网站合作，成为它们的货款支付方式之一。

1. 使用 PayPal 的优势

（1）可以高效拓展海外市场，它可以覆盖到国外 85%的买家。

（2）降低相关成本，比起西联汇款，T/T 和 PayPal 针对单笔交易在 10000 美元以下的小额交易会更划算。

（3）可以增强买家对商家的信任，因很多国外买家都对 PayPal 的认可接受度比较高。

（4）相比银行的传统汇款，要省时省力得多，还支持即时到账。

（5）商家因欺诈所遭受的平均损失仅为其他信用卡支付方式的 16%。

（6）支持包括国际信用卡（Visa、Master Card）在内的多种付款方式。

（7）只有产生交易才产生付费佣金，没有任何开户费及年费和其他费用。

PayPal 主要风险控制的方式是用资金池的方式。何为资金池方式？也就是对每一笔的交易资金额度，抽取一部分资金留在账户中作为风险出现时用于先行赔付用。比如，100 美元的一次交易，让卖家先收 90 美元，剩下 10 美元在 30 天或者 45 天后可以提现。多次积累以此类推第二次、第三次、第四次等，第 N 次之后就会积蓄部分资金形成可以先行赔付的资金池。

2. PayPal 账户遭到限制和查封的原因

（1）利用不真实的虚假信息注册。

（2）一个自然人连续注册多个同类型账户。

（3）库存货物不足，不能及时发货。

（4）多次遭到的国际买家投诉或有相对比较高的投诉率。

（5）过度滥用 PayPal 采购商保护机制。

（6）和其他受限制 PayPal 或者 eBay 账户之间有关联。

（7）PayPal 内的余额不足，以支付国际采购商的赔偿请求或者信用额度不足以退单。

（8）销售产品涉及侵权、违规，销售违禁物品。

（9）登录 IP 出现异常情况。

风险控制点如下。

对于国际买家和采购商基本没有大的风险，可对于中国供应商就会有不可控制的风险点。例如：在亚马逊 eBay 交易网站中，中国的供应商被投诉有知识产权的问题，PayPal 不由分说直接先把在资金池中的资金冻结，然后双方各自举证，如果确实存在侵权盗版知识产权的问题，不仅仅用资金池的资金先行赔付，还要直接关闭中国供应商在 PayPal 中的账户。如果中国供应商直接应诉，在证据清楚、事实明白的前提下举证，判定确实无误，账户会在大约 180 个工作日以后才解冻相应的风险控制的资金。不管是否侵权，首先都要限制账户使用，这对于中国供应商而言都是巨大的风险，在这点上至今没有有效的解决方案。所以要先期全面了解 PayPal 的使用方式，才可以减少这种风险的发生。

第三节　跨境电商物流海运介绍和风险

跨境电商物流采用海运的方式，一是要说明交付货物的价格构成，是否包括成本以外的其他费用，即运输费和海运中承担的保险；二是要确定交货条件，即说明采购商和供应商双方在交接货物方面彼此所承担的费用和风险，进行责任的划分。

一、工厂交货

工厂交货（EX Works Named Place，简称 EXW）指中国供应商工厂所在地即车间、工厂、仓库等负有将准备好的货物交付给国际采购商的责任，但通常不负责将货物装上国际采购商准备的车辆或办理货物结关。国际采购商承担自中国供应商所在地将货物运至预期的目的港以及目的地的全部费用和涵盖的风险。

二、 货交承运人

货交承运人（Free Carrier Named Place，简称 FCA）指中国供应商应负责将其移交的货物办理出关后，在指定的地点交付给国际采购商指定的承运人照管。根据商业惯例，当中国供应商被要求与承运人通过签订合同进行协作时，在国际采购商承担风险和费用的情况下，中国供应商可以照此办理。

三、 船边交货

船边交货（Free Alongside Ship Named Port Of Shipment，简称 FAS）指中国供应商在指定的装运港码头或驳船上把货物交至船边，从这时起国际采购商须承担货物的灭失或损坏的全部费用和风险，另外国际采购商须办理出口结关手续。

四、 船上交货

船上交货（ Free On Board Named Port Of Shipment，简称 FOB）指中国供应商在指定的装运港把货物送到船舷后交付，货到船舷后国际采购商须承担货物的全部费用、风险、灭失或损坏，另外要求中国供应商办理货物的出口结关手续。

五、 成本加运费

成本加运费（Cost And Freight Named Port Of Shipment，简称 CFR 或 C&F）指中国供应商必须支付把货物运至指定目的港所需的开支和运费，但货物交至船上甲板后，货物的风险、灭失或损坏及发生事故后造成的额外开支，在货物到达指定港的船舷后，就由中国供应商转向国际采购商承担，另外要求中国供应商办理货物的出口结关手续。

六、 成本、 保险费加运费

成本、保险费加运费（Cost，Insurance And Freight Named Port Of Shipment，简称 CIF）指中国供应商除负有与“成本加运费”术语相同的义务外，还须办理货物在运输途中应由国际采购商承担货物灭失或损坏的海运保险并支付保险费。

七、 运费付至指定目的地

运费付至指定目的地（Carriage Paid To Named Place Of Destination，简称 CPT）指中国供应商支付货物运至指定目的地的运费。关于货物灭失或损坏的风险及货物交至承运人后发生事件所产生的任何额外费用，自货物已交付给承运人照管之时起，从卖方转由国际采购商承担。另外，中国供应商须办理货物出口的结关手续。本术语适用于各种运输方式，包括多式联运。

八、 运费及保险费付至指定目的地

运费及保险费付至指定目的地（Carriage And Insurance Paid To Named Place Of Destination，简称 CIP）指中国供应商除负有与“运费付至指定目的地”术语相同的义务外，中国供应商还须办理货物在运输途中应由国际采购商承担的货物灭失或损坏风险的海运保险并支付保险费。

九、 边境交货

边境交货（Delivered At Frontier Named Place，简称 DAF）指中国供应商承担如下义务：将备妥的货物运至边境上的指定地点，办理货物出口结关手续，在毗邻国家海关关境前交货，本术语主要适用于通过铁路、公路运输的货物，也可用于其他运输方式。

十、 目的港船上交货

目的港船上交货（Delivered Ex Ship Named Port Of Destination，简称 DES）指中国供应商履行如下义务：把备妥的货物在指定目的港的船甲板上不办理货物进口结关手续的情况下，交给国际采购商，故中国供应商须承担包括货物运至指定目的港的所有费用与风险。

十一、 目的港码头交货

目的港码头交货（Delivered Ex Quay /Duty Paid Named Port Of Destination，简称 DEQ）指中国供应商履行如下义务：将其备好的货物，在指定目的港的码头办理进口结关后，交付给国际采购商，而且中国供应商须承担所有风险和费用，包括关税、捐税和其他交货中出现的费用。

十二、 未完税交货

未完税交货（Delivered Duty Unpaid Named Place Of Destination，简称 DDU）指中国供应商将备好的货物，在进口国指定的地点交付，而且须承担货物运至指定地点的一切费用（不包括关税、捐税及进口时应支付的其他官方费用）和风险，另外须承担办理海关手续的费用和风险。国际采购商须承担因未能及时办理货物进口结关而引起的额外费用和风险。

十三、 完税后交货

完税后交货（Delivered Duty Paid Named Place Of Destination，简称 DDP）是指中国供应商将备好的货物在进口国指定地点交付，而且承担将货物运至指定地点的一切费用和风险，并办理进口结关。

第四节　跨境电商物流海运提单介绍和风险

一、 海运提单及其作用

（一）海运提单是什么

海洋运输提单（Bill Of Lading）或港至港运输提单（B/L），简称海运提单。海运提单是一种运输单据，是承运人与托运人之间关于货物运输的一份契约；也是承运人出具给托运人的一份收据；还是一项物权单据，提单的收货人或合法持有人有权凭提单向承运人提取货物。

（二）海运提单的关系人

海关提单的关系人可有 4 种：承运人、托运人、收货人、被通知人。

（三）海运提单的物权转让

海运提单按收货人分为可流通形式和不可流通形式。

1. 可流通的海运提单收货人抬头

可流通的海运提单可分为可流通的收货人抬头提单和可流通的指示抬头提单。其表示方法又分为三种：一是以开证行的指定人（To Order Of Issuing Bank）作为抬头人，二是以申请人的指定人（To Order Of Applicant）为抬头人，三是以托运人的指定人（To Order Of Shipper）为抬头人。

可流通的记名抬头提单（Negotiable Named Consignee B/L）：一是出口商（××× Co.）以发货人的身份做成空白背书；二是出口商以发货人的身份做成开证行的记名背书；三是信用证规定提单收货人是议付行，在寄单前，议付行做成记名背书给开证行；四是进口商付款赎单时，若提单抬头人或背书人是开证行，由开证行背书给进口商。

2. 不可流通转让的海运提单

不可流通转让海运单（Non-Negotiable Sea Waybill）是承运人收到托运人交来货物而签发的收据。不可流通转让海运单的记名收货人是唯一的收货人，承运人负责把货物交给收货人，不需收回该项单据。它的基本作用：一是承运人收到由它照管的货物收据；二是运输合约的证明；三是解决经济纠纷时，作为货物担保的基础。

不可流通转让海运单的特点：一是不可流通转让海运单不是物权凭证，不能背书转让；二是不可流通转让海运单的收货人可以不需提示该单据即可提货；三是不可流通转让海运单条件下，银行不能取得货物控制权；四是不可流通转让海运单除单据上写明的收货人外，他人不能提货；五是信用证没有要求不可流通转让海运单时，银行不接受不可流通转让海运单。

（四）租船合约提单

1. 租船合约提单是什么

租船合约提单（Charter Party B/L）是指在租船运输业务中，在货物装船后由船长或船东根据租船合同签发的提单。提单内容和条款与租船契约有冲突时，以租船契约为准。租船合约提单上应该有类似“此提单受到租船合约的约束”的一些文字。

2. 关于租船合约提单的特别处理

（1）即使信用证要求提交与租船合约提单有关的租船合约，银行对该租船合约不予审核，但将予以照转而不承担责任。

（2）如果信用证不要求或不允许提交租船合约提单，银行将不接受租船合约提单。

(3) 如由货物托运人作为船舶承租人时不可能产生承运人；由船舶承租人承运第三人作为托运人的货物，成为承租人时，提单注明“运输费用及其他条款和条件根据×××租船合同办理”。

(五) 多式运输单据

1. 多式运输的含义

多式运输（Multimodal Transport）是指根据多式运输合同，至少有两种不同的运输方式，一个多式运输经营人以自己的名义负责将货物从一国境内接管货物的地点运至另一国境内指定交付货物的地点，并签发单一的包括全程的运输单据的这种运输方式。① 多式运输的关系人有多式运输经营人、承运人、托运人、收货人。

2. 多式运输单据

多式运输单据（Multimodal Transport Document）是指包括内河运输、陆运、海运、空运在内的，两种以上运输方式同时用于一批货物的运输，其所出具的运输单据叫作“多式运输单据”。

(1) 多式运输单据的特点

①表示至少有两种不同运输方式的连贯运输。

②多式运输经营人的责任是从接受货物起至交付货物止。

③多式运输提单中船名、装货港、卸货港如有“预期”（Intended）或类似意义的修饰词，银行可接受。

④ 适合多式运输的贸易条件主要是 FCA、CPT、CIP，并以接管的日期作为装运日期。而 FOB、CFR、CIF 贸易条件不适合于多式运输，因为它们要求卖方船上交货（On Board）。

(2) 多式运输单据的作用

①可流通形式的多式运输单据的部分运程为海运，其作用也与海运提单②相同，即具有货物收据、运输合约、物权凭证的作用，可以背书转让。

---

① 《联合运输单据统一规则》（*Uniform Rules for a Combined Transport Document*）、《联合国国际货物多式运输公约》（*United Nations Convention on International Multimodal Transport of Goods*）都是国际多式联运共同遵循的国际惯例。

② 海运提单：指一种单一的海洋运输方式所出具的提单。

②不可流通形式的多式运输单据只起到货物收据和运输合约的作用，不是物权凭证。

二、 海运提单风险

（一）倒签和预借提单

已装船提单应在货物全部装上船后签发，签发的日期必须是真实的，因为提单的签发日期即视作装运日期。如果提单在货物装船后签发，签发日期却早于实际装船日期，便构成倒签提单。如果货物尚未全部装船或货物已由承运人接管尚未开始装船的情况下签发了提单，便构成预借提单。托运人的目的都是为了使提单签发日期符合信用证规定，顺利结汇，而倒签提单或预借提单，对收货人来说则构成合谋欺诈，可能使收货人蒙受重大损失。对此，各国法律和海运习惯都是不允许的。

（二）伪造提单

提单是信用证所要求的主要单据，在信用证业务中，只要单据符合信用证的要求，银行即凭单付款，而不审查单据的来源及其真实性。一些不法商人利用信用证“单据交易、严格相符”的特点伪造提单以骗取货款，可能货物根本没有装船，或以次充好，欺骗客户。

（三）以保函换取清洁提单

在国际贸易中，经常会出现这种情况：承运人欲对表面状况不良的装运货物签发不清洁提单，由于银行不接受不清洁提单，托运人不能凭此结汇，因而往往向承运人出具保函（Letter Of Indemnity），让承运人签发清洁提单，并保证赔偿承运人因签发清洁提单而遭受的损失，以此来换取清洁提单，顺利结汇。

可见，出具保函是出于国际贸易的需要，从某种意义上讲托运人和承运人都能得到一定的方便和好处，但实际上对承运人来讲却潜伏着很大的风险。一旦收货人持清洁提单向承运人索赔，承运人必须赔付收货人。但承运人持保函向托运人追偿时，是否能得到补偿则取决于托运人的信誉和要补偿的理由是否与保函中所保事项完全一致。且承运人没有按照货物的实际情况签发提单，已违背了民事活动诚信的原则，往往构成与托运人串通，对善意收货人进行欺诈；如承运人提请诉讼，根据法律，任何有欺诈性的合同、协议或保证都不具有法律上的约束力，因此法院不会以保函为依据来判决保函项下发生的货损货差的责任方，承运人因收货人或提单持有人赔偿而遭受的损失不能向托运人追偿。

（四）无提单放货

海运提单是物权凭证，货物运到目的港后，承运人有义务将货物交给正本提单持有人。然而在实际业务中，有时会发生货物先于运输单据到达的情况，在与日本、韩国、东南亚等近洋地区的贸易中屡见不鲜。由于收货人手头没有正本提单，无法及时提货转卖或销售，会出现产生货物压仓费用、品质变化、市场价格波动等一系列问题。碰到这种情况，习惯上都是通过担保提货的方式予以解决的。即由收货人向船公司提供一份经银行会签的书面保函，要求在没有物权凭证的情况下先提货日后补交提单。但如果承运人将货物交给非正本提单持有人，有可能造成错误交货，构成对提单持有人的侵权。在无提单放货过程中，提取货物的不一定是合同的买方，有可能被冒领，提货人往往不易查明，也有船方偷货的可能。因此无提单交货风险是很大的，船务代理凭保函放货，而不是凭提单放货，这是一种揽险自危的行为。

三、从保险分类看海运风险

保险业把海上货物运输的风险分成海上风险和外来风险。

（一）海上风险

海上风险包括自然灾害和意外事故。自然灾害仅指恶劣气候、雷电、洪水、流冰、地震、海啸及其他人力不可抗拒的灾害，而不是指一般自然力所造成的灾害；意外事故主要包括船舶搁浅、触礁、沉没、碰撞、失火、爆炸及失踪等具有明显海洋特征的重大意外事故。

（二）外来风险

外来风险是指海上风险以外的各种风险，分为一般外来风险和特殊外来风险。一般外来风险指偷窃、破碎、渗漏、玷污、受潮受热、串味、生锈、钩损、短量、淡水雨淋、包装破裂等；特殊外来风险主要是指由于军事、政治及行政法令等原因造成的风险，从而引起的货物损失，如战争、罢工、交货不到、拒收等。

（三）海运保险

海运保险分为平安险、水渍险及一切险 3 种。被保险货物遭受损失时，保险公司按照保险单上订明承保险别的条款规定，负赔偿责任。

1. 平安险

（1）被保险货物在运输途中由于恶劣气候、雷电、海啸、地震、洪水自然灾害造成整批货物的全部损失或推定全损。当被保险人要求赔付推定全损时，须将受损货物及其权利委付给保险公司。被保险货物用驳船运往或运离海轮的每一驳船所装的货物可视作一个整批。推定全损，是指被保险货物的实际全损已经不可避免，或者恢复、修复受损货物及运送货物到原定目的地的费用超过该目的地的货物价值。

（2）由于运输工具遭受搁浅、触礁、沉没、互撞、与流冰或其他物体碰撞及失火、爆炸意外事故造成货物的全部或部分损失。

（3）在运输工具已经发生搁浅、触礁、沉没、焚毁意外事故的情况下，货物在此前后又在海上遭受恶劣气候、雷电、海啸等自然灾害所造成的部分损失。

（4）在装卸或转运时由于一件或数件整件货物落海造成的全部或部分损失。

（5）被保险人对遭受承保责任内危险的货物采取抢救、防止或减少货损的措施而支付的合理费用，但以不超过该批被救货物的保险金额为限。

（6）运输工具遭遇海难后，在避难港由于卸货所引起的损失及在中途港、避难港由于卸货、存仓及运送货物所产生的特别费用。

（7）共同海损的牺牲、分摊和救助费用。

（8）运输契约订有“船舶互撞责任”条款，根据该条款规定应由货方偿还船方的损失。

2. 水渍险

除包括上列平安险的各项责任外，本保险还负责被保险物由于恶劣气候、雷电、海啸、地震、洪水自然灾害所造成的部分损失。

3. 一切险

除包括上列平安险和水渍险的各项责任外，本保险还负责被保险货物在运输途中由于外来原因所致的全部或部分损失。

但本保险对下列损失不负赔偿责任：

（1）被保险人的故意行为或过失所造成的损失；

（2）属于发货人责任所引起的损失；

（3）在保险责任开始前，被保险货物已存在的品质不良或数量短差所造成的损失；

（4）被保险货物的自然损耗、本质缺陷、特性及市价跌落、运输延迟所引起的损失或费用；

（5）本公司海洋运输货物战争险条款和货物运输罢工险条款规定的责任范围和除外责任。

保险人所承保的标的，是保险所要保障的对象。但被保险人（投保人）投保的并不是保险标的本身，而是被保险人对保险标的所具有的利益，这个利益叫作保险利益。投保人对保险标的不具有保险利益的，保险合同无效。

国际货运保险同其他保险一样，被保险人必须对保险标的具有保险利益。这个保险利益，在国际货运中体现在对保险标的的所有权和所承担的风险责任上。以 FOB、FCA、CFR 和 CPT 方式达成的交易，货物在越过船舷后的风险由买方承担。一旦货物发生损失，买方的利益受到损失，买方就具有保险利益。

因此由买方作为被保险人向保险公司投保，保险合同只在货物越过船舷后才生效。货物越过船舷以前，买方不具有保险利益，因此不属于保险人对买方所投保险的承保范围。以 CIF 和 CIP 方式达成的交易，投保是卖方的合同义务，卖方拥有货物所有权，当然具有保险利益。卖方向保险公司投保，保险合同在货物启运地启运后即生效。

第五节　跨境电商物流空运介绍和风险

一、跨境电商物流普通空运介绍

（一）委托

货物委托书上需注明发货人、收货人、目的地、预配航班日及航空公司、目的地、件数、重量、体积及运价。如果是托盘货物的话，需提供托盘的长、宽、高尺寸。因货机的托盘尺寸的所有板长度不能大于 3. 08m，低板的高度不能超过 1. 6m，中板的高度不能超过 2. 4m，高板的高度不能超过 2. 9m，所有板宽度不能超过 2. 3m，若超过以上尺寸，只能申请特殊板——20英寸板，相当于两块高板的大小，20英寸板不能装在客机里，只能装在货机里。若到目的港头程是货机，二程及三程是客机的话，20英寸板的货物还不能转运，如去南美、非洲的很多飞机二程都是客机，不能转运特大货物。

（二）单证

报关资料需有报关单（必须提供）、核销单（必须提供）、报关委托书（必须提供）、发票（必须提供）、装箱单（必须提供）、换单凭证/电子转单信息（有的商品出口需中国商品质量检验检疫处查证的商品质量合格证明，根据是否需要再提供）、许可证书（出口货物有配额限制的要提供），其他根据需要提供（若货物是化工品的，报关还要提供化工品情况说明及药典证明，化工品情况说明是主要说明化工品成分的，药典证明是说明此化工品是在药典里记录在册的）。

（三）定仓

如果配第二天的飞机一般要求货单最迟在当天下午2点以前必须到达机场，因为海关一般要求在下午2点30分以前必须把报关信息预录到海关电脑系统里。当天报关，货物配当天下午的飞机，这种情况通常叫作现场，一般要求上午9点左右将货单送入机场，因为上午报好关后要配下午的飞机，晚上9点以后的飞机，最迟在下午1点左右将货单送到机场。特别急的货物，为了配上最快的航班，在单已到机场，货物还未入仓库时可先去报关，这种做法叫作预报关，预报关是按客户报过来的重量打在提单上去报的，所以要求报过来的重量与实际进仓库的重量误差率控制在3%以内，误差太大会影响交货及核销。预报关的货物必须在飞机起飞前6小时送入仓库。货入仓库后可操作把客人实际到仓库后称出来的重量与体积报给客人确认，客人有要求的，可传真仓库入库单给客人。单证到机场办后，机场办可审核客人提供的报关单证内容是否准确、齐全。如有不对、不齐的地方要及时告知客人补正，重要单据不齐的话还要客人重新邮寄，这样会影响客人预定的航班。

（四）签单

报关后，由仓库拉好载货清单进行交接，交接前需先进行签单。海关盖过放行章的报关整套资料及总运单交东航物流处，或者货站先签单。签单是指物流处或货站的人确认一下货物的报关单及总运单书面信息，并签字。化工品需提供化工品检定书或DGN

报告，化工品检定书或 DGN 报告是化工研究院出具的此化工品符合航空出货要求的证书。主要是指该货物是对航空运输无危害性、无毒、非易爆易燃的，并符合包装要求的。不符合要求的属危险品，危险品要专门按危险品的运价及出货方式出货。现在航空公司对液体一般是禁运的，因为液体易燃及易泄漏。

（五）化工品

化工品还要求公司提供情况说明和非危证明，情况说明是由报关单上的经营单位出具的，写明此货物的物理、化学性质及标注没有危险性，若有危险性要承担一切法律责任的说明，并加盖公章（情况说明是报关时和单证一起报关用的）；非危证明由化工品鉴定书上的生产单位加盖好公章后和货物一起去签单时和化工品鉴定书提供给航空公司物流处或货站的签单人员。

（六）签好单货物

签好单货物会进行海关的二次放行，即海关所申报的货物在安检前需进行查验（每票货物都有查验概率，概率为 1%~3%，其中 1%为布控查验，3%为人工查验）。布控查验，是指海关通关时电脑随机查验货物，人工查验是指在安检前的卡口处，海关人员会按一定的概率来抽查货物。货物查验无误，海关人员就会放行该货物（货物查验有费用，有统一的收费标准）。货物和申报不一致的，海关就会扣货进行处理（正常查验不会影响货物交接）。

（七）货物查验

货物查验完毕，进行安检及正常交接，安检就像通常坐飞机，行李需过机器安检。货物一般要求在飞机起飞前 5 小时过安检机并送入机场物流库（停机坪）或货站（停机坪）。进行正常的打板或装箱，之后货物同飞机按预定时间起飞。

二、国际快递流程

（一）国际快递物流面单填写流程

1. 填写收件人账号

如果运费由收件人或者第三方支付，就需要填写支付运费方的账号，不填写就默认为寄件人支付运费。

2. 发件人账号

如果发件人在 DHL 有开账号就需要填写此栏，如果是由代理发货的或者没有 DHL 账号的就不需要填写。

3. 联系人姓名

此处填写发件人的姓名。

4. 发件人参考

填写个人参考信息，该号码出现在商业发票中，由代理发货的一般不需要自己填写。

5. 发件人名称和地址

如果发件人是公司，需要填写公司名字，填写发件人地址、邮编、联系方式。由代理发货的可以不填写。

6. 收件人名称和地址

填写收件人公司的具体地址、邮编、国家、联系人、联系电话。

7. 发件人详情

填写发件人名字及货物数量、重量及按厘米计算的尺寸（长×宽×高）。由代理发货的可以不填写。

8. 货物完整描述

货物的品名及数量做精确的描述，由代理发货的可以不填写。

9. 非文件类快件

填写特性和实际价值，由代理发货的可以不填写。

10. 产品与服务

在你想要的服务处打钩，由代理发货的由代理填写。

11. 发件人签字

签发件人名字及日期。

（二）国际快递流程

国际快递流程：收件—过港—机场—目的机场—海关申报—派送—签收。

1. 货物入库

（1）物流配送中心根据客户的入库指令视仓储情况做相应的入库受理；

（2）按所签的合同进行货物受理并根据给货物分配的库区及库位打印出入库单；

（3）在货物正式入库前进行货物验收，主要是对要入库的货物进行核对处理，并对所入库货物进行统一编号（包括合同号、批号、入库日期等）；

（4）进行库位分配，主要是对事先没有预分配的货物进行库位自动或人工安排处理，并产生货物库位清单；

（5）库存管理主要是对货物在仓库中的一些动态变化信息的统计查询等工作；

（6）货物在仓库中，物流公司还将进行批号管理、盘存处理、内驳处理和库存的优化等工作，做到更有效的管理仓库。

2. 运输配送

（1）物流配送中心根据客户的发货指令视库存情况做相应的配送处理；

（2）根据配送计划，系统将自动地进行相应车辆、人员出库处理；

（3）根据选好的因素由专人负责货物的调配处理，可分自动配货和人工配货，目的是为了更高效地利用物流公司手头的资源；

（4）根据系统的安排结果按实际情况进行人工调整；

（5）在安排好后，系统将根据货物所放地点（库位）情况按物流公司自己设定的优化原则打印出拣货清单；

（6）承运人凭拣货清单到仓库提货，仓库做相应的出库处理；

（7）装车完毕后，根据所送客户数打印出相应的送货单；

（8）车辆运输途中可通过 GPS 车辆定位系统随时监控，并做到信息及时沟通；

（9）在货物到达目的地后，经受货方确认后凭回单向物流配送中心确认；

（10）产生所有需要的统计分析数据和财务结算，并产生应收款与应付款。

三、 风险控制点

不管是普通空运，还是国际快递的风险主要集中在对货权的控制上。尤为突出的是在跨境出口电商 B2C 中。物流运输途中，快递包裹出现遗失、破损，海关查验、海关扣住、海关罚没及国际包裹退回的现象经常发生，遇到这些常见的问题，应采取合适解决的方案。

其中主要的风险为：国内途中风险、国际途中风险。

（一）国内途中风险

1. 转运中货物破损或丢失

常见的国际邮包破损或丢失，大部分是以下 4 种原因造成的。

（1）有些空运货代为了获得更高的利润，往往选择更换成偏远的渠道，使得货物上网的信息非常不畅通，甚至丢失国际包裹无法查询到下落；

（2）空运物流线路太长，太远的城市不仅要空运还要车辆转运，转机转运出现车辆颠簸、转运碰撞、人为搬运，造成货物丢失或破损毁坏；

（3）少数空运货代对高价值产品扣货，甚至在仓库搬运中出现偷盗现象，这种现象比较罕见；

（4）空运物流操作人员操作不规范，乱堆乱放、暴力分拣。另外，从中国香港地区出货的国际快件，特别是从其他区域到中国香港地区转换香港小包，还要面临香港代理查货的风险。面对这些问题，中国供应商要选择正规的、资质优良的国际快递货运代理公司，产品要严格包装好，做防水防潮，还要防盗。

2. 海关查验没收

中国供应商在国内海关查验中易出现的问题主要有 3 个。

（1）产品触犯知识产权，我国坚决打击假冒产品，因此海关对侵犯知识产权产品的查验是严格的；

（2）海关禁止出口的产品，液体、粉末、电池、贵金属等严禁出口的产品是无法通过海关查验的；

（3）冲关问题，主要指的是商业快递，有些商品是需要商检的，国际快递公司有时会建议中国供应商报虚假货值、货量较大产品的品名和价格冲关，但是，如果被海关查出，货物将会被退回，严重时将被海关罚没，甚至追加被罚款。中国供应商要遵纪守法，按海关规定和相关法律政策出口，尽量避免出现上述中的问题，在出口前了解需要的出口清单材料、报关报检资料是否齐全，或者是否有属于工业生产许可证制度下的相对应产品的生产资格证书等。

（二）国际途中风险

1. 航空安检通过不了

众所周知一切危害航班信号、易燃易爆、涉嫌假冒伪劣侵犯知识产权的产品都无法通过航空安检。因此，商家运输货物中有危险品，要做好危险品证明，并在相对应的航空公司备案，避免有涉嫌假冒伪劣的产品。尽量避免拆除装在产品中的电池，有电池类产品，必须要提前做好 MSDS[①] 证明。

2. 转运途中的风险

国际航空快递包裹在到达客户手中前要经过很多中转，中转越多，路途越长，出现问题的概率也就越大。国际快递物流中转过程中的丢失、破损、被盗，还有恶劣天气导致的包裹投递延迟、暴力分拣，中转拆包导致的外包装破损都是在转运途中较容易出现的问题。如果国际邮包中含有易碎物品，中国供应商要在明显处贴易碎品标签，包装箱内尽量多垫泡沫纸、气泡袋、打木架或木箱木托盘，以加固好产品，保证产品安全；当然木箱、木托、木架选用三合板避免熏蒸。快递产品货值较高时，快递公司会建议供应商购买保险；交货时间要求高的货物，中国供应商快递要注意选择相对实力强和信誉高的国际大公司出货，以便于及时准确出货和随时查询。

3. 清关问题

常见一些南美国家的关税过高，采购商不愿清关，采购商国家限制进口产品，侵权产品被海关查扣，申报价值与实际不符，货物需要退回，在当地弃货、销毁，等，都是比较常见的清关问题。

为了避免出现这些问题，中国供应商要了解产品在目的国的海关清关要求，避免有涉嫌侵犯知识产权的产品，尽量如实申报产品价值，如有特殊情况——采购商要求低价值申报，要保留好证据，最好让采购商自己选择进口清关。这里特别注意：商业快递邮寄到巴西，一定要写上收件人“VAT”税号，电子产品邮寄到欧盟，尤其意大利、西班牙，一般需要写上“CE”，而俄罗斯、乌克兰、意大利、西班牙、葡萄牙、波兰、巴西、以色列 8 个国家不能弃件或销毁。为了减少风险、合理控制成本，就要选择合适的国际快递物流公司。

对于速度要求高的产品，欧洲、北美、大洋洲要求准时、快捷送达的货物，注意选择相对实力强和信誉高的国际大公司出货，可以全程追踪，在 4~7 个工作日即可到达客户手里，丢包和采购商拒绝付款的风险也相对较小，例如，DHL、TNT、FEDEX 等。

如果采购商对交货速度没有要求，可以选择比较便宜的航空小包。航空小包可以发 2kg 以下的货，特点是便宜、方便、全球通邮、价格统一，但到达时间不稳定，更新查

① MSDS：化学品安全说明书，亦可译为化学品安全技术说明书或化学品安全数据说明书。

询信息慢，丢包和客户纠纷风险大，例如，邮政小包、香港小包、新加坡小包等。

由于不同国家的物流环境，特别是物流软环境的不同，物流运输方式差异化就很大。

第六节　跨境电商退货、退运、滞留风险和转运、退运措施

一、造成退货、退运、滞箱、滞港风险的主要原因

1. 中国供应商出货后出现大批量质量问题；
2. 中国供应商发错货物或者货运代理发错目的港；
3. 采购商在采购后出现倒闭破产并无法支付货款；
4. 采购商恶意压价导致供应商无法交付货物；
5. 采购商恶意欺诈等待目的港海关低价拍卖。

发生以上情况，最后不得已才选择退货，退货的手续烦琐，时间还相当长，大部分是在货物到港前提前预防和处理。尽量选择款到发货的交易模式，或者是采用不可撤销信用证作为交易结算方式，还可以在到港前提前催促采购商付余下货款，至少要不低于7个工作日时间。在到港后，采购商不提货，在到港后的7个工作日内一般不产生滞箱费用和滞港费用，超过7个工作日就要开始收费用。按照欧洲基本港的费用是1天1个40HQ基本不低于55欧元的滞港费用、45欧元的滞箱费。

二、如果发生退货现象，需要提供以下文件

1. 出口报关单、核销单（未核销证明）；
2. 出口海运提单复印件（未退税证明）；
3. 出口报关用发票箱单；
4. 情况说明（退运协议）及来往E-mail（FAX）；
5. 进口报关资料；
6. 唛头上最好有“Made in China”字样；
7. 贸易合同。

三、直接退运步骤

1. 全套单据不需预录直接递给负责退运业务的海关关员。单据包括：手写联报关单，委托书，进口的发票、箱单，出口的发票、箱单，退运申请，退运协议，合同，提单，提货单等其他相关单据。

2. 单据交给关员后，如果海关提出验货则先验货。验货结束后关员填写直接退运，审批表提交科长、处长三级审批（通常需要 4~10 天）。

3. 审批结束后，将单据分成进口和出口两票，同时预录。预录时需注意贸易方式，为直接退运，征免性质为其他法定；将出口的报关单号打在进口报关单的备注栏里，进口的报关单号打在出口报关单备注栏里。

4. 刷卡待现场交单后，先申报出口。待出口放行后，将放行单（下货纸）附在进口单据上递给负责进口退运的关员。

5. 关员审单签字以后便可放行。

注：在审批、申报进口、申报出口时海关都有可能提出验货，如果提出验货，则先验货。

四、关于出口退运货物办理进口手续问题

（一）已收汇、已核销货物

若属已收汇、已核销的情况，由出口商向外汇局书面申请并填制“出口核销退运情况申请表”，经外汇“收汇核销证明”后由原发货人或者代理人向海关办理出口退运货物进口报关。海关凭外汇局出具的“出口收汇核销退运情况申请表”办理相应手续，并向出口商出具盖有海关验讫章的退运货物进口报关单。出口商凭外汇局出具的“已冲减出口收汇核销证明”，到外汇指定银行办理付汇手续，并做相应的对外付汇国际收支申报，对外汇局未出具“已冲减出口收汇核销证明”的出口退汇业务，各外汇指定银行一律不得办理。

（二）出口收汇期间发生货物全部退运

若属在出口收汇期间发生货物全部退运进境的，则由出口商凭原出口报关单（收汇联）、出口收汇核销单向海关办理出口退运货物进口申报手续。原出口报关单收汇联由

海关留存，并注销相对应的出口收汇核销单（在出口收汇核销单上加盖海关“单证专用章”），同时签发进口报关单（备注栏内注明原出口报关单编号）。出口商凭海关签发的进口报关单、原出口报关单复印件及由海关注销的原出口收汇核销单，向外汇局办理注销原出口收汇核销单中退运金额手续。

（三）部分退运出口货物

若属部分退运出口货物，出口商凭原出口报关单向海关办理进口申报手续，海关在出口报关单上批注实退运数量、金额后退回出口商，同时签发出口返运货物进口报关单（备注栏上注明原出口报关单号），出口商凭海关签发的进口报关单、原出口报关单及出口收汇核销单，向外汇局注销原该出口货物相应的出口核销单下应收汇金额。

五、关于进口货物办理出口退运问题

进口货物办理出口退运时，退运人及其代理人应持海关签发的原进口货物报关单或外汇局签发的备案登记表向海关办理出口退运手续。

（一）已付汇进口货物的退运

对已付汇进口货物的退运必须先由进口商向外汇局提出申请，办理备案登记，海关凭外汇局出具的“进口退运付汇核销备案登记表”，办理出口退运手续，签发进口货物退运的出口报关单（在备注栏上注明原进口报关单编号）。原进口商在收到外商退回的原进口款项时，应填写“涉外收入申报单”。对公单位还需注明对应的原对外付款申报号码，交易编码为“0208”，交易附言栏内注明退款，并持海关签发的相应进口货物退运的出口报关单、银行收账通知或结汇水单、外汇局签发的“进口退运付汇核销备案登记表”、货物进口合同、运输单据等一并向外汇局办理进口货物退货退汇处理的手续，但收汇银行不得出具出口收汇核销专用联。

（二）未付汇进口货物的退运

进口商在办理未付汇的进口货物退运时，海关按以下办法处理。

1. 对进口货物全部退运的，海关凭原进口货物报关单办理出口退运手续，留存原进口货物报关单，并签发出口退运货物报关单（备注栏注明原进口报关单号）。

2. 对进口货物中部分退运的，海关凭原进口货物报关单办理出口手续，在原进口报关单上批注实际迟运的数量、金额后退回申报人，留存复印件。同时签发一份出口报关单（备注栏上注明原进口报关单号）。原进口商凭海关批注的原进口报关单和签发的出口报关单办理付汇核销手续。

3. 进出口商应将有关进出口退运货物的报关单复印件与有关进出口收付汇核销单证一并保留 5 年备查。

4. 在办理进口货物的退运手续时，原进口商及发货人应提供海关或外汇局要求的其他证明文件。

5. 进出口商在办理进出口货物迟运手续时，如发生漏报、瞒报、伪报货物退运情况，构成逃汇、套汇、骗汇行为的，将根据《中华人民共和国海关法》《中华人民共和国行政处罚法》《中华人民共和国外汇管理条例》及相关法规对其进行处罚。

【结语】

在电商跨境贸易中存在不少风险，不亚于原来的国际贸易中的风险。必须增加对于风险的预判和提前规避，深刻了解操作中的流程，减少风险的发生，减少中国供应商企业在贸易中的损失。这样的损失有时候是不可估量的，特别是中国的中小型的跨境电商企业，遇到一次大金额的风险可能就是濒临破产。除了以上的风险之外，还应注意各国的当局形势。关注中国海关、出口信用保险公司发布的预警信息和提醒。特别是一些战乱、政治动荡国家和地区，及时调整收汇、海运措施、物流方式。

【课后习题】

一、单项选择题

1. 中国出口保险公司主要作用是哪些？（　　）

A. 转移收汇风险，避免巨额损失

B. 提升信用等级，为出口商或进口商提供融资便利

C. 灵活贸易支付方式，提供担保交易

D. 以上选择项都是

2. PayPal 账户遭到冻结，如果不应诉，账户中的被冻结的资金就会在多少天后全部清零？（　　）

A. 60 天　　B. 120 天　　C. 180 天　　D. 240 天

3. 哪个行为会导致 PayPal 账户遭到冻结？（　　）

A. 收取客户付款账户　　B. 付款商品名称中出现大量涉及品牌的词

C. 每个月都提取现金　　D. 退款给已经付款的客户

4. PayPal 会审查所有交易以帮助卖家避免风险，认为付款可能存在风险或欺诈性进行审查。一般审查时间为多久？（　　）

A. 24 小时　　B. 36 小时　　C. 48 小时　　D. 72 小时

5. 用 DHL 快递到付给国外客户，以下哪个选项是必填的？（　　）

A. 收件人账号　　B. 公司名称　　C. 收件人地址　　D. 邮政编码/国家

二、判断题

1. 如果是客户的货主自备箱，是指使用货主自己的箱子配货出口，则不存在滞箱费。（　　）

2. 采用 1/3 份正本提单直接寄开证申请人即收货人做法的最大优点是方便了收货人在目的港的提货。（　　）

3. 被告知产品侵权，咨询律师后，如果不应诉，PayPal 账户中的被冻结的资金就会在 60 天后全部清零。（　　）

4. PayPal 中我的付款未标记为付款审查，这意味着 PayPal 已通过审查，且付款受到保护。（　　）

5. DHL 到付账号全球统一为 95 或 96 开头的九位数字。（　　）

三、问答题

1. 什么是滞箱费？准确的定义是什么？

2. 什么是 PayPal 的临时冻结？

3. 什么是 NVOCC？具体是怎么定义的？

4. 什么叫无单放货？具体应对措施是什么？

5. 中国海关对快件类货物的监管规定，根据其价值分为哪四类？